教育部高职高专物流管理专业
教育教学改革项目推荐教材

国际贸易理论与实务

主　编　吴东泰　董忠敏
副主编　陆安秋　唐　梅　翟　佳
主　审　陈　琳

人民交通出版社

内 容 提 要

依托**教育部高职高专物流管理专业教育教学改革研究项目**，由项目负责人上海第二工业大学黄中鼎教授牵头，组织多所院校的专家编写了本套推荐教材。本书为其中之一。

本书是教育部高职高专物流管理专业教育教学改革项目推荐教材，依据“理论以必须、够用为度，突出实践性、能力性教学，注重责任、能力素质培养”的原则编写而成。本书维持了学科基本体系的科学性和系统性，考虑到经济管理类专业的情况，适当增加了国际贸易理论部分的内容，创造性地按照国际货物贸易业务运作的先后顺序设计编写，具有较强的实用性。本书及时采用了国际商会制定的UCP600新规则，使教材具有较强的实用性和时效性。

本书共分15章，分别是国际贸易基本理论、国际贸易政策和措施、全球经济一体化与WTO、国际货物贸易的一般流程、国际贸易术语、国际贸易磋商与签订合同、国际贸易合同的商品条款、国际货物运输、国际货物运输保险、国际贸易货物的作价、国际贸易货款的收付、信用证及其他收付方式、进出口商品检验与通关、国际贸易合同的履行、国际贸易的争端处理。

本书可供高等职业技术院校、成人院校非国际贸易专业的学生使用，也可作为从事国际贸易业务的业务人员自学或参考用书。

教育部高职高专物流管理专业
教育教学改革项目推荐教材

编委会 BIAN WEI HUI

前言 QIAN YAN

依托教育部高职高专物流管理专业教育教学改革研究项目，由项目负责人上海第二工业大学黄中鼎教授牵头，组织多所院校的专家编写了本套推荐教材。本书为其中之一。

许多学生在学习了国际贸易理论与实务课程以后，虽然对国际贸易实务的基本业务知识有了比较全面的理解和掌握，但往往会提出这么一个问题："老师，您能告诉我，怎样才能完整地做一笔国际货物贸易业务呢？"对于这个尴尬问题的回答，使我们产生了这么一个想法：编写一本能够按照国际货物贸易业务运作的先后顺序进行教学的教材，既可以解决学生的困惑，又能避免老师的尴尬。恰逢上海第二工业大学黄中鼎教授主持的教育部高职高专物流管理专业教育教学改革项目，规划了系列教材的编写，使我们的这个想法有了得以实现的机会。

本书是近年来工作在高职教育岗位上的部分骨干教师编写的，他们结合自己培养责任型、应用型、技能型高等职业技术人才工作的经验，根据高职高专教育的特点，贯彻"理论以必须、够用为度，突出实践性、能力性教学，注重责任、能力素质培养"的原则编写的。

在本书的设计中，充分考虑了非国际贸易专业的学生不具备国际贸易基本理论知识的特点，适当设计了相关的内容；本书维持了学科基本体系的科学性和系统性，创造性地按照国际货物贸易业务运作的先后顺序设计教材体系，使学生犹如在一个从事国际贸易业务的运行环境中，从头至尾地进行国际贸易业务的运作，课程学习结束了，国际贸易业务也就做完了。这样就不再会有学了国际贸易实务课程，还不知道国际贸易业务怎么做的尴尬局面发生了。

同时，根据高职高专类型的高等教育特别重视满足实践性教学的要求，我们重视吸收高等技能型人才教育的教学方法的研究成果，本着出精品、出特色的精神，力求编写一部能够对广大读者处理国际贸易业务工作具有较强指导作用、更好提高学生业务操作能力的教材。为此，本教材具有以下特色。

1. 体系完整，重点突出，理论清晰简明。

2. 内容具体实用，注重吸收学科新的研究成果，使读者能够运用新的学科研究成果指导国际贸易的业务实践，更有利于提高读者的实际工作能力和水平。

3. 具有较强的导读性。本书在每章的开篇通过学习导引、能力提示，既向读者介绍了该章学习内容的层次，又通过能力提示让读者知道通过对本章的学习，自己将会具有什么样的能力素质，有利于提高读者的学习兴趣，便于读者把握知识的学习和运用。

4.具有能力培养的多样性和时空性。本书在每章通过能力拓展、案例启迪、复习思考、能力训练，从教学、实训、课后作业、业余活动多方面采用多样性的方式对读者进行能力培养和训练，使学生在课堂教学前、课堂教学中、课堂教学后的业余活动时间等广阔的时空中都能受到能力的培养训练与教育。

5.吸收企业社会实践成果，更具较强实践性。在编写过程中，我们邀请了具有丰富经验的洋浦中合石油化工有限公司的张红武同志参与对大纲的讨论和部分内容的编写，吸收了一定企业的社会实践成果。同时，我们还利用来自企业国际货物贸易实践的案例作为能力培养的手段。因此，本书更具较强的实践性。

6.吸收了最新国际贸易规则，增强了教材的时效性。本书编写完稿之时，正是国际商会 UCP600 即将生效之时，我们在本教材中基本采用了 UCP600 新规则。当然，由于水平问题，对于 UCP600 的理解还不够深刻和完善，谬误之处在所难免，还望读者海涵。

本书由吴东泰、董忠敏担任主编，陆安秋、唐梅、翟佳担任副主编。全书共有十五章，第一章第一节～第三节、第九章由沈阳工程学院董忠敏编写；第二章由渤海船舶职业学院宋轶玲编写；第三章由渤海船舶职业学院苏琳编写；第四章、第十五章由辽宁科技学院唐梅编写；第五章由广东松山职业技术学院李晶明编写；第六章由广东松山职业技术学院胡志强编写；第七章、第十章由渤海船舶职业学院陆安秋编写；第八章、第十三章由广西交通职业技术学院翟佳编写；前言、第三章第四节、第十一章、第十二章由广东松山职业技术学院吴东泰编写；第十四章由洋浦中合石油化工有限公司张红武编写；吴东泰对全书所有涉及到 UCP600 的内容和部分章节进行了修改，编写了部分案例、能力拓展，并对全书进行了总纂和定稿。

在本书的编写过程中，编者参考了国内外出版的多种国际贸易专著、部分网站的资料。在此，全体参编人员对这些著作和资料的作者表示诚挚的感谢。

国际贸易理论与实务作为一门实践性较强的课程，需要在探索中不断地完善，由于我们的时间和水平有限，书中的错误和遗漏在所难免，欢迎各位同仁不吝赐教，希望各位读者多提宝贵意见。

编　者

2007 年 6 月

目录 MU LU

第一章 国际贸易基本理论

学习导引

通过学习本章，了解国际贸易的基本概念、国际贸易与国内贸易的区别、国际贸易的地位及作用、国际贸易学科研究的对象和任务、世界市场的形成及世界市场的销售渠道、国际市场价格等基本理论知识；重点掌握国际贸易系列概念、国际贸易的种类、世界市场的分类及其基本特征、影响国际价值量变化的因素、价值规律在国际贸易中的作用等内容。

能力提示

通过对本章的学习和训练，能够初步认识和了解国际贸易活动；具备运用国际贸易理论、世界市场、商品国际价值的基本理论知识分析国际贸易问题的基础能力。

第一节 国际贸易概述

一、国际贸易的基本概念

国际贸易(International Trade)，是指一国(或地区)同别国(或地区)之间进行的货物和服务的交换活动。如果从一个国家的角度来看，则可称这种交换活动为“对外贸易”；但如果从国际范围来看，该种交换活动又可称“世界贸易”；而对于某些岛国来讲(如英国、日本等)，也称之为“海外贸易”。

国际贸易与对外贸易的基本内涵是一致的，但其观察问题的角度却有所不同。随着国际贸易的规模在不断发展扩大，其本身的内涵也在不断变化，据此国际贸易有广义和狭义之分。广义的国际贸易包括货物贸易和服务贸易，狭义的国际贸易则不包括服务贸易。

二、国际贸易与国内贸易

国内贸易是指在一个国家或地区内部的货物或服务的交换活动。它与国际贸易一样都表现为货物和服务的交换活动，交易的过程也无太大区别，经营的目的都是获取利润或取得经济效益。但国内贸易的活动范围比国际贸易小，不涉及其他国家和地区。因此，与国际贸易又有很大的区别，主要表现如下：

1. 国际贸易比国内贸易受国家政策限制多

国内贸易只受一国的各种政策限制制约，而不受来自他国的政策影响，生产要素的流通比较自由，一国内部的竞争也较充分。而国际贸易商品是跨国流通的，一个国家为了促进本国的经济发展，当本国产品与国外产品发生冲突时，必然要保护本国产品，而采取某些政策限制外来商品。因此，国际贸易比国内贸易受政策限制多。

2. 国际贸易比国内贸易障碍多、难度大

由于国际贸易是国与国之间货物与服务的交换活动，这种跨国的交换活动是在不同国家、不同民族、不同语言、不同环境下完成的。因此，语言成为首要障碍，许多交易由于语言不通很难进行。当今世界上最通行的商业语言是英语、法语或西班牙语，但在有些地区仍使用不便。因此，国际贸易者除通晓英文外还应尽量的多掌握一些地区语言。例如，在中国学习西班牙语的群体明显不足。因此，中国与讲西班牙语的国家的贸易往来和成交数量受到很大的限制。

其次是法律法规障碍。各国法律不同，一种商品交易在 A 国属于合法交易，但在 B 国就不合法，交易难以进行。还有各国的风俗习惯不同，如设计图案，英国人讨厌大象，而斯里兰卡人喜欢大象；在颜色选择方面，各国喜欢的颜色也各不相同等，都造成了交易上的困难。

再次是市场调查困难。国内贸易进行国内市场调查比较容易，但如涉及他国的市场调查则非常困难，如对方国家的贸易政策、风俗习惯、商业习惯，尤其是对方的资信状况、资源来源是否可靠等，使国际贸易比国内贸易的难度增大。

3. 国际贸易比国内贸易的交易过程复杂

国际贸易的交易过程涉及各国各地的商业习惯、跨国的货物运输、保险，同时涉及使用何种货币、两种货币的兑换，以及度量衡制度的不同而进行的各种换算，还涉及到进出口公司、运输公司、银行、保险公司、海关报关等诸多程序，使得国际贸易的交易过程比国内贸易复杂得多。

4. 国际贸易比国内贸易风险大

在国际贸易中，经营者要面临着资信风险、汇率风险、价格风险、运输风险、商业风险、政治风险等。虽然有些风险在国内贸易中也会出现，但没有国际贸易风险大，如商业风险，在国内贸易中，企业交易的商业习惯相近、资信情况容易了解、交货方式和手段相似，风险要小些。而在国际贸易中，多凭样品交易，货样是否一致、交货是否

按期、单证是否相符、资信是否准确,未知数很大,风险也加大。另外,国际贸易比国内贸易又多个汇率风险,货币汇率变化对使用某种货币能减小汇率风险是经营者必须注意的问题,否则会带来巨大的经济损失。如果一国在交易过程中另一国政治出现动荡、发生战争或政府禁运,均可能造成合同的无法履行,也会给经营者带来损失。因此,国际贸易比国内贸易风险大。

三、国际贸易的地位和作用

(一)国际贸易的地位

从社会再生产过程中的生产、分配、交换、消费四大环节来看,国际贸易则处于交换这一环节,属于流通范畴。它是国内商品交换延伸到国外,形成国与国之间的商品交流。因此,分析国际贸易的地位应从其交换中介的地位开始论述。

社会再生产过程的四个环节——生产、分配、交换、消费是相互联系和相互制约的,生产是起点,消费是终点,分配和交换为中间环节,连接着生产和消费,处于中介地位,是联系生产和消费的桥梁和纽带。因此,国际贸易是生产得以继续发展的重要保证。

单从生产与交换的关系来讲,一方面,生产决定交换。如果没有生产,也就没有商品的交换,有什么样性质的生产,就有什么样性质的交换。交换的深度、广度和方式都取决于生产。可见,生产是决定国际贸易深度、广度和方式的重要因素。

另一方面,交换对生产的反作用。在一定条件下,交换还可能对生产产生巨大的促进或阻碍作用。例如,社会发展较快,必将促进市场规模扩大,交换的范围也将随之扩大,国际贸易量也会大大增加,从而引起需求量的增加,这必然要求生产规模扩大,最终使得生产得以发展,但如果市场需求不旺或需求量减少时,生产规模就要受到限制,生产的发展就会放慢或陷于停滞状态。

国际贸易属于交换环节,是联系生产和消费的一种桥梁和纽带,处于特殊的中介地位,它把国内外的生产和消费都联系起来,其重要作用远大于国内商品交换。因此,国际贸易的发展对世界经济的发展起着重要的促进和制约作用。

(二)国际贸易的作用

国际贸易是联结国内外商品交换的桥梁和纽带,对国内经济发展和世界经济发展都起着重要的作用,主要体现在以下几个方面:

1. 互通有无,调剂余缺

由于各国科学技术和生产力的发展水平不同,资源利用和分布差异,使得世界各国所生产的产品总不能都自我满足,产品的供应会出现某些不足或过剩,通过国际贸易就可以解决这些问题,使生产得以正常进行。国际贸易可调节各国市场的供求关系,通过国际贸易不仅可以增加国内短缺产品的市场供应量,满足消费者的需求,而且还可以为各国国内市场的剩余产品提供新的销路,在一定程度上缓解市场供求矛盾,从而调节各国的市场供求关系。

2. 促进生产要素的合理利用

当今世界，劳动力、技术、资本和土地等生产要素在各个国家的分布往往是不均衡的。有的国家缺少资本，但劳动力充足；有的国家资本丰富，但是劳动力却不足；有的国家缺少土地，但资本雄厚；有的国家土地广阔，但生产技术落后。如果没有国际贸易，这些国家的国内生产规模和社会生产力的发展，必将因生产要素的不均衡状况而受到制约，造成生产要素的闲置和浪费，生产潜力得不到正常发挥。通过国际贸易，这些国家就可以充分利用本国的优势资源，发展优势产品，充分利用优势的生产要素，将国内富余的生产要素与其他国家交换国内短缺的生产要素，从而使短缺的生产要素得以缓解和消除，扩大生产规模。

3. 发挥比较优势，提高生产效率

国际贸易各参与国，由于所处的地理位置、资源布局、生产力水平各不相同，各国生产的产品有着很大的差异。利用比较优势和比较利益进行国际分工，各国可以扩大优势产品的生产，缩小劣势商品的生产，并在国际市场上进行交换，从而可在社会生产力不变的前提下提高劳动生产率，获得更大的经济效益。

4. 促进社会再生产的协调发展，优化国内产业结构

当今世界，各国通过国际分工和国际贸易参与到世界经济的大循环中来，通过国际贸易引进先进的科学技术与设备，改变国内的产业结构，使其更能适应世界经济的发展，提高本国的劳动生产率水平，淘汰落后的工艺技术，使整个国民经济走上良性发展的道路。

5. 促进各国的经济、文化交流

国际贸易的发展，促进了各国人民相互之间的了解往来，促进了国与国之间的经济合作与沟通。国际贸易是各国经济活动相互传递的重要渠道。有些国家之间通过缔结贸易条约或结成贸易联盟，保护本国利益，提高产品的国际竞争能力，为整个世界的经济发展创造了良好的环境氛围。

6. 增加国家的财政收入，提高国民的生活水平

一个国家可通过国际贸易，增加本国的财政收入。政府主要是通过对过境的货物征收关税，对进出口货物征收国内税和为过境货物提供各种服务等方面来获得财政收入，财政收入的扩大对改善国民的生活水平起到重要作用。

第二节　国际贸易的有关概念和种类

一、国际贸易中的一些基本概念

1. 出口和进口

一国的国际贸易由出口和进口两方面组成。

(1)出口(Export)。出口是指一个国家向其他国家输出商品、劳务或技术的贸易业务。一国出口所得的全部收入,称之为出口总额或出口总值(Gross Export Value)。

(2)进口(Import)。进口是指一个国家向其他国家输入商品、劳务或技术的贸易业务。一国进口所支付的全部金额,称之为进口总额或进口总值(Gross Import Value)。

(3)再出口和再进口。再出口是指外国商品进口后,未经加工又出口,也叫复出口(Re-export)。再进口是指本国商品出口后在国外未经加工又输入国内,也叫复进口(Re-import)。再出口和再进口的商品都单独统计,不列入对外贸易进出口商品的统计数字中。

(4)净出口和净进口。净出口(Net Export),是指在一定时期内(如1年),出口数量大于进口数量的差额。净进口(Net Import),是指在一定时期内(如1年),进口数量大于出口数量的差额。

2.国际贸易额

国际贸易额(值)(Value of International Trade),是以货币表示的世界各国对外贸易值的总和,是计算和统计世界各国的对外贸易总额的指标。由于各国的对外贸易总额是用本国货币表示的,因此需要把各国的对外贸易总额折算成相同的货币单位来表示国际贸易额。目前,国际贸易额一般以美元为单位来表示。

国际贸易额不是世界各国出口额和进口额的简单相加,因为一个国家的出口就是另一个国家的进口,两个相加等于重复。在联合国统计中,通常采用各国出口额相加作为国际贸易额。由于各国都采用CIF价(即成本+运费、保险费)计算进口额,因此把进口值加起来作为国际贸易额是不准确的。而出口贸易一般采用FOB价(即装运港船上的交货价)计算出口额,因此把出口值加起来作为国际贸易额是比较准确的。

3.对外贸易额和贸易差额

对外贸易额(Value of Foreign Trade),也叫对外贸易值,它是用货币表示的一个国家在一定时期内的进出口规模,是衡量一个国家对外贸易状况的重要指标。它是由一个国家在一定时期内从国外进口的商品总额加上该国同一时期向国外出口的商品总额构成。目前,有的国家用本币表示这个指标,有的用外币表示。在计算时,出口额用FOB价计算,进口额用CIF价计算。

贸易差额(Balance of Trade),是指一个国家在一定时期内商品出口总额与进口总额相比而形成的差额。当出口商品总额超过进口商品总额时,差额的部分叫“贸易顺差”,又叫“贸易出超”;反之,当出口商品总额低于进口商品总额时,差额的部分叫“贸易逆差”,又叫“贸易入超”;如果进出口商品总额相等,则叫做“贸易平衡”。通常贸易顺差以正数表示,贸易逆差以负数表示。一个国家在进出口贸易中,很难达到贸易平衡状态,多是处于贸易顺差或贸易逆差状态,但如果顺差或逆差过大,就要采取措施进行调整,以趋向于平衡状态。

4. 国际贸易量

国际贸易量(Quantum of International Trade),是以数量、重量、长度、面积、容积等计量单位表示的国际贸易规模,是反映国际贸易规模实际发展变化的指标。

由于国际贸易的商品种类繁多,计量单位的标准各不相同,价值有大有小,无法统一衡量。为了反映国际贸易规模的实际发展变化,一般要采用货币价值计量的方法,剔除价格变化的因素,以固定年份的不变价格为基期标准来计算各个时期(报告期)的国际贸易量,即用进出口价格指数去除各个时期的进出口额,得到的是相当于按不变价格计算的报告期的进出口额,叫做报告期的国际贸易量。

5. 对外贸易量

对外贸易量(Quantum of Foreign Trade),是反映某国对外贸易规模实际发展变化的指标。其计算方式和计算公式都与国际贸易量的方法相同。

6. 贸易条件

贸易条件(Terms of Trade),是指一个国家在一定时期内出口商品价格与进口商品价格之间的对比关系,又叫进出口比价或交换比价。它反映该国的对外贸易状况,一般用贸易条件系数来表示。

如果该系数大于100(上升),则表明出口价格比进口价格相对上涨,意味着每出口一单位商品能换回的进口商品数量比原来增加,贸易条件比基期有利或改善。但如果该系数小于100(下降),则表明情况与上述相反,贸易条件恶化。

一般来说,一国贸易条件得到改善,表明该国的生产力水平较高或得到提高,出口商品的水平结构、技术含量较高。该国出口商品的成本因生产力水平提高而降低,或者该国出口商品的技术含量提高,出口商品的价格在一定程度上处于垄断地位。因此,贸易条件好或者得到改善,意味着该国出口条件比较有利,出口换汇率较高。相反,贸易条件恶化,则意味着该国生产力水平比较低,出口商品的水平结构、技术含量较低,出口换汇率较低。

7. 国际贸易商品结构

国际贸易商品结构(International Trade by Commodities),是指各类商品在国际贸易总额中所占的比重,通常以它们在世界出口总额或进口总额中的比重来表示。研究国际贸易商品结构,通常是看初级产品和工业制成品这两大类产品分别占世界贸易额的比重。

8. 对外贸易商品结构

对外贸易商品结构(Foreign Trade by Commodities),是指一个国家一定时期内各种类别的进出口商品占该国整个进出口贸易总额的比重,通常是以它们在该国出口总额或进口总额中的比重来表示。研究一个国家的对外贸易商品结构,可以了解该国的经济发展水平、产业结构状况、自然资源状况和贸易政策。因为一个国家的对外贸易商品结构,主要是由该国的经济发展水平、产业结构状况、自然资源状况和贸易政策决定的。

9. 进口替代和出口导向

进口替代(Import Substitution),即通过引进先进技术和设备,发展国内不能生产或质量不过关产品的生产,实现国产化,以国产制成品替代进口制成品。实施进口替代战略后,进口商品结构中制成品尤其是消费品的比例下降,但原材料、机器设备的进口比例会上升。同时,随着替代工业的发展,对原材料、机器元器件的需求扩大,对外汇的需求也会同比扩大。

出口导向(Export-Led),是指通过技术引进,利用外资,发展本国工业,以制成品替代初级产品的出口,通过出口贸易的增长,带动经济发展。

10. 国际贸易地理方向

国际贸易地理方向(Direction of International Trade),也称国际贸易地理分布,是指国际贸易的地理分布和商品流向,也就是各个国家和地区在国际贸易中所占的地位。通常用它们的出口额(或进口额)占世界出口贸易总额(或进口贸易总额)的比重来表示。

观察和研究不同时期的国际贸易地理方向,对于掌握市场行情的发展变化,认识世界各国间的经济交换关系及其密切程度,开拓新的国外市场,均有重要的意义。

11. 对外贸易地理方向

对外贸易地理方向(Direction of Foreign Trade),也称对外贸易地理分布,是指一定时期内世界上一些国家或地区的商品在某一国家对外贸易中所占有的地位。一般以这些国家或地区的商品占该国进出口贸易总额的比重来表示。对外贸易地理方向既标明了一国出口商品的去向,也标明了该国进口商品的来源,从而反映出该国进出口贸易的国别分布与地区分布,表明其与世界各国或地区经济贸易的联系程度。

12. 对外贸易依存度和对外开放度

对外贸易依存度(Ratio of Dependence on Foreign Trade),又称对外贸易系数,是指一个国家在一定时期内进出的贸易值与该国同期国民经济生产总值的对比关系。这是衡量一国国民经济对进出口贸易依赖程度的指标,可反映一个国家在一定时期内国民经济的发展水平。由于各国经济的发展水平不同,对外贸易政策的差异,国内市场的大小不同,导致各国对外贸易依存度有较大的差异。

对外开放度是指一个国家或地区社会再生产过程与国际再生产过程的联系程度,反映一个国家参与国际经济的深度状况。对外开放度可通过对下列指标加权后综合测定,这些指标包括:

(1)进出口贸易额在世界贸易总额中的比重。

(2)进出口贸易额在国民生产总值中的比重。

(3)主导产业、重要部门和相关部门的对外开放程度。

(4)资金的国内外流量。

(5)技术的国内外流量。

(6)人力资源的国内外流量。

(7)企业的国际化程度。企业的国际化程度越高，生产经营越符合国际规范，经济的外向度就越高。

(8)汇率的偏向度。

(9)内外销商品的比价。

(10)货币的自由兑换程度。

二、国际贸易的种类

国际贸易内容广泛，从不同的角度可以分为不同的类型。

1.按照货物的移动方向不同，可分为出口贸易、进口贸易、过境贸易

(1)出口贸易(Export Trade)。

出口贸易又称输出贸易，是指将本国生产和加工的产品运往他国市场销售，以满足国外消费者的需求。一个国家在一定时期内(通常是1年)出口所收入的全部金额，称之为出口总额。

(2)进口贸易(Import Trade)。

进口贸易又称输入贸易，是指本国从其他国家输入商品到本国市场销售，以满足本国消费者的需求。一个国家在一定时期内(通常是1年)进口所支出的全部金额，称之为进口总额。

(3)过境贸易(Transit Trade)。

过境贸易是指由甲国经乙国向丙国运送商品，对乙国来讲是过境贸易，又称通过贸易。承办过境贸易的国家既不是商品的生产国，也不是商品的消费国，该国只是提供商品过境时的运输、仓储、重新包装、分类等方便条件。

2.按照统计标准的不同即国境和关境不同，可分为总贸易和专门贸易

关境，又称关税领域，是一国海关执行海关法令的领域。一般来说，国境和关境是一致的。但有些国家在国境内设有自由港、自由贸易区、出口加工区、保税区等经济特区，这些地区不属于关境范围之内，这时关境小于国境。有些国家缔结成关税同盟，参加同盟的国家领土成为统一的关境，这时关境大于国境。

(1)总贸易(General Trade)。

总贸易是指以国境作为标准划分货物进出口的统计方法。凡进入该国国境的商品一律列为进口，称为总进口。凡离开该国国境的商品一律列为出口，称为总出口。总进口额加上总出口额等于该国的总贸易额。美国、中国、日本、英国、加拿大、澳大利亚等国家采用此种统计方法。

(2)专门贸易(Special Trade)。

专门贸易是指以关税作为标准划分货物进出口的统计方法。凡进入该国关境的商品一律列为进口，称为专门进口。当外国的商品进入国境后，暂时存放在保税仓库未进入关境，不列为进口。凡离开该国关境的商品一律列为出口，称为专门出口。专门进口额加上专门出口额等于专门贸易额。德国、法国、意大利等国家采用此种统计法。

3. 按照商品的形式不同，可分为有形贸易和无形贸易

(1)有形贸易(Visible Trade)。

有形贸易是指有形的、看得见的实物形态的商品贸易，又称为货物贸易。

在国际贸易中，有形商品种类繁多，根据《联合国国际贸易商品标准分类》，把国际贸易商品共分为10大类，这10大类商品又分为初级产品和工业制成品两大类。有形贸易的进出口都要办理海关手续，并在海关的进出口统计中反映出来，从而构成一个国家一定时期的对外贸易额。

(2)无形贸易(Invisible Trade)。

无形贸易是指非实物形态的劳务和技术的进出口，因为服务和技术是无形的，看不见摸不着，故称之为无形贸易。无形贸易主要包括：运输、保险、金融、信息、旅游、劳务和技术转让等。无形贸易通常不办理海关手续，在海关的进出口统计中反映不出来，只能在国际收支中加以反映。

4. 按照货物的运输方式不同，可分为陆路贸易、海路贸易、空运贸易、邮购贸易和管道运输贸易

(1)陆路贸易(Trade by Roadway)。

陆路贸易是指采用陆路运送方式运输的商品贸易，还包括通过其他各种陆上运输工具而进行的各种贸易。这种贸易是在有陆地相邻的国家之间进行的，主要运输工具有铁路上的火车和公路上的货车。

(2)海路贸易(Trade by Seaway)。

海路贸易是指采用海洋运输方式运输的商品贸易。这种贸易主要是在沿海国家之间进行。海洋运输运量大、运费低，是国际贸易运输的主要形式。运输工具为各种大型货轮、油船等装箱船等。

(3)空运贸易(Trade by Airway)。

空运贸易是指采用航空运输方式运输的商品贸易。这种贸易可在世界上任何国家进行。但航空运输运量小、运费高，只适用于少量、贵重、体积小、重量轻和时效性强的商品的运输，运输工具是飞机。

(4)邮购贸易(Trade by Mail Order)。

邮购贸易是指采用邮政包裹的方式运送的商品贸易。这种贸易可在世界上任何国家进行，也可采用任何运输工具来完成，适用于数量小、时效性强的商品的贸易。

(5)管道运输贸易(Pipeline Transportation Trade)。

管道运输贸易是指采用管道运输方式运输的商品贸易。这种贸易主要是在有陆地相邻国家之间进行，也可在邻海国之间进行，适用于石油、天然气、水煤混合体的运送。

5. 按照贸易是否有第三国参与，可分为直接贸易、间接贸易和转口贸易

(1)直接贸易(Direct Trade)。

直接贸易是指商品生产国与商品消费国不通过第三国而进行的贸易。贸易双方直接洽谈，交易货物直接由出口国运到进口国，没有第三国参与。

(2)间接贸易(Indirect Trade)。

间接贸易是指商品生产国与消费国不直接进行贸易，而是通过第三国的参与达成的贸易。贸易货物既可从出口国经由第三国运送到进口国，也可以直接从出口国运到进口国。对生产国来说是间接出口，对消费国来说是间接进口。

(3)转口贸易(Entrepot Trade)。

转口贸易是指商品生产国与商品消费国通过第三国进行的贸易。该种贸易对于第三国来说就是转口贸易。转口贸易的进出口商并未直接发生贸易关系，而是由第三国转口商分别同他们发生交易关系。第三国转口商不仅是中介人，同时也是货主，要通过买卖交易获取利润，这是与过境贸易的主要区别。对于那些地理位置优越、运输条件便利、贸易限制较少的国家和地区，如香港、新加坡等则较多地从事转口贸易活动。

6. 按照清偿工具的不同，可分为自由结汇贸易和易货贸易

(1)自由结汇贸易(Spot Exchange Trade)。

自由结汇贸易是指以可自由兑换的货币作为清偿工具的贸易。其特点是通过国际银行逐笔支付来结清债权债务。这种贸易方式不受销售市场制约，比较灵活和普及。在国际贸易中，常用的支付货币主要有美元、欧元、日元、英镑、瑞士法郎等。

(2)易货贸易(Barter Trade)。

易货贸易是指两国间直接的货物交换货物的对外贸易方式。这种贸易是根据两国政府间签订的易货协定，以及进出口商之间的交货合同所进行的贸易。其特点是将进出口直接联系起来。双方有进有出，进出基本平衡，不用外汇支付，这种方式多被外汇支付困难或外汇紧缺的国家所采用。

7. 按照贸易参加国的数量，可分为双边贸易和多边贸易

(1)双边贸易(Bilateral Trade)。

双边贸易是指两国之间通过协议，在双边结算的基础上进行的贸易。这种贸易，双方各以一方的出口支付另一方的进口，这种方式多用于外汇管制的国家。此外，双边贸易也泛指两国间的贸易往来。

(2)多边贸易(Multilateral Trade)。

多边贸易是指三个或三个以上的国家通过协议，在多边结算的基础上进行互有买卖的贸易。通过吸收第三国或更多国家参加协议，建立多边贸易关系，可以使参加国之间的收支互相冲销，彼此都能达到进出口平衡。

8. 按贸易方式不同，可分为协定贸易、易货贸易、补偿贸易、租赁贸易、技术贸易和寄售贸易

(1)协定贸易(Trade Regulated by Bilateral Agreement)。

协定贸易是指以贸易协定和支付协定为依据而进行的贸易。

(2)易货贸易(Barter Trade)。

易货贸易是指两国之间不使用货币，而直接以货物交换货物的一种贸易方式。

(3)补偿贸易(Compensation Trade)。

补偿贸易是指在买方信贷的基础上，从国外厂商处进口机器、设备、技术及某些原料，并约定在一定期限内，用产品或劳务等偿还的一种贸易方式。对于缺乏外汇和技术的国家，通过这种贸易方式利用外资买进先进技术和设备，以加速本国的经济发展，增强本国的出口能力。

(4)租赁贸易(Lease Trade)。

租赁贸易是指以出租方式租赁形式将商品交付给承租方使用，按期收取租金的一种贸易方式。优点是服务面广，手续简便，可适用于不同需要，机动灵活，并可在短期内尽快发挥机器设备的经济效益。

(5)技术贸易(Technical Trade)。

技术贸易是指国际间商业性的技术转让，当事人双方按照商定的条件，通过买卖方式将某种内容的技术从卖方转让给买方的行为。

(6)寄售贸易(Selling on Consgnment Trade)。

寄售贸易是指在对外贸易中采用委托销售的贸易方式，通常由出口商(委托人)将商品运交给在进口国的代理人或当地专营寄售业务的经纪人(受托人)，按照双方签订的寄售合同规定的条件，由受托人在当地市场销售。商品售出后，将所得货款扣除佣金和其他费用后汇交委托人。

第三节 世界市场

一、世界市场及其特征

(一)世界市场的概念及种类

1. 世界市场的概念

世界市场(World Market)，是指在国际范围内进行商品和劳务交换的场所。它包括国际分工联系起来的各个国家(地区)商品流通的总和。

世界市场是商品货币关系在世界范围内发展的结果，同国际分工和国际贸易紧密联系在一起，是联系各国商品流通领域的纽带。世界市场是由各国的国内市场和国际贸易市场组成的，有广义和狭义之分。

广义的世界市场包括世界商品市场、世界服务市场和世界金融市场。世界商品市场是各国贸易商与厂商进行交换的场所;世界服务市场是各国进行服务贸易,即运输、旅游、咨询、广告、保险及技术贸易等的场所;世界金融市场是指在国际上进行资本借贷款、贸易结算,以及金银、外汇和有价证券买卖的场所。其中,世界商品市场是世界市场的主体部分,其他两类市场主要是为世界商品市场的发展服务的。

狭义的世界市场仅仅是指世界商品市场。

世界市场是在国内市场的基础上形成的,但它与国内市场相比有以下几点不同:

(1)世界市场比国内市场更复杂。由于参与世界市场的国家错综复杂,各国的经济实力、对世界市场的依赖程度、经济贸易政策的开放程度、对外竞争的应变能力各不相同,导致世界市场比国内市场更复杂。

(2)世界市场所反映的商品交换关系的内容不同。

(3)世界市场的竞争性更加激烈。由于各国生产力水平的不断提高,各国参与世界经济活动的能力不断增强,再加上在经济发展的过程中,各国的经济势力此消彼长,导致世界市场的竞争更加剧烈和激烈。

(4)世界市场所受到的制约和影响因素不同。

2.世界市场的种类

根据不同标准,可以把世界市场分为不同种类。

(1)根据参加世界市场的国家的经济水平不同,可以把世界市场划分为发达国家市场和发展中国家市场。

(2)根据参加世界市场的国家的地理位置不同,可以把世界市场划分为北美市场、西欧市场、亚洲市场、中东市场和拉美市场等,或按国别划分为美国市场、德国市场、日本市场等。

(3)根据参加世界市场交换的产品的种类,可以把世界市场划分为世界纺织品市场、世界粮食市场、世界石油市场、世界汽车市场、世界飞机市场、世界电子计算机市场等。

(4)根据生产力密集程度,可以把世界市场划分为国际劳动密集型产品市场、国际资本密集型产品市场、国际技术密集型产品市场等。

(5)根据世界市场的商品用途不同,可以把世界市场划分为国际生产资料市场、国际生活资料市场。

(6)根据世界市场的要素,可以把世界市场划分为国际资本市场、国际商品交易市场、国际技术交易市场、国际劳动力市场等。

一般说来,按照地理位置或国别来划分及按照产品种类来划分世界市场的方法比较常见。

世界市场又是一个动态的概念。随着社会经济的发展,旧的市场不断被淘汰,而新的市场又不断涌现。当人类社会从工业经济时代走向知识经济时代时,又有四种市场正在崛起并已展现出发展的姿态：一是传媒资信市场；二是环境市场，包括净化水和空气市场、农业生物市场（即以生物产品替代化学产品，如除锈剂、除虫剂等）和能源市场（即替代高污染能源的科技能源，如太阳能电池和不会产生污染的碳烧炉等）；三是基本建设市场；四是人寿保险市场。

（二）世界市场产生与发展的历史过程

1. 世界市场的萌芽期（15 世纪末～18 世纪中期）

15 世纪末～16 世纪初的地理大发现和东西航道的开辟，极大地促进了西欧各国的经济发展，为世界市场的形成准备了必要的条件。地理大发现使西欧与亚洲、美洲、非洲的一些国家和地区联系起来，流通中的商品的种类和数量也随之增加，地理大发现使世界市场进入萌芽阶段。

2. 世界市场的迅速发展时期（18 世纪 60 年代～19 世纪 60 年代）

工业革命的成功，建立了大机器工业生产，资本主义生产方式成为统治的主要方式，世界市场进入迅速发展的时代。

(1)大机器工业需要一个不断扩大的市场。大机器工业想要存在，就必须扩大生产，不断取得新市场，扩大市场规模。资本家为了追求高额利润，则需要不断扩大机器大工业，从而迫使他们要超越本国已有的市场，到国外去寻求开发新市场，同时这一做法也为大工业的发展开拓了更广泛的领域。

(2)大机器工业不仅需要一个不断扩大的世界销售市场，同时还需要一个日益扩大的原料供应市场，使市场交换的商品日益增多，规模扩大。

(3)资本主义大工业的发展，使工业和人口不断地向城市集中，形成了许多大工业中心和食品销售市场。

(4)大工业的发展推动了世界人口的移动，扩大了世界劳动力市场，使世界资源的开发更趋于合理性。

(5)大机器工业的发展大大促进了海运、铁路、通信事业的发展，把各国的市场真正有效地联系在了一起。

(6)随着世界市场的扩大，黄金和白银的职能得以增强，使之形成世界货币，使商品有了世界价格，从而价值规律的作用逐渐扩展到世界市场上。

3. 统一的世界市场的形成（19 世纪 70 年代～20 世纪初）

这个时期垄断代替了自由竞争、第二次科技革命的发生、资本输出的加强、国际分工的进一步发展，形成了统一的无所不包的世界市场，其标志如下：

(1)多边贸易多边支付体系的形成。由于国际分工的发展、世界城市和农村的出现，西欧大陆和北美一些经济发达国家，从经济不发达的初级产品生产国，购买了越来越多的原料和实物，出现了大量的贸易逆差，与此同时，英国继续实行自由贸易政策，从西欧和北美的新兴工业国输入的工业品持续增长，贸易呈大量逆差。但英国又是经济不发达国家工业品的主要供应国，存在大量贸易顺差。这样，英国就成为多边支持体系的中心。这个体系为所有贸易参加国提供购买货物的支付手段，促进了资本在国际间的流动。

(2)国际金本位制度的建立和世界货币的形成。世界市场的发展和世界货币的发展是紧密结合的。只有在世界市场充分发展后，作为世界货币——黄金的职能才能充分行使。在这一时期，建立了国际金本位制度。它也是世界多边贸易多边支付体系发挥作用的货币制度，其作用是给世界市场上各种货物的价值提供一个相互比较的尺度和给各国的商品价格提供一个比较尺度，使各国的同一种商品的价格保持一致，把各国的价格结构联系在一起。

(3)形成了比较健全固定的销售渠道。大型的固定的商品交易所、国际拍卖市场、国际博览会形成了；建立了各种专业机构、银行、保险和航运机构；建立了比较固定的航线、港口、码头，把各国贸易市场有机地结合起来形成一个整体的世界市场。

(4)资本主义的各种经济规律制约着世界市场的发展。资本主义社会中各种固有规律，诸如基本经济规律、经济发展不平衡规律、价值规律等在世界市场上居于主导地位，制约着世界市场的发展。

(三)当代世界市场的基本特征

1.世界市场在动荡中不断扩大

在世界市场上，占主导地位的一直是发达国家，受资本主义基本经济规律制约，生产的无政府状态普遍，经常引起世界市场的动荡。其主要原因是由于美国的影响，作为世界经济大国的美国，其经济活动直接影响着世界市场的变化，还有世界上发生战争及其他因素造成的经济危机都会引起世界市场的动荡。虽然动荡，但世界市场主流仍在扩大发展，国际货物贸易额在不断增长，贸易参加国在不断增加，尤其是中国贸易量的扩大，对世界市场产生了巨大的影响。随着国际分工的进一步加深，资本国际化的进一步加强，交通与通信工具的进一步发展，给世界市场的扩大提供了有利条件。因此，可以说世界市场是在动荡中不断发展壮大。

2.世界市场集团化趋势在发展

随着国际分工的深化，各国参与到国际市场上的竞争加强，企业跨国趋势在不断增强。大的跨国公司的跨国经营，兼并重组，结成一定的利益集团，获取更大的利益。集团化趋势在世界市场中有两种表现，一种是国家集团化，另一种是跨国结成集团的趋势。国家集团化的特点是内部实行贸易自由化，对外统一排斥，限制外国商品的进入，并与某些集团外的国家结成特殊伙伴关系，如洛美协定。企业集团化的特点是交易市场内部化、技术转让内部化等。

3.世界市场上竞争与垄断并存

随着世界经济的发展，产品供应量的增加，垄断的进一步加强，使竞争更为激烈。战后，世界市场由卖方市场转为买方市场，各国厂商为了使自己的产品在国际市场上站住脚，使生产中消耗的物化劳动、活劳动得到补偿，利润得以实现，激烈地进行着竞争。

在竞争的同时,为了更好地占有市场,每种商品都存在着被少数大公司垄断的现实。这些大公司控制着市场,限定着市场价格,使其他企业无法与之相抗衡,而只能屈从于大的跨国集团。这种垄断的趋势在不断扩大。

4.国际贸易商品结构发生了重大的变化

随着世界经济的发展,国际贸易商品结构发生了重大的变化,主要表现如下:

(1)工业制成品的比重超过了初级产品在世界贸易中的比重,且工业制成品的比重越来越大,而初级产品的贸易额却在不断减少。在工业制成品中,机械产品、电子产品等与新技术有关的产品比重在加大。

(2)各大类产品在不断增加新品种新花色。以石油产品为例,在20世纪70年代仅有4大类近百种产品,而目前可达到百万种左右。新产品不断地被开发利用,使国际市场交易产品更加丰富多彩。

(3)服务贸易发展迅速,所占的比重越来越大。随着世界市场的不断扩大,服务贸易已成为世界市场上的商品之一,且服务贸易的外延在扩大,由过去的运输、保险、金融、旅游发展到信息、咨询、技术转让等15大类。服务贸易的增长速度大于同期商品贸易的增长速度,目前世界服务贸易总额大约相当于世界商品额的25%。

5.世界市场上商品的相对过剩与结构性的供给不足并存

由于国际市场基本上是建立在生产资料私人占有的基础上,整个市场具有无政府主义的特点,企业生产决策分散化、对未来市场预测准确性有限等使产品进入国际市场具有较大的盲目性,使大多数产品在国际市场上处于过剩状态。但由于这种盲目性又可能造成一些产品无人生产或产量过少而呈现出供给性不足。因此,要借助于国际机构加以引导和协调,改变这种不良状况。

(四)世界市场的构成和商品流通渠道

1.世界市场的构成

世界市场是由十分复杂、相互关联,而又相互区别的部分构成的,其中不仅有各种类型的国家和地区、身份各异的买方和卖方、繁杂的商品和多种商品购销方式,还包括各种商品流通渠道、销售渠道、运输网络和信息网络等。当代世界市场主要由以下几部分组成:

(1)各种类型的国家。

根据联合国的统计分类,参加世界市场活动的国家和地区可分为以下4类:

①由发达国家组成的市场经济国家,包括欧洲、北美、日本、大洋洲等27个国家;

②东欧国家,即俄罗斯等原经互会各国;

③亚洲社会主义国家,包括中国、朝鲜、越南等国;

④发展中国家和地区,包括上述国家以外的各大洲所有的国家和地区。

(2)订约人。

当代世界市场的订约人,按其活动的目的和价值可分为3类,即公司、企业主联合会和国家机关(政府部门和各主管部门)与机构。公司是指那些从事工业、贸易、建筑、运输业等,以谋取利润为目的而进行经济活动的组织。企业主联合会是企业家集团的联合组织,在政府机构中代表参加联合会的企业家集团的利益。它与公司的不同之处在于其活动的目的不是为了获得利润,而是为了促进入会企业的出口贸易。政府机关与机构只有在得到政府授权后,才能进入世界市场进行外贸业务活动。

(3)世界市场交易的对象。

国际贸易商品按照交易对象的性质或物理形态,可分为有形商品和无形商品。有形商品是看得见、摸得着的物质商品。无形商品也叫服务商品,是看不见、摸不着的。按照 WTO《服务贸易总协定》的分类,国际服务商品可分为商业、通信、建筑及工程、销售、教育、环境、金融、健康与社会、旅游、文化与体育、运输业及其他等 12 类 155 个项目。有形商品的进出口额表现在海关的贸易统计表上,是国际收支的主要组成部分,而无形商品不需经过海关,通常不显示在海关的贸易统计表上,它也是一国国际收支的组成部分,并反映在该国的贸易收支平衡表上。

(4)商品流通渠道。

世界市场的商品流通渠道,是指商品由各国的生产领域进入他国消费领域所采取的销售方式。按照购销业务的形式不同,世界市场可分为有固定组织形式的市场和无固定组织形式的市场。

(5)世界市场的运输网络和信息网络。

世界市场上的商品运输网是由海洋运输网、铁路运输网、航空网、公路网、河道和管道运输网构成。在这些运输网中以海洋运输网最为重要,占商品国际间运输量的 2/3 以上。其次是铁路运输网。目前,管道运输迅速发展,各种运输管道已达 200 多万公里。近年来,集装箱运输、大陆桥运输及国际多式联运也发展很快,多种运输网已构成一种能提供各种运输服务的运输网络。

世界市场信息网是世界市场的重要组成部分,是世界市场活动的中枢。世界市场信息网络手段的不断多样化和现代化,主要体现在电子计算机的普遍使用和通信卫星系统的建立。目前,世界上各大公司及各国政府、银行、高校和科研机构都可直接从事市场信息的搜集、分析、处理,并对外提供咨询服务,世界市场信息系统已走向国际化。

2. 世界市场的商品流通渠道

世界市场的商品流通主要通过国际贸易中心来实现。国际贸易中心是集结国际商品和国际贸易机构的地方。一般包括两种类型:一种是以交通枢纽、地理位置等所形成的国际商品集散中心;另一种是为开展国际贸易提供交易场所的中心城市。

(1)国际博览会。

国际博览会又称国际集市,是开展国际贸易和经济交流的重要场所。主办国不是以展示本国产品为主,而主要是为其他各国参展提供场所。国际博览会又分为综合性和专业性两种类型。国际上举行博览会的著名城市有伦敦、巴黎、法兰克福、芝加哥、苏黎世、东京、悉尼和广州等。

(2)商品交易所。

商品交易所是世界市场上进行大宗商品交易的一种特殊交易场所，是一种有组织的商品市场。商品交易所的特点是：必须在规定的时间和地点进行；必须通过交易所直接进行；通常是根据商品的等级、标准或样品进行交易，成交后，无需交割实物，卖方只是把代表商品所有权的证件转让给买方。国际上著名的商品交易所有纽约、伦敦、芝加哥等大型交易所。交易商品主要是大宗初级产品，如谷物、棉花、黄麻、羊毛、有色金属等。

(3)国际商品拍卖中心。

国际商品拍卖中心是指经过专门组织、在一定地点定期举行的市场。在拍卖中心出售的商品，拍卖前买主须验看。在商品拍卖后，拍卖的举办人和卖主对商品的质量都不接受任何索赔。国际上主要的商品拍卖中心有纽约、伦敦、阿姆斯特丹、圣彼得堡、蒙特利尔等。拍卖商品主要有毛皮、茶叶、烟草、花卉、水果、马匹等。

(4)国际贸易中心。

国际贸易中心主要是指在各大城市中，为更好地开展贸易活动而提供的特殊交易场所。

国际贸易中心主要提供以下服务：

①为世界各大公司提供办公地点。

②建立现代化手段的信息中心。

③为客商提供商品展出和贸易场所。

④备有齐全的金融、商业、服务设施。

⑤开办较高水平的贸易教育和语言教育。

3.世界市场上的销售渠道

销售渠道是指商品生产者到消费者之间的渠道。世界市场上的销售渠道通常是由以下3部分构成：

(1)出口国的销售渠道，包括生产企业和贸易企业本身。

(2)出口国与进口国之间的销售渠道，包括贸易双方的中间商。

(3)进口国国内的销售渠道，包括经销商、批发商、零售商。

常见的国际销售渠道的类型如表1-1所示。

国际销售渠道的类型 表1-1

出口国	进口国
1.出口企业……………………	……………………………→国外顾客
2.出口企业→出口商	进口商→国外顾客

续上表

出口国	进口国
3.出口企业→中间商→出口商	→进口商→零售商→国外顾客
4.出口企业→中间商→出口商	→批发商→零售商→国外顾客
5.出口企业→中间商→出口商	→进口商→批发商→零售商→国外顾客
6.出口企业→中间商→出口商	→零售商→国外顾客
7.出口企业…………………………	→零售商→国外顾客

第1种是国内企业自行出口，到进口国直接卖给用户。第2种是国内企业避开中间商直接将产品卖给出口商，出口到进口国，进口国也避开中间商将产品直接卖给消费者，此种方法适用于大宗商品的交易。第3、4、5种都是通过中间商来完成的，适用于消费品销售。第6、7种是国内企业直接将货物卖给国外的零售商，适用于大型连锁超市、大型百货公司的贸易。

第四节 国际价值

一、商品的国际价值

(一)商品的国际价值

1.商品国际价值的形成基础

商品的国际价值，是指在世界范围内由国际社会必要劳动时间所决定的商品的价值。

国际价值是一个历史范畴，它是随着国际贸易的发展，在参加世界市场的各国商品的国民价值的基础上形成的。任何国家所生产的商品的价值内容，都是由抽象的社会劳动决定的。当资本主义破坏了分散的自然经济，把地方市场结合成全国市场，并又结合成世界市场后，社会劳动便获得全面发展，社会劳动所生产的商品跨出了国界进行交换，社会劳动便具有了普遍的国际性质。各国生产商品的社会劳动不仅作为个别国家的共同劳动，而且成为由国际分工联系起来的世界总劳动的组成部分，同时也使商品价值的普遍性充分显示出来，使商品的国别价值发展成为国际价值。

2.国别价值和国际价值的关系

商品的国别价值和国际价值作为一般人类劳动的凝结物，在本质上是完全相同的，即质的同一性，而在量上却是不同的，即量的差异性。国别价值是由该国生产该商品的社会必要劳动时间决定的。“社会必要劳动时间是在现有的社会正常的生产条件下，在社会平均的劳动熟练程度和劳动强度下，创造某种使用价值所需要的劳动时间。”现有的社会正常的生产条件，主要是指当时某一生产部门大多数产品生产已经达到的技术装备水平。社会平均劳动熟练程度和劳动强度，是指该生产部门的中等劳动程度。由于各个国家的生产条件和劳动强度不同，即使是生产同一种产品所耗费的劳动时间也是不同的。在这种情况下，价值只能由社会平均劳动熟练程度和劳动强度来决定。国际商品的价值量是由世界劳动的平均单位决定的。这个平均的劳动单位，就是在世界经济的一般条件下生产某种商品时所需要的特殊的社会必要劳动时间。

当某一商品在世界市场上进行交换时，衡量其价值量的尺度必须是国际劳动的平均单位，即国际价值。但各国的社会必要劳动时间决定的商品价值，即国别价值在国内是被社会承认的。因此，商品国际价值的形成是以国别价值，为基础的。任何国家的任何商品，一旦走上世界市场就具有两重价值，即国别价值和国际价值。商品的国别价值是以该国货币表示的，其国际价值是以世界货币来表示的。

3. 影响国别价值量的主要因素

各国在同一时间里生产的国际价值量是不相等的。由于各国的经济发展程度不同，劳动生产率也存在差异，一个国家经济发展水平越高，其劳动强度和劳动生产率也就越高，反之则越低。由于这种差异造成有些国家的国民平均劳动强度和平均劳动生产率低于国际标准，有的则高于国际标准。因此，不同国家在同一劳动时间内所生产的同种商品的不同量，有不同的国际价值，而表现为不同的价格。

(二)影响国际价值量变化的因素

商品的国际价值量是随着各种因素的影响而变化的，其主要影响因素如下：

1. 劳动生产率

劳动生产率是指劳动的生产效率，它用同一劳动在单位时间内生产某种产品的数量来表示，或者用生产单位产品所消耗的劳动量来表示。在同一劳动时间内生产的产品数量越多，或单位产品所消耗的劳动时间越少，则劳动生产率越高，反之越低。

劳动生产率的高低，主要取决于以下因素：

(1)劳动者的熟练程度。

(2)生产资料，特别是生产工具的装备水平。

(3)劳动组织和生产组织状况。

(4)科学技术的发展和应用程度。

(5)原料和零部件的状况，以及其他各种自然条件等。

在不同的生产部门和企业中，每种因素对劳动生产率的影响各不相同，所产生的国际价值量也不同。

由于国际社会必要劳动时间是随着世界各国的社会必要劳动时间变化而变化，

各国的社会必要劳动时间的缩短或延长，都会影响到国际社会必要劳动时间。因此，从世界市场来看，单位商品的国际价值量也与世界劳动生产率水平成反比，即世界劳动生产率水平越高，单位时间内生产的商品就越多，单位商品所含的国际价值量就越低。

2. 劳动强度

劳动强度是指劳动的紧张程度，也就是指同一时间内劳动力消耗的程度。单位时间内消耗的劳动越多，劳动强度就越大。反之，劳动强度就越小。因此，商品的国际价值同国际平均劳动强度成正比。

3. 贸易参加国的贸易量

国际社会必要劳动时间的形成与参加国际贸易国家的贸易量密切相关。商品的国际价值量不是国别价值量的简单平均，原因如下：

(1)如果绝大多数国际贸易商品是在大致相同的正常的各个国家的社会必要劳动时间下生产出来的，则国际社会必要劳动时间就是该商品各个国家的社会必要劳动时间。在这种情况下，商品的国别价值与国际价值基本上是一致的。

(2)在国际市场某一商品的总量中，如果在较好条件下生产的数量占绝大部分，那么该商品的国际价值就在很大程度上由生产条件较好的国家的社会必要劳动时间所决定，且其国际价值会更加接近于生产条件较好国家的国别价值。反之，如果某一商品是在较差条件下生产的数量占绝大多数的话，则该商品的国际价值就会更加接近于生产条件较差国家的国别价值。

二、国际市场价格

国际市场价格又称商品的世界市场价格，它是商品国际价值的货币表现或者说是以货币表现的商品的国际价值。国际市场价格是在一定条件下形成的在国际市场上实际交易商品所依据的价格。

1. 影响国际市场价格的因素

(1)国际价值是商品国际市场价格变动的基础和中心。

商品的国际价值是商品国际价格变动的基础。价值决定价格，价格是价值的货币表现。假如生产某种商品所耗费的国际社会必要劳动时间减少，则商品的国际价值降低，商品的国际市场价格也将随之而下降。相反，如果生产某种商品所耗费的国际社会必要劳动时间增加，则商品的国际价值提高，那么商品的国际市场价格也将随之而提高。

(2)货币价值的变化对国际市场价格的影响。

在商品价值不变的情况下，商品的价格会随着货币价值的升降而呈反比例变化。货币贬值、通货膨胀，则商品价格上涨；货币升值，则商品价格下跌。

(3)供求关系是影响国际市场价格变动的重要因素。

供求变动是引起国际市场价格发生变动的直接原因，其他因素是通过影响供求促进价格发生变化的。在世界市场上，商品的供给与需求经常处于不平衡状态。因此，国际市场价格经常围绕国际价值上下波动，这正是价值规律的表现形态。供求变化会引起世界市场价格的变化，价格的波动会反过来调节世界市场的供求状况。当商品的供给大于需求时，世界市场价格会低于国际价值，而当商品的需求大于供给时，世界市场价格就有可能高于国际价值。

影响供求变化的一些因素也会间接地对国际市场价格起重要影响作用，这些因素主要有：①垄断和竞争；②经济周期；③各国政府所采取的干预价格的政策措施；④其他非经济因素的影响，如自然灾害、战争、政治变化、投机等。

2. 国际市场价格的种类

(1)世界“自由市场”价格。

商品的自由市场价格是指商品在国际间不受垄断力量干扰的条件下，由独立经营的买卖双方通过自由竞争而形成的价格。这种价格是基本上能客观地反映国际市场上商品的供求状况，并且能够得到各国普遍承认的具有代表性的国际贸易价格。如商品交易所价格、拍卖价格、开标价格等。

(2)世界“封闭市场”价格。

世界封闭市场价格是指商品通过封闭性渠道到达消费者手里的价格，主要有垄断价格、调拨价格、国际商品协定下的协定价格等。

①垄断价格　是指垄断企业或组织之间同其他企业交易时，利用其经济力量或市场控制力量所决定的价格。这种垄断价格分为两类，其一是卖方垄断价格，其二是买方垄断价格。卖方垄断价格高于商品的国际价值，而买方垄断价格则低于商品的国际价值。在垄断价格下，垄断组织都能取得垄断超额利润，但由于垄断并不排除竞争，因此，垄断价格也有一个客观规定的界限，不可能无限地提高和压低。

②调拨价格　又称转移价格，是指跨国公司根据其全球战略目标，在母公司与子公司、子公司与子公司之间销售商品和服务时采用的内部价格。因此，调拨价格不受市场一般供求关系的影响，而只是根据跨国公司的战略目标来确定，以便实现其调节利润、转移资金、控制市场和逃避税收等目的。

③国际商品协定下的协定价格　订立商品协定的主要目的在于稳定价格，消除短期或中期的价格波动。所有的国际商品协定都规定一种或数种方法，如采取出口限额或进口限额、缓冲存货、规定最低价格和最高价格等来稳定商品价格。

④国家垄断价格或管理价格　是指受国家政府干预和调节的价格。如政府间双边贸易中规定的价格或长期供货合同价格。

C 案例启迪

我国芦柑首次进入欧盟市场[1]

从厦门检验检疫局获悉，经厦门检验检疫局检疫合格的24.4t福建永春芦柑，已于日前在荷兰顺利通关上市。这是我国芦柑首次打入欧盟市场，也是继2003年11月16.6t福建平和溪蜜柚首次顺利输往欧盟后，我国柑橘类水果第二次进军欧盟市场。这批出口芦柑的价格为2.8元/kg，是我国芦柑输入其他地区价格的近两倍。[1]

另据介绍，我国芦柑的传统出口市场为东南亚各国和加拿大市场，出口价格一般仅为1.7元/kg，且竞争极为激烈。国内企业为此把目光投向欧盟市场，但历经坎坷，几经波折，不过这次终于如愿以偿。

评析：柑橘类水果产品进入欧盟市场，面临的门槛主要是欧盟法规对进境柑橘类水果有严格的检验检疫要求：

(1)所有进境柑橘类水果不得带有花梗和枝叶；

(2)外包装应标注规定的原产地标识；

(3)输出国官方必须出具植物检疫证书，证明不带有柑橘溃疡病菌、尾孢菌、痂囊腔菌、柑果黑腐病、柑橘速衰病毒和橘小实蝇、瓜实蝇、南瓜实蝇等多种有害生物；

(4)证书上要用拉丁文注明植物学名。

此次经厦门口岸检疫出口的芦柑是由济宁市三龙经贸有限公司承担出口的，为保证该批芦柑的出口安全，芦柑的果园管理及出口前的保鲜和除害处理工作都极其严格。本次芦柑成功出口欧盟，将对福建乃至我国柑橘果园的规范管理、保鲜处理技术的进步及整个柑橘产业的发展，起到积极的促进作用，并由此可能带动更多相关水果打入欧盟市场。

三、价值规律在国际贸易中的作用

价值规律是商品经济的基本规律，商品交换应遵循等价交换原则，这一原则既作用于国内商品交换，也作用于国际商品交换，这种作用主要表现为：

1.价值规律调节着国际分工和各国出口商品生产

价值规律对国际分工的发展起着重要作用。在资本主义大工业发展后，欧美强国利用廉价的工业品摧垮经济不发达国家的民族工业，形成了有利于自己的国际分工。在当时的世界市场上，工业国掌握着先进的技术，劳动生产率迅速提高，生产的

[1] 资料来源：严国辉.国际贸易理论与实务.北京：对外经济贸易大学出版社，2005：43.

产品具有较强竞争力，而不发达的国家还处于手工生产，劳动效率低下，无法与发达的工业国竞争，最后只能作为西方工业国的原料产地和商品销售市场，被卷入世界经济体系，形成了垂直型的国际分工体系。

二战后，国际贸易迅速发展，发达国家与发展中国家之间的国际分工又发生了一些变化。发达国家利用先进的科学技术和劳动者的熟练程度，发展那些技术密集型企业、资本密集型企业，生产高、精、尖、用料少、污染轻的集约工业，而把那些大众化、用料多、污染严重的工业放到发展中国家，发展中国家想改变这种状态不具备条件，只能被动接受。发达国家生产的产品的国际价值量远远高于发展中国家，在商品交换中，获得更多的收益，这种分工也属于垂直型国际分工。

价值规律在调节发达国家之间的分工中也起着重要作用。这种分工属于水平型分工的类型。在发达国家，产业资本家总是面对着国际市场，并且将其成本价格在国内和国际市场上进行比较，当其成本价格低于世界市场价格时，则继续生产该商品，当其成本价格高于世界市场价格时，则采取技术改造措施，提高劳动生产率，降低生产成本，使之低于世界市场价格而继续生产。同时，产业资本家还可以利用掌握的高端科学技术生产“资本集约”或“知识集约”产品，利用自己的长处，分工协作，分工更加细致，取得更佳的经济效益。产业资本家的这些举措，无疑对国际分工产生巨大影响。

2. 价值规律加剧了世界经济发展的不平衡

(1)价值规律加深了发达国家与发展中国家的两极分化。发达资本主义国家的工农业生产均发达，劳动生产率高，在世界市场上的国际贸易中占有主导地位，生产的产品质优价廉，获利较多。而发展中国家由于技术水平落后，生产的产品多为初级产品或半制成品，即使是制成品，由于劳动生产率低，成本也高，很难与发达国家的产品相抗衡。这种情况久而久之，使发达国家与发展中国家的差距越拉越大，加剧了发达国家与发展中国家之间经济的不平衡。

(2)价值规律也加深了发达国家之间的不平衡。发达国家之间也存在着差异，由于各国的生产条件、经济政策不尽相同，各自生产的商品成本不同，竞争能力也各异。而发达国家中的美国、日本、德国、英国、法国等国家经济实力最强，尤其是美国，始终处于世界经济霸主的地位，而与其他一些国家存在着很大的差异。在商品竞争中，某一或某些强国的经济实力越强，所获利益越大，与其他国家的差距也就越大，从而造成世界经济发展的不平衡。

3. 价值规律可自发地调节各国的商品生产

价值规律对国际商品生产和国际分工的调节是通过价格波动实现的。在世界市场上，商品的国际价值不是取决于生产商品的国别劳动时间，而是主要取决于国际社会必要劳动时间。因此，那些劳动生产率较高，单位时间内生产的产品数量较多，而每件产品的国际价值量较小，商品成本明显低于世界市场价格的产品，在世界市场上出售，便可获得较多的利润，从而促使这些国家的商品生产者扩大生产。反之，如果一些国家的商品成本高于国际市场价格，生产该种产品不仅无法获利，甚至于亏损，这些国家的商品生产者将不会继续生产，或必须改进其生产技术，提高劳动生产率，降低成本，提高商品在国际市场上的竞争能力，才能继续生产下去。各国的产业资本家，必须总是面对世界市场，把自己的成本价格与国内外市场价格作比较，找出自己商品的生产优势，以较低的成本换回最大的利益。

4.价值规律可刺激贸易各国改进出口和销售技术

由于商品的国际价值主要取决于国际社会必要劳动时间，也即劳动生产率越高，国别社会必要劳动时间越少，商品的国别价值越低，如按照国际社会必要劳动时间决定的国际价值出售，便可获得较多的利益。反之，则会失去利益。因此，参加贸易的国家为了获得较多的利益，并在竞争中争取主动，不但要在提高劳动生产率、降低成本上下工夫，而且还要在商品的质量、包装、装潢、售后服务等方面得以改进，为客户提供更好的交货条件、资金信用，更好地满足顾客需求，使销售技术水平得以提高，促进商品的出口。

5.价值规律可调整国家的对外贸易政策

资本主义国家在制定对外贸易政策时，除去政治因素，都要考虑其出口商品的价格竞争能力。经济发达、生产水平高、商品竞争能力强的国家，都主张或执行自由贸易政策。而经济欠发达、生产力水平较低、商品竞争能力弱的国家，一般都奉行保护贸易政策。而一国的不同时期，其产品在国际市场上的竞争力不同，当其竞争能力强时则采用自由贸易政策，在其竞争能力弱时则采用保护贸易政策。因此，一国的劳动生产率高低、商品竞争能力强弱，直接影响着该国所采取的对外贸易政策。

S 复习思考

1.国际贸易的基本理论概念。

2.国际贸易与国内贸易的区别。

3.国际贸易的种类。

4.世界市场的基本特征。

5.影响劳动生产率变化的因素。

6.价值规律在国际贸易中的作用。

E 能力训练

请查阅世界汽车市场引领潮流的品牌、产品、价格、供求状况等有关资料，结合所学的知识，分析世界汽车市场的发展趋势。请在课外以宿舍为单位展开此问题的谈论，如有疑问，向老师请教。

第二章 国际贸易政策和措施

学习导引

通过学习本章,了解各国对外贸易政策的意义及影响各国制定对外贸易政策的因素;掌握各种国际贸易政策措施的特点、内容和功能,以及非关税壁垒的种类及其对国际贸易的影响。

能力提示

通过对本章的学习和训练,具备初步运用国际贸易政策分析国际经济贸易问题的能力;面对各国采取的对外贸易政策,具备采取相应应对策略的能力。特别是对世界各国对华的反倾销案件要有深刻的理解。

第一节 国际贸易政策概述

一、国际贸易政策的含义和意义

国际贸易政策是指世界各国和地区对外进行商品、服务和技术交换活动时所采取的政策。各国为实现其经济发展目标,根据其政治与经济利益会制定有利于各自经济发展的对外贸易政策。从单个国家或地区的角度出发,其国际贸易政策就是对外贸易政策。

对外贸易政策是一国政府在一定时期内为实现一定政策目标对本国进出口贸易制定并实施的政策,它从总体上规定了该国对外贸易活动的指导方针和原则。对外贸易政策的内容一般包括对外贸易总政策、进出口商品政策和国别或地区政策等。

对外贸易总政策,包括进口总政策和出口总政策,是一国根据国民经济发展的需要,结合本国在世界经济贸易中所处的地位、本国经济发展战略和本国产品在世界上的竞争能力,以及本国的资源、市场和产业结构等情况所制定的在一个较长的时期内发展对外贸易的基本方针和原则。例如,中国对外贸易总政策是:"以积极的对外贸易政策为方向，以多样的政策措施为手段，借助对外贸易推动产业结构的升级和经济的工业化，实现中国经济的可持续发展。”

进出口商品政策，是一国根据对外贸易总政策和国内产业结构、国内市场状况等分别对进出口商品的生产、销售、采购等制定的政策。例如，有意识地扶植某些出口部门，或为了保护本民族工业的发展，对某些外国同类商品实行进口限制。又如，为了防止某些尖端技术或战略性外资流向敌对国家，对某些高技术产品实行出口限制等。

国别对外贸易政策，是一国根据各国或地区与本国不同的政治、经济和外交关系而采取的区别对待的贸易政策。

上述三方面是紧密联系、相互贯通的。进出口商品政策、国别贸易政策总是离不开对外贸易总政策的指导，而对外贸易总政策又是通过具体的进出口商品政策和国别贸易政策体现出来的。

国际贸易政策是世界各国经济政策的重要组成部分。一个国家对外贸易政策的制定和实施不仅要反映其国内经济的特点，还要兼顾国际贸易环境的具体情况及有关国家的政策措施，以利于有的放矢地制定相应的对策，保护国内市场，扩大商品销路。

各国对外贸易政策的意义在于维护国家经济安全，具体表现在：

(1)促使和保护国民经济的正常发展，保护国际收支平衡，扩大本国产品的出口市场，增加就业，提高劳动力的收入。

(2)在维护国家主权和利益的前提下协调与各国的经济贸易关系，积极参与社会分工和国际竞争。

(3)发展国际间的经济交流和友好关系，对国际间的经济合作和世界经济的发展作出贡献。

二、国际贸易政策的制定与执行

对外贸易政策是一个国家经济政策和对外政策的重要组成部分，是为国家经济总政策服务的。在制定对外贸易政策时，既要考虑对外贸易本身的需要，又要考虑国民经济其他组成部分的需要。各国制定对外贸易政策的出发点是既要积极参与国际贸易分工，又要把获取贸易分工利益的代价降低到最低限度。

1. 各国在制定对外贸易政策时，要考虑国内与国际两方面的制约因素

(1)国内因素。

制定对外贸易政策时，首先要考虑本国经济力量的强弱。一般来讲，经济比较发达的、产品国际竞争力较强的国家，倾向于自由贸易政策，反之则倾向于保护贸易政策。当然，一个国家实行自由贸易政策，也不是完全意义上的自由，而总会对某些产业进行保护。同理，一个国家实行贸易保护政策也并不意味着完全封闭，不与别国开展贸易，而是对某些产品的保护程度高一些。其次，要考虑本国的经济发展战略。外向型经济发展战略的国家，就会制定比较开放和自由的对外贸易政策；反之，就会制定相当保守的对外贸易政策。再者,一国利益集团对本国对外贸易政策的走向影响很大,当某些利益集团在政治和经济上占优势时,对外贸易政策就会充分考虑这些利益集团的利益。

(2)国际因素。

对外贸易政策和外交政策是相互依存、相互促进的关系。对外贸易要服从外交的需要,而外交则要为外贸打通道路、提供保护。在当今世界经济相互依赖、相互联系日益加深的今天,一国对他国不利的贸易政策很难长期保护本国的利益,因为它势必会招致其贸易伙伴的报复。只有考虑他国的利益,才能使互利性的贸易关系得以长远发展。实践表明,要真正体现互惠互利的贸易原则,还需要贸易政策的国际协调,把各国的对外贸易政策当作世界贸易总体政策的不同组成部分,以使贸易遵循某些共同的“竞赛规则”。

除此以外,一国对外贸易政策的制定,还受到本国国际收支和对外贸易差额变化,以及国内物价和就业状况等因素的影响。

总之,一国制定什么样的对外贸易政策,取决于本国的具体情况和国际环境,但这并不排除存在着某些共同的原则和规则。也就是说,既要积极参与国际贸易分工,又要把获取贸易分工利益的代价降到最低限度,这是各国制定对外贸易政策的出发点。

(二)国际贸易政策的制定者和执行者

各国的立法机关负责对外贸易政策及有关的各种法令、法规的制定、颁布和修改,而执行是由相关的行政机构负责。一国的最高立法机关在制定对外贸易政策方面是最高权力机构。这类机构在美国是国会,在英国是议会,在我国是人民代表大会。一般来说,最高立法机关所颁布的各项对外贸易政策,是一国对外贸易政策的总方针和基本原则,其有关法令、法规也往往是在一个较长时期内实行的。此外,在世界各国的政府部门里,都设有监督管理进出口事务的海关机构。海关是代表国家政府对进出口事务进行具体管理的机构。其主要的任务是贯彻执行国家有关对外贸易的政策、法律、法令;代表国家在口岸行使监督管理职权;维护国家的主权和利益。其基本任务是监督管理、征收关税和查禁走私。

三、国际贸易政策的基本类型

国际贸易政策有两种基本类型:自由贸易政策和保护贸易政策。

自由贸易政策是指国家对进出口贸易活动一般不进行干预,减免关税和其他贸易壁垒,让商品和服务等自由进出口,在国内外市场上自由竞争。

自由贸易政策的主要内容是:国家取消对进出口贸易的限制和障碍,取消本国进出口商品的各种特权和优待,只要是合法制造的商品,就可以自由进出口,在国内外市场上自由竞争。这是一种中性的贸易政策,国家只负责营造公平的竞争环境和维持正常的竞争秩序。

保护贸易政策是指国家采取各种措施干预对外贸易，通过高关税和非关税壁垒来限制外国商品和服务的进口，以保护本国市场免受国外商品的竞争；同时对本国出口商品给予优惠或补贴，鼓励扩大出口，以提高本国商品和服务在国外市场上的竞争能力。

保护贸易政策的主要内容是：国家对进出口贸易施加干预，利用各种措施限制商品进口，保护国内市场和国内生产，使之免受外国商品的竞争；对本国出口商品给予优待和补贴，以鼓励扩大出口。简言之，即“奖出限入”政策。

从世界经济发展的不同时期来看，一般而言，当世界经济普遍繁荣时，国际贸易自由程度较高，贸易障碍减少；而当世界经济衰退、市场不景气时，各国为保护国内经济而增加贸易障碍，贸易自由度降低，保护贸易政策变成为主流。

1. 资本主义形成时期——保护贸易政策

在资本主义生产方式准备时期，为了促进资本原始积累，西欧各国实行重商主义下的强制性贸易保护政策，主张干预经济和对外贸易，通过对金银货币和贸易的管制实现贸易顺差来加速资本的积累。这种政策在英国实行得最为彻底。

2. 自由资本主义时期——自由贸易政策

18 世纪中叶～19 世纪末是资本主义自由竞争时期。在这一时期，资本主义生产方式占统治地位，世界经济进入商品和资本国际化阶段。对外贸易政策的基调是自由贸易，英国是带头实行自由贸易政策的国家。但由于各国的经济发展水平不同，一些经济发展起步较晚的国家如美国、德国则采取了保护贸易政策。

3. 垄断资本主义时期——超保护贸易政策

19 世纪末 20 世纪初，资本主义发展进入垄断阶段。垄断代替了自由竞争，各国为了垄断国内市场和争夺国外市场先后走上了保护主义的道路。各主要国家实行的保护贸易政策具有明显的侵略性和扩张性，因而一般称之为侵略性的保护贸易政策或超保护贸易政策。

4. 二战初期～20 世纪 70 年代中期——贸易自由化

第二次世界大战后初期，发达国家特别是西欧和日本等国家继续实行超保护贸易政策，严格限制外国商品进口。但是，随着战后各国经济的恢复和发展，从 20 世纪 50 年代开始～70 年代初，主要国家都在不同程度上放宽了进口限制，在其对外贸易政策中出现了贸易自由化倾向。

5. 20 世纪 70 年代末～至今——新贸易保护主义

进入 20 世纪 70 年代末，各国普遍实行协调管理的贸易政策。在这种协调管理贸易政策制度下，国家对内制定一系列的贸易政策、法规，加强对外贸易健康有序的管理；对外通过签订双边、多边经济贸易条约或协定，协调与其他国家对外经济贸易方面的权利和义务，维护自由、公平的贸易环境和竞争秩序。限制进口措施的重点从关税壁垒转向非关税壁垒,“奖出限入”措施的重点从限制进口转向鼓励出口,从贸易保护制度转向更系统的管理贸易。

自1978年,我国放弃完全封闭式的保护贸易政策,开始逐步实行开放型的适度贸易。目前所实行的开放型的适度贸易保护政策符合我国的经济发展水平,能够适度保护国内主导和支柱产业;维持国内就业;保持国际收支平衡;并在开放原则的基调下,采取符合国际规范的适度保护原则。随着我国经济的继续发展,对外开放程度和深度的不断提高,我国对外贸易政策将进一步推进贸易自由化进程。

第二节　关税及关税壁垒

一、关税概述及关税征管机关

(一)关税的基础知识

1.关税的概念

关税(Customs Duties;Tariff),是进出口商品经过一国关境时,由政府所设置的海关对进出口商品所征收的税收。

关境(Customs Territory),是海关征收关税的领域,也是海关管辖和执行各项有关法令和规章的区域。一般来说,关境和国境是一致的,但在许多国家二者并不一样。关境与国境的不同主要有以下3种情况:

(1)有些国家在国境内设有自由港、自由贸易区和出口加工区等经济特区,这些地区虽然在国境之内,但从征收关税的角度来看,它们是在该国的关境之外,这时关境在范围上小于国境。

(2)有些国家相互之间结成关税同盟,参加关税同盟的国家领土合并成为一个统一的关境,成员国之间免征关税,货物自由进出口,只对来自和运往非成员国的货物进出共同关境时征收关税。这时关境则大于成员国各自的国境。

(3)在一国两制的国家境内可能有两个或两个以上的关境同时并存,如中国就是如此,除中国海关管辖的区域外,还有香港、澳门和台湾三个单独关税区域,这种情况下的关境范围小于国境。

2.关税的性质

关税与其他税收一样,具有强制性、无偿性和固定性。强制性是指关税由海关凭借国家权力依法强制征收,而不是一种自愿性的捐纳,纳税人必须按照法律规定无条件地履行其义务,否则就要受到国家法律的制裁。无偿性是指关税由海关代表国家单方面地向纳税人征取,作为国库收入,而国家不需要给予任何补偿。固定性是指关税由海关根据国家法令和规章预先制定的标准加以征收,海关与纳税人均不得任意更改有关的法规。

关税属于间接税。课税主体即关税的纳税人,是进出口商;课税客体即课税的对象,是进出口货物。因为关税主要是对进出口商品征税,其税负可以由进出口商垫付,然后把它作为成本的一部分加入货价,货物售出后可收回这笔垫款,因此关税负担最后转嫁由买方或消费者承担。

(二)关税征管机关

关税的征收是通过海关来执行的。海关是设在关境上的国家行政管理机构,它受权于国家,对外代表国家行使国家主权,对内代表中央政府行使对地方的权力。海关是贯彻执行本国有关进出口政策、法令和规章的重要工具,其基本职责是根据这些政策、法令和规章对进出口货物、货币、金银、行李邮件和运输工具等实行监督管理、征收关税、查禁走私、临时保管通关货物和统计进出口商品等。

(三)关税的征收方法

征收关税的方法,主要有从量税和从价税两种。在这两种主要征收方法的基础上,又派生出混合税和选择税。

1. 从量税(Specific Duties)

从量税是以商品的重量、数量、容量、长度和面积等计量单位为标准计征的关税,其税率表现为每一计量单位的产品应纳的关税的金额。从量税额是商品的计量单位乘以税率。

2. 从价税(Ad Valorem Duties)

从价税是以进口商品价格为标准计征的关税,其税率表现为货物价值的百分比。从价税为商品的总值乘以从价税率。

在征收从价税中,较为复杂的问题是确定完税价格。完税价格是经海关审定作为计征关税的货物价格,是决定税额多少的重要因素。各国采用完税价格的标准很不一致,大体分为以下 3 种:

(1)以成本保险费加运费(CIF)价格作为征税价格标准。

(2)以装运港船上的交货价格(FOB)作为征税价格标准。

(3)以法定价格作为征税价格标准。

我国进口关税的征收采用从价税,进口商品以 CIF 价格作为完税价格,出口商品以 FOB 价格作为完税价格。

3. 混合税(Mixed or Compound Duties)

混合税是对某种进出口商品同时征收从量税和从价税的一种方法,又称符合税。其计算公式为:

$$混合税=从量税额+从价税额 \tag{2-1}$$

混合税在具体应用时有两种情况:一种是以从量税为主加征从价税,另一种是以从价税为主加征从量税。

4. 选择税(Alternative Duties)

选择税是对某种进出口商品同时制定从量税和从价税两种税,并选择其中一种而征收的关税。一般选择其中税额较高的一种征收,但也有选择其中税额较低者征收的。

四种征税方法各有优缺点,具体见表2-1。

四种征税方法的优缺点对比 表2-1

征税方式	优点	不足
从量税	1.适用于数量多、价值低廉的产品 2.税率固定,运用方便 3.商品价格下降时,保护作用增加	1.不适用质高价高的商品 2.商品涨价时,保护作用下降
从价税	1.税赋合理,适用性广 2.税赋明确,便于各国税率比较 3.税赋公平,税率随价格涨落增减	1.操作困难,完税价格不易掌握,通关时间长 2.商品降价或有意为避税而降价时,保护作用降低
混合税	1.兼有从量税和从价税各自的优点 2.税赋科学、公正、适度	1.征税手续复杂、费用高 2.从价税、从量税比例难以掌握
选择税	具有很强的灵活性	出口国难以掌握,易发生争议。

(四)征收关税的依据

各国征收关税的依据是各国的海关税则,即关税税则。关税税则是一国对进出口商品计征关税的规章和对进出口的应税与免税商品加以系统分类的一览表。海关税则是海关凭以征税的依据,是一国关税政策的具体体现。

海关税则一般包括两个部分:一部分是海关征收关税的规章、条例和说明;另一部分是关税税率表。关税税率表主要包括税则序列(简称税号)、货物分类目录、关税税率三部分。

根据关税税率栏目的多少,海关税可分为单式税则和复式税则。

单式税则(Single Tariff),又称一栏税则。在这种税则中,每个税目只有一个税率,适用于来自任何国家的商品,没有差别待遇。现在只有少数发展中国家,如委内瑞拉、巴拿马、乌干达、冈比亚等仍实行单式税则。复式税则(Complex Tariff),又称多栏税则。在这种税则中,每个税目订有两个或两个以上税率,对来自不同国家的同类商品适用不同的税率,以实行差别待遇和贸易歧视政策。目前,绝大多数国家都采用复式税则。

根据制定者的不同,海关税则可分为自主税则和协定税则。自主税则(Autonomous Tariff),是指一国立法机构根据关税自主原则单独制定并有权加以变更的海关税则。协定税则(Conventional Tariff),是指一国与其他国家或地区通过贸易与关税谈判制定,受贸易条约或协定约束的海关税则。在国家税则和协定税则中所规定的关税税率,分别称为国家税率和协定税率,国家税率高于协定税率。

经过多年的努力，海关合作理事会于1983年通过了《商品名称及编码协调制度国际公约》及其附件《协调制度》(Harmonized System，简称HS)，并于1988年1月1日正式实施。这样，世界各国在国际贸易领域中所采用的商品分类和编码体系有史以来第一次得到了统一。

1992年1月1日，我国海关正式采用编码协调制度。我国海关采用的编码协调分类目录，前6位数是编码协调制度国家标准编码，第7、8两位是根据我国关税、统计和贸易管理的需要加列本国子目。为满足中央及国务院各主管部门对海关监管的要求，提高海关监管的计算机管理水平，在8位分类编码的基础上，根据实际工作的需要对部分税号又进一步分出了第9、10位数的编码制度。

2007年，海关进出口税则八千多个税号有六千多个将发生变化，并且有大部分的税率将变化。本次税则修订后，商品名称及编码协调制度六位子目总数将从5224个调整到5052个，共有30个章、1888个八位数子目变化。修改较大的产品范围包括：电子和信息产品、化工产品、木制品、钢材及钢铁制品、汽车及其零件、玩具、游戏品、运动用品等。

海关税则作如此大规模的修改，主要是因为技术发展变化需要对一些高技术产品或新产品单独列目或对有关编码进行重组。另外，这次也对国际贸易总量较低的商品品目和子目予以合并或删除，同时为满足贸易界及其他协调制度应用方提出的简化协调制度的要求，对部分品目和子目进行了合并或删除。如2002年版协调制度目录中约113组品目或子目在这次修订中被合并或删除，所涵盖的品目或子目涉及60多章，并对鸡产品、真空吸尘器、玩具等商品目录结构进行简化，以满足贸易界及其他协调制度应用方提出的简化协调制度的要求。

(五)关税的作用

1. 增加财政收入

关税作为税收的一种，能够增加一国的财政收入。这种以增加国家财政收入为主要目的而征收的关税，称为财政关税(Revenue Tariff)。

2. 保护国内的产业和市场

通过提高对进口货物征收的税率来加重进口货物的成本，削弱了它与本国同类产品的竞争能力，从而可以起到保护国内同类产业或相关产业的生产和市场的作用。这种以保护本国产业和市场为主要目的关税，称为保护关税(Protective Tariff)。保护关税的税率一般都比较高，因为只有较高的关税，才能起到限制进口的作用，达到保护的目的。在现代国际贸易中，各国设置的关税主要是保护关税。

3. 关税对一国的经济发展起到调节作用

长期以来，关税一直是各国对外贸易政策的重要手段。一国可以通过制定和调整关税税率来调节进出口贸易。在出口方面，通过低关税、免税和退税来鼓励商品出口；在进口方面，通过税率的高低、减免来调节商品的进口。例如，对于国内能大量生产或者暂时不能大量生产但将来可能发展的产品，规定较高的进口关税，以削弱进口商品的竞争能力，保护国内同类产品的生产和发展。而对于国内不能生产或生产不足的原料、半制成品、生活必需品或生产上的急需品，制定较低的税率或免税，鼓励进口以满足国内生产和生活需要。此外，还可以通过关税来调整贸易差额。当贸易逆差过大时，可以调高某些产品的进口税率或征收进口附加税，以减少进口，缩小贸易逆差；当贸易顺差过大时，可以通过调低某些产品的进口税率来增加进口，缩小贸易顺差，以缓和与有关国家的贸易矛盾。

4. 关税可以起到维护一国对外关系的作用

不同的关税税率适用于不同的对象，这反映出国家间经贸关系的不同。国家之间有最惠国待遇的适用最惠国税率，没有的则适用普通税率，或根据双边关系的不同而适用普惠制税率或特惠税率。两国之间如果发生贸易战，便采用歧视性关税或报复性关税。

二、关税壁垒

一国为了保护本国产业和市场，对某些产品征收较高的进口税，以削弱这些进口商品的竞争能力。这种高额进口税像高墙似的把国内市场保护起来，所以被形象地称之为"关税壁垒"。关税有多种分类方法，以下将从一般关税、特别关税和优惠关税三个方面扼要地介绍几种关税。

(一)一般关税

一般关税是指海关征收的正常关税，包括进口税、出口税和过境税。

1. 进口税(Import Duties)

进口税是进口国家的海关在外国商品输入时，根据海关税则对进口商品所征收的关税。该种税在外国货物直接进入关境时征收，或者在外国货物由自由贸易区、保税区或保税仓库等提出运往国内市场销售办理海关手续时征收。

进口税是当今较为重要的一种关税，主要可分为最惠国税和普通税两种。最惠国税适用于与该国签订有最惠国待遇条款的贸易协定的国家或地区所进口的商品；普通税则适用于与该国没有签订这类贸易协定的国家或地区所进口的商品。第二次世界大战以后，大多数国家都加入了《关税与贸易总协定》或者签订了双边的贸易条约或协定，相互提供最惠国待遇，享受最惠国税率，而普通税实际上只适用于极少数国家。因此，通常所讲的正常关税一般指的就是最惠国税。这些税的税率由最高至最低依次为：普通税＞最惠国税＞普惠税＞特惠税。

2. 出口税(Export Duties)

出口税是指出口国海关在本国商品输出时，对出口商品所征收的关税。目前，国际贸易中很少征收出口税，因为征收出口税势必会提高本国商品在国外市场上的价格，削弱其竞争力，不利于扩大出口。因此，大多数国家对大部分的出口商品不征收出口税。

3. 过境税(Transit Duties)

过境税是指一国政府对于通过其领土运往另一国的外国货物所征收的关税。过境货物只是在该国境内通过,而不进入该国的国内市场。目前,大多数的国家在外国商品通过其领土时都不征收过境税,而只是收取少量的准许费、印花税、登记费和统计费等。

(二)特别关税

有些国家对进口商品除了征收正常的进口关税以外,还往往根据某些需要或者为了特殊的目的而设置专门的关税。这类税与一般的正常关税有所不同,所以被称为特别关税。

1. 进口附加税(Import Surtaxes)

进口国家对进口商品除了征收一般关税以外,另征收额外的关税,叫做进口附加税。

征收进口附加税通常是作为限制进口的一种临时性措施来实施的。其目的主要有:应付国际收支危机及进口激增对国内相关产业造成的严重损害或严重损害威胁;纠正外国商品倾销或由于享受补贴而造成的不公平竞争;对某个国家实行贸易歧视或报复等。

最常见的进口附加税主要有反倾销税和反补贴税两种。

(1)反倾销税(Anti-dumping Duties)。

反倾销税是对实行商品倾销的进口货物所征收的一种进口附加税。其目的在于抵制外国商品倾销,保护本国的市场和工业。

倾销是指产品在正常的贸易过程中,以低于正常价值销售的行为。商品倾销的目的包括:打击竞争对手,以扩大和垄断市场;保护国内供求关系平衡,维持产品较高的市场价格,将国内市场容纳不下的产品低价出口;推销“过剩”产品和新产品;扩大出口,赚取外汇;扩大出口,实现规模经济;通过国内外市场的差别定价,实现利益最大化。

在国际贸易实践中,倾销被认为是违背公平竞争与公平贸易原则的一种行为。但就倾销本身而言,并不一定有害。倾销的商品一般价格较低,这对于消费者来说是有利的。但是,倾销行为可能会对进口国家或地区的内部产业造成危害。因此,各国对于那些对本国产业造成损害的倾销常采取反倾销措施,以纠正不公平贸易行为,保护正常贸易。

1947 年《关税与贸易总协定》第 6 条对倾销与反倾销作出了规定,用倾销手段将一国产品以低于“正常价值”的办法挤入另一国贸易内,如因此对某一缔约方领土已建立的某项工业造成重大损害或产生重大威胁,或者对某一国内工业的新建产生严重阻碍,这种倾销应该受到谴责。即是说,如果出口产品低于国内价格,甚至低于成本,就构成倾销,这是不公平的贸易。缔约方为了抵消或防止倾销,可以对倾销的产品征收数额不超过这一产品倾销幅度的反倾销税。

根据《反倾销协议》，实施反倾销措施必须具备的 3 个基本要件，分别是倾销、损害、倾销与损害之间的因果关系。征收反倾销税必须符合下列要求：①倾销存在；②倾销对国内工业造成严重损害或威胁；③倾销行为与严重损害和威胁构成因果关系。

R 能力拓展

项　　目：分析近年来美国对我国的反倾销案

目　　的：训练学生运用反倾销案理论知识分析问题的能力

内　　容：在网上搜寻相关案件，找到解决问题的方法

训练方法：(1)教师提前一周布置任务；

(2)学生利用上课前的课余时间完成分组讨论；

(3)学生课堂上发表自己的讨论结果；

(4)教师点评。

C 案例启迪

2005 年 8 月，欧盟委员会在其官方公报中宣布，欧盟已经决定对原产中国内地、香港和台湾地区的可刻录 DVD 光盘进行反倾销调查。在宣布进行反倾销调查的同时，欧盟委员会宣布，鉴于中国内地还没有获得欧盟认可的“市场经济地位”，欧盟将指定中国台湾地区作为决定中国大陆 DVD 光盘生产成本的参照方。根据欧盟相关规定，欧盟的反倾销调查最长可持续 15 个月。在此期间，欧盟可实施临时市场保护措施。到 2006 年 10 月，欧盟放弃了对进口自中国内地、香港和台湾的空白 DVD 光盘的反倾销调查，认为征收保护性关税对欧洲本地光盘产业的帮助不大。倘若采取反倾销措施，将对欧洲进口商、批发商、零售商和消费者产生巨大的负面影响；而欧盟的生产商们也不大可能从政府的反倾销措施中明显受益。

(2)反补贴税(Counter-vailing Duties)。

又称抵消税或补偿税，它是对于直接或间接地接受任何奖金或补贴的外国商品进口所征收的一种进口附加税。

征收反补贴税的目的在于提高进口商品的成本，抵消进口商品所享受的补贴金额，削弱其竞争力，使进口国家的同类商品能与之在市场上公平竞争，从而保护进口国的国内生产和市场。

根据关贸总协定成员国在乌拉圭回合会议上签订的《补贴与反补贴措施协议》，补贴只有在满足下列3个条件时才成立：①补贴是由政府或公共机构提供；②政府提供了财政资助或任何形式的收入或价格支持；③补贴使产业或企业得到了在正常商业条件下不能获得的利益。

反补贴税的税额一般按奖金或补贴数额征收，不得超过直接或间接得到的奖金或补贴的估计数额；不得因抵消倾销或出口补贴，而同时对进口商品既征收反倾销税又征收反补贴税。出口退税不算补贴。

2. 差价税(Variable Duties)

差价税又称差额税，是指当某种本国生产的产品国内价格高于同类进口商品的价格时，为了削弱进口商品的竞争能力，保护国内生产和国内市场，按国内价格与进口价格之间的差额征收的关税。由于差价税是随国内外价格差额的变动而变动的，因此它是一种滑动关税。

(三)优惠关税

优惠关税又称特惠税(Preferential Duties)，指的是对特定国家或地区进口的全部或部分商品，给予特别优惠的低关税或免税待遇。

1. "洛美协定"国家之间的特惠税

目前，在国际贸易中较为有影响的特惠税制之一是"洛美协定"国家之间的特惠税。1975年2月28日，欧洲经济共同体9国与46个非洲、加勒比和太平洋地区发展中国家，在多哥首都洛美签订了《欧洲经济共同体——非洲、加勒比和太平洋国家洛美协定》。根据协定，非、加、太平洋国家出口的全部工业品和94.2%的农产品可以不限量地免税进入欧共体国家。欧共体国家的商品进入非、加、太平洋国家享受最惠国待遇，但不享受免税待遇。

2. 普遍优惠制(Generalized System of Preference，简称GSP)

普遍优惠制是发达国家承诺对从发展中国家或地区输入的商品，特别是制成品和半制成品，给予普遍的、非歧视的和非互惠的优惠关税待遇的一种制度。

(1)普惠制的原则。

普惠制的原则是：普遍的、非歧视的和非互惠的。普遍的是指所有发达国家对所有发展中国家出口的制成品和半制成品给予普遍的优惠待遇。非歧视的是指应使所有发展中国家都无歧视地、无例外地享受普惠制待遇。非互惠的是指非对等的，发达国家应单方面向发展中国家作出特别的关税减让，而不要求发展中国家对发达国家给予同等待遇。

(2)普惠制的目标。

①增加发展中国家的出口收益；

②促进发展中国家工业化；

③加速发展中国家的经济发展。

(3)普惠制的保护措施。

保护措施主要表现在例外条款、预定限额及毕业条款3个方面。

①例外条款(Escape Clause)　是指当给惠国认为从受惠国优惠进口的某项产品的数量增加到对其本国同类产品或有竞争关系的商品的生产者造成或将造成严重损害时,给惠国保留对该产品完全取消或部分取消关税优惠待遇的权利。该条款是给惠国在特殊情况下不履行协议规定的正常义务的免责条款,是发达国家对自己的一种保护。

②预定限额(Prior Limitation)　给惠国在一定时期内对给惠商品的数量预先设定额度,限额内的给予优惠税率。

③毕业条款(Graduation Clause)　是指给惠国以某些发展中国家或地区由于经济发展,其产品已能适应国际竞争而不需要给予优惠待遇和帮助为由,单方面取消这些国家或产品的普惠制待遇。

(4)普惠制原产地规则(Rule of Origin)。

原产地规则是普惠制的主要组成部分。为了确保普惠制关税优惠待遇的好处仅给予在发展中国家生产、收获、制造并来自于发展中国家的产品,各给惠国都制定了详细的原产地规则。原产地规则包括3个部分:原产地标准、直接运输规则和书面证明。

①原产地标准　原产地标准分为两大类:第一类是完全原产品,即完全使用受惠国产的原料、零部件生产制造的产品;第二类是含有进口成分的原产品,即全部或部分使用进口原料或零部件生产制造的产品。这些原料或零部件在受惠国经过充分的加工,达到实质性改变,变成另外一种完全补贴的产品,则该产品即被视为该受惠国的产品。所谓的实质性变化,其一是加工标准,规定进口原料或零件的税目和利用这些原料或零件加工后的商品税目应发生变化;其二是增值标准,又称百分率标准,即根据进口成分或本国成分占制成品价值的百分率来确定是否经过实质性改造的标准。各给惠的百分比标准各不相同。

②直接运输规则　是指原产品必须从出口受惠国运至进口给惠国,避免途中经过第三国时可能进行的任何再加工或换包。由于地理的原因或运输的需要,商品需经过出口受惠国之外的别国领土,但是必须符合以下条件:商品一直处于该过境海关的监督之下;未投入当地市场销售或交付当地使用,以及除卸、装和为使货物保持良好状态而作必要处理外,未在那里进行过其他再加工。

③书面证明　凡要求享受普惠制待遇的出口商品,必须持有原产地证明和直运证明文件。普惠制的原产地证书主要指的是《普遍优惠制原产地证明书(申请与证明联合)格式A》[Generalized System of Preference Certificate of Origin(Combined Declaration &Certificate)Form A],它是一种有价的书面证明文件。格式A证书是所有给惠国都接受的证书,是目前应用最普遍的证书。此证书在我国由商检局发。

第三节 非关税壁垒

一、非关税壁垒的特点

非关税壁垒(Non-tariff Barriers,简称 NTBs),是指除关税以外的各种限制进口的措施。非关税壁垒与关税壁垒合称为贸易壁垒,是指一国政府所采取的限制商品进口的一切措施。

非关税壁垒可分为直接的非关税壁垒和间接的非关税壁垒两大类。直接的非关税壁垒是指进口国直接对进口商品按照规定的进口数量和金额加以限制,或迫使出口国直接对参考商品按照规定的出口数量和金额进行限制。这类措施有进口配额制、进口许可证制、“自动”出口限制等。间接的非关税壁垒是指进口国对进口商品制定种种严格的条例或规定,间接地影响和限制商品的进口。这类措施有进口押金制、进口最低限价制、专断的海关估价制及技术标准贸易壁垒。

非关税壁垒与关税壁垒都有限制进口的作用,但是非关税壁垒与关税壁垒相比又具有以下几个特点:

(1)非关税壁垒比关税壁垒具有更大的灵活性和针对性。

各国关税税率的制定,必须通过立法程序,如果调整或更改税率,则需要经过较烦琐的法律程序和手续,这种法律程序和手续往往难以适用紧急限制进口的情况。同时,关税税率一般受到多边或双边贸易协定的约束。因此,关税税率很难作出灵活性的调整。而在制定和实施非关税壁垒上,通常采取行政程序,手续简便迅速,并能随时针对某国、某种商品采取相应的限制措施,较快地达到限制进口的目的。

(2)非关税壁垒比关税壁垒能更直接、更有效地达到限制进口的目的。

关税壁垒是通过征收高额进口关税,提高进口商品成本和价格,削弱其竞争能力,间接地影响进口量,达到限制进口的目的。但如果出口国采取出口补贴、商品倾销等办法降低出口商品的成本和价格,则关税往往难以有效地阻止进口,达到其限制的目的。而一些非关税壁垒措施,如进口配额等预先规定了进口商品的数量和金额,超过限额即禁止进口,直接限制超额的进口商品,达到了关税未能达到的目的。

(3)非关税壁垒比关税壁垒更有隐蔽性和歧视性。

一般来说,关税税率确定后,往往以法律形式公布于众,依法执行,它较有透明度,出口商比较容易把握有关商品的税率,但一些非关税壁垒则往往不公开,或者规定极为烦琐复杂的标准和手续,且经常变化,而使出口商难以预测和无法适应。同时,一些国家还针对个别国家采取相应的限制性非关税壁垒措施,结果大大加强了非关税壁垒的差别性和歧视性。

二、直接非关税壁垒的种类

(一)进口配额制

进口配额(Import Quota),又称进口限额,是一国政府在一定时期(如一季度、半年或1年以内)对某些商品的进口数量或金额加以直接的限制。在规定的期限内,配额以内的货物可以进口,超过配额则不准进口,或者征收较高的关税、附加税或罚款后才能进口。

进口配额制主要分为绝对配额与关税配额两种。

1. 绝对配额(Absolute Quota)

绝对配额是指一定时期内,对某些商品的进口数量或金额规定一个最高数额,达到这个数额后,便不准进口。绝对配额在实施过程中,通常采取全球配额和国别配额两种方式。

(1)全球配额(Global Quota)。它属于世界范围的绝对配额,对于来自任何国家或地区的商品一律适用。这种配额对货物来自哪些国家和地区不加限制,其方法是由主管当局按照进口商申请的先后或按以往的实际进口额发放一定额度,直到总配额发放完为止,超过总配额便不准进口。

(2)国别配额(Country Quota)。这种配额是将总配额按国别和地区来分配一定的额度,超过规定的配额,便不准进口。为了区分来自不同国家和地区的商品,在进口时进口商必须提交原产地证明书。实行国别配额,可以使进口国依据其与有关国家或地区的政治经济关系分别给予不同的额度。

国别配额又分为自主配额(Autonomous Quota)和协议配额(Agreement Quota)。自主配额是由进口国单方面自主规定,在一定时期内从某个国家或地区进口某种商品的配额,而不必征得出口国的同意,也称单方面配额。这种配额一般参照某国过去某年的进口实际,按一定比例确定新的进口数量或金额。协议配额是由进口国和出口国政府或民间团体之间协商所确定的配额,也称双边配额(Bilateral Quota)。

2. 关税配额(Tariff Quota)

关税配额是指对商品进口的绝对数额不加限制,而对在一定时期内所规定的配额以内的进口商品,给予低税或减免税的优惠待遇,对超过配额的进口商品则征收较高的关税或罚款。

关税配额按商品的进口来源,可分为全球性关税配额和国别关税配额。按征收关税的目的,又可分为优惠性关税配额和非优惠性关税配额。前者是对关税配额内的进口商品,给予较大幅度的关税减让,甚至免税,而对超过配额的进口商品则征收原料的最惠国税率。后者是在关税配额内仍征收原来的进口税,但对超过配额的进口商品,将征收很重的附加税或罚款。

(二)"自动"出口配额制

"自动"出口配额制(Voluntary Export Quota),又称"自动"出口限制。所谓"自动"出口限制是指出口国家或地区在进口国的要求或压力下,"自动"规定某一时期(一般为3～5年)向进口国输出某种特定商品的限额,在限定的配额内自行控制出口,超过配额即禁止出口。

"自动"出口配额制与绝对进口配额制在形式上略有不同。前者表现为出口国方面直接控制某些商品对指定国家的出口,而后者则表现为进口国方面直接控制某些商品的进口配额。但是,就进口国方面来说,"自动"出口配额与绝对进口配额一样,起到了限制商品进口的作用。从表面上看,"自动"出口配额制似乎是出口国家出于自愿,但实质上它却具有明显的强制性。进口国往往以商品大量进口使其有关工业受到严重损害,造成所谓的"市场混乱"为理由,要求有关国家的出口实行"有秩序的增长","自动"限制商品出口,否则进口国就会单方面采取限制进口措施。由此可见,"自动"出口配额制实际上是进口国家为限制进口、保护国内工业而对出口国施加压力的结果,因而是一种特殊形式的进口配额。

(三)进口许可证制

进口许可证制(Import Licensing),是一种凭证进口制度。在这个制度下,进口商在进口商品前必须向本国有关政府机构提出申请,经批准并发给许可证后,方能办理报关手续,没有许可证一律不准进口。

进口许可证按照许可的程度又可分为两种:一种为公开一般许可证(Open General Licence),又称公开进口许可证或一般进口许可证、自动进口许可证。这种许可证,进口商经申请比较容易获得,而且对进口国别和地区没有限制。凡属公开一般许可证的商品,进口商只要填写此许可证即可获准进口。因此,这类商品实际上是自由进口商品。另一种为特种进口许可证(Specific Licence),又称非自动进口许可证。这种许可证的审批手续比较严格,进口商必须向当地政府有关当局提出申请,获准后才能进口。这种许可证与公开一般许可证有本质的不同,它不再是一种形式上的手续,而是一种实际的控制。这种许可证一般都有国别和地区的限制,对进口的商品也有一些严格的规定。

三、间接的非关税壁垒

1. 外汇管制(Foreign Exchange Control)

外汇管制是一国政府通过法令对国际结算、外汇买卖和使用实行限制,以平衡国际收支和维持本国货币汇价的一种制度。

在实行外汇管制的国家,一切外汇收入都要按官方汇价卖给国家,一切外汇支出都要经外汇管制机关的许可,才能购买外汇。出口商必须把出口所得的外汇收入按官方汇价卖给外汇管制机关，进口商也必须在外汇管制机关按官价申请购买外汇以支付进口货款。如果进口商买不到外汇，也就无法从国外购进商品，从这个意义上说，外汇管制是一种限制进口的非关税壁垒。国家主要通过官方汇率的确定与外汇收支的集中控制来限制商品的进口量、种类和来源国别。

外汇管制的方式很多，常见的有：

(1)数量性外汇管制。数量性外汇管制是指一国外汇管理机构对外汇买卖的数量直接进行限制和分配。实行数量性外汇管制时，往往规定进口商必须获得进口许可证，外汇管理机构才按许可证上所载明的商品数量、所需金额批给外汇。这样，政府通过控制外汇的供应数量来掌握进口商品的种类、数量和来源国别。实行数量性外汇管制的目的在于集中外汇收入，控制外汇支出，实行外汇分配，从而起到限制进口的作用。

(2)成本性外汇管制。成本性外汇管制是指一国外汇管理机构对外汇买卖实行复汇率制度，利用外汇买卖成本的差异来间接影响商品的进出口。实行复汇率制度的国家，一般都规定进口机器设备、重要的原料和生活必需品按较低的汇率供应外汇，进口非生活必需品和奢侈品则按较高的汇率供应外汇；出口缺乏竞争力的商品适用优惠的汇率，出口一般商品适用一般的汇率。实行复汇率的目的在于利用汇率的差异，达到限制和鼓励某些商品的进口或出口的目的。

(3)混合性外汇管制。混合性外汇管制是指一国同时采用数量性外汇管制和成本性外汇管制，对外汇实行更严格的控制，以影响商品的进口和出口。

2. 歧视性政府采购政策(Discriminatory Government Procurement Policy)

歧视性政府采购政策是指国家通过法令规定政府机构在采购时要优先购买本国产品的一种做法。在国际贸易中，这些歧视性的政府采购政策是一种常见的非关税壁垒措施，通过对外国供应者不利的差别待遇，限制其产品进口，从而达到保护本国生产者和提高国内就业水平的目的。

3. 各种国内税

国内税(Internal Taxes)，是指在一国境内对生产、销售、使用或消费的商品所应支付的捐税。一些国家往往对不同种类的商品征收不同的国内税，来限制对外国商品的进口。国内税与关税不同，它的制定与执行属于本国政府或地方政府的权限，通常不受国际多边或双边贸易条约和协定的约束。因此，它是一种比关税更灵活、更隐蔽的贸易限制手段。

4. 最低限价和禁止进口

有些国家采用最低限价的办法来限制进口。所谓最低限价(Minimum Price)，就是一国政府规定某种进口商品的最低价格，凡进口货价低于规定的最低价格则征收进口附加税或禁止进口。

C 案例启迪

1977年,美国为了抵制欧洲国家和日本等低价钢材和钢制品进口,实行所谓的"启动价格制"。美国对进口的所有钢材和部分钢制品制定最低限价,即启动价格。启动价格是以当时国际上效率最高的钢生产者的生产成本为基础计算出来的最低限价。如果进口钢的价格低于启动价格,则进口商就必须对价格进行调整,否则便要接受调查,并有可能被征收反倾销税。又如,1985年智利对绸坯布进口规定最低限制为52美元/kg,低于限价的则征收进口附加税。

5. 进口押金制(Import Deposit)

进口押金制又称先期进口存款制。在这种制度下,进口商在进口商品时,必须预先在规定的时间内,将相当于进口货值一定比例的现金款项无息存入指定的银行,方能获准进口,且存款需经一定时期后才发还给进口商。其作用是政府可从进口商处获得一笔无息贷款,进口商则会因周转资金减少且损失利息收入而减少进口,从而达到限制进口的目的。

C 案例启迪

意大利从1974年5月～1975年3月曾对400多种进口商品实行这种制度,规定进口商不论从哪一个国家进口,都必须先向中央银行存放相当于进口货值50%的现款押金,无息冻结半年。据估计,这相当于征收5%以上的进口附加税。

实行进口押金制的目的在于通过加重进口商的资金负担来限制进口。但是如果进口商能用存款收据作抵押,从资金市场上获得优惠利率贷款,或者外国出口商为保证销路而愿意分担存款金额,进口押金制的限制进口作用就会减弱,甚至消失。

6. 海关估价制度

有些国家对进口货物,用海关的专断估价,来提高进口商品的关税负担,阻碍商品的进口。海关估价(Custom Valuation),是指海关为征收关税等目的,确定进口货物完税价格的程序,主要适用于实施从价税的商品。海关当局可以通过人为地高估进口货物的完税价格,来增加进口货物的关税负担,从而限制外国商品的进口。

7. 技术性贸易壁垒(Technical Barriers to Trade,简称TBT)

技术性贸易壁垒是指由于各个不同国家或地区的产品标准、法规及合格评定程序对国际贸易造成的阻碍，或一国（地区）有针对性地制定某些标准和法规，将国外竞争者置于成本劣势。技术性贸易壁垒主要有产品标准、产品试验、检验标准、卫生检疫规定、商品包装和标签的规定。

8. 国际服务贸易壁垒

国际服务贸易壁垒是指一国政府对国外提供的服务实行各种限制的办法。由于服务贸易的特殊性，各国限制的办法主要有以下几种：

(1)对外国服务提供者增加负担。如对进口服务的提供者征收歧视性的捐税，对出国旅游者征收人头税；歧视进口的保险服务，限制其保险类别。

(2)进行数量限制。对服务形式限制或禁止外国公司提供某种服务。如我国不允许外国人在中国设立独资医院或诊所，有的国家限制外国公司在本地出售股票的数量。

(3)对外国服务提供者规定苛刻的要求与标准。如禁止外国承包公司的工程人员把当地货币兑换成外币。

(4)对外国公司的活动进行限制。诸如对外国公司在本地选派代理、雇佣专业人员有限制性规定，要求外国公司要符合当地的通信体制。

(5)通过各种规定，限制国际服务转移。诸如限制货币、信息、人员或相关的商品货物转移。

9. 绿色壁垒

保护资源、环境和人类自身健康已经成为当今世界的发展趋势，绿色壁垒就是以此问题为借口来实行贸易保护的一种新型非关税壁垒。其主要特征是：

(1)名义上具有合法性。绿色壁垒的倡导口号并非保护贸易，而是以保护资源、环境和人类健康为名。它迎合了当今社会的公众心理，同保护贸易巧妙地结合在一起。

(2)形式上具有合法性。绝大多数非关税壁垒都具有隐蔽性，而绿色壁垒则是以一系列的国际、国内公开立法为基础。

(3)保护内容广泛。绿色壁垒具有广泛性、不确定性强、可塑性大的特点。

R 能力拓展

项　　目：分析联合国对伊拉克的出口管制

目　　的：训练学生运用国际贸易政策分析问题的能力

内　　容：在网上搜寻相关案例

训练方法：(1)教师提前一周布置任务；

(2)学生利用上课前的课余时间完成分组讨论；

(3)学生课堂上发表自己的讨论结果；

(4)教师点评。

四、出口鼓励和出口管制措施

许多国家除了利用关税和非关税措施限制进口外，还采取各种鼓励出口的措施，以扩大出口。鼓励出口所采取的措施，一般包括出口信贷、出口信贷国家担保、出口补贴、商品倾销、外汇倾销等。

(一)出口信贷

出口信贷是一个国家的银行为了鼓励商品出口，加强商品的竞争力，对本国出口厂商或外国进口厂商提供的优惠贷款。出口信贷按借贷关系划分为以下两种：

1. *卖方信贷*(Supplier's Credit)

卖方信贷是出口国银行向本国出口厂商(即卖方)提供的贷款。通常用于船舶、大型成套设备等大项目的出口。本质是银行直接资助出口厂商向外国进口厂商提供延期付款，以促进商品出口。

卖方信贷的程序是：

(1)出口商以延期付款方式向进口商销售大型机械装备或成套设备。进出口商在签订贸易合同后，由进口商先付10%～15%的定金，待分批交货验收和保证期满时，再分期支付10%～15%的货款，其余70%～80%的货款在全部交货后若干年内分期偿付，并支付延期付款期间的利息。

(2)出口商向其所在地的银行借款，签订贷款协议，以融通资金。

(3)进口商分期偿还出口商的货款和利息后，出口商再用以偿还从银行取得的贷款和利息。

2. *买方信贷*(Buyer's Credit)

买方信贷是出口商银行直接向进口商或进口方银行提供的贷款，其附带条件是贷款必须用于购买债权国的商品，即贷款的提供与商品的出口是直接联系的，这就是约束性贷款。

直接贷款给进口商的买方信贷的程序是：

(1)进出口商在签订贸易合同后，由进口商先支付15%左右的现汇定金。现汇定金可以在合同生效日支付，也可以在合同签订后的60天或90天支付。

(2)进口商与出口方银行签订贷款协议，这一协议是以上述贸易合同为基础的。

(3)进口商用其借得的款项，以现汇付款方式向出口商支付货款。

(4)进口商对出口方银行的欠款，按贷款协议的条件分期偿还。

直接贷款给进口方银行，其程序是：

(1)进出口商签订贸易合同后，由进口商支付15%左右的现汇定金。

(2)进口方银行与出口方银行签订贷款协议，这一协议是以上述贸易合同为基础的，但具有相对独立性。

(3)进口方银行贷款给进口商，进口商以现汇付款方式向出口商支付货款。

(4)进口方银行根据贷款协议,分期偿还出口方银行的贷款和利息。

(5)进口商与进口方银行间的债务,按双方商定的办法在国内清偿结算。

买方信贷不仅使出口商可以比较快地得到货款和减小风险,而且使进口商对货价以外的各种费用比较清楚。因为在买方信贷协议中,均分别规定进口商或进口商银行需要支付的信贷保险费、承担费、管理费等具体金额,便于与出口厂商进行讨价还价。因此,这种方式目前较为流行。

(二)出口信贷国家担保制(Export Credit Guarantee System)

出口信贷国家担保制是指各国为了扩大出口,对于本国出口厂商或商业银行向外国进口厂商或银行提供 的信贷,由国家设立的专门机构出面担保的一种制度。即当外国进口商不能按时付款或拒付货款时,由出口国政府担保支付一部分或全部货款,以减少贷款银行的风险。

1.担保对象

担保对象分为对出口商的担保和对银行的担保。前者是在出口厂商输出商品时,对其提供的出口信贷可向国家担保机构申请担保;后者是由担保机构直接向供款银行承担的一种责任。

2.担保的项目和金额

通常私人信贷保险不承保的出口风险项目,都可以向担保机构进行投保。这些风险可分为政治风险和经济风险。

政治风险是指因进口国发生政变、革命、暴乱、战争,以及政府实行禁运、冻结资金或限制对外支付等政治原因所造成的经济损失。这种风险的承保金额一般为合同金额的85%~95%。

经济风险是指因进口厂商或借款银行破产倒闭、无力偿付,以及发生货币贬值或通货膨胀等经济原因所造成的损失。这种风险的承保金额一般为合同金额的70%~85%。

3.担保期限与费用

担保期限通常可分为短期与中、长期。短期信贷担保期为6个月左右;中、长期信贷担保期通常为2~15年,最长可达20年。

(三)出口补贴(Export Subsidy)

出口补贴是指一国政府在某种商品出口时给予出口厂商的现金补贴或财政上的优惠待遇。目的是降低出口商品的价格,加强其在国外市场上的竞争能力。

享受出口补贴的商品范围非常广泛,但基本上可分为直接补贴和间接补贴二种方式。直接补贴是政府直接付给出口厂商的现金补贴。间接补贴是政府对有关出口商给予财政上的优惠待遇,如退还或减免出口商品所缴纳的国内税、出口退税、信贷补贴、优惠汇率及信息服务等。

(四)外汇倾销(Exchange Dumping)

外汇倾销是出口企业利用本国货币对外贬值的机会,争夺国外市场的一种特殊手段。当一国货币对外贬值后,用外币表示的本国出口商品的价格就会降低,该商品的竞争能力则会相应地提高,从而有利于扩大出口。

外汇倾销不能无限制和无条件地进行,而只有具备以下两个条件才能起到扩大出口的作用。

(1)货币贬值的程度大于国内物价上涨的程度。货币贬值必然会引起一国国内物价出现上涨的趋势。当国内物价上涨程度赶上或超过货币贬值的程度,外汇倾销的条件就不存在了。然而,并不是本国货币一贬值,国内物价就会立即上涨。而是在一定时期内,它总是落后于货币对外贬值的程度。因此,出口企业可以从中获得外汇倾销的利益。

(2)其他国家不同时实行同等程度的货币贬值或采取其他报复性措施。如果进口国也实行同幅度的贬值,那么两国货币贬值的幅度就会相互抵消,汇价则处于贬值前的水平,而得不到货币对外贬值的利益。如果外国采取提高关税等其他限制进口的报复性措施,也会起到抵消的作用。

五、出口管制措施

出口管制或称出口控制政策,是指出口国政府出于政治、经济、军事或外交上的需要,通过各种经济的和行政的办法及措施,控制某些种类商品的出口和输往别国的一项制度。其中,政治原因往往是主要原因。如对于破坏世界和平的战争行为,联合国会要求各国对其采取"禁运"的惩罚措施;西方国家对于实行恐怖主义的国家也实行不同程度的禁运。

限制出口的措施除了征收出口税以外,更多的是采用出口许可证、出口配额等非关税措施。出口管制的形式可分为单方面出口管制和多边出口管制。前者是一国的行为,后者是多国政府的国际性行为,以达到共同的政治、军事或经济目的。

S 复习思考

1. 对外贸易政策的类型有哪些?国家制定对外贸易政策时,应考虑哪些因素?
2. 征收关税的方法主要有哪几种?如何计算应征的税额?
3. 非关税壁垒与关税壁垒相比有哪些特点?
4. 鼓励出口的措施有哪些?
5. 商品倾销的目的有哪些?
6. 什么是关税、海关、关境?关境与国境是否一致?
7. 关税主要有哪些作用?

8.关税有哪些征收方法？

9.根据《反倾销协议》，实施反倾销措施必须具备哪些基本要件？

10.什么是进口配额？它分为哪些种类？

11.什么是“自动”出口配额制？它与绝对进口配额制有何异同？

12.什么是外汇管制？它有哪些常见的方式？

13.技术性贸易壁垒有哪些主要特征？

14.什么是出口信贷？它分为哪些种类？

15.什么是外汇倾销？

E 能力训练

近年来，针对中国的反倾销案件日益增多，有人认为中国已经陷入国际反倾销案的漩涡，请查阅有关资料，了解有关情况，在班里举行一个国际反倾销案小型研讨会，谈谈你对国际上出现的针对中国的反倾销案件的认识。

第三章 经济一体化与WTO

学习导引

通过学习本章，掌握区域经济一体化的概念、形式，经济全球化的内涵，经济全球化对贸易的影响，以及 WTO 的宗旨、职能及其对我国经济的影响。

能力提示

通过对本章的学习和训练，能够具备运用经济全球化、区域经济一体化及 WTO 的相关理论知识初步分析世界经济问题的能力。

第一节 区域经济一体化

第二次世界大战以后，世界经济贸易中区域经济一体化和贸易集团化的趋势加强，且已经成为各国维护自己经济贸易利益的重要手段。

一、区域经济一体化的概念和形式

(一)区域经济一体化的概念

区域经济一体化(Regional Economic Integration)，是指地理区域比较接近的两个或两个以上的国家之间所实行的某种形式的经济联合，或组成的区域性经济组织。在一般情况下，区域经济一体化需要建立超国家的决策和管理机构，制定共同的政策措施，实施共同的行为准则，规定较为具体的共同目标。它要求参加一体化的国家让出部分国家主权，由一体化组织共同行使一部分主权，实行经济的国际干预和调节。

1. 按取消贸易壁垒的程度划分

按照取消贸易壁垒的程度，可将区域经济一体化分为以下 6 种形式：

(1)优惠贸易安排(Preferential Trade Arrangement)。

优惠贸易安排是指成员国之间通过协定或其他形式，对全部商品或部分商品规定较为优惠的关税。它是区域经济一体化最低级和最松散的形式。1932 年英国与其成员国建立的大英帝国特惠制，第二次世界大战后建立的"东南亚国家联盟"、"非洲木材组织"等就属此类。

(2)自由贸易区(Free Trade Area)。

自由贸易区是指由签订有自由贸易协定的国家组成的贸易区。在自由贸易区内，各成员国取消了它们之间的关税和非关税壁垒，使区域内各成员国的商品可以完全自由流动，但各个成员国仍保持独立的对区外非成员国的贸易壁垒。如1960年成立的欧洲自由贸易联盟，1994年1月1日建成的北美自由贸易区。

(3)关税同盟(Customs Union)。

关税同盟是指成员国之间完全取消关税和其他贸易壁垒，并对非成员国家实行统一的关税税率而缔结的同盟。其目的在于使参加国的商品在统一关税内的市场上处于有利的竞争地位，排除非同盟国家商品的竞争。它是比自由贸易区更高一级的区域经济一体化组织形式，除了包括自由贸易区的基本内容外，还包括其成员国对同盟外的国家建立的共同且统一的关税税率。关税同盟开始带有超国家的性质。如东非共同市场。

(4)共同市场(Common Market)。

共同市场是指成员国之间完全取消贸易壁垒，建立对非成员国的统一关税税率，而且共同市场成员国之间在实现商品自由流动的同时，还实现了生产要素(劳动力、资本)的自由移动。如欧洲共同市场在1970年时已接近此阶段。

(5)经济同盟(Economic Union)。

经济同盟是指成员国之间商品和生产要素可以完全自由流动，建立统一对外关税，成员国制定并执行一些共同的经济政策和社会政策，逐步消除各国在政策方面的差异，使一体化的程度从商品交换扩展到生产、分配乃至整个国民经济，形成一个庞大的超国家的经济实体。如欧洲共同体。

(6)完全经济一体化(Complete Economic Integration)。

完全经济一体化是区域经济一体化的最高阶段。在这一阶段，区域内各国在经济、金融、财政等政策方面均完全统一，在成员国之间完全取消商品、资本、劳动力、服务等自由流动的人为障碍。1993年1月1日，欧洲共同体"统一内部大市场"的建立，标志着欧洲经济共同体迈进了完全经济一体化的阶段。《马斯特里赫特条约》的生效更将其一体化的程度向前推进了一步，随着2002年欧洲统一货币——欧元的广泛使用，欧洲国家的一体化程度将不断深化。

区域经济一体化的6种形式，也可以看成是一体化发展的6个阶段，但阶段之间不一定具有必然过程。如欧洲经济共同体是从关税同盟开始的，并未经过优惠贸易安排和自由贸易区阶段；而欧洲自由贸易联盟也没必要向关税同盟发展。

2.按参加国的经济发展水平划分

(1)水平一体化(Horizontal Integration)。

水平一体化又称为横的一体化，它是由经济发展水平相同或接近的国家所组成的。从区域经济一体化的发展实践来看，现存的一体化大多属于这种形式，如欧洲联盟、东盟自由贸易区、中美洲共同市场。

(2)垂直一体化(Vertical Integration)。

垂直一体化又称为纵的一体化，它是由经济发展水平不同的国家所组成的。如1994年1月1日建成的北美自由贸易区，它把经济发展水平不同的发达国家(美国、加拿大)和发展中国家(墨西哥)联系在一起，使建立自由贸易区的国家之间在经济上具有更大的互补性。

3. 按一体化的范围大小划分

(1)部门一体化(Sectional Integration)。

部门一体化是指区域内各成员国的一种或几种产业(或商品)的一体化。如1952年7月25日建立的欧洲煤钢共同体(European Coal and Steel Community)，1958年1月1日建立的欧洲原子能共同体(European Atomic Energy Community)。

(2)全盘一体化(Overall Integration)。

全盘一体化是指区域内各成员国的所有经济部门加以一体化的形态。如欧洲共同体。

(二)主要地区经济一体化的发展情况

1. 欧洲联盟

欧洲联盟(简称欧盟)是当今世界一体化程度最高的区域政治、经济集团组织，其前身是欧洲共同体(1958年)。自20世纪80年代中期以来，欧盟经济一体化进程大大加快。

(1)基本建成内部大市场。

根据《单一欧洲法令》所确定的目标，欧共体12国先后采取了282项立法措施，克服了有形壁垒、技术壁垒和财政壁垒，在1992年底以前基本建成了内部大市场，在共同范围内实现了货物、服务、资本和人员无国界的自由流动。

(2)签署并实施《马斯特里赫特条约》。

欧共体成员国于1992年2月7日签署了《马斯特里赫特条约》(又称《欧洲联盟条约》)，于1993年11月1日正式开始生效，将欧共体的经济一体化推进到经济联盟的阶段。1995年1月1日，欧洲经济与货币联盟建设进入第二阶段。

(3)建设“欧洲经济区”。

欧共体还与“欧洲自由贸易联盟”于1991年10月22日在卢森堡达成了建设“欧洲经济区”的协定。按照该协定，欧洲19个发达国家将建成一个能保证货物、服务、资本和人员自由流动的贸易集团。1994年1月1日，“欧洲经济区”正式启动。

(4)欧洲联盟与中东区四国签订、实施“欧洲协定”。

1995年2月1日，欧洲联盟与捷克、斯洛伐克、罗马尼亚、保加利亚等国签订的

"欧洲协定"正式生效，该协定将使中东欧国家完全融入欧洲一体化进程，为其日后加入欧洲联盟创造了条件。

(5)欧洲货币联盟的启动及欧盟的进一步扩大。

从1999年1月1日开始，欧盟11个国家开始在其国内经济贸易活动中使用欧元，并计划于2003年实现欧元的全面使用。

(6)欧洲联盟实现第五次扩大。

欧洲联盟自2004年5月1日又正式接受波兰、匈牙利、捷克、斯洛伐克、爱沙尼亚、拉脱维亚、立陶宛、斯洛文尼亚、马耳他和塞浦路斯10个成员国之后，2007年1月1日又增加了保加利亚和罗马尼亚两个国家，使其成员国数量达到27个，人口增至4.8亿，成为当今世界一体化程度最高的区域政治、经济集团组织及世界第一大经济贸易实体。

(7)欧盟的协调特点。

欧盟在协调贸易和经济的发展中，具有以下特点：

①调节目标的超国家性。这是指通过使生产要素跨过各国疆界的限制，在整个欧洲共同体范围内自由流动，形成更合理的资源配置，创造更高的生产率，提高国际竞争力，从而促进整个区域经济合理、稳定、持续增长。

②调节主体的超国家性。自欧共体成立以来，为了更好地行使其超国家协调的职能，建立一整套职责分明、严密的管理机构体系，这些机构负责研究、制定超国家协调的政策及具体实施。

③调节对象的超国家性。每个国家一方面加入欧盟要实现各自的利益和要求，另一方面又必须同意向共同体让出部分主权。

④调节内容的广泛性。调节内容主要包括：建立和维护超国家范围的公平市场竞争秩序和规则；扶植对整个地区经济稳定有重要影响的基础产业的发展；促进科技合作，加快高技术产业的形成和发展；建立和健全超国家的再分配体系。

⑤调节手段的综合性。即综合运用关税手段、汇率手段、货币手段、税收手段、法律手段等加强进行协调。

2.北美自由贸易区

(1)北美自由贸易区的概况。

美国和加拿大于1986年5月开始谈判，于1987年10月达成《美加自由贸易协定》。该协定1988年1月2日经两国领导人签署，并于1989年1月1日正式开始生效执行。根据协定，两国将最终建成美加自由贸易区，实现双边自由贸易，同时该协定还对双边服务贸易自由化、双边投资及贸易争端的解决作出许多具体规定。

墨西哥总统萨里纳斯自1988年12月上任之后，便积极寻求与美国的自由贸易协定的谈判，后来加拿大主动加入谈判。三国于1991年6月12日在多伦多召开第一次部长级会议，经过14个月的谈判，1992年8月12日宣布三国就《北美自由贸易协定》达成协议,并于1993年8月13日美、加、墨三国达成附属条款的协议,以保障美国劳工权与墨西哥的生态环境。

北美自由贸易区于1994年1月1日正式生效,其人口3.67亿,国民生产总值8万多亿美元。这一市场的实力足以与欧洲联盟对抗。北美自由贸易区将在15年内实现货物的自由移动。

1994年12月10日,美洲34个国家的领导人在美国的迈阿密签订协议,同意建立"美洲自由贸易区",并将2005年确定为完成谈判的最后期限。在美洲国家首脑会议《原则宣言》中,确定了美国与其他国家的"发展与繁荣伙伴关系",通过经济一体化和自由贸易促进社会与经济的繁荣,在2005年前就贸易和投资障碍的逐步取消列出时间表。由于认识到投资与服务业发展的重要性,《原则宣言》决定建立强有力的机构,通过共同合作促进投资,以建立一个更开放、更透明、更一体化的市场,并促进资本市场的发展和逐步一体化。作为繁荣的基础,美洲各国(除古巴外)决定在电信、能源与交通运输等领域共同努力加强合作,争取建立西半球内较先进的服务设施,以便货物、服务、资本、信息与技术能自由移动。考虑到本地区各国经济发展水平差异较大,《原则宣言》也规定对发展中国家及低收入发展中国家给予优惠待遇,以免受制于大、中等国家经济。各国也强调了环境保护的重要性。如果这一目标能够实现,则将在西半球出现一个世界最大的市场,其消费人口达8.5亿,购买的货物和服务达13万亿美元。

(2)《北美自由贸易协定》的特点。

《北美自由贸易协定》由总则及商品贸易、劳务、投资、知识产权、政府购买、贸易冲突协调机构、协定的通过与执行程序等有关分则所组成。整个协定有以下一些特征:

①"贸易自由化"特征　该协定在总则中明确宣布了北美自由贸易区的设置目标:废除贸易壁垒,以提供实现公平贸易的条件;在对知识产权保护的前提下增加各自的投资机会;建立调节三方贸易冲突的机制,以保证贸易自由化进程的顺利进行。

②"区域经济贸易发展优先"特征　这一特征主要体现在:

a.关于纺织品与成衣的"北美原产地原则"的规定,即所有纺织品与成衣需须完全由北美三国所产的棉纱与纤维所制成。

b.在汽车贸易上规定了"北美部件含量原则",即所有在北美三国生产与装配的汽车,要享受免税待遇,其部件在北美生产的部分不得低于62.5%。

c."现存法令条款不变"特征　新协定对在实行自由贸易前各国原有的与贸易自由化原则相悖的有关法令条款,采取基本不变并可继续使用的原则。但是协定明确要求,在协定生效后,各国在制定与贸易、投资等有关法令条例时,应充分考虑区域自由贸易协定的精神,并尽量与之相适应。

d."冲突协调制度化"特征　设立由三国外贸部长组成的"贸易委员会",通过年度定期会议与日常工作两种方法的结合来协调矛盾冲突。此外,在任何两国就某一冲突无法协商解决时，将组织由三国相对独立的法律人士组成特别小组进行议决。这一最后决定将具有相当的法律效力。

3. 亚太经济合作组织（APEC）

（1）亚太经济合作组织概况。

1989年11月6～7日，由澳大利亚倡议召开的亚太经济合作组织（Asia-Pacific Economic Cooperation，简称APEC）首次部长级会议在堪培拉召开，标志着亚太经济合作组织的正式成立。1991年11月，在韩国汉城举行的APEC第三届部长级会议通过了《汉城宣言》，正式确立APEC的宗旨和目标为“相互依存，共同利益，支持开放性多边贸易体制和减少区域贸易壁垒”。1992年9月，第四届曼谷部长级会议决定成立常设性秘书处，拉开了亚太地区经贸合作的序幕。

目前，亚太经济合作组织包括21个国家和地区。1994年11月15日，在印尼茂物举行的亚太经济合作组织非正式首脑会议（简称茂物会议），发表了《亚太经济合作组织经济领导人共同决心宣言》（简称《茂物宣言》），确立了“亚太地区和全世界今后经济合作的道路与方向”，并确立了在亚太地区实现自由开放的贸易和投资的目标，提出发达成员和发展中成员分别不迟于2010年和2020年实现这一目标的时间表。各国一致同意在人力资源开发、经济基础设施建设、科学技术、环境保护、中小企业发展、公共部门的参与等方面加强合作。《茂物宣言》要求部长级会议和事务机构就关税、基准认证、投资原则、妨碍进入市场的行政障碍问题提出改善原则。

（2）亚太经济合作组织的特点。

①APEC的组织性质和运转机制。

APEC性质是成员间的经济合作体，即各成员就符合自己和地区利益的活动进行协商合作，通过推动地区市场的开放和促进地区的经济发展，共同受益。APEC奉行“开放的地区主义”（Open Regionalism），即不搞内部优惠保护型的区域集团，不搞独立的、对外封闭的区域市场。

APEC的性质决定了其独特的运转机制。

a. APEC把设定目标作为推动力。西雅图会议制定了在亚太地区实现贸易和投资自由化的蓝图，茂物会议确立了到2020年（发达经济体为2010年）实现地区贸易和投资自由化的目标。

b. APEC有一套制度化的议事和决策机制。在组织上，APEC靠成员主动承诺担任主持，主持成员经济体负责计划、推动和承办当年召开的各种会议。APEC形成了定期高官会议和部长会议及一年一度的非正式首脑会议决策机制。APEC实行领导人协商和承诺的机制来实现其目标。即依靠的是各国的国家信誉，而不是法律约束机制来实现其目标。APEC先拟定目标（如贸易自由化），然后寻找实现目标的机制——协商与承诺，以成员的自觉行动为主，加上协商一致的多边行动及定期检查来保证目标的实现。APEC允许各成员根据自己的国情以不同速度来实现目标。

c. APEC发展起了一套功能性机构，比如秘书处、各委员会和工作组。当然，这些机构不像真正的地区和国际组织那样，拥有众多的专职人员，行使实际管理职能，但它们肩负着一定的管理、协调、研究分析和组织职能，在组织经济分析预测、协调和组织贸易及投资自由化议程方面起着重要的作用。

②APEC的特点。

a. 松散性。亚太地区覆盖面宽，它包括亚洲、美洲和大洋洲的众多国家(地区)。这些国家(地区)不仅社会制度不同、经济运行体制相异、经济发展水平悬殊，相互间还存在着领土纷争与现实的政治、意识形态分歧。因而在亚太地区只能建立起比较松散的类似经济合作与发展组织(OECD)那样的合作机构。

b. 政府主导的契约型合作与市场驱动的功能型合作并存。亚太地区既存在由有关国家政府出面协商达成协议，通过签订相关契约实施的多边经济合作(如北美自由贸易区和东北亚图们江流域开发计划)，也存在无明确的政府间协议，而主要由市场功能驱动的经济合作。

c. 多层次与渐进性。整个亚太地区的经济合作已形成一种小区域与次区域、大区域、全区域多种层次的经济合作相互配合的格局。合作内容由关税互让、共同开发到自由贸易，再到资金、商品、劳务和人才的自由流动，具有明显的渐进性。

d. 垂直分工与水平分工交叉。在亚太地区虽有一些经济发展水平相近的国家，它们之间的分工包含较多的水平分工，但在经济发展水平悬殊的国家之间基本上是垂直分工。这种由经济发展水平悬殊而形成的互补性，正是亚太地区现阶段构筑国际分工与合作的重要基础。

③APEC的协调内容——贸易与投资自由化。

根据《茂物宣言》，APEC的协调内容包括：

a. 贸易和投资自由化的地理范围包括APEC现有的成员。但是，由于APEC的目标不是搞封闭的自由贸易区，而是实现“开放的地区主义”，其长远目标是推动全球贸易的自由化。

b. 贸易和投资自由化就是消除贸易和投资障碍，使商品、劳务、资金和投资在APEC各成员之间自由流动。

c. 贸易和投资自由化的范围应如何界定，APEC成员还没有统一认识，但至少应包括商品(货物)、服务、投资三个主要领域中障碍的消除。

贸易自由化最基本的内容是降低关税，也是APEC各成员势在必行的措施。贸易自由化应该是进口货物实行零关税和取消一切数量限制，但就APEC的实际情况而言，要求各成员都做到这一点是很困难的。

投资自由化是指允许国际资本(直接投资)在各国生产和服务部门之间自由流动。其核心问题是给予外国投资者以非歧视的开业权利和国民待遇。此外，还要求投资政策、法规有高度透明性和稳定性。

服务贸易自由化与货物贸易自由化一样，应包括各成员国的所有重要部门，即所有的服务提供者，到 2010 年或 2020 年，都能在各成员国的一切服务部门中获得完全的开业权利和国民待遇。按照“开放的地区主义”原则，非 APEC 成员只要作出对应的承诺，也可得到同等对待。

二、区域经济一体化对国际贸易的影响

1. 区域经济一体化促进了区域内部贸易的自由化，内部贸易迅速增长

区域经济一体化组织成立后，通过消除关税和非关税壁垒，形成区域性的统一市场，加强了区域内商品、劳务、技术、资本和劳动力的自由流动，从而大大加深了区域内成员国的相互信赖程度，这就使成员国之间的贸易往来迅速增长，内部贸易迅速增长。以欧共体为例，随着欧共体内部市场容量的不断扩大，成员国之间的贸易迅速增长，其速度大大超过与区外贸易的增长。1965 年欧洲经济共同体内部贸易所占比重还小于对世界其他地区的贸易，内部进口与出口分别占共同体国家全部进口与出口贸易的 41.1%和 46.3%，但到 1984 年，前者已经在 1985 年～1989 年的 4 年间，内部贸易从 3370 亿美元增加到 6780 亿美元，增长 1 倍以上，同期对世界其他地区的贸易增长了 46%。1992 年，欧共体的内部贸易达到 8903 亿美元，占共同体出口总额的 61.1%，占世界出口额的 24.3%，超过了后者。

发展中国家间组成的区域经济一体化由于在内部削减关税、建立内部优惠市场，也促进了成员国间的贸易发展。从对 7 个发展中国家的区域性组织内部贸易发展的统计来看，1970 年～1980 年间，以美元计算的贸易额增长了 38 倍，平均年增长高达 24.8%，其中内部贸易年平均增长超过 30%。

2. 区域经济一体化使内部各国的国际分工更为精细，并因此影响世界范围内国际分工的格局

区域经济一体化使内部贸易迅速增长，一方面得益于内部贸易自由化的加强和扩大；另一方面，它还是一体化内部各成员国间生产专业化和国际分工深化的一种表现。取消关税和非关税壁垒，使其内部市场得以扩大，促进区域内部各国资源的合理配置，区域内具有优势的产品，促进了生产格局的优化，从而使国际分工的格局也随之发生变化，其国际分工更为精细。

区域内生产专业化和国际分工必然影响到世界范围内国际分工的格局。例如，如果按照国际分工的原则，欧共体应该向外出口工业制成品，并从国际市场进口低廉的农产品，但实际上，在其实施共同农业政策后，不顾农产品成本的昂贵，仍用补贴的办法到世界各处争夺市场，致使以农产品为主的发展中国家蒙受损失。

3. 区域经济一体化改变了国际贸易的地区分布

区域经济一体化改变了国际贸易的地区分布或地理结构，使贸易更多地趋向区域内部。从这点来看，区域经济一体化具有一种“分裂倾向”，它使完整的世界经济和

贸易的体系被割裂成为一个个相互对立的区域。

1970 年以前，欧洲经济共同体(6 国)的对外贸易特别是其内部贸易是世界贸易增长的一个主要源泉。1955 年～1970 年，世界出口额增长 2.3 倍，所有发达国家出口增长 2.7 倍，欧洲经济共同体成员国出口增长了 3.9 倍，而其内部贸易增长了 6 倍。1970 年，欧洲共同体 10 国在世界出口中所占比例为 36%，1983 年这一比重为 32.5%，1991 年欧共体 12 国出口占世界出口总额的 37.9%。可见，战后世界贸易的中心在欧共体。

在区域经济一体化内部贸易迅速增长的同时，成员国减少了与区外非成员国的贸易。如欧共体对美国的贸易占其贸易总额的比重，由 1985 年的 11.4%下降到 1987 年的 8.6%；欧共体对发展中国家的贸易占其贸易总额的比重，由 1985 年的 30.3%下降到 1987 年的 20.4%。

由于区域经济一体化是以加强区域外国家的贸易保护为特征的，且随着一体化的深入和扩大，世界范围的贸易保护主义随之加强，这就必然会恶化国际贸易环境，使区外发展中国家的贸易环境雪上加霜。

总之，区域经济一体化具有双重性质，它以对内自由贸易、对外保护贸易为其基本特征。

第二节　经济全球化

一、经济全球化的特征和意义

经济全球化(Economic Globalization)，是指世界各国经济无一例外地参与国际分工和国际交换。其核心是无歧视、公平的自由竞争，使物流、资金流、技术流和信息流的加速运动，实现资源在世界范围内的优化配置；使社会化大生产冲破国界的限制，实现资本全球化和生产全球化；使多边经济贸易规则和惯例得以不断发展和健全。

在经济全球化的推动下，国际分工日益细密，国际贸易规模迅速扩张，并呈现出如下特点：

1. 贸易结构发生巨大变化

经济全球化引发了各国间产业结构和经济结构的调整，这就导致了国际贸易结构发生变化，突出表现在：

(1)货物贸易中工业制成品贸易所占比重不断上升，农产品和初级产品贸易比重持续下降。其中，高新技术产品贸易在制成品贸易中的地位越来越重要。据世界银行统计，1990 年，全球高新技术产品出口额占工业制成品出口额的比重仅有 17.4%，而目前已约占 25%。

(2)服务贸易所占比重不断上升。经济全球化促进了全球范围内服务业和服务贸易的发展，服务外包成为跨国投资的主流。据世贸组织统计，1980 年～2002 年间，国际服务贸易增长了 3.8 倍，服务贸易占国际贸易的比重从 15.2%上升到 19.1%。

2. 投资与贸易的互动性增强

在经济全球化的环境下，跨国公司主要通过国际投资和国际贸易在全球范围内配置资源，使国际贸易和国际投资紧紧地联系在一起，两者的互动性显著增强。近年来，随着国际直接投资的扩张，跨国公司的公司内贸易、产业内贸易等新的贸易形式得到了快速发展。

随着跨国公司数量的增长和规模的扩大，公司内贸易在世界贸易中的地位越来越重要。根据联合国贸发会议的估计，目前公司内贸易已占世界贸易总量的 1/3 左右。公司内贸易使跨国公司可以在全球范围内优化配置生产要素，降低交易成本，稳定生产经营，有效地促进了国际贸易的增长。

产业内贸易是既进口又出口同类产品的贸易。跨国直接投资导致了全球范围内的产业转移，深化了产业的垂直分工，促进了产业内贸易的发展。目前，产业内贸易已经占世界货物贸易的 60%以上。各国不再追求产品的所有生产环节，而是选择本国最具优势的环节，以获得经济全球化带来的收益。

3. 多边贸易体制在曲折中发展

在经济全球化的环境下，国际贸易规模迅速扩张，国家间的贸易摩擦和争端也呈增加趋势，多边贸易体制的作用显得越来越重要。在当今国际贸易格局中，世贸组织在推动成员国相互开放市场、促进全球贸易投资自由化、推动世界经济贸易发展等方面发挥了不可替代的作用。世贸组织为解决各国之间的贸易争端提供了相对完善的法律和制度框架，总体上有利于全球贸易的稳定发展。目前，世贸组织成员间的贸易量已占全球贸易量的 95%以上。

多边贸易体制的发展也经历了许多困难和曲折。目前，正在进行的世贸组织多哈回合谈判就是最好的例证。由于各成员之间的利益矛盾，多哈回合谈判一波三折，最后能否成功达成协议还是未知数。虽然多边贸易体制的作用受到国家间利益冲突的制约，但从长远来看，它能协调国际经济贸易规则的制定和执行，必将促进国际贸易的进一步发展。

4. 贸易自由化成为主流，贸易保护出现新形式

经济全球化的过程中一直伴随着贸易自由化和贸易保护主义的相互交织和斗争。随着经济全球化的发展，贸易自由化促进了贸易的发展，带动了各国经济发展和结构调整，已成为当今各国贸易政策的主流。

但是贸易保护主义并没有消失。在经济全球化浪潮中，一些国家和产业由于各种原因在国际竞争中丧失了优势，希望依靠贸易保护来维护其原有利益。同时，传统贸易保护手段在多边贸易体制中被削弱。为了保护本国利益，各国纷纷采用更加隐蔽的保护手段，滥用反倾销等贸易救济措施，如制定歧视性的技术贸易壁垒，是最为典型的手段。近年来，我国产品在国际市场上频频遭遇贸易摩擦，主要是一些国家采取歧视性的保护措施所致。

在科技革命的推动下，经济全球化加快发展，生产要素在全球范围内的流动增多，各国市场的相互依赖不断加深，国际经济贸易规则日益趋同，世界各国的经济联系越来越紧密，越来越多不同社会制度、不同发展水平的国家将被纳入全球经济体系之中。

二、经济全球化对我国对外贸易的影响

改革开放以来，我国坚持对外开放的基本国策，积极参与经济全球化，经济全球化对我国经济发展有着非常重要的影响。

(一)经济全球化给我国对外贸易带来的机遇

随着经济全球化的发展和我国参与全球化程度的不断加深，我国对外贸易和开放型经济的发展正面临新的机遇。

1.我国对外贸易发展正面临新的战略机遇期

多年来，我国紧紧抓住国际制造业加快转移的机遇，正在成为世界重要的加工基地，周边国家对我国出口快速增长，对我国市场的依赖程度也在不断加深，为我国改善多双边经贸关系提供了有利条件。同时，发达国家更加重视我国巨大的市场潜力，国际制造业向我国的转移方兴未艾。另外，服务贸易在世界贸易中的份额不断提高，研发、物流等服务环节的国际转移日益加快，为我国服务贸易的发展带来了新的机遇。

2.我国对外贸易的国际市场空间更加广阔

加入世贸组织后，我国的对外开放已由政策性开放转变为在法律框架下的制度性开放。作为世贸组织成员，我国积极推动贸易投资自由化，促进多边贸易体系更趋完善，这必将为我国扩大商品出口、发展服务贸易提供更为广阔的国际市场空间，也将有助于从国际市场获得国内短缺的资源和技术。

3.跨国直接投资将进一步推动我国对外贸易的发展

经济全球化的发展，有利于我国更好地参与国际分工，提高吸收外资的质量和水平，也将进一步推动对外贸易的发展。在“引进来”的同时，我国还将积极推动有实力、有条件的企业“走出去”，拓展经济发展空间。目前，我国一批企业已经具备了一定的参与国际合作和竞争的能力，开始走出国门，建立全球生产和销售网络。对外投资的扩大，必将带动我国对外贸易的发展。

4.技术创新和金融改革将为我国外贸发展创造良好条件

产业转移的加快为我国提供了大量获得外部技术和提高研发能力的机会，有利于增强我国的“后发优势”，提高我国的国际竞争能力。金融的对外开放有利于我国借鉴国际经验，加强国际金融合作，进一步完善我国的金融体系，利用国际金融市场促进国内经济贸易发展。

(二)经济全球化给我国对外贸易带来的挑战

经济全球化在给我们带来机遇的同时,也给我国对外贸易发展带来了一定的挑战,主要表现如下:

1.能源资源安全问题突显

近年来,随着我国经济快速增长,国内资源短缺的矛盾日益突出,对国际资源的依赖程度越来越高。2004 年,我国原油进口 1.2 亿 t,铁矿砂进口 2.1 亿 t,都占到国内消费量的 40%左右。与此同时,我国对国际资源的控制力却很小。我国 95%以上的进口矿产品以现货贸易方式直接从国际市场购买,在国外投资开发、有控制权的份额油矿资源占进口量的比例不足 5%。世界上已探明优质石油储量的 81%掌握在世界排名前 20 位的跨国公司手中,我国能源供应受国际制约较大,经常因价格变动遭受巨额损失。我国海外能源保障还存在较大的地缘政治安全风险和运输安全风险。西方国家加强对我国境外资源合作与开发防范和干扰,我国能源保障面临日益增大的国际压力。

2.粗放型的外贸增长方式亟需转变

虽然,我国对外贸易取得了举世瞩目的成就,但我国外贸仍然没有改变数量扩张型的粗放增长方式,与世界贸易发展的特点和趋势相比,还存在一些明显的问题和差距。

(1)我国货物贸易出口的层次较低,自主知识产权和自主品牌出口商品所占的比重不高。如何提高企业核心竞争力和创立国际品牌已经成为摆在我们面前的一个重要课题。

(2)服务贸易出口发展严重滞后。服务贸易出口占我国出口贸易总额的 10%,明显低于世界 20%左右的平均水平。

(3)引进技术的消化吸收和再创新能力不足。由于缺乏科技创新意识,我国企业长期满足于引进和模仿,科技研发投入严重不足。我国虽然成为世界彩电、计算机、手机和 DVD 等第一生产大国,但仅仅是世界的“加工厂”,无法分享到更多利润。这种状况如果得不到根本改变,我们必将付出高昂的资源和环境代价,对外贸易的持续增长也难以为继。

3.贸易摩擦持续增加

根据国际经验,一个国家和地区在经济快速增长和出口迅速增加的过程中,往往会遭遇较多的贸易摩擦。近年来,我国在很多领域与世界其他国家的贸易摩擦呈现日益增多的趋势,也表明了这一点。贸易摩擦正逐步从产品、企业等微观经济层面向我国宏观经济政策、体制和制度层面延伸,涉及人民币汇率形成机制、企业用工制度和劳动保障制度等方面的摩擦不时出现。究其原因在于国际贸易保护主义。但也应看到,我国自身在经济结构、体制和政策等方面存在的问题也容易诱发贸易摩擦。今后,随着我国经济的快速发展和参与经济全球化程度的不断加深,所遭遇的贸易摩擦很可能会进一步增加。对此,要采取有效的态度和办法积极应对。

第三节　关贸总协定与WTO

一、贸易条约与关贸总协定

(一)贸易条约与协定所依据的法律原则

贸易条约与协定(Commercial Treaty and Agreement),是指两个或两个以上主权国家为确定彼此之间的经济关系,特别是贸易方面的权利和义务关系而缔结的书面协议。贸易条约与协定是国际条约的一种,它受国际法律规范的约束。因此,贸易条约与协定往往订入和遵守某些国际法通用的法律条款。在实践中,贸易条约与协定依据的法律条款有以下两种。

1. **最惠国待遇原则**(Most Favored Nation Treatment,**简称** MFNT)

最惠国待遇原则是贸易条约与协定中最普遍和最重要的法律条款,其含义是缔约国一方现在和将来所给予任何第三国的一切特权、优惠及豁免,必须同样给予缔约对方。它要求缔约另一方有不低于任何第三方享有的待遇。也就是说,最惠国待遇条款要求一切外国商品和外国企业处于同等地位,享有同等待遇,没有差别和歧视。

最惠国待遇原则有两种:一种是无条件最惠国待遇原则,即缔约国一方现在和将来所给予任何第三国的一切特权、优惠和豁免,立即无条件、无补偿、自动地适用于对方;另一种是有条件的最惠国待遇原则,即如果缔约国一方给予第三国的优惠是有条件的,那么另一方必须提供同样的条件,才能享受这些优惠待遇。现在的国际贸易条约与协定一般都是采用无条件的最惠国待遇原则。

在贸易条约与协定中,有时还采用"无歧视待遇原则"。无歧视待遇原则即要求缔约国之间在实施进口数量限制或其他限制及禁止措施时,不对缔约国对方实施歧视待遇。如果缔约国方根据合法的理由而采用某种限制或禁止措施时,这些措施在同样情况下普遍实施于订有这项原则的所有缔约国,这就符合无歧视待遇原则。反之,就违反了无歧视待遇原则。

在贸易条约与协定中,一般还规定有不适用最惠国待遇的例外条款。如缔约国一方给予邻国有关过境贸易的特别优惠待遇,缔约关税同盟国家之间或在特定国家之间的特惠待遇等。

2. **国民待遇原则**(Principle of National Treatment)

在国家间签订的贸易条约与协定中,时常规定缔约国双方相互给予国民待遇原则。所谓国民待遇原则,就是缔约国一方保证缔约国另一方的公民、企业和船舶在本国境内经济上享受与本国公民、企业和船舶同等的待遇。

国民待遇原则是法律待遇条款之一,一般适用于外国公民或企业的经济权利。其范围主要包括:外国公民的私人经济权利(私人财产、所得、房产、股票等),外国产品应交的国内税,利用铁路运输和转口过境的条件,船舶在港口的待遇,商标注册,版权,专利权等。但沿海贸易权、领海捕鱼权、土地购买权等均不包括在内。

(二)贸易条约与协定的种类

1. 贸易条约(Commercial Treaty)

贸易条约是全面规定缔约国之间经济和贸易关系的条约,如"通商条约"、"友好通商条约"、"通商航海条约"、"友好通商航海条约"等。贸易条约的内容比较广泛,主要涉及如关税及其征收、海关通关手续、缔约国双方公民和企业在对方国家所享有的经济权利、船舶航行和港口使用、知识产权的保护、铁路运输、转口和过境、进口商品的国内捐税、进出口数量限制,以及仲裁裁决的执行等方面的问题。

这种条约一般由国家首脑或其特派的全权代表来签订,并经最高权力机关批准才能生效,其有效期也较长。

2. 贸易协定(Trade Agreement)

贸易协定是两国或几国之间为调整其相互经济贸易关系而签署的一种书面协议。贸易协定的主要内容通常包括:贸易额、双方出口货单、作价办法、使用的货币、支付方式、关税优惠、最惠国待遇和国民待遇等。依据贸易协定有效期的长短,分为5年以上的长期贸易协定、1～3年的短期贸易协定和1年之内的年度贸易协定。贸易协定既可由主权国家的行政首脑签订,也可由国家其他政府机构签订。

3. 贸易协定书(Trade Protocol)

贸易协定书是指缔约国就发展贸易关系中某项具体问题所达成的书面协议。贸易协定书对已经签订的贸易条约或贸易协定起着说明、补充、修改或限制的作用,有的成为贸易条约或贸易协定的附件。贸易协定书一般经有关行政部门代表签署即可生效。

4. 支付协定(Payment Agreement)

支付协定是缔约国之间关于贸易和其他方面债权、债务结算办法的一种书面协议。支付协定的主要内容包括:规定清算机构、开立清算账户、规定清算项目与范围、规定清算货币和清算方法及清算账户的差额处理等。

支付协定是外汇管制的产物。在实行外汇管制的条件下,一种货币往往不能自由兑换成另一种货币,对一国所拥有的债权也不能用来抵偿对第三国的债务。因此,结算只能在双边基础上,通过缔结支付协定来解决两国间的债权债务。支付清算协定一般在外汇短缺的国家间使用。

5. 国际商品协定(International Commodity Agreement)

国际商品协定是指某项商品的生产国(出口国)与消费国(进口国)就该项商品的价格、购销等问题,经过协商达成的政府间的多边贸易协定。

国际商品协定的主要对象是发展中国家的初级产品,主要通过经济条约来稳定价格。由于这些产品受世界经济动荡不定、市场行情变化异常的影响,价格经常波动。发展中国家为保障它们的利益,希望通过协定维持合理的价格;而作为主要消费国的工业发达国家，也希望通过协定保证价格不至于涨得太高，并能保证供应。

(1)缓冲存货(Buffer Stock)的规定。

协定的执行机构建立缓冲库存(包括存货与现金)，并规定最高、最低价格。当市场价格涨到最高限价时，就利用缓冲库存抛出存货；当市场价格跌到最低限价时，则用现金在市场上收购，以达到稳定价格的目的。这种规定，必须由协定成员国提供大量资金和存货，否则难以起到应有的调节作用。采用缓冲存货规定的主要有国际锡协定和国际天然胶协定。

(2)多边合同(Multilateral Contracts)规定。

这种条款规定，进口国在协定规定的价格幅度内，向各出口国购买一定数量的有关商品；出口国在规定的价格幅度内，向各进口国出售一定数量的有关商品。它实际上是一种多边性的商品合同，属于这种类型的有国际小麦协定。

(3)出口配额的规定。

先规定一个基本的出口配额，再根据市场需求和价格变动情况作相应的增减，来确定当年平均的年度出口配额。属于这种协定的有国际咖啡、糖的协定。

(4)出口配额和缓冲存货结合的规定。

协定规定最高和最低限价，然后通过出口配额和缓冲存货来调节价格，使价格恢复到最高限价和最低限价之间的幅度内。国际可可协定就是采用这种办法。

除了价格原因外，也有进口国为了保护国内市场而与出口国签订协议的，以便对某一时期某种商品的进出口数量作出安排。如国际多种纤维协定(MFA)，就是在多边的基础上管理纺织品和服装的出口，限制这些商品的市场准入。

(三)关税与贸易总协定

关税与贸易总协定(General Agreement on Tariff and Trade，简称关贸总协定或总协定，即GATT)它是第二次世界大战后美国从其自身利益出发，联合23个国家于1947年10月30日在日内瓦签订，并于1948年1月1日正式生效的一个临时性调整和规范缔约方之间关税与贸易政策的多边贸易条约，同时它也是缔约方之间进行多边贸易谈判和解决贸易争端的场所。在WTO产生以前，它是调整国际贸易关系的重要支柱之一。

关税与贸易总协定从成立到结束，其历史使命历时47年(1948年1月1日～1994年12月31日)。在近半个世纪的时间里，它作为一个临时性的协定及缔约方之间进行多边贸易谈判和解决贸易争端的场所，在国际贸易中发挥了重要作用。虽然它不是一个在国际事务中具有法人资格的权力机构，但它共主持了八轮全球性的多边贸易谈判，在消减关税、消除关税壁垒、取消贸易中的歧视待遇、解决国际贸易争端等方面做出了卓有成效的贡献，并为GATT转变为WTO，促成WTO的最终成立发挥了其他组织不可替代的作用。

二、世界贸易组织

1. 世界贸易组织(World Trade Organization，简称 WTO)的建立

世界贸易组织协议的形成是乌拉圭回合多边贸易谈判的一项重大意外成果。在1986年9月乌拉圭回合发动时，15项谈判议题中没有关于建立世界贸易组织的问题。由于乌拉圭回合谈判不仅包括了传统的货物贸易，而且还涉及知识产权、服务贸易及投资措施等，致使1947年关贸总协定在如何有效贯彻执行乌拉圭回合形成的各项协议方面，显得明显不足。1990年欧共体首先提出建立一个多边贸易组织(Multilateral Trade Organization，简称 MTO)的倡议，并得到美国、加拿大等国的支持。

1990年12月，乌拉圭回合布鲁塞尔部长会议决定启动"多边贸易组织协定"的起草工作。1991年12月形成"关于建立多边贸易组织协议"的草案。1993年11月形成了"建立多边贸易组织协议"，同年12月根据美国的提议，把"多边贸易组织"改名为"世界贸易组织"。1994年4月15日，"乌拉圭回合"参加方在摩洛哥的马拉喀什通过了《建立世界贸易组织协定》。

1995年1月1日，世界贸易组织正式成立。

2. WTO 的宗旨

根据《建立世界贸易组织协定》序言中的表述，世界贸易组织的宗旨就是提高人民的生活水平，保证充分就业和大幅度稳定提高实际收入及有效需求，扩大商品和服务的生产与贸易，按照可持续发展的原则有效地利用世界资源，寻求既保护和维持环境又符合不同发展国家的各自需要和利益的发展方式，尤其是确保发展中国家特别是最不发达国家在国际贸易增长中享有一个与其经济发展相适应的份额。

WTO 的这些宗旨既秉承了关税与贸易总协定在过去所一贯遵循的基本准则，同时又针对国际经济贸易领域的新情况和新趋势作出了重大的创新和发展。

3. WTO 的职能

根据《建立世界贸易组织协定》的规定，WTO 具有以下职能：

(1)制定多边贸易规则，并促进其实施、管理和运作。"乌拉圭回合谈判"达成的各种协议主要包括:《建立世界贸易组织协定》、货物贸易协定、服务贸易协议、知识产权保护协议、诸边贸易协议等。WTO 对于这些协议都要负责组织实施、管理与运作。

(2)WTO 作为各成员方的"谈判场"，组织多边贸易谈判。WTO 为各成员方就协议范围内的问题和 WTO 授权范围内的新议题进行谈判提供场所。

(3)解决各成员方之间的贸易争端。WTO 的争端解决机制(Dispute Settlement Mechanism)是保障多边贸易体制可靠性和可预见性的核心机制。WTO 按照已达成的《关于争端解决规则和程序的谅解》，负责解决各成员方之间存在的分歧与争端。WTO 的争端解决机制，扩大了专家小组的权限，明确了争端解决的程序和时间，增强了监督后续行动的有效性，大大增强了争端解决机制的有效性和权威性，有利于各国贸易矛盾和冲突的解决。

(4)审议各成员方的贸易政策。WTO 按照其指定的《贸易政策审议机制》(Trade Policy Review Mechanism),负责定期审议各成员方的贸易政策。其目的,一是及时了解各成员方遵守和实施多边贸易协议的情况,确保规则的实施,避免贸易摩擦;二是提高各成员方贸易政策的透明度。根据《贸易政策审议机制》,WTO 依照各成员方在国际贸易中的影响程度,按照影响最大到最小的顺序把各成员方分为 4 类,依次分别规定每 2 年、4 年、6~8 年和更长年限对相应成员方的贸易政策审议一次。

(5)为发展中国家成员提供援助和培训。WTO 将促进发展中国家成员方的经济贸易的发展作为其重要目标之一。2002 年,WTO 在其财政预算中安排了 1500 万瑞士法郎用于穷国的能力建设,还把 85 万瑞士法郎用于非英语国家成员代表团的翻译费用。

(6)WTO 与其他国际经济组织进行合作和协调。比如,与 IMF、IBRD、海关合作理事会、世界知识产权组织,以及其他相关的政府间或非政府间组织进行合作。

在 WTO 的职能中,最重要的是制定多边贸易规则,并促进其实施、管理和运作;组织多边贸易谈判;解决各成员方之间的贸易争端三大职能。

R 能力拓展

近年来,我国经济发展势头表现强劲,连续保持着巨额的对外贸易顺差,如 2005,年我国全年贸易顺差为 1018.8 亿美元,2006 年达到 1774.7 亿美元。巨额的贸易顺差也给我国带来了许多不利影响,我国已经成为国际反倾销矛盾的焦点。请查阅有关资料,分析我国在反倾销斗争中中存在的问题,并思考进一步解决问题的办法。

三、WTO 的组织机构和基本原则

(一)WTO 的组织机构

1. 部长会议(The Ministerial Conference)

部长会议是 WTO 的最高决策权力机构,由全体成员方的代表组成。它有权对多边贸易协议中的任何事项作出决定,但不是一个常设机构,而是通过定期举行会议处理有关事项,一般至少每两年要召开一次会议。

2. 总理事会(The General Council)

总理事会是部长会议下设的 WTO 的常设机构,由全体成员方的代表组成,负责 WTO 的日常领导与管理工作,对各项协议和部长会议所作出的决定的执行情况进行监督,在部长会议休会期间履行部长理事会的职责。它定期召开会议,也可以根据需要适时召开,履行 WTO 赋予的各项职责。

3. 理事会及其下属委员会

WTO 为了使其各项制度及协定得到圆满地执行，成员方之间发生的纠纷得以迅速有效地解决。在部长会议与总理事会之下又设立了一系列的常设理事会、委员会，主要有：

(1)货物贸易理事会(Council for Trade in Goods)，主要负责管理、监督《1994 年关贸总协定》及其附属的 12 个协议的执行。该理事会由下设的 12 个委员会具体负责个别专项协议的执行。

(2)服务贸易理事会(Council for Trade in Services)，主要负责管理、监督服务贸易总协定的执行。在该理事会下设 3 个谈判小组 1 个委员会和 1 个工作小组。

(3)与贸易有关的知识产权理事会(Council on Trade Related Aspects of Intellectual Property Rights)，主要负责管理、监督 WTO 知识产权协定的执行。

为了执行其职能，WTO 组织机构的设置如图 3-1。

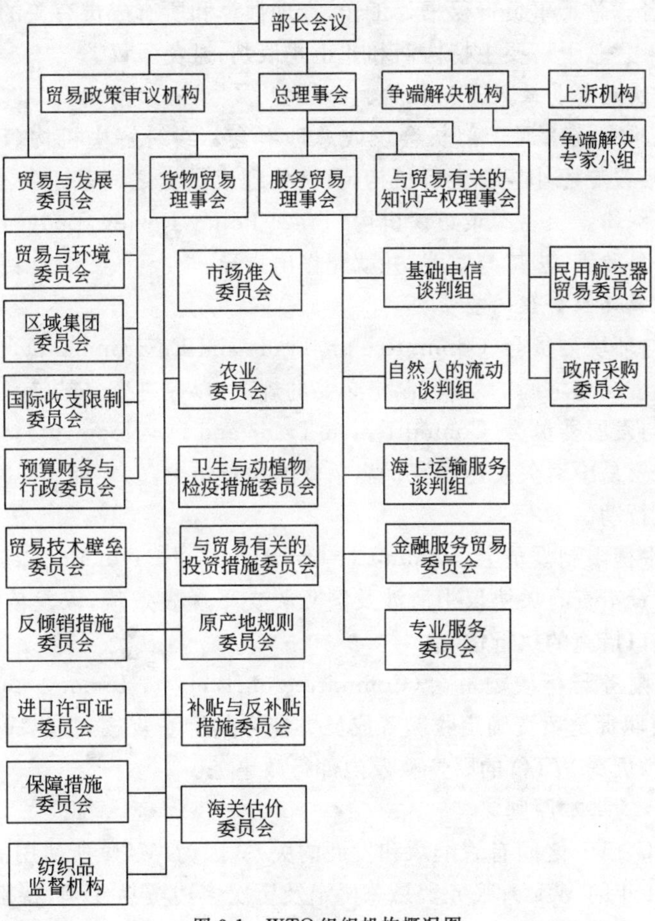

图 3-1 WTO 组织机构概况图

4. 秘书处(The Secretariat)与总干事

秘书处是 WTO 的日常办事机构,由部长会议任命的总干事负责领导。秘书处设在瑞士日内瓦,大约有 500 人。目前,秘书处下设总干事办公室和 23 个司负责分工管理 WTO 的各种具体事务。总干事和秘书处职员在履行职务时享有相应的特权和豁免权。

总干事的权利、职责、服务条件和任期均由部长会议通过规则确定。总干事和秘书处职员的职责具有排他的国际性,即他们在履行职责时不得寻求或接受任何政府或 WTO 之外的指示,而且作为国际官员,不得做可能会对其职务产生任何不利影响的事情。总干事主要以下列身份参与世贸组织的活动:

(1)捍卫者。他可以最大限度地向各成员施加影响,要求它们遵守世贸组织规则。

(2)引导人。总干事要考虑和预见世贸组织的最佳发展方针。

(3)调停人。其职责之一是帮助各成员解决它们之间所发生的争议。

(4)管理者。总干事负责秘书处工作,管理预算和所有成员有关的行政事务。

(5)主持人。总干事要主持协商和非正式谈判,避免争议。

5. 纠纷解决及贸易政策审议机构

这两个机构直接隶属于部长会议或总理事会。纠纷解决机构(Dispute Settlement Body),下设专家小组和上诉机构,负责处理成员方之间基于各有关协定、协议所产生的贸易纠纷。贸易政策审议机构(Trade Policy Review Body),负责定期审议各成员方的贸易政策、法律与实践,并就此作出指导。

6. 四个隶属部长会议的委员会

(1)贸易与环境委员会(Committee on Trade and Environment)。其主要职责是协调贸易与环境措施之间的矛盾,制定必要的规范,以促进贸易的持久发展。

(2)贸易与发展委员会(Committee on Trade and Development)。其主要职责是定期审议多边贸易中对欠发达国家优惠条款的执行情况,并定期向总理事会报告,以便进一步采取行动。

(3)收支平衡限制委员会(Committee on Balance of Payments Restrictions)。其主要职责是负责审查有关协议中所涉及国际收支平衡表条款,以及依据这些条款所采取的限制进口措施的执行情况。

(4)预算、财务与行政委员会(Committee on Budget, Finance and Administration)。其主要职责是负责确定收缴各成员方应缴的会费规模,提出 WTO 的年度财务报告及预算,负责 WTO 的财产科及内部行政事务。

(二)WTO 的基本原则

WTO 与 GATT 之间有着继承和发展的关系,因为 WTO 所适用的基本原则,主要来自于 1994 年的 WTO、服务贸易总协定及历次多边贸易谈判,特别是“乌拉圭回合”谈判所达成的一系列协议。WTO 的基本原则有:

1. 非歧视待遇原则

非歧视待遇原则是 WTO 最重要的原则之一。它规定缔约方一方在实施某种限制或禁止措施时，不得对其他缔约方实施歧视待遇。它要求每个缔约方在任何贸易活动中，都要给予其他缔约方以平等待遇，使所有缔约方都能在同样的条件下进行贸易。

非歧视待遇原则充分体现平等互惠的精神本质，完全符合各国家主权平等的国际法原则，并具体体现在无条件最惠国待遇和国民待遇两个方面。

2. 公平竞争原则

公平竞争原则又称公平贸易原则，主要是指在国际贸易中反对倾销和反对出口补贴两种不公平的贸易经营行为。“任何缔约国如果给予或维持补贴，包括任何形式的收入支持和价格支持在内，以直接或间接增加从它的领土输出某种产品或减少向它的领土输入某种产品”，包括进口补贴和出口补贴，这些都属于补贴的性质，在原则上是不允许的。

3. 外贸政策透明度原则

所谓外贸政策透明度，是指国家制定的有关外贸政策和法规都应当统一公布实施。具体规定与总协定第 10 条规定相同。根据这一条款，缔约国政府必须向总协定提供有关该国的外贸政策、关税制度、外贸计划、进出口管理、外汇管理、出口补贴等有关文件和材料，以增加法规和政策的透明度，保证公平竞争。关贸总协定关于透明度这一原则，在“乌拉圭回合”谈判中得到了进一步加强与扩大，适用于服务贸易，以及与贸易有关的知识产权和投资领域，成为各成员国必须普遍遵循的一条重要原则。

4. 贸易自由化原则

GATT 和 WTO 所倡导的贸易自由化，主要是通过关税减让和取消进口数量限制等非关税措施来实现的。

(1)关税减让原则。

所谓关税减让是指各缔约国之间，在互惠互利的基础上，通过谈判降低进出口关税的总体水平，承担约束某种产品的关税税率的义务。世界贸易组织对关税减让表、减让表的修改，以及关税谈判的方法，都作出了原则性的规定，还规定不准使用其他贸易措施抵消这种关税减让，以保障缔约国的进出口商品适用稳定的税率。但是，对关税减让也有其灵活的规定。例如，规定发达国家“不应当期望发展中的缔约各国在贸易谈判过程中做出与它们各自的发展、财政贸易方面的需要相抵触的贡献”。也就是说，如果重新谈判减让税率，发达国家不应期望从发展中国家得到与它们发展、财政和贸易需要不一致的减让。

(2)取消进口数量限制原则。

所谓取消进口数量限制，是指缔约国政府不得利用进口配额和进口许可证等手段对国外产品的进口进行数量限制。WTO 规定：“任何缔约国除征收税捐或其他费用以外，不得设立或维持配额、进出口许可证或其他措施以限制或禁止其他缔约国领土的产品的输入，或向其他缔约国领土输出或销售出口产品。”可见，利用配额、许可证等手段限制进口产品数量的行为一般是被禁止的，但在某些特殊情况下也有例外。有关条款规定发展中国家由于国际收支困难或为建立特定的工业，可实施或维护进口数量限制，但必须接受GATT设置组的审查、核实，并在国际收支改善后，立刻取消限制。另外，总协定只提到“特定的工业”，而对幼稚工业并无完整确切的定义，如果任何一个缔约国提出本国的某项工业属于幼稚工业，并得到各缔约国共同评议认可就可以作为幼稚工业对待。

可以看出，WTO的主要原则既坚持了原则性，又体现了某些例外，特别是对发展中国家的灵活性上：既在总体上体现出总协定的理论基础是自由贸易，又允许发展中国家实施必要的贸易保护。这说明在条文的基本原则上也呈现出自由贸易和保护贸易二者混合的色彩。

第四节 中国与WTO

C 案例启迪

美国商务部在2007年3月30日宣布了对中国出口的铜版纸产品反补贴调查初步裁定结果，决定对中国适用反补贴法，并开始对中国出口美国的铜版纸产品征收临时反补贴税。这意味着，美国将立即对从中国进口的铜版纸产品征收10.9%～20.4%的惩罚性关税。最终裁定结果将在6月中旬确定，但也有可能最晚推迟到10月中旬。这是美国第一次对从“非市场经济国家”进口的产品征收反补贴税，改变了美国坚持了23年的不对“非市场经济国家”实施反补贴法的贸易政策。

中国商务部新闻发言人王新培于2007年3月31日凌晨表示：2007年3月30日，美商务部公布对中国出口的铜版纸产品反补贴调查初裁结果，决定对中国适用反补贴法，并开始对中国出口的铜版纸产品征收临时反补贴税，中国政府对此表示强烈不满。中方认为，美方自1984年起就确定了不对所谓“非市场经济国家”适用反补贴法的做法，这一做法在美司法诉讼中被确认为判例，且始终未予改变。此次美商务部的初裁决定开了一个很不好的先例，明显与美国国内目前仍然生效的法院判例和美商务部的一贯做法不符。美方在坚持视中国为“非市场经济国家”的情况下，不顾中方一再强烈反对，又对中国适用反补贴法，这极大地伤害了中国业界的利益和感情，是中国业界不能接受的。中方指出，美方此举违背了两国领导人达成的通过对话解决矛盾的共识，中方强烈要求美方重新考虑这一决定，并尽快予以纠正。中方密切关注事态发展，保留维护中方正当权益的任何权利。

一、中国与 WTO

(一)中国加入 WTO 的过程

中国与 WTO 有着较深的历史渊源，但中国加入 WTO 的过程却很艰难。早在 1947 年 4 月，中国政府就参与了包括美、英、法、印等国在内的 23 个国家参加的国际社会首次关税减让谈判，并达成了 123 项双边关税减让协议。1948 年 5 月 21 日正式成为关贸总协定缔约方。1950 年 3 月 6 日，当时作为中国联合国常驻代表的我国台湾地区代表决定退出关贸总协定。

1982 年 11 月，中华人民共和国政府首次以观察员的身份派团列席关贸总协定第 36 届缔约方大会，从而能够出席缔约方年度会议。1982 年 12 月 31 日，国务院批准中国申请参加关贸总协定的报告。1986 年 7 月 10 日，中国驻日内瓦代表团大使钱嘉东代表中国政府正式提出申请，申请恢复中国在关贸总协定中的缔约方地位。1987 年 3 月 4 日，关贸总协定成立中国工作组。之后，到 1994 年关贸总协定中国工作组共举行了十次会议研究中国加入关贸总协定的问题，但在世界贸易组织正式成立前中国未能“复关”。

世界贸易组织成立后，中国政府又经过了艰难的谈判，1999 年 11 月 15 日，中美两国就中国”入世”问题谈判全部结束，达成双边协议，标志着我国加入 WTO 的最大障碍扫除了。2001 年 9 月 13 日，中国与墨西哥就中国的“入世”问题谈判全部结束。至此，中国全部完成了与 WTO 成员方的双边市场准入谈判。2001 年 9 月 12 日～17 日，WTO 中国工作组第十八次会议在日内瓦举行，会议通过了中国加入 WTO 的多边文件，宣布 WTO 中国工作组的工作结束。

2001 年 11 月 10 日，在多哈举行的 WTO 第四次部长会议，审议并表决通过了中国加入 WTO。2001 年 12 月 11 日，中国正式成为世界贸易组织第 143 个成员。

(二)中国加入 WTO 的经济意义

尽管中国为加入 WTO 付出了一定的“入门费”，且加入 WTO 也对我国经济造成了一定的负面影响。但由于我国对此早有准备，采取的应对措施积极得力，使得加入 WTO 对我国经济造成的正面影响远远大于负面影响。

1. 有利于中国更快、更好地融入国际经济社会

经济全球化是当今世界经济发展的主流，融入这个主流，可以充分分享国际分工

所创造的利益，与世界先进经济技术同步前进。加入世界贸易组织后，中国经济更好地融入了国际社会。通过积极利用国际资源和国际市场的优化资源配置功能，发展我国的社会主义市场经济，使我国国民经济步入了经济发展的快车道。近年来，中国经济对世界经济的带动作用，已经成为国际社会不争的事实。

2. 有利于维护我国的经济利益

WTO是三大全球性国际经济组织之一，被称为“经济联合国”。WTO具有制定和管理世界经贸秩序的作用，以前WTO规则主要由美欧等发达国家制定。加入WTO后，我国在国际经济舞台上拥有了更大的发言权，为建立公平合理的国际经济新秩序，维护包括我国在内的发展中国家的利益，发挥着越来越积极的作用。

3. 有利于推进我国经济体制改革

WTO是以市场经济为基点的一整套多边秩序，与我国建立社会主义市场经济体制方向的改革目标相吻合，对于巩固我国经济体制改革的成果有着积极的作用。“入世”后，我国积极参照WTO规则，有力地推进了我国市场经济的健全和完善。

4. 有利于扩大出口贸易

加入WTO后，我国获得了多边、稳定、无条件的最惠国待遇，并以发展中国家身份获得了普惠制等特殊优惠待遇，实现了市场的多元化，使我国出口贸易的增加幅度不断扩大。过去，由于中国不是WTO的缔约方，中国的出口商品常常受到歧视性待遇，比如在一些国家我国不能获得普惠制待遇，在有的国家被实施配额限制，还有一些国家以中国为“非市场经济国家”，在反倾销案中主观选定类比国价格或生产成本作为测算中国出口商品倾销率的依据，致使针对中国的反倾销案不断增多。加入WTO后，当与其他国家发生贸易纠纷时，我国通过WTO贸易争端解决机制，比较公正、合理地解决贸易争端，维护了我国国家和企业利益。

5. 有利于引进外资

加入WTO后，随着WTO有关协议的实施，中国的国内市场，尤其是服务市场更加开放；对外商投资企业的产品外销比例将不再适用，外汇平衡制约不复存在，外经贸政策的透明度增加，我国给予了外商投资企业国民待遇。这样，随着投资环境的进一步改善，外国直接投资的总量大幅增加，投资方式实现多样化，从而大大活跃了我国的投资市场，扩大生产规模，有力地促进了我国经济的发展。

6. 有利于激发中国企业的竞争意识

加入WTO后，更多的外国跨国公司进军中国市场，从而强化了竞争机制，激发了中国企业的竞争意识，迫使国内企业注重研究开发和对品牌的培育，加大技术投入，竭力提高员工素质和企业管理水平。同时，竞争的压力促使国有企业加快经济结构和产品结构的调整，加速了改制、重组、联合、兼并的进程。由于进口原材料价格的下降，有利于降低某些企业的生产成本，从而提高他们的竞争能力。

7. 有利于我国的技术进步

我国是一个发展中国家，迫切需要引进国外先进技术。加入 WTO 后，我国成为 WTO 的缔约方，主要工业发达国对我国实行技术出口管制的程度大大减弱。我国成为 WTO 知识产权保护协议的成员，对知识产权保护的法律环境进一步优化，外国企业对我国知识产权保护的法律环境的疑虑不断打消，它们向我国出售先进技术的积极性不断增强，我国获得高新技术产品和先进技术方面的条件大大改善，有力地推动了我国的技术进步，促进了我国生产力水平的不断提高。

二、WTO 对中国的影响

中国加入 WTO 以来的实践，尽管存在着众多问题和困难，但中国已毋庸置疑地成为了多边贸易体制的受益者，可以说，中国政府决定"入世"的战略决策已经显著促进了中国的改革和社会经济的发展。

1. 促进了我国市场的开放度及体制改革

"入世"有力促进了中国的改革开放，为政府职能转变设定了时间底线，也为克服体制惰性提供了强大的动力。

首先，中国对关税和非关税壁垒的进一步减让提高了中国市场的开放度，而市场开放度的不断扩大也使中国的进口额增长迅速。在入世后的这几年来，中国从世界各地以年均超过 28%的增幅总共进口了近 2.2 万亿美元的货物，使世界各国共享了中国经济增长所带来的繁荣。

其次，中国根据"入世"承诺修改完善了国家的法律体系，改善了社会投资环境。在入世后的这几年来，中国总共修改了2000 多项法律法规，并废除了 800 多项法规。其中，在知识产权方面的努力已使中国的知识产权法律法规体系达到甚至超过了世贸组织与贸易有关的知识产权保护协定的保护标准。

中国加入 WTO 对政府职能转变提出了体制诉求，市场开放度的提高及各类法律法规的修改促进了中国政府运行方式的变化。WTO 所倡导的市场准入原则、国民待遇原则、透明度原则等理念已经成为了中国各级政府转变职能的共识。

2. 促进了我国外贸和经济发展

中国作为世界上最大的发展中国家和经济转轨国家，在国内市场化改革不断推进的同时，国民经济却保持了高速增长，与世界上一些国家为推进经济体制改革而牺牲经济增长的经历形成了鲜明比照。中国成功的一大经验便是通过有序、渐进地扩大开放，从参与全球化中受益，并以此推动国内改革和经济的增长。

由于抓住了 20 世纪 90 年代全球制造业产业转移的契机，中国成为了制造业全球化的主要受益者。"入世"以后，外贸环境的改善更使得中国获得了大量的机会，对外贸易迅速增长，吸引外资大幅增加。而对外贸易的快速增长也有力地推动了中国国民经济的发展，在入世后的这几年来，中国国民经济保持了快速增长的势头，国内生产总值逐年提高。

3. 促进了我国经济与国际接轨

中国加入WTO后，整个经济融入国际社会的步伐已大大加快，同国际接轨已经逐渐形成。目前，中国的商品和质量标准已经基本与国际接轨；中国服务行业的做法也正在与国际接轨；企业作为国民经济的微观基础，中国企业的经营方式也与国际惯例逐渐地一致起来。

4. 入世给中国企业带来巨大的外部竞争，更好地促进了国内企业的发展

加入WTO在为中国企业拓展了其产品销售市场的同时，还给它们带来了巨大的外部竞争压力和严格的国际惯例的要求，这对我国企业的成长是非常有好处的。

中国加入WTO，对国内企业形成了相当大的外部压力，逼着国内企业走国际化道路，逼着国内企业增强其竞争力。例如，中国入世承诺中对于保护知识产权的承诺给国内企业带来的压力是最大的，入世以来中国在这方面取得了很大的进步。保护知识产权并不是为了保护外国人的知识产权，而主要是为了在中国形成一个创新的环境。一个创新型的国家不保护知识产权，创新就永远不可能真正地形成。这对我国今后的发展来说至关重要。

在加入WTO之前，中国从政府到民间普遍认为纺织业是可能受到WTO严重冲击的行业，但这几年来纺织品虽然让位于机电产品成为中国的第二大出口产品，却仍然是中国最具有国际竞争力的"拳头"产品。2006年的1～8月，该行业固定资产投资同比增长13%，销售额增长23%，利润增长33%，保持了良好的发展势头。中国加入WTO之后，纺织行业面对严峻的国际市场竞争，明确提出要转变经济增长方式包括纺织品出口的增长方式，一是抓科技进步，二是提高品牌竞争力。在入世后的这几年来，全行业在技术、资金、管理、品牌等方面都有比较大的提升，中国纺织业也在经济一体化的国际背景下顺利度过"后配额时代"，保持了旺盛的发展势头。

5. 入世对社会意识、政府观念和市场主体的影响

加入WTO以来，我国市场经济的基础环境迎来了两个方面的变化，一个是全社会的观念或者理念的变化，一个是整个法律政策体系的建立和政府职能的转变。这几年，国民思想观念的转化非常快，国际规则、国际惯例也已经深入到了国家社会经济生活当中。另外，根据WTO规则及市场经济的要求，对我国存在缺失的一些法律及不符合国际规则的一些法律规定、政策规定，进行了清理修订，为我国进行市场经济建设并且从事经济贸易活动进行国际交流奠定了基本的法制基础。在这个基础上政府职能发生了很大变化，贸易问题更多以市场来调节，或者以基本的市场手段来调节。政府职能的转变这几年进步比较快，给整个国家的市场经济体制建设打下了一个比较好的基础，为国内管理经济和发展经济营造出了一个很好的环境。

除了中国所处的世界经济周期这个因素外，中国加入 WTO 后，市场机制、政府管理体制发生了巨大变化，市场主体主动参与国际市场竞争的意识进一步增强，也是推动中国进出口贸易快速增长的重要因素。在入世后的这几年来，国际资本流动虽然出现波动，从最高年投资额 14000 亿美元跌到 7000 亿美元，但中国引进外资仍保持稳定增长，这与资本的趋利性有关，也与中国加入 WTO 后投资环境进一步改善、境外投资者信心增强有关。

加入 WTO 后，中国外贸主体多元化的发展，超过了人们的预料。2001 年，外贸行业中民营企业（不含外商投资企业）不到 10%，现在国有外贸企业降到了 30%，民营企业占 70%。原有的国有外贸企业转变经营方式和新企业的加入，增加了中国进出口贸易的活力，是推动中国进出口贸易快速增长的关键因素。在入世后的这几年来，政府对外贸市场的准入，也完成了从审批制到备案制的过渡；从政府到民间，都对加快外贸增长方式给予了很大关注。出口产品结构实现了由过去的轻纺产品为主到机电产品、高新技术产品为主，由初级产品为主到加工制成品为主的转变，推动中国迅速完成了工业化的初级阶段，进入新型工业化周期。这些因素，也是中国加入 WTO 后保持贸易投资双顺差的重要条件。

6. 入世以来，中国经济对世界的贡献增大

除了促进本国经济的繁荣以外，中国加入 WTO 对世界经济的贡献也十分巨大。

在入世后的这几年来，中国经济的发展对全球而言是积极因素。入世后的几年中，中国在出口大幅度增长的同时，也成为重要的进口国家。在中国目前的进口总额中，六成来自亚洲国家，从非洲的进口也以每年 50% 的速度增长。中国经济的发展为发展中国家创造了机会。

中国的经济增长为世界各国提供了广阔的市场，为各国投资者带来了机遇，为世界经济的增长提供了强劲动力。来自商务部的统计表明：2001 年～2005 年，中国进出口贸易、引进外资均保持快速增长。其中，2001 年～2005 年进出口贸易额分别为 5096.5 亿美元、6207.7 亿美元、8509.9 亿美元、11545.5 亿美元、14221.2 亿美元，连年保持 200 多亿～1000 多亿美元的顺差，2006 年进出口贸易额超过了 16000 亿美元，顺差超过上年的水平；2001 年～2005 年实际使用外资额分别为 468.8 亿美元、527.4 亿美元、535.1 亿美元、606.3 亿美元、603.3 亿美元，资本项下也保持高额顺差。

中国加入 WTO，助推了中国贸易投资的“双顺差”，提升了中国的国际竞争力，同时也惠及世界，是一个多赢的结果。从中国的产品出口结构来看，加工贸易占约 54%，一般贸易占 45%，其他贸易方式不足 1%。在加工贸易中，85% 是由外商投资企业拉动的。中国这种外贸与外资的结合方式，使得中国在创造贸易投资“双顺差”的同时，外资企业也分享了其中的利益。

劳动力成本低廉、劳动者素质较高是中国产品具有国际竞争力的重要原因，也是中国能够吸引外资的重要原因。中国贸易投资“双顺差”扩大了就业，增加了国内人民的福利，同时也向世界输出了福利，这符合 WTO“提高人类福祉”的宗旨。

当然，“入世”使中国享受到“入世红利”的同时，中国经济也出现了一些新的问题与挑战。面对目前国内收入分配不公、外贸依存度过高、市场存在无序竞争等问题，我们必须清醒地认识到：上述问题并非是由于中国加入多边贸易体制引出的，而恰恰是在多边贸易体制有力地促进了中国经济发展的前提下，中国在经济增长的过程中才面临到上述挑战。我们坚信，中国作为多边贸易体制的公认受益者，只有继续坚持以往融入全球化的战略，坚持以开放促改革、促发展，才能够在以后的发展过程中渐进解决上述问题。

总之，加入 WTO 给中国经济带来了诸多方面的影响，中国经济的表现也是值得肯定的。

S 复习思考

1. 区域经济一体化有几种形式？
2. 区域经济一体化对国际贸易有什么影响？
3. 最惠国待遇原则与国民待遇原则有何不同？
4. 世界贸易组织的基本原则有哪些？
5. 世界贸易组织的机构是怎样设立的？
6. 中国加入 WTO 的重大意义是什么？
7. 加入 WTO 对我国的影响有哪些？

E 能力训练

项目：分析近年来美国对我国的反倾销案

目的：训练学生运用反倾销案理论知识分析问题的能力

内容：根据所附案例进行讨论

训练方法：(1)教师提前一周布置任务；

(2)学生利用上课前的课余时间完成分组讨论；

(3)学生课堂上发表自己的讨论结果；

(4)教师点评。

中国钢丝绳出口倾销案

2000 年 3 月 1 日，美国国内钢丝绳和特种缆绳生产商委员会向美国商务部递交申请书，指控来自印度、马来西亚、中国和泰国的钢丝绳在美国市场倾销，对美国国内产业造成了实质性损害。2000 年 3 月 17 日，美国商务部决定启动对来自上述四国的产品反倾销调查。

得知此案的消息后，在我国有关商会和组织的协调下，对美国出口量较大的江苏法尔胜集团公司、江苏南通中德钢丝绳公司、南通钢丝绳厂、山东机械进出口公司等单位积极参加应诉，并聘请美国伟凯和 MANATT 两家律师事务所代理应诉。美国商务部用抽样的方法选定江苏法尔胜集团公司和江苏南通中德钢丝绳公司回答全套反倾销调查问卷。

2000 年 10 月 2 日，美国商务部公布本案的初步裁定，认定倾销存在，其中江苏法尔胜集团公司倾销幅度为 24.22%，南通钢丝绳厂等 6 家公司倾销幅度为 56.54%，南通中德钢丝绳公司和其他所有企业倾销幅度为 118.78%。初裁公布后，经过中国企业代理律师和企业进一步据理力争，美国商务部在最终裁定中接受了中方的意见并修改了替代价格的计算方法，使倾销幅度大幅度降低。在 2001 年 2 月 15 日公布的终裁中，法尔胜集团公司倾销幅度为 0.02%，属于可以忽略不计的范围，即为零税率，南通中德钢丝绳公司和南通钢丝绳厂等 7 家企业税率为 42.23%，适用于所有其他企业的普遍税率为 58.00%。

2001 年 3 月 21 日，美国国际贸易委员会以 6∶0 的表决结果，裁定中国钢丝绳出口未对美国相关产业构成实质性损害或损害威胁，并决定立即终止对本案的调查，不对原产于中国的钢丝绳产品采取反倾销措施，这意味着中国企业在本案中获得全胜。美国对中国钢丝绳反倾销案涉及出口金额达 1700 万美元。另除美国外，欧盟、南非等国家和地区也开始对我国钢丝绳产品征收反倾销税或开始进行反倾销调查。

第四章 国际货物贸易的一般流程

学习导引

通过学习本章，了解国际贸易实务的基本内容、国际贸易的相关法律和惯例；掌握国际贸易业务员应具备的能力和素质、国际贸易实务的基本程序。

能力提示

通过对本章的学习和训练，培养从事国际贸易业务的能力与素质意识，懂得国际贸易实务活动的基本流程。

第一节 国际贸易实务概述

一、国际贸易实务的概念和基本内容

国际贸易实务主要研究国际商品交换的具体过程，是具有涉外活动特点、实践性很强的一门综合性应用科学。它涉及的范围比较广，包括国际贸易基本政策、国际商法、国际金融、国际市场营销、国际运输、国际保险等知识。研究如何协调国际货物买卖当事人之间的关系，在平等互利、公平合理的基础上达成交易，完成约定的进出口任务，乃是本课程研究的中心课题。它的主要内容有：

(一)国际贸易法律规范

国际贸易活动需要在一定的法律规范下开展。只有这样，才能保证国际贸易持久有序且健康地开展，才能保证贸易商的利益不受侵害。因此，国际贸易法律规范是开展国际贸易实务的基本条件，掌握这方面的知识是很有必要的。从国际贸易的实践来看，国际贸易法律规范的作用越来越大了。

国际贸易法律规范以各国制定的有关贸易的法律为基础。但是，由于各国法律制度存在着差异。因此，国家之间及国际组织制定的一系列条约协定，在一定程度上调整了各国之间的法律关系，力求在国际上实施统一的法律规范。另外，由于各国法

律及国际条约对国际贸易实务的很多具体细节问题难以规范。因此，往往会借用国际贸易长期以来被反复使用的国际贸易惯例作为法律规范的补充。所以，各国的法律、国际条约和国际惯例共同组成了国际贸易法律规范的框架，而这三个方面的内容是从事国际贸易实务活动必须要学习和掌握的。

(二)国际贸易条件

国际货物交换活动，必然要涉及交易的一些条件，如何时交货？交什么样的货？在什么地方交货？由此引起的货物运费、损失风险由谁承担？货款怎样结算等。国际货物贸易活动就是围绕这些贸易条件进行的，这就必然需要进出口商之间针对这些贸易条件进行磋商谈判，当谈判达成一致意见后，便以合同的形式把这些条件确定下来。以后，进出口商各自按事先商定的贸易条件履行义务、完成交易，并最后获得期望的利益。因此，贸易条件是国际贸易实务活动的基本活动。国际贸易条件主要包括货物的品质、数量、包装、价格、装运、支付、保险、检验、索赔、不可抗力和仲裁等条件。一般将前 6 项条件称为主要交易条件(Major Terms and Conditions)，后 4 项交易条件称为一般交易条件(General Terms and Conditions)。

(三)贸易术语

贸易术语是用来表示买卖双方所承担的风险、费用和责任划分的专门用语。在国际贸易业务中，人们经过反复实践，逐渐形成了一套习惯做法，把这种习惯做法用某种专门的商业用语来表示，便出现了贸易术语。每种贸易术语都有其特定的含义，不同的贸易术语，不仅表示买卖双方各自承担不同的风险、费用和责任，而且也影响成交商品的价格。在国际贸易中，买卖双方采用何种贸易术语成交，必须在合同中订明。为了合理选用对自身有利的贸易术语成交、正确履行合同与处理履约当中的争议，要求外经贸人员对国际上通行的各种贸易及有关术语和国际惯例必须有深入的了解。因此，贸易术语就成为本课程要阐述的一项主要内容。

(四)合同条款

合同条款是交易双方当事人在交接货物、收付货款和解决争议等方面的权利与义务的具体体现，也是交易双方履行合同的依据和调整双方经济关系的法律文件。按照各国法律规定，买卖双方可以根据“契约自主”的原则，在不违反法律的前提下，规定符合双方意愿的条款，这就导致了合同内容的多样性。因此，研究合同中各项条款的法律含义及其所体现的权利与义务之间的关系是本课程最基本的内容。在国际货物买卖合同中，除订明采用何种贸易术语成交外，还应就成交商品的品名、品质、数量、包装、价格、运输、保险、支付、检验、索赔、不可抗力和仲裁等交易条件作出明确具体的规定。由于这些交易条件的内涵及其在法律上的地位和作用互不相同，故了解各种合同条款的基本内容及其规定办法，有着重要的法律和实践意义。

(五)进出口合同的商订和履行

买卖双方通过函电洽商或当面谈判，就各项交易条件取得一致协议后，交易即告达成,合同即告成立。订立合同包括邀请发盘、发盘、还盘和接受等环节。其中,发盘和接受是合同成立不可缺少的基本环节和必经的法律步骤。在合同订立后,买卖双方就应该“重合同、守信用”,各自享受合同规定的权利并承担约定的义务。合同的履行是实现货物和资金按约定方式转移的过程。在履约过程中,环节很多,程序繁杂,情况多变,稍有不慎,或某些环节出问题,或一方违约,都会影响合同的履行,甚至可能引起争议或法律纠纷。因此,外经贸人员不仅要了解合同成立的法律步骤及履行合同的基本程序,而且还应了解如何处理履约当中产生的争议,并掌握违约的解决方法,以保障合同当事人的合法权益。

二、国际贸易实务的研究对象

针对国际货物贸易的特点和要求,国际贸易实务从实践和法律的角度,分析研究国际贸易适用的有关法律与惯例及国际商品交换过程的各种实际运作,总结国内外实践经验,吸收国际上一些行之有效的贸易习惯做法,以便掌握从事国际贸易的生意经,学会在进出口业务中,既能正确贯彻我国对外贸易的方针政策,确保最佳经济效益,又能按国际规范办事,使我们的贸易做法能为国际社会普遍接受,做到同国际接轨。

国际间商品交换的具体过程,从一个国家的角度看,具体体现在进出口活动的各个环节。在这些环节中,由于彼此存在法律上的不同规定和贸易习惯上的差异,所以在涉及买卖双方的利害关系时,往往会出现矛盾和斗争。研究如何协调这种关系,在平等互利、公平合理的基础上达成交易,完成约定的进出口任务,乃是本课程研究的中心课题。

国际贸易的标的包括货物、服务和技术。虽然当代服务贸易和技术贸易在国际贸易中已经占有相当大的比重,而且该比重还有不断上升的趋势,但是,无论是在我国,还是在国际上,货物贸易仍然是国际贸易中最主要和最基本的部分。此外,有关技术贸易和服务贸易的业务做法,不少是从货物贸易的基本做法中脱胎而来,有的还是直接沿袭货物贸易的基本做法。所以,有关国际货物贸易的基本理论和业务做法是每一个从事国际贸易实际工作和研究的工作人员所必须掌握的基本知识。同时,掌握国际货物贸易的知识也是更好地掌握国际服务贸易和国际技术贸易知识的重要途径。本书所阐述的国际贸易实务的原理、知识、方法、技能,都是就国际货物贸易而言的。

对于货物贸易,首先要搞清楚是国际贸易还是国内贸易。货物贸易是否具有“国际性”,这在国际贸易实务中是一个重要的问题。在货物贸易中,有时会出现一些争议和违约,对争议和违约的处理往往会涉及所适用的法律。而国际贸易和国内贸易所适用的法律是有所不同的。因此,明确货物贸易是否具有“国际性”,具有很重要的实际意义。

由于许多国家的法律和国际条约依据不同标准给“国际性”赋予含义,因此对同一笔交易是否具有“国际性”，不同国家可能有不同的判定结果。综合起来看，各国法律和国际条约对“国际性”的判定标准主要有：

(1)买卖双方当事人的营业地处于不同的国家；

(2)当事人具有不同的国籍；

(3)订立合同的行为完成于不同的国家；

(4)货物需由一国运往另一国。

对于这些标准，有的国家采取其中一个标准来判定国际性，也有的国家采用多个标准来判定。例如，英国在《1977 年不公平合同条款法》中规定，如果订约当事人的营业地处于不同国家，而且符合下列情况之一，即认为具有国际性：

(1)货物将由一国领土运往另一国领土；

(2)构成要约和承诺的行为完成于不同国家的领土之内；

(3)合同所供应的货物需交付到完成上述行为的国家以外的其他国家。

英国法律作此规定，目的在于对卖方能否排除其对货物的默示担保义务有不同的要求。如果属于国际性贸易，则卖方可以在合同中排除其对货物所承担的各项默示担保义务；但是对于非国际性贸易，则不允许卖方以合同排除其对货物的默示担保义务。

联合国国际贸易法委员会在 1980 年制定的《联合国国际货物销售合同公约》中采用单一的营业地标准，即以买卖双方的营业地点是否处于不同国家为标准。按此规定，如果买卖双方的营业地均设立在同一个国家，那么即使他们所订立的合同要求将货物由一国运往另一国，或交付到另一个国家，或要约与承诺行为完成于不同的国家，该合同仍不认为具有国际性；反之，只要双方当事人的营业地点设立在不同国家，则即使他们所订立的合同是工厂交货，无需出国交付，这种合同仍被视为具有国际性，适用《联合国国际货物销售合同公约》。如果当事人拥有多处营业地，则《联合国国际货物销售合同公约》规定采用最密切联系原则。

综上所述，国际贸易实务的研究对象是国际贸易技术，即在从事国际商品交易过程中必须具备的专门知识、实际应用技能及其内在的规律性、发展变化的趋势，以及由于国际贸易业务活动引起的各种矛盾关系及其解决方式等。国际贸易技术贯穿于进出口贸易业务的整体过程中，具有较强的实用性和操作性，其内容包括以下 3 个方面：

(1)对国际贸易交易条件的掌握与运用。这些交易条件通常被称为国际贸易条件，主要包括品质、数量、包装、价格、交货、运输、保险、支付及检验等合同要素。

(2)国际贸易整个过程的操作方法。主要包括调研、交易洽商、签约及履约等技术、技能和方法。

(3)防范风险和处理贸易纠纷的能力。主要包括把握洽商与合同签约过程中所应遵循的国际贸易条约、惯例、规则和适用的国际国内法规，货款收付结算的技巧和方法，国际贸易纠纷及索赔的处理技巧与能力。

三、国际贸易实务中的当事人

国际贸易实务中的当事人，其实也就是国际贸易合同的主体，是国际贸易关系中营业地处于不同国家或同一国家不同法域区的自然人或法人，国家和国家组织在一定条件下也可以成为国际贸易合同的主体。针对国际贸易实务中当事人的"国际性"，对当事人有以下规定：

1. 自然人

自然人是国际贸易关系的参加者，能依有关国家的国内法享有权利和承担义务。作为国际贸易实务主体之一的自然人，必须具有一般的法律能力，即应当具有相应的民事权利能力和民事行为能力。由于国际贸易实务具有国际性，还要求自然人具有能从事国际经济交往的权利能力和资格。新的《中华人民共和国对外》贸易法允许自然人从事国际贸易活动。

2. 法人

法人是指依法定程序设立，有一定的组织机构和独立的财产，能以自己的名义享有权利和承担义务的社会组织。

法人能否成为特定国际贸易实务中的主体，取决于其权利能力的范围。在我国，只有那些经过国家审查批准，取得对外贸易经营权的企业，方可从事进出口业务，才能成为国际贸易法律关系的主体。还需注意的是，法人权利能力中的权利和义务是统一的。在国际经济交往中，法人不仅应有缔约能力，还应具有履约能力，凡不具备缔约能力和履约能力的假公司、皮包公司均不是具有国际经济法的合格主体。

3. 国家

国家作为主权者，具有独立参加国际关系的能力和直接承担国际法权力和义务的能力。因此，国家有权同其他国家或国际组织签订国际经济条约或协定，以调整国家、国际组织相互之间的经济关系；国家有权参加各国际组织中的经济活动，在国际法院进行诉讼，以维护自己的主权和利益；国家对其全部财富、自然资源和经济活动享有永久主权，并可自由行使此项主权。

同时，国家还可以以特殊民事法律关系主体的身份直接参加国际经济贸易活动，可以与另一国家的国民（包括公民和法人）缔结各种经济合同。

4. 跨国公司

跨国公司是国际贸易实务中最主要的参加者，在国际经济中有着举足轻重的影响和作用，跨国公司作为一种经济组织，在法律上与一般商业组织没有什么不同，但由于其跨国性的特点，便具备了与一般商业组织不同的特征。

跨国公司是指由分设在两个或两个以上国家的实体组成的企业，而不论这些实体的法律形式和活动范围如何；这种企业的业务是通过一个或多个决策中心，根据一定的决策体制经营，因而具有一贯的政策和共同的战略，企业的各个实体由于所有权或别的因素的联系，其中一个或一个以上的实体能对其他实体的活动施加重要影响，尤其是可以同其他实体分享知识、资源及分担责任。

第二节　国际贸易业务的必备条件

为履行我国加入世贸组织的承诺，加快建立社会主义市场经济体制，规范内资企业从事进出口业务，促进对外贸易发展，商务部于2003年7月30日发出《关于调整进出口经营资格标准和核准程序的通知》后，全国各地企业申请外贸经营权的热情日益高涨。但是对外贸易比国内贸易困难、复杂、风险大。国际贸易使用的语言不同，法律、风俗习惯不同，贸易障碍多于国内贸易，市场调查困难，交易接洽技术困难多，解决贸易纠纷难；各国的货币与度量衡差别很大，商业习惯复杂，海关制度及其他贸易法规不同，国际汇兑、货物的运输与保险业务复杂；存在信用风险、商业风险、汇兑风险、运输风险、价格风险、政治风险。因此，对经营国际贸易的企业和人员也提出了更高要求。

一、从事国际贸易业务必须具备的条件

世界各国没有一个国家不经营国际贸易，国际贸易活动是各国的一项非常活跃、非常重要的活动。但是从事国际贸易，特别是做好国际贸易工作并非是一件容易的事，要成为一个合格的经营国际贸易的公司，要具备诸多的条件，现简列如下：

1.要有预见性、超前性，要有良好的商业信誉

首先，从事国际贸易的人员要有扎实的经济理论知识，能了解生产与贸易之间的相互关系，以及本国经济的变化趋势。其次，要有较多的世界经济方面的知识，掌握世界各国经济政治变化的动态。第三，外贸公司要有良好的商业信誉，做到“重合同，守信用”。

2.要有娴熟的专业知识

国际贸易是涉及不同国家、地区之间的交易活动，从事国际贸易必须具备娴熟的专业知识，才能达到经营国际贸易的目的。

3.要有准确、灵通、大量的商业信息

由于经济、政治和自然灾害等因素，使国际市场变化多端。从事国际贸易的企业要想作出正确的决策，必须采取各种手段调查了解各国经济、政治等多方面的动向，迅速准确地收集情报，进行分析研究，以作出科学的决策。

4.要有雄厚的资金

国际贸易大多是大宗交易，要想经营得好，必须拥有雄厚的资金。对于直接经营进出口的制造商，必然需要有大量的资金以购置原料、机器和零件进行生产。就是一般的专业进出口商，掌握商业机会，也需要有大量的资金。至于一般的代理商，虽不

需大量资金，但如资本过少，也难以获得委托者的信赖。

5. 具有完备的组织机构

国际贸易本身是一种复杂的商品交换活动，各种手续繁杂，牵涉面很广，只有组织严密、科学，才能取得显著的经营效果，达到预期的目的。

此外，进入对外贸易经营门槛后还应注意的问题有：

(1)加快对外贸易有关部门工作人员、企业业务人员的培训。

准备申请或新取得外贸经营权的企业，要加快对经理、外销、制单结汇人员的培训，只有培训与建设自己的国际贸易专业人才队伍，尽快提高企业素质，才能真正的在国际市场上找到自己的位置。

外经贸、外汇管理、银行、海关、质检、税务等部门不仅要加强自身的业务培训，而且还要对新取得外贸经营权的企业人员进行制单、报送、报验、结汇退税、财务核算、出国参展等有关政策咨询和业务指导。

由于新取得外贸经营权的企业的外贸业务人员新手多，因缺乏国际贸易法律、惯例与外贸专业知识，履行国际贸易合同的能力差，国际贸易经验少，较容易上当受骗，贸易纠纷将增加，我国涉外仲裁机构与人民法院国际贸易审判机构也面临缺乏此类审判人员与专业知识及审判经验的挑战。因此，要加快国际贸易法律人才的规范。

(2)加强经营秩序的规范。

对外贸易经营门槛低，从业人员没有国际贸易经验，不懂游戏规则，容易搞乱正常的贸易秩序。如何采取有效措施规范管理，在不妨碍企业自主经营的前提下强化、优化外贸经营秩序，成为各级外经贸主管部门的新课题。如果众多中小企业为了本企业眼前的利益，低价在国际市场上竞争，不仅会自相残杀，给国内企业造成经济损失，而且还可能遭致国外反倾销调查。

因此，外经贸部门要加强与工商、海关、税务、检验检疫、外汇管理、银行等部门的协调，加强经营秩序的规范，帮助企业规范、健康、有效地走出国门。

民营企业没有行业主管部门，但可以发挥行业协会与进出口商会的作用，向新获权企业提供国内外信息，搞好服务，加强外经贸管理与服务工作，加强企业自律。

(3)加强诚信体系建设。

进入对外贸易经营门槛，将考验我国企业在国际市场上的信誉度。无需讳言，由于我国企业注册资本少，进出口经营规模小，承担经营风险的能力较低，容易造成不守合同不讲信誉的事件发生。但是，从事国际贸易的企业如不守合同不讲信誉就很难在国际市场上站得住脚。因此，企业应在建立诚信上花更多精力。

二、国际贸易业务人员应具备的基本素质

1. 国际贸易从业人员需具备的基本素质

(1)语言的运用能力。

在开展国际贸易工作中，有很多的场合，需要外贸人员介绍企业和产品，并说服客户接受你的产品；有很多买卖双方的谈判需要外贸人员参与。因此，良好的语言表现力是一个合格外贸人员的重要条件之一。要求：语言清晰简洁、内容具有说服力、语言具有感染力、使用得体的身体语言。语言表现力公式如下：

沟通的总体感觉＝7％语文表达＋38％口头表达＋55％面部表情　　(4-1)

在这个公式中，“面部表情”包含了所有的身体语言——目光、表情和手势等。身体语言的表现力对于一个外贸人员是如此的重要，因此每一个外贸人员都应当花相当的精力去提升个人的身体语言表现力。

(2)理解他人的能力。

外贸人员开展国际贸易，要学会站在客户的立场上考虑问题。拓宽来讲，你要影响别人，就要首先学会理解别人。这点并不难理解，不理解别人，不从别人的角度出发思考问题，你便无法进入别人的内心，当然你更无法影响别人的内心。理解他人更多的是一种心态和方法，而不是理解力的问题，完全是可以后天培养的。

(3)交流能力。

积极与公司领导和同事交流，要把问题和建议积极地提交领导，并提出自己的解决办法；对同事要善意地提出意见，交流心得，搞好正常的同事关系。要知道良好的人缘对于一个外贸人员的成败有着不可忽视的作用。拥有良好的人缘，它会让你如鱼得水，否则将使你孤掌难鸣。

以上能力，都要以能流利地进行中外(英)文表达为基础。

(4)良好的职业道德。

要有良好的职业道德，处处维护公司形象。

(5)要有良好的心理素质。

国际贸易的开展并不是一帆风顺的，可能会遇到许多挫折，需要及时地调整自己的心态。只有保持乐观的心态，坚持不懈才能取得最终的胜利。

(6)要有敏锐的洞察力。

时刻留意身边的商业信息，掌握前沿的商业动向，从而发现商机，作出正确的决策。

(7)正视人生发展坐标，不断提高自身业务素质。

端正人生坐标，不满足于现有成就，持之以恒、不断突破。行业的竞争如同逆水行舟不进则退，要想取得暂时的成绩不难，难在不断突破，不断创新。要在外贸队伍中保持领先位置，就必须对自身业务素质有更高的要求，恃才傲物终会被淘汰的。

总之，外贸业务人员只有不断地加强自身修养，客户、潜在客户、同事和你周围的其他人才会接受你。

2.国际贸易从业人员需具备的专业知识

(1)市场学。

国际贸易不外是货物的采购与经销，故对于货物买卖的技术、经销途径、价格决定等要有深入的研究。

(2)通晓外国语。

从事国际贸易，必然要与外国商人接触，双方只有在具备共同语言的基础上才能进行洽谈，达成交易。英文已成为国际贸易的通用语言，自然要熟练掌握，但对特定国家或地区，有时英文并不通行，故除英文外，还要通晓该国该地区的语言，才不致给贸易活动造成困难。

(3)通晓本国对外贸易规章和货运、报关、检验等手续。

各国都有一套管理本国对外贸易的办法，从事贸易活动的厂商必须熟悉它们，才能办好出口与进口手续。

(4)熟悉各国的关税制度及非关税方面的规定。

各国海关制度和法令互有不同，从事国际贸易的厂商除要了解本国有关规定外，还要了解贸易对手国家的规定，如关税税率、进口特殊规定及使用特定的海关发票。同时，也要了解对方国家非关税壁垒方面的规定，对国际性贸易组织的有关规定也要知晓。

(5)国际汇兑方面的知识。

从事国际贸易的厂商，必须了解贸易对象国货币、汇率、外汇银行的功能，以及国际金融组织的规章规定。

(6)商品知识。

商品是国际贸易中的交易对象，从事对外贸易的厂商对于所经营商品的性能、品质、生产方法、包装、成本核算要有深刻的了解。

(7)法律知识。

迄今为止，国际上仍无共同的国际贸易法。世界各国贸易商所依据的是各国的商事法规，以及一些国际上通行的规约和贸易惯例。但世界各国的商事法规本非出于一源，各国规定很不一致，故从事国际贸易的人员要掌握了解有关国际贸易的各种法律。

(8)保险知识。

国际贸易货物从出口地运到进口地路途遥远，贸易商必须重视货物运输的风险，进行保险。要熟悉保险的种类及发生风险时进行索赔的方法，要具备充分的保险知识。

(9)运输业务知识。

国际贸易货物的转移，要通过各种交通运输工具进行，贸易商对于各种运输业务知识要透彻地了解，才能使货物妥善转移。

总之，国际贸易具有线长、面广、环节多、难度大、变化快的特点。因此，凡从事国际贸易的人员，不仅必须掌握国际贸易的基本原理、知识、技能与方法，而且还应具备分析和处理实际业务问题的能力，以确保社会经济效益的顺利实现。

第三节 国际货物贸易的基本业务程序

C 案例启迪

美国一家大型的软饮料公司决定,在东南亚地区选择印尼作为公司最畅销饮料的目标销售市场。印度尼西亚是世界第五大人口大国,人口近1.8亿。美国饮料公司的管理阶层认为无法拒绝这一巨大潜在市场的诱惑,因此,决定与印尼达成瓶装与分销协议来服务于这一市场。公司决定把软饮料汁卖给一家瓶装商,由后者负责饮料的瓶装与分销。但不幸的是,销售状况非常糟糕,饮料根本不畅销。虽然公司初期调研,包括对当地竞争和政府态度的调研结果都非常乐观,但营销活动仍一蹶不振。后经了解,这是因为公司董事会主席和其项目经理忽视了两个重要因素。其一,印尼虽拥有近1.8亿人口,但绝大多数住在农村,处于前工业化阶段;其二,大多数印尼人喜欢甜饮料和以椰子汁为主要原料的软饮料,他们对美国风味的碳酸化合饮料甚感不习惯。在印尼,虽存在着一个美国饮料市场,但这几乎全部限于主要城市。欣赏美国风味并有足够可自由支配收入购买美国风味饮料的市场上总共才800万人。请根据本节所学到的知识,对此案作出评析。

在进出口贸易中,由于交易方式和成交条件不同,其业务环节也不尽相同。各环节的工作有的先进行,有的先后交叉进行,也有的齐头并进。但是,不论进口或出口交易,一般都包括交易前的准备、国际贸易谈判、国际贸易合同的签订和履行合同四个阶段。

一、进出口商交易前的准备工作

国际贸易交易前的准备工作是国际货物贸易基本业务程序中的第一个环节,也是整个交易的基础。主要包括选择目标市场、进行国际市场调查、选择适宜的交易对象、制定进出口商品经营方案等。以下将分别从出口商和进口商的角度,介绍一下交易前的准备工作。

(一)出口商交易前的准备工作

出口商交易前的准备工作,主要包括:销售市场和客户的调研工作、制定出口经营方案、办理出口商品的商标注册、做好出口商品的广告宣传等。

1. 销售市场和客户的调研工作

(1)对销售市场的调研主要集中在对市场环境、市场容量、购买者行为等问题的分析上。

①市场环境的分析。

a. 政治法律环境。政治法律环境如市场所在国的社会制度、对外政策、贸易管制措施、外汇管制、关税、政局是否稳定、法律是否健全等，因其所隐藏的政治风险，常常给出口商带来种种损失。因此，出口商必须对商品拟出口地的政治法律环境进行调研。

b. 经济环境。经济环境主要指人口、收入和技术经济发展水平。市场的人口是决定市场规模的主要因素，主要包括人口的增长率、年龄结构。因为不同年龄的消费者对产品的偏好、需求、购买动机和习惯是不一样的。收入水平包括国民生产总值、国民收入、个人收入、个人可支配收入及个人可自由支配收入等，它反映市场的购买力、消费结构和市场规模。技术经济发展水平不同的国家，对商品的需求是不同的，一般来说，发展中国家对制成品、技术含量高的商品需求旺盛，而发达国家则对资源类产品需求旺盛。

c. 社会文化环境。社会文化环境主要是指物质文化水平和教育水平。在物质文化水平较高的国家消费者选择性强，对产品的要求高而且复杂，容易接受文字宣传的影响，对新产品的鉴别、接受能力强，购买时理性程度高。而在教育水平较低的国家，与消费者的沟通及市场调研则比较困难。因此，社会文化环境直接影响着消费水平、消费行为、消费结构，并制约着国际营销活动。

②市场容量的调查。

市场容量主要指某一商品在一个市场内有支付能力的最大需求量。商品市场主要分为生活资料市场和生产资料市场，生活资料市场即消费品市场。对消费品市场容量的分析主要考虑三大因素：人口、人均国民收入和消费率。

$$\text{消费品总容量}=\text{人均国民收入}\times\text{人口总数}\times\text{消费率} \tag{4-2}$$

生产资料市场容量主要产生于消费品的需求，通常称之为引申需求。一般是通过对消费品的市场容量来推算有关生产资料的需求量。在分析市场容量时，既要考虑现实的市场容量，又要考虑潜在的市场容量，也就是要考虑潜在消费人群的增长因素，如随年龄变化的增量、随人们对商品认识的提高的增量、随人们对商品依赖度的增强的增量。

③对购买者行为的分析。

对购买者行为的分析主要是分析外部社会因素对购买者行为的影响，即文化、社会阶层、参考团体和家庭等因素对购买者行为的影响。不同的社会因素对购买者行为的影响是不同的，会形成不同消费者的特征。

(2)对外国客户的调研通常包括 3 个方面：对客户自身情况的了解、对国外客户与我国经贸交往情况的了解、对国外客户与其他客户交往情况的了解等。

①对客户自身情况的了解。主要是了解客户的资信和组织状况，如对客户的资本总额、增资斥股、资产负债等情况，以及客户的经营能力、经营范围、客户的信用等情况的了解。一般来说，资本额与成交额之间应保持一个适当的比例，贸易成交额超过注册资本额是不合适的。

②对国外客户与我国经贸交往情况的了解，会从某些方面给我们提供客户的基本情况。通过对客户与我方的成交记录、交易品种、交易数量与金额、纠纷及解决等情况的调研，可以了解客户的资信、能力等方面的信息。

③对国外客户与其他客户交往情况的了解。一般来说，国外客户与其他客户交往越广泛，信誉度越高，与之交往就越有把握。国外客户与其他客户开展业务时所持的态度、做法及处事的诚信状况，很可能就是他将来对待我们的模式。因此，通过他与其他客户交往的广泛程度及情况，就可以了解其信誉度、合作态度及合作精神。

2. 制定出口商品的经营方案

出口商品的经营方案，是出口企业对在一定时期内出口某种或某类商品所作出的全面的业务安排。它包括国内货源情况，国外市场情况，对其他国家或地区的出口安排，货源的组织(如农副产品的收购、进货、调运、加工、储存等)，产品的生产、质检，贸易方式，贸易条件的选择，出口成本与经济效益核算等。出口成本与经济效益核算的指标主要有：出口总成本、出口销售收入、出口换汇成本、出口盈亏额、出口盈亏率等。

3. 办理出口商品的商标注册

出口商品的商标首先要在国内注册，经国家商标管理部门批准后发给注册证，然后向准备推销的国家或地区的商标管理部门办理注册手续。在国外注册，可委托与我国友好的国家和地区的代理商和经销商代办，也可委托当地律师或商标代理机构代办，远洋地区可以通过贸促会办理。

4. 做好出口商品的广告宣传

出口商可以通过委托国外的代理人或广告商，或通过大众传播媒介和资讯网络，或通过举办展览、印刷宣传品等各种方式，将产品的用途及突出特点介绍给特定市场上的消费者，力求加深消费者对商品的印象。

(二)进口商交易前的准备工作

进口商交易前的准备工作，主要包括：选择采购市场与供货商、领取进口许可证、缮制和审查进口订货卡片、制定进口经营方案等。

1. 选择采购市场与供货商

进口商选择采购市场时，应比较不同国家或地区的生产技术、工艺水平及产品的性能，并在此基础上进行价格水平的比较，以便选择适合本国需要的、价格合理的商品。

选择供货商就是选择交易对象，选择出口交易对象的方法和原则同样适用于选择供货商。

进口商通常要建立供应商客户档案或卡片，借以掌握和积累客户资料，以备作为选择交易对象决策时的参考。客户卡片或档案可繁可简，各进口商可根据需要进行设计，但必须能够清楚地反映客户的基本情况、信誉资料，以及与自己进行贸易往来的基本内容，对客户档案必须经常分析研究，作出鉴定，为决策提供依据。一般可将客户分为基本客户、一般客户、其他客户三类。基本客户一般是资金雄厚、经营作风良好、业务往来较多、履约良好的客户；一般客户是指经营作风良好、公司规模有限、资金不很充足、业务能力有限、很少有违约情况的客户；其他客户主要是指经营作风较差、与进口商业务往来较少的客户。

因此，进口商在选择供应商时，应优先选择基本客户，并在许可的范围内给对方以优惠，并应注意发展一般客户，创造条件使其转化为一般客户。

2. 编制进口计划，领取进口许可证

进口商在进口货物时，要按照国家对外贸易法规及政策的规定进行货物的进口，对于国家要求纳入国家外贸年度进口计划的进口商品或引进项目，必须编制年度外贸进口计划，报主管部门审批，并根据规定级别分别编报国家进口计划或地方进口计划，得到各级政府拨付或供应外汇额度。对于国家要求必须领取进口许可证的商品，必须在办妥进口审批和外汇审批手续后，申请领取进口许可证方可进口。

3. 缮制和审查进口订货卡片

进口商在办妥相关进口手续后，应缮制进口订货卡片。进口订货卡片是进口商办理进口业务的主要依据，其内容包括商品的中外文名称、品质规格、数量、包装、详细用途、估计单价和金额、要求到货时间、外汇来源等。

没有进口能力但又需进口商品或引进项目的用货单位，在办理完选择采购市场与供货商、领取进口许可证、缮制和审查进口订货卡片后，由于需要委托进口商代为进口商品，这时需将进口订货卡片交给进口商委托进口商代为进口。而进口商在收到订货卡片后，应认真审查各项内容是否完整明确，有无没办或漏办的手续，有无模糊不清或明显错误的地方等，如有发现则应要求用货单位予以补办或纠正。

4. 制定进口经营方案

进口经营方案又称商品订购方案，一般包括以下几项内容：

(1)商品特点、国外货源、国内要货情况。

(2)订购国别、订购数量、订购时间的安排。对于数量或金额较大的订货，应避免过分集中于个别或少数国家或地区，或避免时间过于集中于某一时期，因为同一时期大量集中订购会引起市场价格波动，造成不利的价格局面。

(3)交易对象的选择安排。

(4)价格条件,包括佣金、折扣的计算,支付方式的选择。

(5)其他交易条件的掌握。

必须注意,制定进口商品经营方案要以调查研究为基础,并有切实可行的措施作保证。

二、国际贸易谈判

(一)国际贸易谈判

国际贸易谈判是国际贸易事务的重要组成部分,它集政策性、知识性、艺术性于一体,涉及众多学科,既有规律性、原则性,更有灵活性和创造性。而且谈判是交易磋商的一个重要环节,谈判的成功与否决定最终合同签订。因此,必须认真研究谈判的特点、原则,熟悉谈判的内容,掌握必要的谈判技巧。

国际贸易谈判应体现以下 3 个原则:

(1)总体利益最佳;

(2)善于营造公开、公平、公正的竞争局面;

(3)明确目标、善于妥协。

在国际贸易中,谈判的目的就是为了合同的签订。通常情况下,谈判步骤可分为 4 个阶段,即准备阶段、实质性谈判阶段、协议签订阶段、后续阶段,而不同的谈判阶段则应采取不同的谈判策略。

1.准备阶段

(1)收集有关资料。除了收集有关谈判环境资料外,还包括收集谈判对手的资料(参加贸易谈判的人员及贸易谈判人员所代表的企业或公司)、市场行情、竞争对手,以及国际贸易惯例等资料。

(2)确定谈判对象。确定谈判对象是参加国际贸易谈判的重要环节。贸易谈判对象的确定关键是看对方是否能满足己方的需要。一般来说,只确定一个对象,能充分表明己方对对方的信任,有利于发挥对方的积极性,获得对方的积极合作,但是一旦谈不成,己方将会陷入困境。确定 2~3 个对象,能充分利用对方的竞争为自己服务,但不利于发挥对方的积极性。

(3)组建谈判队伍。要想谈判成功,在谈判准备中对谈判班子的组成和谈判人员分工及配合作出恰当的安排是一项十分重要的内容。一个高效且强有力的谈判小组,人员之间应该形成各种能力的互补,以使个人的能力和素质得到放大,并形成新的集体力量。一般来说,谈判人员的分工情况是由业务人员负责贸易方面的谈判,技术人员负责技术问题,法律工作者参与合同条款的拟定和审核。但在实际业务中,交易磋商通常均由业务人员全面负责。因此,谈判队伍人员必须熟悉国际贸易法律法规、国际贸易惯例、外贸实务知识和商品知识,熟练一门外语,以便与对方顺利进行洽谈、函电往来及拟制合同等。

2. 实质性谈判阶段(略)

3. 协议签订阶段

这一阶段的主要工作有以下两方面:

(1)认真核对合同文本及各种批件。在国际贸易谈判中,合同(协议)起草和核对是签约前最重要的工作,贸易谈判人员应认真对待。核对合同文本务必对照原稿,不能只凭记忆而采用"阅读式"的审核。一般来说,应由两人以上共同核对,特别是两种文字的合同。只有这样,才能避免因不小心出错而造成的损失,也可以防范有人故意利用出错想为己方再捞回一点利益的做法。

(2)确定签字人、地点、时间和仪式等。合同的签字人一般是企业或公司的法定代表人或得到授权的人。至于地点、时间、仪式等,应根据实际情况由谈判各方协商而定。一般来说,应从节约的角度出发,不搞铺张浪费。

4. 后续阶段

谈判的后续阶段是指从合同签订到合同履行完毕之前的这段时间。在这段时间里,谈判各方应做的主要工作有:

(1)认真履行合同;

(2)注意巩固与客户的关系;

(3)总结经验教训。

在实际的贸易谈判中,未必每个阶段都划分得如此清楚。事实上,一个阶段可能与另一个阶段重叠在一起,或相互交叉。但至关重要的是,谈判人员必须知道自己的工作正处在哪个阶段,以便能把个人精力用于解决本阶段的重要问题上。

(二)国际贸易合同的签订和履行

在国际贸易中,买卖双方就交易条件经磋商,一方的报价被另一方有效接受,达成一致协议,就意味着合同的签订。合同是具有约束力的法律性文件,任何一方违反合同规定都将承担法律责任。双方在磋商过程中的往来函电、信件、数据电文都是书面合同的证明。但按照国际贸易的一般做法,买卖双方达成协议后,还要制作书面合同或成交确认书以明确各自的权力与义务关系,这就是合同的签订。在国际贸易中,买卖合同一经依法有效成立,买卖双方都应受其约束,都要本着"重合同,守信用"的原则,切实履行合同规定的义务。所以,履行合同是当事人双方共同的责任。

履行进出口合同的业务流程如图 4-1、图 4-2 所示。

国际贸易合同的签订和履行将专章论述。

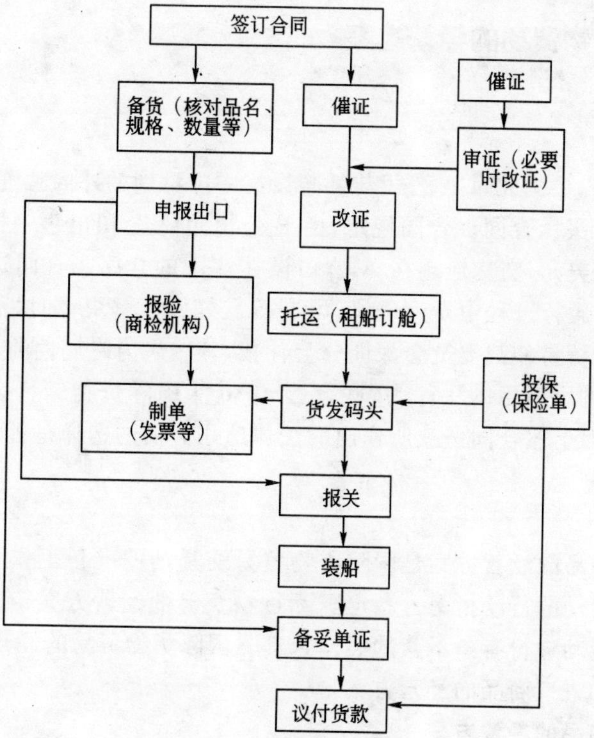

图 4-1　出口合同履行程序图

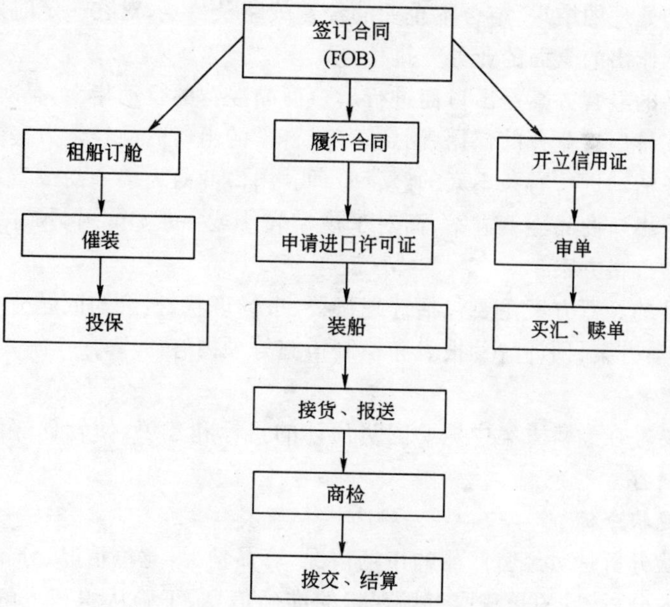

图 4-2　进口合同履行程序

三、国际货物贸易的经营方案

R 能力拓展

2005 年 2 月，中国北京 A 公司与某国设在中国深圳的外商独资企业 B 公司在大连签订一份货物买卖合同。合同规定，由 B 公司向 A 公司出售一批移动电信设备，总金额为 200 万美元，交货地点在 A 公司设在沈阳的仓库。合同进一步规定，双方当事人如在合同履行过程中发生争议，可进行友好协商解决；如协商未果，则自愿提交中国国际经济贸易仲裁委员会深圳分会仲裁，其结果为终局性的，对双方均产生约束力，并明确双方所适用的法律为《联合国 1980 年国际货物销售合同公约》。试分析，双方当事人对上述合同条款所作出的法律适用方面的选择是否恰当？

国际货物贸易的经营方案是国际货物贸易交易前的准备工作之一，是进出口商进行国际贸易活动的行动指南。制定国际货物贸易的经营方案，有利于进出口商对其进出口业务活动进行有条不紊的经营管理。国际货物贸易的经营方案分为出口商品的经营方案和进口商品的经营方案。

(一)出口商品的经营方案

出口商品的经营方案是出口企业在广泛、深入的市场调研的基础上，根据对市场信息的分析和处理的结果，结合本企业的经营战略及特点，对在一定时期内出口某种或某类商品所作出的全面的业务安排。

出口商品的经营方案是出口商进行出口商品经营的行动指南，是对外洽商交易、销售商品和安排出口业务的依据，制定正确、科学的出口商品经营方案有利于出口商对其出口业务活动进行有条不紊的经营管理。出口商对大宗商品或重点推销的商品通常逐项制定出口商品经营方案，而对于规模较小或一般性的中小商品则通常只制定内容简单的价格方案。

出口商品的经营方案主要包括计划概要、市场现状、机会与问题分析、目标、市场营销策略、行动方案、预计盈亏报表和控制措施等项内容。

1. 计划概要

计划概要是在经营方案中扼要阐明预计的目标和建议，使管理部门能迅速了解计划的主要内容。

2. 市场现状分析

市场现状分析是对经营产品的市场情况、产品情况、竞争情况、分销情况、宏观环境情况进行的分析，目的是获取市场现状的准确信息，正确认识和了解市场现状，以利于采取正确的应对策略搞好出口商品的经营。

(1)市场情况。分析市场规模与增长情况(以数量单位或以金额计算),按照市场细分与地区细分列出,掌握市场需求情况和价格变动趋势。

(2)产品情况。列出过去几年来产品线中各主要产品的销售、价格、收益和利润情况,以及国内生产能力、可供出口的数量、商品的品质、规格和包装等,确定产品在目标市场上的竞争地位。

(3)竞争情况。分析自己的主要竞争对手,并对他们的规模、目标、市场份额、产品质量及市场营销战略加以阐述和分析。

(4)分销情况。提供有关在各个分销渠道中相关产品的销售数量,以及每个分销渠道重要地位的变化。分销情况能够反映分销商和经销商能力上的变化,以及为鼓励他们多销售所采取的必要鼓励措施和贸易条件。

(5)宏观环境情况。主要阐述影响这一产品线未来的宏观环境趋势,包括人口。统计、经济、技术、政治、社会及文化变化的趋势。

3.机会与问题分析

机会与问题分析就是企业进入国际市场给其带来的具体利益和面临的困难与障碍。通过对这两方面问题的分析研究,有利于出口商找出企业面临的主要威胁和发展机会,对自身进行科学定位,以利于出口商发挥优势,避免劣势,把握国际市场的有利地位,取得成功。

机会与威胁,是指能够影响企业未来发展的外部因素;优势与劣势,则是影响企业发展的内部因素。只有对企业发展的内外部因素进行充分地分析研究,确定企业面临的主要问题,才能有的放矢地制定出符合企业实际的发展目标、策略和战术。

4.经营目标

在出口经营方案中,要制定明确的经营目标,并注意各种目标应保持内在的一致性,能够反映出较低的目标是如何从较高目标中引申出来的;同时,目标应该是可以达到的,而且能够最大限度地调动各层次人员工作的积极性。出口经营方案的目标一般有两类:一类是财务目标,另一类是市场目标。

(1)财务目标。财务目标是企业的所有者寻求的稳定而又长期的投资收益率,并据此推知他们当年获利的可能性。例如,在未来 5 年中争取 20%的税后平均投资收益率,计划在某年取得纯利润为 180 万美元。

(2)市场目标。财务目标必须要转换成市场目标。例如,某公司计划获得 180 万美元的利润,其目标利润率定为销售额的 10%,那么它只有确定一个 1800 万美元的销售额作为其目标才能实现其目标利润。设该公司制定产品的单价为 260 美元,则公司必须卖出 69230 个产品才能完成这一目标。现在预计该产品整个市场的营销量为 230 万个,那么该公司 69230 个产品的销售量的市场占有率就是 3%。要保持这一市场占有率,公司必须确定相应的目标来赢得其在消费者中的名度和广泛的分销覆盖面。

5. 市场营销策略

企业在制定市场营销策略时，将面对多种可能的选择，每个目标可以各种不同的方式实现。例如，使销售额增加 9%的目标，可以通过提高全部销售产品的单价来实现，也可以通过增加销售总量来实现，而上述的某一个目标又可以多种方式实现。例如，增加销售总量可以通过提高市场增长率，或提高市场占有率来获得。以此类推，提高市场增长率又可以通过说服顾客购买更多的产品或吸引消费者成为回头客来实现。同时，经营策略的制定应在那些可供选择的策略中进行最佳选择。

6. 预计盈亏核算

预计盈亏核算包括出口换汇成本、出口盈亏率、出口创汇率等的核算。

7. 行动方案(略)

8. 控制措施

控制措施包括国内货源情况、国外市场情况、对其他国家或地区的出口安排、货源的组织(如农副产品的收购、进货、调运、加工、储存等)、产品的生产与质检、贸易方式与贸易条件的选择、出口成本和经济效益的核算等。出口成本和经济效益的核算的指标主要有：出口总成本、出口销售收入、出口换汇成本、出口盈亏额、出口盈亏率等。

(二)进口商品的经营方案

进口商品的经营方案又称商品订购方案，一般包括以下几项内容：

(1)商品特点、国外货源、国内要货情况。

(2)订购国别、订购数量、订购时间的安排。对于数量或金额较大的订货，应避免过分集中于个别或少数国家或地区，或避免时间过于集中于某一时期，因为同一时期大量集中订购会引起市场价格波动，造成不利的价格局面。

(3)交易对象的选择安排。

(4)价格条件，包括佣金、折扣的计算，支付方式的选择。

(5)其他交易条件的掌握。

必须注意，制定进口商品经营方案要以调查研究为基础，并有切实可行的措施作保证。

S 复习思考

1. 从事国际贸易工作应具备哪些条件？
2. 从事国际贸易应注意哪些问题？
3. 简述国际贸易的谈判过程。
4. 出口商交易前应做哪些准备工作？

5. 请讲述进出口贸易流程图的各个环节。

E 能力训练

山东新世纪农产品贸易公司是一家新成立的农工贸一体化的外贸企业，计划出口核桃到欧洲，请为该公司制定一个核桃出口营销方案。全班每 6 人分为一组，每组完成一个方案。

第五章 国际贸易术语

学习导引

通过学习本章,了解国际贸易术语的国际惯例及相关背景;理解国际贸易术语的概念、分类、作用及相关的国际贸易惯例;掌握贸易术语的分类及使用方法。

能力提示

通过对本章的学习和训练,具备应用贸易术语解决合同中出现的实际问题的基本能力。

在国际货物买卖中,交易双方通过磋商,确定各自应承担的义务。作为卖方,其基本义务是提交合格的货物和单据;买方的对等义务则是接受货物和支付货款。在货物交接过程中,有关风险、责任和费用的划分问题,也是交易双方在谈判和签约时需要明确的重要内容,因为它们直接关系到商品的价格。在实际业务中,对于上述问题,往往通过使用贸易术语加以确定。学习和掌握国际贸易中现行的各种贸易术语及其有关的国际惯例,对于正确运用这些术语来明确当事人的基本义务和合理规定价格,具有十分重要的意义。

C 案例启迪

我某公司按 CIF 伦敦条件向欧洲某国出口商出口一批草编制品,向中国人民保险公司投保了一切险,并规定用信用证方式支付。我出口公司在规定的期限、指定的我国某港口装船完毕,船公司签发了提单,然后到中国银行议付。第二天,出口公司接到客户来电,称船在海上失火,草编制品全部烧毁,客户要求我公司出面向中国人民保险公司提出索赔,否则要求我公司退回全部货款。

第一节 贸易术语的国际惯例

一、国际贸易术语的概念和分类

(一)贸易术语的产生与发展

贸易术语(Trade Terms),又称交货条件(Delivery Terms)、价格术语(Price Terms),俗称价格条件,是指用短语或英文缩写来说明买卖双方在交接货物过程中各自承担的义务和价格构成。贸易术语是国际贸易发展到一定历史阶段的产物。

最初,由国际贸易活动引起的费用开支、运输风险、责任划分等问题都是由货主自己承担的。但随着商品生产的日益发展和国际贸易范围的不断扩大,到18世纪末19世纪初,出现了装运港船上交货的术语,即Free on Board (简称FOB)。当时的FOB是指买方事先在装运港口租定一条船,并要求卖方将其售出的货物交到买方租好的船上。买方自始至终在船上监督交货的情况,并对货物进行检查,如果他认为货物与其先前看到的样品相符,就在当时当地偿付货款。可见,当时的FOB与今天的FOB术语是不同的。随着科学技术的进步、运输和通信工具的发展,国际贸易的条件发生了巨大的变化,为国际贸易服务的轮船公司、保险公司纷纷成立,银行参与了国际贸易结算业务。到19世纪中叶,以CIF为代表的单据买卖方式逐渐成为国际贸易中最常用的贸易做法。

国际贸易术语是在长期的贸易实践中形成和完善的。如国际商会于1936年制定并于1953年修订的《国际贸易术语解释通则》(以下简称《通则》)中只包括了9种贸易术语,当《1980年通则》问世时,它所包含的贸易术语已增加到14种。20世纪80年代,随着科学技术的飞速发展,通过电子数据交换,集装箱多式联运业务在国际货物运输中得到广泛的运用和普及。为适应这种新形势,国际商会又于1990年推出了《1990年通则》。1999年国际商会又根据最近出现的无关税区的广泛发展、交易中使用电子信息的增多及运输方式的变化,对《1990年通则》作了进一步的修订,推出了《2000年通则》。

(二)有关贸易术语的国际惯例

国际贸易惯例是指在国际贸易的长期实践中所形成的若干具有普遍意义的一些习惯性做法和解释。到目前为止,有关贸易术语的国际贸易惯例主要有以下3种:

1.《1932年华沙—牛津规则》

《1932年华沙—牛津规则》,又名《CIF买卖合同的统一规则》,它起源于1928年国际法协会在波兰华沙制定的《1928年华沙规则》,此后几经修订,相继将此规则修订为《1932年华沙—牛津规则》(Warsaw—Oxford Rules 1932)。《1932年华沙—牛津规则》对CIF合同的性质、特点及买卖双方的权利与义务都作了具体的规定和说明，为那些按 CIF 贸易术语成交的买卖双方提供了一套可在 CIF 合同中易于使用的统一规则。

2.《1941 年美国对外贸易定义修订本》

《1941 年美国对外贸易定义修订本》(Revised American Foreign Trade Definitions 1941)是美国商会、美国进口商全国理事会和美国对外贸易理事会所组成的联合委员会，在对 1919 年《美国出口报价及其缩写条例》(The U. S. Export Quotation and Abbreviations)修订后，于 1941 年 7 月 30 日正式通过的。至今为止，在美洲大陆具有相当的影响。该文本对 Ex Point of Origin、FAS、FOB、C&F、CIF 和 EX Dock 6 种 贸易术语作了解释，特别应注意该文本把 FOB 分为 6 种类型，其中只有第 5 种，即 FOB Vessel 与国际贸易中通行的 FOB 大体类似。

3.《国际贸易术语解释通则》(即《通则》)

《通则》是由国际商会于 1936 年制定的。经过 1953 年、1967 年、1976 年、1980 年、1999 年的多次修订和补充，成为目前在国际上使用最广、影响最大的贸易术语国际惯例。1999 年版本定名为《2000 年国际贸易术语解释通则》(INCOTERMS 2000，即《2000 年通则》)，作为国际商会出版物颁布，于 2000 年 1 月 1 日开始实施。

(三)《2000 年通则》的主要内容

《2000 年通则》对 13 种贸易术语作了解释，并将其分为 E、F、C、D 四个组。

E 组为启运术语，EXW，Ex Works…Named Place(工厂交货——指定地点)，是指卖方在其货物所在地(工厂、工场、仓库等)将货物提供给买方时，即履行了他的交货义务。

F 组为运费未付术语，都是由买方自负费用订立运输合同并指定承运人，卖方只要将货物交给买方指定的承运人或运输工具，即完成交货义务。

FCA，Free Carrier…Named Place(货交承运人——指定地点)；

FAS，Free Alongside Ship…Named Port of Shipment(船边交货——指定装运港)；

FOB，Free on Board Named…Port of Shipment(装运港船上交货——指定装运港)。

C 组为运费已付术语，按 C 组术语，卖方均需负责按通常条件订立运输合同，并支付到达合同规定的目的港或目的地的正常运费。其中，CIF 和 CIP 条件下的卖方尚需负责投保货物运输保险，并支付保险费。

CFR，Cost and Freight…Named Port of Destination(成本加运费——指定目的港)；

CIF，Cost Insurance and Freight…Named Port of Destination(成本加保险费、运费——指定目的港)；

CPT，Carriage Paid to … Named Place of Destination(运费付至——指定目的港)；

CIP,Carriage and Insurance Paid To…Named Place of Destination(运费、保险费付至指定目的地)。

D组为到达术语,卖方需负责把货物运送到约定的目的地,并负担货物交到该地为止的一切费用和风险。

DAF,Delivered at Frontier…Named Place (边境交货——指定地点);

DES,Delivered ex Ship…Named Port of Destination(目的港船上交货——指定目的港);

DEQ,Delivered ex Quay(Duty Paid)…Named Port of Destination[目的港码头交货(关税已付)——指定目的港];

DDU,Delivered Duty Unpaid…Named Place of Destination(未完税交货——指定目的地);

DDP,Delivered Duty Paid…Named Place of Destination(已完税交货——指定目的地)。

二、国际贸易术语的性质和作用

贸易术语是在长期的国际贸易实践中逐渐产生和发展起来的。在国际贸易中,确定一种商品的成交价,不仅取决于其本身的价值,还要考虑到商品从产地运至最终目的地的过程中,有关的手续由谁办理、费用由谁负担,以及风险如何划分等一系列问题。如果由卖方承担的风险大、责任广、费用多,其价格自然要高一些;反之,如果由买方承担较多的风险、责任和费用,货价则要低一些买方才能接受。由此可见,贸易术语具有两重性:一方面它是用来确定交货条件,即说明买卖双方在交接货物时各自承担的风险、责任和费用;另一方面又用来表示该商品的价格构成因素。这两者是紧密相关的。

在国际贸易中,将货物从一个国家运至另一个国家,作为商业交易中的一个环节,可能是要冒风险的。如果货物灭失或损坏,或者由于其他原因未能交货,则当事人之间的信任感可能下降到引起诉讼的地步。因此,人们采用贸易术语表明买卖双方各自的风险、费用和责任,而责任、费用和风险的大小,又影响成交商品的价格,所以,有些人便把它当作单纯表示价格的用语,而称其为“价格术语”。由于每种贸易术语都有它特定的含义,而且一些国际组织对各种贸易术语也作了统一的解释与规定,这些解释与规定,在国际上被广为接受,并成为惯常奉行的做法或行为模式。因此,贸易术语大大简化了买卖双方之间洽谈业务的内容,缩短了成交的过程,减少了误解和争议,节省了时间和费用,也促进了国际经济贸易的发展。

国际贸易惯例的适用是以当事人的意思自治为基础的,惯例本身不是法律,它对贸易双方不具有强制性约束力,故买卖双方有权在合同中作出与某项惯例不符的规定。只要合同有效成立,双方均要履行合同规定的义务,一旦发生争议,法院和仲裁机构也要维护合同的有效性。但是,国际贸易惯例对贸易实践仍具有重要的指导作用。这体现在:一方面,如果双方都同意采用某种惯例来约束该项交易,并在合同中有了明确规定,那么这项约定的惯例就具有了强制性。《华沙—牛津规则》在总则中说明:“这一规则供交易双方自愿采用,凡明示采用《华沙—牛津规则》者,合同当事人的权利和义务均应按本规则的规定办理。经双方当事人明示协议,可以对本规则的任何一条进行变更、修改或增添。如本规则与合同发生矛盾,应以合同为准。凡合同中没有规定的事项,应按本规则的规定办理。”在《美国对外贸易定义 1941 年修订本》中也有类似规定:“此修订本并无法律效力,除非有专门的立法规定或为法院判决所认可。因此,为使其对各有关当事人产生法律上的约束力,建议买方与卖方接受此定义作为买卖合同的一个组成部分。”国际商会在《2000 年通则》的引言中指出,希望使用《2000 年通则》的商人,应在合同中明确规定该合同受《2000 年通则》的约束。许多大宗交易的合同中也都作出采用何种规则的规定,这有助于避免对贸易术语的不同解释而引起争议。另一方面,如果双方在合同中既未排除,也未注明该合同适用某项惯例,在合同执行中发生争议时,受理该争议案的司法和仲裁机构也往往会引用某一国际贸易惯例进行判决或裁决。这是因为,通过各国立法或国际公约赋予了它法律效力。例如,我国法律规定,凡中国法律没有规定的,适用国际贸易惯例。《联合国国际货物销售合同公约》规定,合同没有排除的惯例,已经知道或应当知道的惯例,经常使用反复遵守的惯例适用于合同。由此可见,国际贸易惯例本身虽然不具有强制性,但它对国际贸易实践的指导作用却不容忽视。不少贸易惯例被广泛采纳、沿用,说明它们是行之有效的。在我国的对外贸易中,在平等互利的前提下,适当采用这些惯例,有利于外贸业务的开展,而且通过学习掌握有关国际贸易惯例的知识,可以帮助我们避免或减少贸易争端,即使发生争议,也可以引用某项惯例,争取有利地位,减少不必要的损失。综上所述,贸易术语是在长期的国际贸易实践中产生的,用来表明商品的价格构成,说明货物交接过程中有关的风险、责任和费用划分问题的专门用语。

贸易术语是国际贸易发展过程中的产物,它的出现又促进了国际贸易的发展。这是因为,贸易术语在实际业务中的广泛运用,对于简化交易手续、缩短洽商时间、节约费用开支等都具有重要的作用。

第二节　E组贸易术语

按照国际商会《2000 年通则》所归纳的 13 种贸易术语,其中有 6 种主要的贸易术语是在出口国的内地或港口交货,它们是 FOB、CFR、CIF、FCA、CPT 和 CIP。根据开头字母的不同,该 6 种主要贸易术语分列在 F 组和 C 组之中。

一、EXW 术语

E 组只包括一种贸易术语，即 EXW，英文全文是 Ex Works（…Named Place），即工厂交货（——指定地点）。

EXW 贸易术语代表了在商品的产地或所在地交货条件。按这一术语成交时，卖方要在规定的时间向约定的交货地点将合同规定的货物准备好，由买方自己安排运输工具到交货地点接收货物，并自己承担一切风险、责任和费用，将货物从交货地点运到目的地。由此可见，采用 EXW 条件成交时，卖方承担的风险、责任及费用都是最小的。在交单方面，卖方只需提供商业发票或具有同等作用的电子信息，而只有在合同有要求的情况下，才需提供证明所交货物与合同规定相符的证件。至于货物出境所需的出口许可证或其他官方批准证件，卖方无义务提供。但在买方的要求下，并由买方承担风险和费用的情况下，卖方也可协助买方取得上述证件。根据《2000 年通则》的解释，EXW 术语适用于各种运输方式。

采用 EXW 术语进行交易时，买卖双方各自承担的义务概括如下：

1. 卖方义务

(1)在合同规定的时间、地点，将合同要求的货物置于买方的处置之下。

(2)承担将货物交给买方处置之前的一切费用和风险。

(3)提交商业发票或具有同等作用的电子信息。

2. 买方义务

(1)在合同规定的时间、地点，受领卖方提交的货物，并按合同规定支付货款。

(2)承担受领货物之后的一切费用和风险。

(3)自负费用和风险，取得出口和进口许可证或其他官方批准证件，并办理货物出口和进口的一切海关手续。

二、使用 EXW 术语应注意的问题

1. 关于货物的交接问题

买卖双方在订约时，一般要对交货的时间和地点作出规定。为了做好货物的交接，卖方在货物备妥后，还应就货物将在什么具体时间和地点交给买方支配的问题，向买方发出通知。如果双方约定，买方有权确定在一个规定的时间或地点受领货物时，买方应及时通知卖方，以免延误交货或引起其他差错。如果买方没有能够在规定的时间、地点受领货物，或者在他有权确定受领货物的时间、地点时，没有能够及时给予适当通知，那么只要货物已被特定化为合同项下的货物，买方就要承担由此产生的费用和风险。

2. 关于货物的包装和装运问题

作为买方，在签约时应根据运输情况，提出对货物包装的具体要求，并就包装费

用负担问题作出规定，以避免事后引起争议。关于货物的装运问题，按《2000年通则》的解释，由买方自备运输工具到交货地点接运货物。一般情况下，卖方不承担将货物装上运输工具的责任及费用，但如果双方约定，由卖方负责将货物装上买方安排的运输工具并承担相关的费用，则应在签约时对上述问题作出明确规定。

3. 关于办理出口手续的问题

前已述及，在工厂交货条件下，办理货物出口手续的责任在买方，尽管有时可要求卖方代办，但货物被禁止出口的风险还是由买方承担的。因此，在成交之前，买方应了解出口国政府的有关规定，如是否允许在该国无常驻机构的当事人在该国办理出口结关手续。当买方无法做到直接或间接办理货物的出境手续时，则不应采用这一贸易术语成交。在这种情况下，按照《2000年通则》的解释，最好采用FCA术语。

第三节 F组贸易术语

一、FCA术语

（一）FCA术语的含义

FCA的英文全文是Free Carrier（…Named Place），即货交承运人（——指定地点）。

采用这一交货条件时，买方要自费订立从指定地点启运的运输契约，并及时通知卖方。如果买方有要求，或者根据商业习惯，买方又没有及时提出相反意见，卖方也可代替买方按通常条件订立运输契约，但费用和风险要由买方承担。卖方在规定的时间、地点把货物交给买方指定的承运人或其他人，如运输代理人，并办理了出口手续后，就算完成了交货义务。

FCA术语适用于各种运输方式，包括公路运输、铁路运输、江河运输、海洋运输、航空运输及多式联运。无论采用哪种运输方式，卖方承担的风险均于货交承运人时转移。风险转移之后，与运输、保险相关的责任和费用也相应转移。

在FCA术语条件下，卖方除需提交符合合同规定的货物外，还需提交约定的交货凭证及有关单据。

采用FCA术语进行交易时，买卖双方各自承担的基本义务可简单归纳为：

1. 卖方义务

(1)在合同规定的时间、地点，将合同规定的货物置于买方指定的承运人控制下，并及时通知买方。

(2)承担将货物交给承运人控制之前的一切费用和风险。

(3)自负风险和费用，取得出口许可证或其他官方批准证件，并办理货物出口所需的一切海关手续。

(4)提交商业发票或具有同等作用的电子信息，并自费提供通常的交货凭证。

2. 买方义务

(1)签订从指定地点承运货物的合同，支付有关的运费，并将承运人名称及有关情况及时通知卖方。

(2)根据买卖合同的规定受领货物并支付货款。

(3)承担受领货物之后所发生的一切费用和风险。

(4)自负风险和费用，取得进口许可证或其他官方批准证件，并办理货物进口所需的海关手续。

(二)使用 FCA 术语应注意的问题

1. 关于交货地点的问题

在 FCA 条件下，通常是由买方安排承运人，与其订立运输合同，并将承运人的情况通知卖方。该承运人可以是拥有运输工具的实际承运人，也可以是运输代理人或其他人。按照《2000 年通则》的解释，交货地点的选择直接影响到装卸货物的责任划分问题。如果双方约定的交货地点是在卖方所在地，则卖方负责把货物装到买方安排的承运人所提供的运输工具上即可；但如果交货地点是在其他地方，则卖方就要将货物运交给承运人，在自己所提供的运输工具上完成交货义务，而无需负责卸货。如果在约定地点没有明确具体的交货点，或者有几个交货点可供选择，则卖方可以从中选择为完成交货义务最适宜的交货点。

2. FCA 条件下风险转移的问题

在采用 FCA 术语成交时，买卖双方的风险划分是以货交承运人为界。这在海洋运输及陆运、空运等其他运输方式下，均是如此。但由于 FCA 与 F 组其他术语一样，通常情况下是由买方负责订立运输契约，并将承运人名称及有关事项及时通知卖方，卖方才能如约完成交货义务，并实现风险的转移。但如果买方未能及时给予卖方上述通知，或者他所指定的承运人在约定的时间未能接受货物，其后的风险是否仍由卖方承担呢？《2000 年通则》的解释是，自规定的交付货物的约定日期或期限届满之日起，由买方承担货物灭失或损坏的一切风险，但以货物已被划归本合同项下为前提条件。可见，对于 FCA 条件下，风险转移的界限问题也不能简单片面地理解为一概于交承运人处置货物时转移。因为在一般情况下，的确是在货交承运人时，风险由卖方转移给买方，但如果由于买方的原因，使卖方无法按时完成交货义务，只要货物已被特定化，那么风险转移的时间可以前移。

3. 有关责任和费用的划分问题

FCA 适用于包括多式联运在内的各种运输方式，卖方交货的地点也因采用的运输方式不同而异。有时卖方需在出口国的内陆，如车站、机场或内河港口，办理交货。但不论在何处交货，根据《2000 年通则》的解释，卖方都要自负风险和费用，取得出口许可证或其他官方批准证件，并办理货物出口所需的一切海关手续。这一规定对一些在出口国的内地口岸就地交货和交单结汇的做法是十分适宜的。

按照FCA术语成交，一般是由买方自行订立从指定地点承运货物的合同，但是如果买方有要求，并由买方承担风险和费用的情况下，卖方也可以代替买方指定承运人并订立运输合同。当然，卖方也可以拒绝订立运输合同，如果拒绝，应立即通知买方，以便买方另行安排。

在FCA条件下，买卖双方承担的费用一般也是以货交承运人为界进行划分，即卖方负担货交给承运人控制之前的有关费用，买方负担货交承运人之后的各项费用。但在一些特殊情况下，买方委托卖方代办一些本属自己义务范围内的事项所产生的费用，以及由于买方的过失所引起的额外费用，均应由买方负担。

二、FAS术语

（一）FAS术语的含义

FAS的英文全文是Free Alongside Ship（…Named Port of Shipment），即船边交货（——指定装运港）。

FAS术语通常称作装运港船边交货。根据《2000年通则》的解释，按这一术语成交，卖方要在约定的时间内将合同规定的货物交到指定的装运港买方所指派的船只的船边，在船边完成交货义务。买卖双方负担的风险和费用均以船边为界。如果买方所派的船只不能靠岸，卖方则要负责用驳船把货物运至船边，仍在船边交货。装船的责任和费用由买方承担。

在按这一贸易术语成交时，卖方要提供商业发票或电子信息及可以证明其完成交货义务的单据，如码头收据，并自负费用和风险。在买方要求下，并由买方承担费用和风险的情况下，卖方可协助买方取得进口所要求的或通关过境所需的任何证件，或有相同作用的电子信息。

采用FAS术语进行交易时，买卖双方各自承担的基本义务概括如下：

1. 卖方义务

（1）在合同规定的时间和装运港口，将合同规定的货物交到买方所派船只的旁边，并及时通知买方。

（2）承担货物交至装运港船边的一切费用和风险。

（3）自负费用和风险，取得出口许可证或其他官方批准证件，并办理货物出口所需的一切海关手续。

（4）提交商业发票或具有同等作用的电子信息，并自负费用提供通常的交货凭证。

2. 买方义务

（1）订立从指定装运港口运输货物的合同，支付运费，并将船名、装货地点和要求交货的时间及时通知卖方。

(2)在合同规定的时间、地点,受领卖方提交的货物,并按合同规定支付货款。

(3)承担受领货物之后所发生的一切费用和风险。

(4)自负费用和风险,取得进口许可证或其他官方批准证件,并办理货物进口所需的一切海关手续。

(二)使用 FAS 术语应注意的问题

1. 对 FAS 的不同解释

根据《2000 年通则》的解释,FAS 术语只适合于包括海运在内的水上运输方式,交货地点只能是装运港。但是,按照《美国对外贸易定义》的解释,FAS 是 Free Along Side 的缩写,即指交到运输工具的旁边。因此,在同北美国家的交易中使用 FAS 术语时,应在 FAS 后面加上 Vessel 字样,以明确表示“船边交货”。

2. 办理出口手续的问题

根据《1990 年通则》的解释,在 FAS 条件下,卖方本身并无义务办理出口结关手续和提供出口国政府签发的有关证件。只有当买方有要求,并由买方承担风险和费用的前提下,卖方才可协助办理。但《2000 年通则》中对这一问题作出了修改。根据《2000 年通则》的解释,采用 FAS 术语成交时,办理货物出口报关的风险、责任和费用改由卖方承担。这是考虑到原先的规定在实际操作时,给买方带来诸多困难或不便。

3. 要注意船货衔接问题

因为在 FAS 条件下,从装运港至目的港的运输合同要由买方负责订立,买方要及时将船名和要求装货的具体时间、地点通知卖方,以便卖方按时做好备货出运工作。卖方也应将货物交至船边的情况及时通知买方,以利于买方办理装船事项。如果买方指派的船只未按时到港接受货物,或者比规定的时间提前停止装货,或者买方未能及时发出派船通知,只要货物已被清楚地划出,或以其他方式确定为本合同项下的货物,则由此产生的风险和损失均由买方承担。

三、FOB 术语

(一)FOB 术语的含义

FOB 英文的全文是 Free on Board(…Named Port of Shipment),即船上交货(——指定装运港),习惯称为装运港船上交货。装运港船上交货是国际贸易中常用的贸易术语之一。按此术语成交,由买方负责派船接运货物,卖方应在合同规定的装运港和规定的期限内,将货物装上买方指派的船只,并及时通知买方。货物在装船时越过船舷,风险即由卖方转移至买方。

在 FOB 条件下,卖方要负担风险和费用,领取出口许可证或其他官方批准证件,并负责办理出口手续,在这一点上,它与 FAS 是相同的。采用 FOB 术语成交时,卖方还要自费提供证明其已按规定完成交货义务的证件,如果该证件并非运输单据,在买方要求下，并由买方承担风险和费用的情况下，卖方可给予协助以取得提单或其他运输单据。

根据《2000年通则》的解释，FOB术语只适用于海运和内河运输，如果当事各方无意以船舷为界交货，则应采用FCA贸易术语。

采用FOB术语进行交易时，买卖双方各自承担的基本义务概括如下：

1. 卖方义务

(1)在合同规定的时间和装运港口，将合同规定的货物交到买方指派的船上，并及时通知买方。

(2)承担货物交至装运港船上之前的一切费用和风险。

(3)自负风险和费用，取得出口许可证或其他官方批准证件，并办理货物出口所需的一切海关手续。

(4)提交商业发票和自费提供证明卖方已按规定交货的清洁单据，或具有同等作用的电子信息。

2. 买方义务

(1)订立从指定装运港口运输货物的合同，支付运费，并将船名、装货地点和要求交货的时间及时通知卖方。

(2)根据买卖合同的规定受领货物并支付货款。

(3)承担受领货物之后所发生的一切费用和风险。

(4)自负风险和费用，取得进口许可证或其他官方批准证件，并办理货物进口所需的一切海关手续。

(二)使用FOB术语应注意的问题

1. "船舷为界"的确切含义

以装运港船舷作为划分风险的界限，是FOB、CFR和CIF同其他贸易术语的重要区别之一。"船舷为界"表明货物在装上船之前的风险，包括在装船时货物跌落码头或海中所造成的损失，均由卖方承担。货物装上船之后，包括在起航前和在运输过程中所发生的损坏或灭失，则由买方承担。以"船舷为界"划分风险是历史上形成的一项行之有效的规则，由于其界限分明，易于理解和接受，故沿用至今。严格地讲，"船舷为界"只是说明风险划分的界限，它并不表示买卖双方的责任和费用划分的界限。这是因为装船作业是一个连续过程，在卖方承担装船责任的情况下，他必须完成这一全过程。关于费用划分问题，《2000年通则》中有关FOB的卖方义务第6条中规定："卖方必须支付与货物有关的一切费用，直至货物在指定装运港已越过船舷时为止。"这实际上是指，在一般情况下，卖方要承担装船的主要费用，而不包括货物装上船后的理舱费和平舱费。但在实际业务中，买卖双方完全可以出于不同的考虑，对于装船费用负担问题作出各种不同的规定。

2. 关于船货衔接问题

按照FOB术语成交的合同属于装运合同。在这类合同中，卖方的一项基本义务是按照规定的时间和地点完成装运。然而由于FOB条件下是由买方负责安排运输工具，即租船订舱，所以这就存在一个船货衔接的问题。如果处理不当，自然会影响到合同的顺利执行。根据有关法律和惯例，如果买方未能按时派船，这包括未经对方同意提前将船派到和延迟派到装运港，卖方都有权拒绝交货，而且由此产生的各种损失，如空舱费(Dead Freight)、滞期费(Demurrage)及卖方增加的仓储费等，均由买方负担。如果买方指派的船只按时到达装运港，而卖方却未能备妥货物，那么由此产生的上述费用则由卖方承担。有时双方按FOB价格成交，而后来买方又委托卖方办理租船订舱，卖方也可酌情接受。但这属于代办性质，其风险和费用仍由买方承担，就是说运费和手续费由买方支付，即便卖方租不到船，他也不承担责任，买方无权撤销合同或索赔。总之，按FOB术语成交，对于装运期和装运港要慎重规定，签约之后，有关备货和派船事宜，也要加强联系，密切配合，保证船货衔接。

3. 个别国家对FOB的不同解释

以上有关FOB的解释都是按照国际商会的《2000年通则》作出的，然而不同国家和不同惯例对FOB的解释并不完全统一。它们之间的差异在有关交货地点、风险划分界限及卖方承担的责任义务等方面的规定上都可体现出来。如在北美国家采用的《1941年美国对外贸易定义修订本》中，将FOB概括为6种，其中前三种是在出口国内陆指定地点的内陆运输工具上交货，第四种是在出口地点的内陆运输工具上交货，第五种是在装运港船上交货，第六种是在进口国指定内陆地点交货。上述第四种和第五种在使用时应加以注意。因为这两种术语在交货地点上有可能相同，如都是在旧金山交货，如果买方要求在装运港口的船上交货，则应在FOB和港名之间加上"Vessel"字样，变成"FOB Vessel San Francisco"，否则，卖方有可能按第四种情况在旧金山市的内陆运输工具上交货。即使都是在装运港船上交货，关于风险划分界限的规定也不完全一样。按照《1941年美国对外贸易定义修订本》的解释，买卖双方划分风险的界限不是在船舷，而是在船上。买方责任之三规定："承担货物一切灭失或损坏责任，直至在规定日期或期限内，已将货物装载于轮船上为止。"

另外，在有关办理出口手续的问题上也存在分歧。按照《2000年通则》的解释，在FOB条件下，卖方义务之三是："自负风险及费用，取得出口许可证或其他官方批准证件，并办理货物出口所需的一切海关手续"。但是，按照《1941年美国对外贸易定义修订本》的解释，卖方只是"在买方请求并由其负担费用的情况下，协助买方取得由原产地或装运地国家签发的，为货物出口或在目的地进口所需的各种证件"。

鉴于上述情况，我国在同美国、加拿大等国家从事的进出口业务中，采用FOB成交时，应对有关问题在合同中具体订明，以免因为解释上的分歧而引起争议。

R 能力拓展

我方出口手表到印度，按 FCA Shanghai Airport 签约。交货期为 8 月。出口企业于 8 月 31 日将该手表运到上海虹桥机场，并由航空公司收货开具航空运单。我方即电传印度发出装运通知。9 月 2 日手表抵达孟买，将到货通知连同发票和航空运单送交孟买××银行。该银行即通知印商提货、付款，但印商以延迟交货为由拒绝。请根据案例，分析最后结果。

第四节　C 组贸易术语

一、CFR 术语

（一）CFR 术语的含义

CFR 的英文全文是 Cost and Freight(…Named Port of Destination)，即成本加运费(——指定目的港)。

成本加运费，又称运费在内价，以前业务上用 C&F 表示，《1990 年通则》改为 CFR，鉴于实际业务中仍有人使用 C&F，《2000 年通则》再次强调要采用 CFR 表示。CFR 术语也是国际贸易中常用的贸易术语之一。按照《2000 年通则》的解释，CFR 适用于水上运输方式，采用这种贸易术语成交，卖方承担的基本义务是：在合同规定的装运港和规定的期限内，将货物装上船，并及时通知买方。货物在装船时越过船舷，风险即由卖方转移至买方。除此之外，卖方要自负风险和费用，取得出口许可证或其他官方批准证件，并负责办理货物出口所需的一切海关手续。以上与 FOB 条件下卖方承担的义务是相同的。不同的是，在 CFR 条件下，与船方订立运输契约的责任和费用改由卖方承担。卖方要负责租船订舱，支付到指定目的港的运费，包括装船费用及定期班轮公司可能在订约时收取的卸货费用。但从装运港至目的港的货运保险，仍由买方负责办理，保险费也由买方负担。

卖方需要提交的单据主要有商业发票和通常的运输单据，必要时需提供证明其所交货物与合同规定相符的证件。运输单据包括可转让的提单及不可转让的其他运单。采用 CFR 术语进行交易时，买卖双方各自承担的基本义务概括如下。

1. 卖方义务

(1)签订从指定装运港将货物运往约定目的港的合同；在买卖合同规定的时间和港口，将合同要求的货物装上船并支付至目的港的运费；装船后及时通知买方。

(2)承担货物在装运港越过船舷之前的一切费用和风险。

(3)自负风险和费用，取得出口许可证或其他官方批准证件，并办理货物出口所需的一切海关手续。

(4)提交商业发票,并自费向买方提供为买方在目的港提货所用的通常的运输单据,或具有同等作用的电子信息。

2. 买方义务

(1)接受卖方提供的有关单据,受领货物,并按合同规定支付货款。

(2)承担货物在装运港越过船舷以后的一切风险。

(3)自负风险和费用,取得进口许可证或其他官方批准证件,并办理货物进口所需的海关手续,支付关税及其他有关费用。

(二)使用 CFR 术语应注意的问题

1. 卖方的装运义务

采用 CFR 贸易术语成交时,卖方要承担将货物由装运港运往目的港的义务。为了保证能按时完成在装运港交货的义务,卖方应根据货源和船源的实际情况合理地规定装运期。当装运期一经确定,卖方就应及时租船订舱和备货,并按规定的期限发运货物。按照《联合国国际货物销售合同公约》的规定,卖方延迟装运或者提前装运都是违反合同的行为,要承担违约的责任。买方有权根据具体情况拒收货物或提出索赔。

2. 装船通知的重要作用

按照 CFR 条件达成的交易,卖方需要特别注意的问题是,货物装船后必须及时向买方发出装船通知,以便买方办理投保手续。因为一般的国际贸易惯例及有些国家的法律,如英国《1893 年货物买卖法》(1979 年修订)中规定:"如果卖方未向买方发出装船通知,致使买方未能办理货物保险,那么,货物在海运途中的风险被视为卖方负担。"这就是说,如果货物在运输途中遭受损失或灭失,由于卖方未发出通知而使买方漏保,那么卖方就不能以风险在船舷转移为由免除责任。由此可见,尽管在 FOB 和 CIF 条件下,卖方装船后也应向买方发出通知,但 CFR 条件下的装船通知,具有更为重要的意义。

二、CIF 术语

(一)CIF 术语的含义

CIF 的英文全文是 Cost Insurance and Freight(…Named Port of Destination),即成本加保险费、运费(——指定目的港)。CIF、CFR 和 FOB 同为装运港交货的贸易术语,也是国际贸易中常用的三种贸易术语均适用于水上运输方式。在采用 CIF 术语成交时,卖方的基本义务是,负责按通常条件租船订舱,支付到目的港的运费,并在规定的装运港和规定的期限内将货物装上船,装船后及时通知买方。卖方还要负责办理从装运港到目的港的货运保险,支付保险费。在业务上,有人误称 CIF 为"到岸价",这容易引起误解而导致工作中不应有的损失。其实,在按 CIF 条件成交时,卖方仍是在装运港完成交货，卖方承担的风险，也是在装运港货物越过船舷以前的风险，越过船舷以后的风险仍由买方承担；货物装船后产生的除运费、保险费以外的费用，也要由买方承担。CIF 条件下的卖方，只要提交了约定的单据，就算完成了交货义务，并不保证把货物按时送到对方港口。

采用 CIF 术语进行交易时，买卖双方各自承担的基本义务概括如下：

1. 卖方义务

(1)签订从指定装运港承运货物的合同；在合同规定的时间和港口，将合同要求的货物装上船并支付至目的港的运费；装船后需及时通知买方。

(2)承担货物在装运港越过船舷之前的一切费用和风险。

(3)按照买卖合同的约定，自负费用办理水上运输保险。

(4)自负风险和费用，取得出口许可证或其他官方批准证件，并办理货物出口所需的一切海关手续。

(5)提交商业发票及为买方提供其在目的港提货所用的通常的运输单据或具有同等作用的电子信息，并且自费向买方提供保险单据。

2. 买方义务

(1)接受卖方提供的有关单据，受领货物，并按合同规定支付货款。

(2)承担货物在装运港越过船舷之后的一切风险。

(3)自负风险和费用，取得进口许可证或其他官方批准证件，并办理货物进口所需的海关手续。

(二)使用 CIF 术语应注意的问题

1. 保险险别问题

CIF 术语中的“I”表示 Insurance，即保险。从价格构成来讲，这是指保险费，就是说货价中包括了保险费；从卖方的责任来讲，他要负责办理货运保险。办理保险需明确险别，不同险别，保险人承担的责任范围不同，收取的保险费率也不同。按 CIF 术语成交，一般在签订买卖合同时，在合同的保险条款中，明确规定险别、保险金额等内容，这样卖方就应按照合同的规定办理投保。但如果合同中未能就险别等问题作出具体规定，那就要根据有关惯例来处理。涉及 CIF 术语的国际贸易惯例，有国际商会的《通则》、《1941 年美国对外贸易定义修订本》和《华沙—牛津规则》。按照《2000 年通则》对 CIF 的解释，卖方只需投保最低的险别，但在买方要求时，并由买方承担费用的情况下，可加保战争、罢工、暴乱和民变险。按照《1941 年美国对外贸易定义修订本》的解释，“对于保险的险别，双方应共同明确是投保水渍险或平安险，以及其他属于特定行业应保的其他险别，或是买方需要获得单独保障的险别”。关于战争险，是在买方负担费用的情况下，由卖方代为投保，或经卖方同意，由买方自行投保。根据《华沙—牛津规则》的规定，卖方应“按照特定行业惯例或在规定航线上就投保的一切风险”办理投保手续。一般情况下，卖方不负责投保战争险，除非合同中有投保战争险的规定，或者买方有要求，并由买方承担费用时，卖方才可加保战争险。

2. 租船订舱问题

采用 CIF 术语成交，卖方的基本义务之一是租船订舱，办理从装运港至目的港的运输事宜。关于运输问题，各个惯例的规定也不尽相同。《2000 年通则》的解释是，卖方“按照通常条件自行负担费用订立运输合同，将货物按惯常路线用通常类型可供装载该合同货物的海上航行船只（或适当的内河运输船只）装运至指定目的港”。《1941 年美国对外贸易定义修订本》中只是笼统地规定卖方“负责安排货物运至指定目的地的运输事宜，并支付其费用”。《华沙—牛津规则》中对于这一问题的规定较为详细，在其第 8 条中规定：“（1）在买卖合同规定由特定船只装运，或者一般应由卖方租赁全部或部分船只，并承担将货物装船的情况下，非经买方同意，卖方不得随意改用其他船只代替。买方也不应不合理地拒绝同意。（2）如果买卖合同规定用蒸汽船装运（未指定船名），卖方在其他条件相同的情况下，可用蒸汽船或内燃机船将货物运给买方。（3）如果买卖合同未规定运输船只的种类，或者合同内使用‘船只’这样的笼统名词，除依照特定行业惯例外，卖方有权使用通常在此路线上装运类似货物的船只来装运。”

以上规定其基本点是相同的，即如果没有相反的约定，卖方只是负责按通常条件和惯行航线，租用适当船舶将货物运往目的港。因此，对于在业务中有时买方提出的关于限制船舶的国籍、船型、船龄、船级，以及指定装载某班轮公司的船只等项要求，卖方均有权拒绝接受。但卖方也可放弃这一权利，而根据具体情况给予通融。也就是说，对于买方提出的上述要求，如果卖方能办到而又不会增加其额外开支的话，也可以接受。但这些要求一旦在合同中作出明确规定，则卖方就必须严格照办。

3. 象征性交货问题

从交货方式来看，CIF 是一种典型的象征性交货（Symbolic Delivery）。所谓象征性交货是针对实际交货（Physical Delivery）而言的。前者指卖方只要按期在约定地点完成装运，并向买方提交合同规定的包括物权凭证在内的有关单证，就算完成了交货义务，而无需保证到货。后者则是指卖方要在规定的时间和地点，将符合合同规定的货物提交给买方或其指定人，而不能以交单代替交货。

可见，在象征性交货方式下，卖方是凭单交货，买方是凭单付款。只要卖方如期向买方提交了合同规定的全套合格单据（名称、内容和份数相符的单据），即使货物在运输途中损坏或灭失，买方也必须履行付款义务。反之，如果卖方提交的单据不符合要求，即使货物完好无损地运达目的地，买方也有权拒绝付款。

但是，必须指出，在按 CIF 术语成交时，卖方履行其交单义务，只是得到买方付款的前提条件，除此之外，他还必须履行交货义务。如果卖方提交的货物不符合要求，买方即使已经付款，仍然可以根据合同的规定向卖方提出索赔。

三、CPT 术语

（一）CPT 术语的含义

CPT 的英文全文是 Carriage Paid to(…Named Place of Destination)，即运费付至（——指定目的地）。

根据《2000 年通则》的解释，CPT 适用于包括多式联运在内的各种运输方式。采用 CPT 术语成交时，卖方自负费用订立将货物运往目的地指定地点的运输契约，并负责按合同规定的时间，将货物交给约定地点的承运人（多式联运情况下交给第一承运人）处置之下，即完成交货。交货后，卖方应及时通知买方，以便买方办理货运保险。卖方承担的风险，在承运人控制货物后转移给买方。买方在合同规定的地点受领货物，支付货款，并且负责除运费以外的货物自交货地点直到运达指定目的地为止的各项费用，以及在目的地的卸货费和进口税捐。

在 CPT 条件下，卖方交货的地点，可以是在出口国的内陆，也可以在其他地方，如边境地区的港口或车站等。不论在何处交货，卖方都要负责办理货物出口报关的手续。可见，CPT 在交货地点、风险划分界限方面与 FCA 相同，但在 CPT 条件下，从交货地点至指定目的地的运输责任与费用转由卖方承担。

采用 CPT 术语进行交易时，买卖双方承担的基本义务概括如下：

1. 卖方义务

(1)订立将货物运往指定目的地的运输合同，并支付有关运费。

(2)在合同规定的时间、地点，将合同规定的货物置于承运人控制之下，并及时通知买方。

(3)承担将货物交给承运人控制之前的风险。

(4)自负风险和费用，取得出口许可证或其他官方批准证件，并办理货物出口所需的一切海关手续，支付关税及其他有关费用。

(5)提交商业发票及自费向买方提供在约定目的地提货所需的通常的运输单据，或具有同等作用的电子信息。

2. 买方义务

(1)接受卖方提供的有关单据，受领货物，并按合同规定支付货款。

(2)承担自货物在约定交货地点交给承运人控制之后的风险。

(3)自负风险和费用，取得进口许可证或其他官方批准证件，并办理货物进口所需的海关手续，支付关税及其他有关费用。

（二）使用 CPT 术语应注意的问题

1. 风险划分的界限问题

按照 CPT 术语成交，虽然卖方要负责订立从起运地到指定目的地的运输契约，并支付运费，但是卖方承担的风险并没有延伸至目的地。按照《2000 年通则》的解释,货物自交货地点至目的地的运输途中的风险由买方而不是卖方承担,卖方只承担货物交给承运人控制之前的风险。在多式联运情况下,卖方承担的风险自货物交给第一承运人控制时即转移给买方。

2. 责任和费用的划分问题

采用CPT术语时,买卖双方要在合同中规定装运期和目的地,以便于卖方选定承运人,自费订立运输合同,将货物运往指定的目的地。卖方将货物交给承运人之后,应向买方发出货已交付的通知,以便于买方在目的地受领货物。如果双方未能确定买方受领货物的具体地点,卖方可以在目的地选择最适合其要求的地点。

按CPT术语成交,卖方只是承担从交货地点到指定目的地的正常运费,而正常运费之外的其他有关费用,一般由买方负担。货物的装卸费可以包括在运费中,统一由卖方负担,也可以由双方在合同中另行规定。

3. CPT与CFR的异同点

CPT与CFR同属于C组术语,按这两种术语成交,卖方承担的风险都是在交货地点随着交货义务的完成而转移,卖方都要负责安排自交货地至目的地的运输事项,并承担其费用。另外,按这两种术语订立的合同,都属于装运合同,卖方只需保证按时交货,而无需保证按时到货。

CPT与CFR的主要区别在于适用的运输方式不同,交货地点和风险划分界限也不相同。CFR适用于水上运输方式,交货地点在装运港,风险划分以船舷为界;CPT适用于各种运输方式,交货地点因运输方式的不同而由双方约定,风险划分以货交承运人为界。除此之外,两种术语在卖方承担的责任、费用及需提交的单据等方面也有区别。

四、CIP术语

(一)CIP术语的含义

CIP的英文全文为Carriage and Insurance Paid to (…Named Place of Destination),即运费、保险费付至(——指定目的地)。按照CIP条件成交,卖方要负责订立运输契约并支付将货物运达指定目的地的运费。此外,卖方还要投保货物运输险,支付保险费。卖方在合同规定的装运期内将货物交给承运人或第一承运人的处置之下,即完成交货义务。卖方交货后要及时通知买方,风险也于交货时转移给买方。买方要在合同规定的地点受领货物,支付货款,并且负担除运费、保险费以外的货物自交货地点直到运达指定目的地为止的各项费用,以及在目的地的卸货费和进口税捐。在CIP条件下,交货地点、风险划分的界限都与CPT相同,差别仅在于采用CIP术语时,卖方增加了保险的责任和费用。所以,卖方提交的单据中增加了保险单据。

采用CIP术语进行交易时,交易双方各自承担的基本义务如下。

1. 卖方义务

(1)订立将货物运往指定目的地的运输合同,并支付有关运费。

(2)在合同规定的时间、地点，将合同规定的货物置于承运人的控制之下，并及时通知买方。

(3)承担将货物交给承运人控制之前的风险。

(4)按照买卖合同的约定，自负费用投保货物运输险。

(5)自负风险和费用，取得出口许可证或其他官方批准证件，并办理货物出口所需的一切海关手续，支付关税及其他有关费用。

(6)提交商业发票及为买方在约定目的地提货所需的通常的运输单据或具有同等作用的电子信息，并且自费向买方提供保险单据。

2. 买方义务

(1)接受卖方提供的有关单据，受领货物，并按合同规定支付货款。

(2)承担自货物在约定地点交给承运人控制之后的风险。

(3)自负风险和费用，取得进口许可证或其他官方批准件，并办理货物进口所需的海关手续，支付关税及其他有关费用。

(二)使用 CIP 术语应注意的问题

1. 正确理解风险和保险问题

按 CIP 术语成交的合同，卖方要负责办理货运保险，并支付保险费，但货物从交货地运往目的地的运输途中的风险由买方承担。所以，卖方的投保仍属于代办性质。根据《2000 年通则》的解释，一般情况下，卖方要按双方协商确定的险别投保，而如果双方未在合同中规定应投保的险别，则由卖方按惯例投保最低的险别，保险金额一般是在合同价格的基础上加成 10%。

2. 应合理确定价格

与 FCA 相比，CIP 条件下的卖方要承担较多的责任和费用，即卖方要负责办理从交货地至目的地的货物运输，承担有关运费；办理货运保险，并支付保险费。这些都应反映在货价之中。所以，卖方对外报价时，要认真核算成本和价格。在核算时，应考虑运输距离、保险险别、各种运输方式和各类保险的收费情况，并要预计运价和保险费的变动趋势等。从买方来讲，也要对卖方的报价进行认真分析，做好比价工作，以免接受不合理的报价。

3. 应了解 CIP 与 CIF 的区别

CIP 与 CIF 有相似之处，它们的价格构成中都包括了通常的运费和约定的保险费，而且按这两种术语成交的合同均属于装运合同。但 CIP 和 CIF 术语又有明显的区别，这在交货地点、风险划分界限及卖方承担的责任和费用方面都可以表现出来。产生这些差别的主要原因是，二者适用的运输方式不同。CIF 适用于水上运输，交货地点在装运港，风险划分以装运港船舷为界，卖方负责租船订舱，支付从装运港到目的港的运费，并且负责办理水上运输险，支付保险费。而 CIP 术语则适用于各种运输方式，交货地点要根据运输方式的不同由双方约定，风险是在承运人控制货物时转移。卖方要负责办理从交货地点到指定目的地的全程运输，而不仅仅是水上运输。卖方办理的保险，也不仅是水上运输险，还包括各种运输险。

E、F、C 组贸易术语均属于在出口国交货的术语。其中，E 组的 EXW 术语代表了在商品的产地和所在地交货的条件，卖方承担的风险、责任和费用最小。按 F 组和 C 组术语成交的合同称作装运合同，在这类合同下，卖方需保证按时完成装运，但无需保证按时到货。采用 F 组术语成交时，卖方承担的风险和费用均在交货地点同时转移给买方。而按 C 组术语成交时，风险在交货时转移，费用则在目的港或目的地转移。

R 能力拓展

我出口公司向日本客商报大豆实盘每公吨 CIF 大阪 150 美元，装运港为大连。现日商要求改报 FOB 大连价，问：我公司对价格应如何调整？如按 FOB 大连价成交，买卖双方所承担的责任、费用、风险有何变化？

第五节　D 组贸易术语

一、DAF 术语

（一）DAF 术语的含义

DAF 的英文全文是 Delivered at Frontier(…Named Place)，即边境交货(——指定地点)。采用 DAF 术语成交时，双方要在两国边境确定一个交货地点。卖方的基本义务是在规定时间将货物运到指定的交货地点，完成出口清关手续，并将货物置于买方的处置之下，即完成交货。买方负责在边境交货地点受领货物，办理进口手续，并承担受领货物之后的一切风险及后程运输的责任和费用。

按照 DAF 术语进行交易时，买卖双方各自承担的基本义务如下：

1. 卖方义务

(1)订立将货物运往边境约定交货地点的运输合同，并支付有关运费。

(2)于合同规定的时间，在边境约定的地点将货物置于买方控制之下。

(3)承担将货物在边境约定地点交给买方控制之前的风险和费用。

(4)自负风险和费用，取得出口许可证或其他官方批准证件，并办理货物出口所需的一切海关手续，支付关税及其他有关费用。

(5)提交商业发票和自费向买方提交通常的运输单证或在边境指定地点交货的其他凭证，或具有同等作用的电子信息。

2. 买方义务

(1)接受卖方提供的有关单据，在边境约定地点受领货物，并按合同规定支付货款。

(2)承担在边境约定地点受领货物之后的风险和费用。

(3)自负风险和费用,取得进口许可证或其他官方批准证件,并办理货物进口所需的海关手续,支付关税及其他有关费用。

(二)使用 DAF 术语应注意的问题

1.关于风险转移问题

国外有使用 Free Border 或 Franco Border 的做法,按照一般的解释,采用这两种术语时,卖方只是负责安排运输并支付运至边境某地的运费,卖方的交货地点并未延伸至边境指定地点,所以只相当于 CPT 条件。因此,在按 DAF 术语成交时,交易双方应该明确,卖方承担的风险只有在边境指定地点完成交货时才转移给买方,而不是在此之前。

2.关于边境交货地点问题

当边境上有几个可供交货的地点时,双方当事人应该明确商定将其中某一地点作为交货地点,并且在 DAF 之后列明,以免在履约时引起争执。如果双方在定约时未能就具体的交货地点作出明确规定,则卖方有权自行选择最适宜的边境地点作为交货地点。如果该地点是位于进口国的港口,《2000 年通则》建议当事人采用 DES(目的港船上交货)或 DEQ(目的港码头交货)术语进行交易。

二、DES 术语

(一)DES 术语的含义

DES 的英文全文是 Delivered Ex Ship(…Named Port of Destination),即船上交货(——指定目的港)。

DES 通常称作目的港船上交货,按这一术语成交,卖方要负责将合同规定的货物,按照通常路线和惯常方式运到指定的目的港,并在规定的期限内,在目的港的船上将货物置于买方的处置之下,即完成交货。在目的港船上交货时,风险由卖方转移给买方。在此之前,卖方要将船名和船舶预计到港时间及时通知买方,以便其做好接受货物的准备工作。

采用 DES 术语进行交易时,买卖双方各自承担的基本义务概括如下:

1.卖方义务

(1)签订将货物运往约定目的港的水上运输合同,并支付有关运费。

(2)在合同规定的时间,将货物运至约定目的港通常的卸货地点,并在船上将货物置于买方处置之下。

(3)承担在目的港船上将货物置于买方处置之前的风险和费用。

(4)自负风险和费用,取得出口许可证或其他官方批准证件,并办理货物出口所需的一切海关手续,支付关税及其他有关费用。

(5)提交商业发票及自负费用向买方提交提货单或为买方提供其在目的港提取

货物所需的通常的运输单证，或具有同等作用的电子信息。

2. 买方义务

(1)接受卖方提供的有关单据，在目的港船上受领货物，并按合同规定支付货款。

(2)承担在约定目的港船上受领货物之后的风险和费用。

(3)自负风险和费用，取得进口许可证或其他官方批准证件，支付卸货费用，并办理货物进口所需的一切海关手续，支付关税及其他有关费用。

(二)使用 DES 术语应注意的问题

1. 共同做好货物的交接工作

对于卖方来讲，要及时将船舶预计到港时间通知买方，以便于买方做好接货的准备工作。此外，卖方要及时将提货单或通常的运输单据(提单或海运单等)提交给买方，使其得以受领货物。对于买方来讲，要自负风险和费用取得进口许可证，当买方有权决定交货时间和具体地点时，要及时通知卖方。另外，当卖方已按上述规定做好了交货准备工作时，买方要及时在船上受领货物。如果买方未能及时通知卖方或未能及时受领货物，那么买方要承担由此而产生的额外费用和风险。

2. 要了解 DES 与 CIF 的区别

有人误称 CIF 为“到岸价”，这是单纯从其主要价格构成来考虑的，因为按 CIF 条件成交时，卖方要负责安排货物从装运港到目的港的运输和保险，并承担相关的运费和保险费。但由于 CIF 属于装运港交货，风险已在装运港货物越过船舷时转移，运输途中的风险由买方承担，卖方并不保证把货送到目的口岸，因而称其为“到岸价”是不恰当的。从这个意义上讲，若海轮能直接靠岸，DES 则是名副其实的到岸价。因为卖方要负责将货物安全运达目的港，在船上将货物实际交给买方才算是完成交货。在 DES 条件下，卖方不仅要负责正常的运费、保险费，还要负责诸如转船、绕航等产生的额外费用，以及根据需要加保各种特殊附加险而支付的保险费。由此可见，DES 与 CIF 在交货地点、风险划分界限、责任和费用的负担等问题上都有区别。

三、DEQ 术语

(一)DEQ 术语的含义

DEQ 的英文全文是 Delivered EX Quay(…Named Port of Destination)，即码头交货(——指定目的港)。通常称其为目的港码头交货。

按照 DEQ 条件成交时，卖方要负责将合同规定的货物按照通常航线和惯常方式运到指定的目的港，并将货物卸到岸上，且承担有关卸货费用。卖方于交货期内，在指定目的港的码头将货物置于买方的控制之下即完成交货。在此之前，卖方要将船名和船舶预计到港时间及时通知买方。买方则要承担在目的港码头接受货物后的一切风险、责任和费用。

采用 DEQ 术语进行交易时，买卖双方各自承担的基本义务概括如下：

1. 卖方义务

(1)签订将货物运往约定目的港的水上运输合同,并支付有关运费。

(2)在合同规定的时间,将货物运至约定的目的港,承担卸货的责任和费用,并在目的港码头将货物置于买方的处置之下。

(3)承担在目的港码头将货物置于买方的处置下之前的风险和费用。

(4)自负风险和费用,取得出口许可证或其他官方批准证件,并办理货物出口所需的一切海关手续,支付关税及其他有关费用。

(5)提交商业发票及自负费用向买方提交提货单或为买方提供其在目的港码头提取货物所需的通常的运输单证,或具有同等作用的电子信息。

2. 买方义务

(1)接受卖方提供的有关单据,在目的港码头受领货物,并按合同规定支付货款。

(2)承担在约定目的港码头受领货物之后的风险和费用。

(3)自负风险和费用,取得进口许可证或其他官方批准证件,并办理货物进口所需的海关手续,支付关税及其他有关费用。

(二)使用 DEQ 术语应注意的问题

1. 注意办理货物进口报关的责任、费用和风险由买方承担

DEQ 和 DIS 都是在目的港交货的术语,在如何安排好途中的运输、保险及办理好货物的交接手续等问题上,二者的注意事项也基本相同。鉴于世界各国在使用 DEQ 术语时,对于由谁负责办理进口手续的问题,做法并不完全统一。因此,在使用此术语时,必须加以注意。《1990 年通则》规定,办理货物进口报关的责任、费用和风险由卖方承担。而《2000 年通则》改为由买方承担,这是考虑到大多数国家的清关手续发生了变化,作此改变,更便于实际操作。但同时还规定,如果双方同意由卖方承担货物进口报关的全部或部分费用,则必须在合同中以明确的文字表示出来。

2. 仅适用于水上运输和交货地点为目的港码头的多式联运

《2000 年通则》中还强调指出,DEQ 术语仅仅适用于水上运输和多式联运方式。在多式联运方式下,卖方也是在将货物从船上卸至目的港码头时完成交货。同时指出,如果双方同意由卖方承担责任、费用和风险,将货物由码头运至其他地方,则应采用 DDU 或 DDP 术语。

四、DDU 术语

(一)DDU 术语的含义

DDU 的英文全文是 Delivered Duty Unpaid(…Named Place of Destination),即未完税交货(——指定目的地)。

采用这一术语成交时,卖方要承担将货物运至进口国内双方约定目的地的一切费用和风险(不包括货物进口时所需支付的关税、捐税、其他官费),以及办理海关出口手续的费用和风险。卖方在规定的期限内,在目的地指定地点将货物置于买方的处置之下,即完成交货。进口报关的手续及证件由买方负责办理,进口时征收的进口税和其他费用也由买方负担。此外,买方还要承担因其未能及时办理货物进口报关手续而引起的费用和风险。

采用 DDU 术语进行交易时,买卖双方各自承担的基本义务概括如下:

1. 卖方义务

(1)订立将货物按照惯常路线和习惯方式运至进口国内约定目的地的运输合同,并支付有关运费。

(2)在合同规定的时间、地点,将合同规定的货物置于买方的处置之下。

(3)承担在指定目的地约定地点,将货物置于买方处置下之前的风险和费用。

(4)自负风险和费用,取得出口许可证或其他官方批准证件,并办理货物出口所需的一切海关手续,支付关税及其他有关费用。

(5)提交商业发票及自负费用向买方提交提货单或为买方提供其在约定目的地提取货物所需的通常的运输单证,或具有同等作用的电子信息。

2. 买方义务

(1)接受卖方提供的有关单据,在进口国内地约定地点受领货物,并按合同规定支付货款。

(2)承担在目的地约定地点受领货物之后的风险和费用。

(3)自负风险和费用,取得进口许可证或其他官方批准证件,并办理货物进口所需的一切海关手续,支付关税及其他有关费用。

(二)使用 DDU 术语卖方应注意的问题

1. 进口清关是否便利

在 DDU 交货条件下,卖方要承担将货物运到进口国内约定目的地,实际交给买方的义务。但是货物进口的清关手续和进口税却不是由卖方负担,而是由买方负担。这对于一些自由贸易区及订有关税同盟的国家间的贸易是适宜的。而如果进口国是属于清关困难且耗时的国家,买方有时不能及时顺利地完成清关手续,这种情况下要求卖方承担按时在目的地交货的义务将有一定的风险。所以,作为卖方在出口业务中采用 DDU 交货条件之前,应先了解进口国海关管理方面的情况,如果预计进口清关会遇到困难,则不应采用 DDU 术语。《2000 年通则》规定,如果双方同意由卖方承担货物进口清关的风险和费用,则必须在合同中以明确的文字表示出来。

2. 办理投保事项

依照《2000 年通则》的解释,按 DDU 条件成交,卖方并无订立保险合同的义务,这主要是因为 DDU 属于实际交货,交货前的风险由卖方承担,订立保险合同与否,同买方并不相干。但由于国际贸易中存在着各种难以预料的风险,特别是采用 DDU

术语成交时,卖方要负责将货物从出口国运至进口国内的最终目的地,这中间要涉及许多环节和长距离运输,货物遭遇自然灾害或意外事故导致损失的可能性很大。因此,卖方应通过投保的方式转移风险。至于投保何种险别,要根据货物的性质及运输方式和路线来决定。

五、DDP 术语

(一)DDP 术语的含义

DDP 的英文全文是 Delivered Duty Paid(…Named Place of Destination),即完税后交货(——指定目的地)。

DDP 是《2000 年通则》所包含的 13 种贸易术语中卖方承担风险、责任和费用最大的一种术语。按照这一术语成交,卖方要负责将货物从起运地一直运到合同规定的进口国内的指定目的地,把货物实际交到买方手中,才算完成交货。卖方要承担交货前的一切风险、责任和费用,其中包括办理货物出口和进口的清关手续,以及支付关税、捐税和其他费用。可见,DDP 与 DDU 在交货地点和风险划分上是相同的,区别仅在于 DDU 条件下,办理货物进口清关的风险、责任和费用均由买方承担,而在 DDP 条件下,则由卖方承担。

采用 DDP 术语进行交易时,买卖双方各自承担的基本义务概括如下。

1. 卖方义务

(1)订立将货物按惯常路线和习惯方式运往指定目的地的运输合同,并支付有关运费。

(2)在合同规定的时间、地点,将合同规定的货物置于买方的处置之下。

(3)承担在指定目的地的约定地点将货物置于买方处置下之前的风险和费用。

(4)自负风险和费用,取得出口和进口许可证及其他官方批准证件,并办理货物出口和进口所需的海关手续,支付关税及其他有关费用。

(5)提交商业发票及自负费用提交提货单或为买方提供其提取货物所需的通常的运输单证,或具有同等作用的电子信息。

2. 买方义务

(1)接受卖方提供的有关单据,在目的地约定地点受领货物,并按合同规定支付货款。

(2)承担在目的地约定地点受领货物之后的风险和费用。

(3)根据卖方的请求,并由卖方负担风险和费用的情况下,给予卖方一切协助,使其取得货物进口所需的进口许可证或其他官方批准证件。

(二)使用 DDP 术语应注意的问题

1. 妥善办理投保事项

由于按照 DDP 术语成交,卖方要承担很大的风险,为了能在货物受损或灭失时及时得到经济补偿，卖方应办理货运保险。选择投保的险别时，也应与 DDU 术语一样，根据货物的性质、运输方式及运输路线来灵活决定。

2. 关于运输方式问题

按照《2000 年通则》的解释，DDP 和 DDU 术语均适用于各种运输方式。但是，当交货地点是在目的港的船上或码头时，应采用 DES 或 DEQ 术语。

3. 其他注意事项

在 DDP 交货条件下，卖方是在办理了进口结关手续后在指定目的地交货的，这实际上是卖方已将货物运进了进口方的国内市场。如果卖方直接办理进口手续有困难，也可要求买方协助办理。如果双方当事人同意由买方办理货物的进口手续和支付关税，则应采用 DDU 术语。如果双方当事人同意在卖方承担的义务中排除货物进口时应支付的某些费用（如增值税），应写明“Delivered Duty Paid, VAT Unpaid (…Named Place of Destination)”，即“完税后交货，增值税未付(——指定目的地)”。

D 组贸易术语中，DAF 是在两国边境交货的贸易术语，它主要适用于铁路和公路运输，也可以适用于其他运输方式。DES 和 DEQ 术语是在目的港交货的贸易术语，只适用于水上运输方式。DDU 和 DDP 的交货地点在进口国内的目的地，它们适用于各种运输方式。

表 5-1 为 13 种贸易术语的列表情况。

13 种贸易术语列表统一归纳对比 表 5-1

贸易术语	交货地点	风险转移	出口报关的责任、费用的负担者	进口报关的责任、费用的负担者	适用的运输方式
EXW	商品产地、所在地	买方处置货物后	买方	买方	任何方式
FCA	出口国内地、港口	承运人处置货物后	卖方	买方	任何方式
FAS	装运港口	货交船边后	卖方	买方	水上运输
FOB	装运港口	货物越过船舷	卖方	买方	水上运输
CFR	装运港口	货物越过船舷	卖方	买方	水上运输
CIF	装运港口	货物越过船舷	卖方	买方	水上运输
CPT	出口国内地、港口	承运人处置货物后	卖方	买方	任何方式
CIP	出口国内地、港口	承运人处置货物后	卖方	买方	任何方式
DAF	两国边境指定地点	买方处置货物后	卖方	买方	任何方式
DES	目的港口	买方在船上收货后	卖方	买方	水上运输
DEQ	目的港口	买方在码头收货后	卖方	买方	水上运输
DDU	进口国内	买方在指定地点收货后	卖方	买方	任何方式
DDP	进口国内	买方在指定地点收货后	卖方	卖方	任何方式

S 复习思考

1. 贸易术语是如何产生的？它的作用如何？
2. 有关贸易术语的国际惯例都有哪些？各有何不同？
3. 如何理解按 FOB 术语成交时以船舷为界划分风险的问题？
4. 请指出 CPT、CIP 和 FCA 三种术语之间的联系与区别。

E 能力训练

采取一对一的方式相互提问或讨论，熟练掌握传统的三种和新三种国际贸易术语之间的区别与联系，熟练掌握它们对进出口商的权利与义务的规定。

第六章 国际贸易磋商与签订合同

学习导引

通过学习本章，认识交易磋商的一般程序；了解合同的形式和内容；熟悉发盘的含义、有效期、撤回与撤销和接受的含义、要件、生效的时间、撤回与修改的内容；掌握合同成立的有效条件。

能力提示

通过对本章的学习和训练，具备区别实盘、虚盘、有效接受及正确运用询盘、实盘、还盘和接受进行贸易洽商的能力，提高分析合同的基本要件、判断合同成立的有效条件的能力。

第一节 国际贸易磋商概述

一、国际贸易磋商前的准备工作

进出口双方就买卖商品的各项交易条件，通过直接洽谈或函电的形式进行商洽以期达成交易的过程，称之为交易磋商(Business Negotiation)，通常又称作贸易谈判。交易磋商是进出口贸易工作的重要环节，它是贸易合同订立的基础，没有交易磋商就没有合同，交易磋商工作的好坏，直接影响到合同的签订及以后的履行。对外交易磋商情况复杂，贸易双方都希望争取有利的贸易条件。磋商要在平等互利的基础上，尽量争取做到对双方都有利。同时，还要保证所达成的协议符合有关的法律和规定。因此，在磋商中既要明确双方基本的合同义务，又要明确对履行合同时可能发生的纠纷和问题的预防措施与处理办法，以防患于未然。

为了顺利达成交易，提高交易的成功率，外贸公司和相关的业务员在进行交易商洽之前，应该做好充分的准备工作，尽量了解更多与该项交易相关的信息，做到知己知彼，避免损失。外贸公司事先要正确选配经贸洽谈人员，选择适当的目标市场和交易对象，建立和发展客户关系，制定进出口商品经营方案，做好新产品的研制和广告宣传等工作。而基本的业务内容主要包括以下两点：

(一)正确选配经贸洽谈人员

为了保证洽商交易的顺利进行，外贸公司事先应选配精明能干、经验丰富的外贸业务员。要求参加贸易谈判的业务人员不仅要具有认真负责的工作态度，同时还要掌握较为广泛的外贸业务知识；除了具备一般商品知识外，还要了解运输、保险、国际结算等方面的知识。在贸易谈判中因需涉及许多法律问题，对这些问题处理不当，不仅可能丧失交易机会，有时甚至会卷入法律纠纷，造成不良影响和经济损失。因此，要求从事这项工作的有关人员还应掌握合同法方面的基本知识，尤其是针对某些大宗交易或内容复杂的交易。对于大宗的商品交易，更应组织一个熟悉商务、技术、法律和财务方面知识，善于应战和应变，并善于谋求一致的高素质谈判团队。经贸洽谈成员要掌握洽谈技巧，因为高素质的洽谈人员是确保洽谈成功的关键。

(二)加强市场调研，选择适当的目标市场

在洽商交易之前，必须加强对国外市场的调查研究，通过各种途径广泛了解市场供销状况、价格动态、各国有关进出口的政策法规及措施、贸易习惯做法等，以便从中择优选定适当的目标市场，并合理地确定市场布局。对国际市场进行调研的主要内容，应包括下列几个方面：

1. 对国际商品市场价格的调研

价格是影响外贸交易的最重要的因素，直接关系到公司的利润，要详细了解清楚当前该种进出口商品的国际价格水平。国际市场价格除围绕国际价值经常上下波动外，还经常受到诸如经济周期、通货膨胀、垄断与竞争、投机活动、自然灾害、季节变动等社会、经济和自然的多种因素的影响。因此，必须具体分析这些因素对价格的影响，并根据价格变动趋势，选择在最有利的市场条件下推销商品和采购物资。

2. 对市场供求关系的调研

国际商品市场的供求关系是经常变化的，供求关系直接影响到价格水平和进出口双方的经济利益，很有必要去了解清楚当前的市场供求状况。影响供求关系变动的因素很多，如竞争企业的数量、生产周期、产品销售周期、消费习惯、消费水平、质量需求等，应根据市场供求变动规律，结合我国商品供应的可能和进口的实际需要，选择最适当的销售或采购市场。

3. 对国外市场进出口商品的调研

在国外同一市场上，销售着各国同类的商品，它们的市场占有率各不相同，这与商品的品质、规格、花色品种、包装装潢是否适应市场需要等有着密切关系。应摸清这些不同品种对市场的适销情况，特别要研究市场畅销商品品种的特点，以便主动积极适应市场的需要，扩大出口。同时，还要了解国外产品技术的先进程度、工艺程度和使用效能，以便货比三家，进口最需要的、价格最合适的商品。

二、建立业务关系

在进行一笔交易之前，要先建立起外贸业务关系。建立业务关系的途径有很多，现在的外贸公司多数都是利用互联网的资源，或通过商务活动诸如展销会、博览会等其他专门的商业活动，同时通过一些商业中介机构的帮忙寻找客户，或通过国家的职能部门，如驻外使馆或外国驻华使馆介绍客户。了解到对方公司的信息之后，可以通过发电子邮件、传真、电话等方式表达建立业务关系的愿望，然后进一步磋商具体的贸易条件。

外贸公司一般都是通过信函的方式与国外的客户建立业务关系。因此，作为贸易公司对外联络、沟通的重要手段，建交函起着非常重要的作用。这就要求贸易公司必须重视建交函的撰写工作。建交函的基本内容包括：

建交函的内容应注重引起对方的兴趣和关注。一般来说，应注明以下事项：

(1)说明自己是如何获悉对方的有关信息，并表示希望建立业务关系。一般获取相关公司信息的渠道是多方面的，主要有：朋友介绍、广告或展览会、商会或商务办事处、贸易行名录、杂志、领事馆、银行、同业商会等。

(2)介绍本公司的经营范围、经营方式、经营优势，如经验丰富、有稳定的供货渠道、享有良好的信誉、有广泛的销售网络、售后服务热情周到等，以及拟与对方合作的方式等。

(3)介绍本公司产品的优点，如物美价廉、品质优良、独一无二、方便省钱、用途广泛、性能优良、安全可靠、功能齐全等。必要时，可寄出产品样本及价格目录，供对方参考。

(4)介绍市场状况。从当前市场动向、消费者购买意愿、市场供需情况、购买力等方面介绍市场前景，还可以通过列举主要交易客户，增强本公司的声誉，并以提供优惠交易条件等手段(如价格优惠、售后服务支持、广告支持等)说服对方采取行动，尽快采购或合作。

(5)必要时，可告知对方你的往来银行，以便对方通过银行了解情况。

R 能力拓展训练

项　　目：收集有效商业信息

目　　的：1.熟悉出口贸易的业务流程；

2.能够查阅网上交易系统及职能机构网页；

3.能够上网查找国外客户的求购信息，发布本企业的产品信息等。

内　　容：1.上网查找有关网上交易系统的网址，并了解其内容；

2.上网查找国外客户的求购信息，发布本企业的产品信息等。

训练方法：1. 教师在讲完前面部分内容后布置任务；
2. 学生利用课余时间完成资料的收集；
3. 学生在课堂上发表自己的收集结果；
4. 教师示范操作，解答学生提出的问题，并及对其提供辅助指导。

三、国际商务谈判的形式和内容

（一）国际商务谈判的基本形式

商务谈判的基本形式有两类，一种是面对面谈判，另一种是函电往来谈判。不论是哪一种谈判，所遵循的基本原则和国际惯例都是相同的。面对面谈判是商务谈判中常用的基本形式，包括一对一谈判和组团谈判两种形式。函电往来谈判是指采用先进的国际资讯传媒工具进行磋商交易，如采用信函、电话、电报、传真、计算机网络等进行磋商。

1. 面对面谈判

面对面谈判也称口头磋商，主要是指进出口商进行的面对面的谈判。比如，在国际商品交易会上，双方进行的面对面的口头磋商；一方派遣贸易团体出访，与对方进行面对面的口头磋商；或邀请国外客商到本国来访，与本国进出口商进行面对面的口头磋商；还有双方利用国际长途电话进行的口头磋商等。口头磋商的特点是：

(1)信息传递迅速。一方提出某项交易条件或要求对方对某项交易条件进行修改，马上可以获得对方对此项要求的信息反馈，磋商的效率比较高。

(2)通过面对面的口头磋商可以观察对方的表情、举止等，以揣摩对方的心理，见机行事，及时调整谈判策略和方法。

(3)面对面的口头磋商有利于交流感情，促进双方良好关系的发展，有利于建立起长期的业务关系。

(4)面对面的口头磋商成本费用较高。面对面的口头磋商涉及的费用，包括参展费、差旅费、接待费、会务费等，对企业来说，如果交易量相对较小，就是一笔不小的开支。

(5)对谈判人员素质的要求较高。它既要求谈判人员具有较丰富的业务知识和经验，又要求谈判人员具有优良的品德修养和品质，还要求谈判人员有较强的原则性、灵活性、反应能力和应变能力。

2. 函电往来谈判

函电往来谈判又叫书面磋商，是指进出口双方通过信函、电报、电传和传真等现代化的通信工具进行的商务谈判。目前，传真已经成为最主要的书面磋商工具。随着 EDI 技术的发展和运用，商务谈判还可以通过 EDI 来进行。书面磋商的特点是：

(1)商务谈判都是书面的，当双方之间发生争议时，有据可查。

(2)书面磋商较口头磋商费用低得多,有利于降低经营成本。尤其是对熟悉的客户或交易量较小的业务,采用书面磋商更有利。

(二)国际商务谈判的基本程序

国际商务谈判的基本程序可以分为3个阶段:谈判前的准备阶段、实质性谈判阶段和履行合同过程中的谈判。

实质性谈判阶段就是买卖双方以一定的方式并通过一定的程序就交易的货物及各项交易条件进行反复的协商,最后达成协议的整个过程。实质性谈判的内容一般分为2个部分,一部分是带有变动性的一些交易条件,如货物的品质、标准、包装、交货、支付等条件,这些条件因货物、数量、时间等因素的不同,每笔交易都不尽相同。另一部分是相对固定的一些交易条件,又称一般交易条件,如检验、异议、索赔、仲裁与不可抗力等。在国际贸易业务活动中,买卖双方的交易洽商过程一般经过建交、询盘、发盘、还盘和接受等环节,最终达成交易。

履行合同过程中的谈判阶段,主要是交易双方在履行合同中难免要遇到违约或因条件变化需要协商解决,或遇到纠纷需要协商解决等,这就需要在履行合同过程中进行谈判。

(三)国际商务谈判的内容

在国际贸易中,商务谈判要依据《联合国国际货物销售合同公约》(以下简称《销售公约》)来进行。商务谈判的具体内容,包括商品的品质、数量、包装、价格、装运、保险、支付、商检、索赔、仲裁和不可抗力11大交易条件。在实际谈判交易过程中,对品质、包装、数量、价格、装运、保险、支付7大主要交易条件常常需要逐条商议,但对于商检、索赔、仲裁和不可抗力等一般交易条件则不一定逐条商议。这是因为交易双方在长期贸易交往中已经形成了一种习惯做法,或贸易双方已订有长期的贸易合同,一旦达成交易,这些条件就成为不可分割的一部分。企业一般都备有"一般交易条件"(General Terms and Conditions)的合同格式,磋商时先将该合同格式交给对方,若对方接受,这些条件就成为双方以后贸易的基础;若有异议,则可以重新协商。

第二节　国际贸易磋商实质性阶段

国际贸易磋商的基本程序是,先寻找有交易意愿的商家建立业务关系,然后一方通过询盘向对方了解相应的交易信息即邀请对方发盘,接到询盘的一方进行报价即通过发盘开出交易的条件,若询价一方不接受报价,则可以进行还盘商讨合适的交易条件,最后双方意见达成一致,一方接受了对方的最后交易条件达成了交易。概括起来,就是询盘、发盘、还盘和接受。在这几个交易的环节中,发盘和接受是达成一项交易必经的阶段。

一、询盘

询盘(Enquirer / Inquiry)，又称询价，询价是一方邀请另一方发盘的表示，具体是指交易的一方为购买或出售某种商品，向对方以口头或书面形式发出的探询交易条件的过程。询价一般采取书面形式。询价的内容不一，其内容可繁可简，既可只询问价格，也可询问其他与交易有关的条件。较全面的询价包括将来合同的主要内容，如所询商品的名称、规格、要货数量等 。询盘对于询盘人和被询问人均无法律上的约束力，接受询盘的一方可给予答复，亦可不作回答，而且也不是每笔交易磋商所必经的步骤，但它往往是交易的起点，受盘方应抓住每一有利的贸易机会积极回复对方的询盘。同时也应注意比较鉴别，因为询盘往往被一方用作调查研究、摸清市场行情、刺探竞争企业商业秘密的一种手段。询盘按照提出询价的主体，可分为买方询盘和卖方询盘。

(一)买方询盘

买方询盘是指买方主动发出的向国外厂商询购所需货物的函电。在实际业务中，询盘一般多由买方向卖方发出。如：

【例 6-1】 PLS QUOTE US YOUR LOWEST PRICE FOR 100M/T NORTH-EAST SOYBEAN.

请报 100 公吨东北大豆最低价。

【例 6-2】 PLS QUOTE 500 UNITS OF S195 DIESEL ENGINE LOWEST PRICE FOB SHANGHAI PORT SHIPMENT DURING JUNE.

请报 500 台 S195 型号柴油发动机最低价，6 月 FOB 上海交货。

买方询盘过程中应注意以下相关问题：

(1)若公司购买的是大路货商品，应同时向不同地区、国家和厂商分别询盘，以更准确地掌握国际市场行情，特别是价格水平，力求获得最佳交易对象和贸易条件。

(2)询盘对发出人虽无法律约束力，但要尽量避免询盘而无购买诚意的做法，否则容易丧失信誉，留下不良的公司形象。

(3)对规格复杂或项目繁多的商品，不仅要咨询商品的单价，而且还要要求对方告之详细规格、数量、包装等交易条件，以免反复的磋商浪费时间。

(4)对垄断性较强的商品，应提出一系列的产品要求对方报价，以防对方趁机抬价。

(二)卖方询盘

卖方询盘是指卖方向买方发出的征询其购买意愿的函电。卖方询盘如：

【例 6-3】 OFFER 10000 DOZEN ACTINIDIA BRANCH TOOTH PASTE.

可供 10000 打中华牌牙膏。

【例 6-4】 CAN SUPPLY WUYANG BRANCH BICYCLES 10000 UNITS PLEASE BID.

可供 10000 辆五羊牌自行车，请递盘。

卖方对国外客户发出询盘，大多是为了在市场处于动荡变化及供求关系反常的情况下，探听市场虚实、选择成交时机、主动寻找有利的交易条件。

二、发盘

发盘(Offer)，又称发价或报价，它是交易的一方向另一方提出具体交易条件，并愿意按照这些条件达成交易和签订合同的一种表示。发盘可以由买方提出，也可以由卖方提出。由买方发出的盘称为"买方发盘"(Buying Offer)或称"递盘"(Bid)，由卖方发出的盘称为"卖方发盘"(Selling Offer)或"报盘"(Quote)，在多数情况下由卖方发盘。发盘一般采用发盘(Offer)、报价(Quote)、订购(Order)、递盘(Bid)等术语。

【例 6-5】 OFFER IRON DRUM CHINESE ROSIN W. W GRADE JUNE SHIPMENT 100M/T CFR ROTTERDAM.

报 100 公吨中国 WW 级松香，铁桶装于 6 月运到鹿特丹交货。

【例 6-6】 QUOTE BUTTERFLY BRAND SEWING MACHINE HKD450 PER UNIT CIFC2 SINGAPORE.

报蝴蝶牌缝纫机每台 450 港元 CIFC2 新加坡成交。

按照法律责任可把发盘分为实盘和虚盘两种。

(一)实盘

实盘(Offer with Engagement)，又称有约束力的发盘，是指发盘人有订立合同的肯定表示。这种发盘在其有效期内，发盘人不得任意修改或撤销其内容，一经受盘人有效接受，发盘人将受发盘的约束，并承担按发盘条件与对方订立合同的法律责任，否则要承担违约责任。发盘在法律上属于要约，即表示要约人(发盘人)有肯定的订立合同意图的订约建议。法律上的要约必须是肯定的，并符合三点要求(实盘的三大要素)：

(1)发盘必须完整(Complete)，也即提出的交易条件是完整的。只要包括货物、数量和价格，即构成完整性。例如，"Indication Price"、"Shipment in Sep"、"By Estimate We can Supply…"等词句都是不可接受的。

(2)发盘必须明确(Clear)。即提出的交易条件是明确的，不能是含糊、模棱两可的。

(3)发盘必须无任何保留条件。一项确定的发盘，还要求它必须是终局的，没有任何保留条件或限制性条件。

在实际业务中，运用实盘应注意：

1. 有效发盘(实盘)必须具备的条件

(1)受盘人必须明确。必须向指定的受盘人发出，不指定受盘人的发盘在法律上无效。

(2)表明发盘人在受盘人接受其发盘时有承受约束的意旨。即发盘人有根据自已发盘的条件与受盘人订立合同的意旨，订立合同的意旨可在发盘中用文字表示，如用 Did(递盘)、Offer(发盘)、Book(订购)、Order(订货)表示，或从发盘的整个内容、当事人之间的关系及磋商的先后情况来判断。

(3)送达受盘人。发盘一定要传达到受盘人才能生效。

(4)发盘的主要条件必须符合实盘的三大要素，即明确的、完整的和无保留条件的。

2. 实盘的撤回与撤销

在法律上，撤回(Withdrawal)，是指发盘人在发盘发生法律效力之前撤回发盘。即撤回通知在发盘送达受盘人之前或同时送达受盘人，发盘可以撤回。撤销(Revocation)，则是指发盘生效之后，发盘人以一定的方式解除发盘效力。《销售公约》第15条第2款规定，发盘在未被送达受盘人之前，如发盘人改变主意，得予撤回。但发盘人必须将撤回通知于发盘送达之前或同时送达受盘人。对于发盘的撤回各国法律解释不尽相同，概括起来主要有以下3种：

(1)英美法系国家法律认为，发盘在被接受前任何时候都可以予以撤销。英国法律规定，只要未使受盘人付出某种代价的发盘或未经发盘人签字的发盘，均可随时撤销。

(2)大陆法系国家的法律认为，发盘对发盘人具有约束力，发盘生效后，原则上发盘人不得撤销该发盘。其中，法国法律规定：发盘人在发盘有效期内欲撤销发盘的，必须负损害赔偿责任；德国法律则明确规定：在发盘有效期内，发盘人不得撤销或变更其发盘。

(3)《销售公约》为了弥合两大法系在发盘撤销问题上的分歧，在第16条中规定：已为受盘人收到的发盘，如果撤销通知在受盘人发出接受通知前送达受盘人，可以撤销。

按照国际公约的规定，发盘在出现以下情况之一时，不得撤销：

(1)发盘是以规定有效期或以其他方式表明为不可撤销的。

(2)受盘人有理由信赖该项发盘是不可撤销的，并已本着对该发盘的信赖采取了行动。

3. 实盘的有效期限

发盘的有效期是指可供受盘人对发盘作出接受的期限。

在以信函或电报方式或行为方式表示接受时，接受应于何时生效，世界上有“投邮生效”和“到达生效”两种解释。因而，应明确规定实盘的有效期，不宜笼统规定按国际惯例办事，否则会引起争议。《销售公约》规定：电传或传真方式从发出时刻起算，信函从载明的发信日期起算，如遇非营业日顺延。口头发盘原则上要求“立即接受”，如果当事人另有约定，则不在此限。规定发盘有效期的方式通常有以下两种方式：

(1)最迟送达发盘人的时间，如“限15日复到有效”。

(2)规定一段时间内接受，如“发盘3天有效”。

有效期亦可不明确规定或仅作笼统规定，如“Offer… Reply Promptly.”可理解为“合理时间”以内。但是这种表示方法容易引起双方在理解上的误会，通常“合理时间”在不同情况下可以有不同理解：如果双方有多年的合作经验，则可以一贯形成习惯的“合理时间”理解；若以 E-mail、传真等方式发盘，则“合理时间”短些；而对行情变化大、易变质商品的发盘，“合理时间”也比较短。

英美法系国家采用“投邮生效”原则，它承认当信函投递交发时，接受即告生效，传递延误或遗失的风险由发盘人承担。但如果发盘中规定“接受必须于有效期内传达发盘人”，则接受的信函只有在规定的期限内送达发盘人，方可视发盘有效。

大陆法系国家采用“到达生效”原则，即表示接受的信函必须在发盘有效期内送达发盘人，接受方能生效，接受信函传递延误或遗失的风险由受盘人承担。我国采用“复到有效”(Reply Here)的方式，即以收到接受函的时间为准。明确规定有效期的做法，一般有：规定最迟接受期限，如 Offer subject reply tenth here 或 Valid till tenth our time；规定一段接受时间(如 Offer valid three days… 或 Offer reply in ten days；也可作不明确的规定，如采用“Cable Reply, Reply Promptly / immediately/ urgently as soon as possible”等笼统术语，或要求受盘人在合理时间内答复。但因为对这一类时间的规定目前各国法律解释不一，容易产生纠纷，一般不采用。

C 案例启迪

> 中国某对外工程承包公司拟在阿富汗投标一工程。2005 年 5 月 1 日向意大利商人询盘水泥价格，说明是为了投标用，并注明 5 月 31 日开标。意大利商人 5 月 5 日发盘，未注明有效期。发盘之后水泥市场价格上涨，意商来电撤盘。中方回电因尚未开标，拒绝了这一请求。5 月 31 日开标，中方中标，遂要求意商履约。试问意商是否应履约？

4. 实盘的失效

一项发盘在接受之前，在下列情况下认为已经失效：

(1)过期，发盘有效日期已过，自动失效；

(2)拒绝，受盘人表示拒绝或还盘，该项发盘立即失效；

(3)撤回或撤销；

(4)其他方面的问题造成发盘失效，如政府的政策性措施造成发盘失效，发盘人死亡、发盘人破产等因素造成发盘失效。❶

---

❶ 《联合国国际货物销售合同公约》采用“到达生效”原则。

(二)虚盘

虚盘(Offer without Engagement),是一项不肯定的订约建议,是无约束力发盘,又可称之为发盘的邀请。凡是不具备实盘三大要素的发盘都是虚盘。虚盘主要是为了试探对方交易的诚意,引起对方订货或购买的兴趣。所以,虚盘实际上是一种发盘或磋商邀请,对发盘人没有约束力,发盘人可以随时撤销或修改发盘的内容。实际业务活动中,常见的虚盘有:

(1)没有肯定订约的表示。如在发盘中有"Reference Price"(参考价)、"Price Idea"(价格意见)、"Price Indication"(指示性价格)等,均为虚盘。

(2)主要交易条件不完备。如数量、价格、交货期、有效期等均未列明。例如:

Offer Ironoxide Yellow 1500M/T. 请提出1500公吨氧化铁黄的价格。

附有保留条件,例如:

"Subject to seller's confirmation."以卖方确认为准。

"Subject to being unsold."以未售出为准。

"Subject to export license being approved."以获得出口许可证为准。

虚盘不受约束,较为灵活,使发盘人在选择交易机会时有较大的优越性,但受盘人往往将虚盘作为一般商情或业务联系对待,不加重视,因而成交率较低。

C 案例启迪

> 我国公司与F国商人签订一份食品出口合同,并按F国商人要求将该批食品运至某港通知E国商人。货到目的港后,经E国卫生检疫部门抽样化验发现霉菌含量超过该国标准,决定禁止在E国销售并建议就地销毁。E国商人电告F国商人提出索赔。对此,你认为F国公司应如何处理?

三、还盘

还盘(Counter Offer),也称回盘,是受盘人在收到发盘人的发盘后对其内容不同意或不完全同意而提出修改建议作出的一种表示。还盘的法律后果是受盘人对发盘的拒绝,也是受盘人以发盘人的身份所提出的新发盘。一方的发盘经对方还盘后即失去效力,除非得到原发盘人的同意,受盘人不得在还盘后反悔,再接受原发盘。一笔交易的成立,往往是多次还盘和再还盘的过程。还盘的形式可以用口头方式或书面方式表达出来,一般与发盘采用的方式相符。

【例6-7】 YL20 QUOTATION UNACCEPTABLE REQUEST LESS 8PCT MARKET DECLINING SUGGEST IMMEDIATE ACCEPTANCE.

你方20日报价除非降价8%我方才接受,市场价格正在下跌,请速接受。

还盘只有受盘人才可以作出,其他人作出无效。实务中还盘往往建立在原发盘的基础上,即还盘人只需提出原盘中不能接受的内容并加以修改,对于同意的部分则在还盘中可略去不谈。而原发盘人应认真分析还盘人的意图,如果条件合理,应适当让步,不要纠缠于次要条件。同时,还应认真区别还盘是否有约束力,有约束力的还盘则是一项新的发盘。一般情况下,原发盘人对受盘人的还盘有如下反应:

(1)坚持原来的发盘,但可延长发盘的有效期,让对方再考虑。

(2)再还盘,作出一个新的发盘。

(3)接受或停止继续洽商。

【例6-8】 YC 5TH COUNTER OFFER CFR STERLING 212 REPLY HERE 10TH.

你5日电,还盘CFR价212英镑,10日复到有效。

【例6-9】 YC 6TH ACCEPTABLE BUT SHIPMENT OCTOBER CABLE REPLY.

你6日电可接受。但10月份装船,电复。

C 案例启迪

我某外贸公司向国外询购电脑一批,不久接到外商3月25日的发盘,有效期至3月28日。我方于3月26日复电:“如能把单价降低5美元,可以接受。”对方没有反应。后因用货部门要货心切,以鉴于该商品行市看涨,我方随即于3月27日又去电表示同意对方3月25日发盘所提的各项条件。试分析,此项交易是否达成?理由何在?

四、接受

接受(Acceptance),是指买方或卖方同意对方在发盘(或还盘)中提出的交易条件,以声明或行为向对方表示愿意订立合同。一方的发盘经另一方接受,交易即告达成,合同关系即告确定,双方就应分别履行其所承担的合同义务。表示接受可以书面形式提出,一般用“接受”(Accept)、“同意”(Agree)和“确认”(Confirm)等词语表达,也可以通过行为表示出来,比如开始准备货物及与交易有关的适宜对方知晓的行动。通常情况下,只需简单列明“你方×日电我接受(或确认)”即可,而不必重复列出有关的交易条件。但是,有些交易由于磋商进程较长,来往函电较多,为避免误解和差错,可将最后商订的交易条件重复一遍。

1. 构成有效接受需具备的4个条件

构成法律上的有效接受必须具备下列条件：

(1)接受必须由合法的受盘人作出。任何第三者表示的接受均无法律效力，其他人对发盘表示同意，不能构成接受，只能视作一项新的发盘。这一条件是与发盘的第一条件相呼应的，发盘必须是向特定的人发出，即表示发盘人愿意按发盘的交易条件与受盘人订立合同，并不表示他愿意按这些条件与任何人订立合同。因此，接受也只能由受盘人作出，才具有效力。

(2)接受必须是无条件的。即受盘人对一项实盘无保留地完全同意。如果对发盘表示接受但载有添加、限制或其他更改的答复，即为拒绝并构成还盘，但若对发盘的添加、限制或其他更改的答复不属于实质性变更，仍可构成有效接受。

在实际工作中，应把有条件的接受与肯定接受条件下提出的某种希望或建议(Mere suggestions or requests or expression of hope)区分开来。前者是指对发盘提出了新的附加条件，是对发盘的拒绝，其法律后果等于还盘；后者只是在表示接受的前提下提出某种希望，这种希望不是一项条件，无论发盘人是否同意，都不影响达成交易。

(3)接受必须在有效期内表示，逾期接受应视为无效。发盘有效期的限制具有双重意义，它既是对发盘人行为的约束，又是对受盘人行为的约束，受盘人只有在有效期内作出接受，才具有法律效力。

(4)接受必须由受盘人通过声明或作出的某种行为来表示。声明是指受盘人以口头或书面形式表示的接受，如受盘人“Accept、Accepted、Confirm、Confirmed”等；行为是指受盘人发出的立即发货、开信用证、立即付款、生产、采购等表明接受的行为。《销售公约》规定：“缄默或不行动本身不等于接受。”

应该注意的是，以行动表示接受发盘，对要求以书面形式订立合同的国家是不适用的，如我国要求合同以书面形式订立，用行动表示对发盘的接受，就不符合《中华人民共和国涉外经济合同法》的要求。

而在接受迟到的情况下，不管受盘人有无责任，该接受是否有效由发盘人决定。关于接受的撤回与发盘的撤回基本相同，即如果撤回的通知在接受生效之前或同时送达发盘人，接受可予以撤回。

2. 接受生效的时间

在接受生效的时间上，英美法系采用“投邮生效”的原则，即接受通知书一经投邮或发出后立即生效；而大陆法系则采用“到达生效”的原则，即接受通知书在到达发盘人时接受才生效。《销售公约》明确规定，接受送达发盘人时生效。

3. 有条件接受

接受应该是无条件的，任何对发盘表示接受但对交易条件有所变更或添加，均视为无效接受。对发盘交易条件的变更或添改，分为实质性变更和非实质性变更。

受盘人对货物的价格、品质、数量、支付方式、交货时间和地点，一方当事人对另一方当事人的赔偿责任范围或解决争端的办法等条件提出的添加或变更，均为实质性的变更。此种接受，只能视作还盘。如果所作的添加或变更的条件属于非实质性的交易条件，则除非当事人及时对这些变更或添加提出异议，否则该接受有效。

4. 逾期接受 (Late Acceptance)

在国际贸易中，由于各种原因，导致受盘的接受通知有时晚于发盘人规定的有效期送达，这在法律上称为"迟到的接受"。这种超过发盘有效期才到达的接受，称之为逾期接受 。逾期接受在法律上构成一项新的发盘或发盘人可拒绝的接受。发盘的有效期限具有双重意义：一方面它约束发盘人，使发盘人承担义务，在有效期内不能任意撤销或修改发盘的内容，过期则不再受其约束；另一方面，发盘人规定有效期，也是约束受盘人，只有在有效期内作出接受，才具有法律效力。对于这种迟到的接受，发盘人不受其约束，不具有法律效力。但也有例外的情况，即过期的接受在下列 2 种情况下仍具有效力：

(1)如果发盘人毫不迟延地以口头或书面形式，将此种意思通知受盘人。

(2)如果载有逾期接受的信件或其他书面文件表明，它在传递正常的情况下是能够及时送达发盘人的，则这项逾期接受仍具有法律效力。除非发盘人已毫不迟延地通知受盘人发盘已经失效。[1]

对于逾期接受问题，应注意到：如果因接受期限最后一天是发盘人所在地的正式假日或非营业日(Non-business)，而使受盘人的接受通知未能在最后期限前到达发盘人，只要接受通知在下一个营业日到达发盘人，该接受依然有效，合同成立。

C 案例启迪

2005 年 4 月 25 日中东某客商向我方询盘氧化铁黄，作投标用，中东 4 月 26 日发盘，其中 CIF 价格为 USD505.00M/T，5 月 25 日有效。4 月 30 日中东商人来电请中方降价 30%，因其已降价 30%投标，中方拒绝这一请求。这时氧化铁黄市场上扬，售东南亚 CIF 价已是 USD580.00M/T，于是中方将库存大量销往东南亚。中东客商 5 月 12 日来电，称其已中标，必须履约，愿接受中方 4 月 26 日发盘，并强调该发盘有效期是 5 月 25 日。紧接着中东商人亲赴中国，中方只好将余货 500 公吨以发盘价售予对方。试问中方能否不售货物给对方？

[1] 《联合国国际货物销售合同公约》。

5. 接受的撤回和修改

《销售公约》规定，接受于表示接受的通知到达发盘人时生效。因此，受盘人可在接受生效前阻止其生效，即受盘人对其接受采取撤回行为。但受盘人撤回通知必须在其接受通知到达发盘人之前或同时到达发盘人，才能有效地撤回其接受。一旦接受通知先期到达发盘人，接受便生效，合同即告成立。由此，对于一项已生效的接受，受盘人无权予以撤销，否则将构成对合同的撤销，这在法律上是不允许的。

C 案例启迪

我方于2006年3月1日向外商发盘供应某农产品，其中包装条款为“牢固麻袋包装”。外商收到后立即复电：“接受，请用新麻袋装”。我方收到后着手备货。数周后该农产品市价猛跌，我方催请对方速开证，外商来电称：“由于你方对新麻袋的要求未确认，双方间合同关系未成立”。我方坚持认为合同有效，双方发生争议，试问此案该如何处理？

R 能力拓展

项　　目：模拟交易磋商业务过程

目　　的：1. 掌握寻找客户并与之建立业务联系的途径；

2. 掌握寻找客户、发布本企业信息并建立起业务关系的有效方法；

3. 具备与客户进行交易磋商的能力：

内　　容：1. 上网或通过收集资料选择合适的客户；

2. 与选定的“客户”或给出背景资料的客户建立业务联系，发函电、电子邮等。

（询盘：说明信息来源，言明去函目的，本公司概况介绍，产品介绍，激励性的结尾。发盘：准确阐明各项主要交易条件，声明此发盘的有效期及其他约束条件，鼓励对方订货并保证供货满意。还盘：确认对方来函，强调原价的合理性并列明理由，提出我方条件并催促对方行动。接受：告诉对方销售合同已拟订并已寄出，强调信用证的开证时间。）

训练方法：1. 教师提前布置任务；

2. 学生在电脑教室完成操作并分组讨论；

3. 学生课堂上发表自己的操作结果；

4. 教师点评。

第三节　国际贸易合同的签订

一、合同的意义和形式

买卖双方经过磋商，一方的发盘被另一方有效接受，交易即达成，合同即告成立。但在实际业务当中，按照一般习惯做法，买卖双方达成协议后，通常还要制作书面合同将各自的权利和义务以书面方式加以明确，这就是所谓的签订合同。

（一）书面合同的形式

合同的形式是指缔约当事人所达成的协议的表现形式。外贸合同的内容比较复杂，法律一般规定采用书面合同形式。在国际贸易中，有关货物买卖的书面合同的名称和形式，均无特定的限制，合同（Contract）、确认书（Confirmation）、协议书（Agreement）、备忘录（Memorandum）、订单（Order）、意向书（Letter of Intent）等均有使用。在我国外贸业务中，主要使用合同和确认书这两种形式。这两种形式的合同，虽然在格式上、条款项目和内容的繁简上有所不同，但在法律上具有同等效力，对买卖双方均有约束力。

1. 合同（Contract）

合同是指不同国家的当事人按一定的交易条件买卖商品达成的协议，主要用于大众商品的交易。合同的内容比较详细，包括商品的品质、数量、包装、价格、装运、保险、支付、商检、索赔、仲裁和不可抗力 11 大交易条件。合同根据草拟对象的不同，分为两种：由卖方草拟的合同为销售合同（Sales Contract），由买方草拟的合同为购货合同（Purchase Contract）。

2. 确认书（Confirmation）

确认书又称简式合同，是合同的简化形式。它使用的文字一般为第一人称的语气，对于索赔、仲裁、不可抗力等条款一般不列入合同。按照起草合同对象的不同，确认书分为销售确认书（Sales Confirmation）和购货确认书（Purchase Confirmation）。交易双方在建立业务关系时，对于洽谈内容较为复杂的交易，往往先签订一个初步协议（Preliminary Agreement）或原则性协议（Agreement in General），亦或备忘录（Memorandum），把双方商定的条件确定下来，其余条件容以后再行洽商，这时即可采用确认书的方式，将已签订的协议作为该确定书的一个附件。

确认书主要用于成交金额不大、批次较多的轻工日用品、土特产或已有包销、代理等长期协议的交易，在法律上具有与合同等同的效力。只是在格式、条款的设立和措施上与合同有所不同，是合同的简化形式。

3. 协议（Agreement）和备忘录（Memorandum）

协议表明原则同意，如代理协议、包销协议。但合资协议、技术协助协议常常相当于合同。在我国对外贸易业务中,协议与备忘录相对使用较少。但如果在协议和备忘录中规定的主要交易条件较为明确具体时,其法律效力与合同一样。

4. 订单(Order)与委托订购单(Indent)

订单是指由进口商或客户制定的购货单,委托订购单是由代理商或中间商代替客户制定的订货单。订单和委托订购单往往是在达成交易之后,由国外客户主动寄给卖方,要求卖方据此履行交货,其实质是国外客户的购货合同或确认书。对待订单或委托订购单要根据具体内容作出具体处理,若遇有与磋商内容相抵触的条款,应立即提出异议,再行商榷。

(二)合同签订的意义

在交易磋商达成以后,之所以还要签订书面合同,其意义主要有:

(1)书面合同是合同关系成立的法律依据。尽管《销售公约》规定,销售合同可以包括人证在内的任何方法证明,但是一旦发生争议而诉诸法律时,法院一般要求提供书面证据。特别是有一些国家法律规定,进出口贸易合同必须采用书面形式方为有效。对以口头协商达成的交易,口头合同举证困难,书面合同的作用和意义尤为明显。因此,尽管有些国家的合同法并不否认口头合同的效力,但在国际贸易中一般多要求签订书面合同。

(2)书面合同是合同内容生效的条件。经函电磋商达成的交易,如果其中一方曾声明以签订书面合同为准,即使双方已就交易条件达成一致,也必须在签订书面合同后合同才能生效。

(3)书面合同是买卖双方履行责任和义务的依据。书面合同有助于交易双方进一步明确权利与义务,为合同的准确履行提供更好的依据 。这是因为在交易磋商过程中,来往函电复杂,条件有所变更,通过签订书面合同,把散见于各函电中的交易条件最终归纳于一份规范的合同文本中,并经双方签署认可,这对于履约无疑是非常有帮助的。这样的合同,既是一份完整、有效的法律文件,也是一份完整、明确的履约依据。

二、合同的基本格式

(一)书面合同的基本格式

进出口贸易合同的格式不尽一致,其项目也各有不同,但就其格式的基本内容而言大体是一致的。一般来说,进出口贸易合同的格式基本包括约首、本文、约尾三部分。凡可适用于每笔交易的共同性条款,即“一般交易条款”或“一般条款”印刷在合同的背面。

1. 约首

约首即合同的首部,包括合同的名称、编号、签约日期、签约地点、双方的名称及详细地址、序言等。

(1)合同的名称。合同的名称视交易的内容而定,如购货合同、销售合同、购货确认书、销售确认书、补偿贸易合同等。

(2)合同编号。在国际进出口业务中,一般根据一定的规则对合同进行编号,合同采用“一约一号”制,常见的合同编号包括 4 个部分,即年份、公司代码、部门代码、序号。如某合同号为:2003BKDA18,意为 2003 年 BK 公司 DA 部门的第 18 号合同。

(3)签约日期。合同的签约日期均用公历,若合同使用公历以外的日历,如佛历、伊斯兰历、农历等,则应同时加注公历。

(4)签约地点。合同应注明签约时所在城市或地区的名称。签约地点可作为判断合同适用法律的依据。在合同中没有明确注明该合同适用法律依据的条件下,根据有些国家的法律规定或贸易习惯的解释,可适用于签约地点国的法律。

(5)买卖双方的名称和地址。对于买卖双方的名称一定要写清楚全称,切记不可简写,但对于某些已经公认的以简写作为其公司名称的则可以除外。如美国的 IBM、日本的 NEC 等。双方的地址一定要写清楚其主营业场所的详细地址、邮政编码、电话号码、电报挂号、电传号,不得遗漏。

(6)序言。序言是表示双方订立合同的意愿及执行合同的保证文字。序言的表示方法一般有两种,一种是直叙法,如“本合约签字的买卖双方同意按下列条款达成交易……”;另一种是插入法,即将买卖的名称、地址、签约时间插入序言中的一种表示方法,如“本合约于 1996 年 6 月 30 日经中国某某公司(卖方)与日本某某公司友好协商,签订如下条款,卖方同意出售,买方同意购进下列商品……”。

2. 正文

正文是合同中的主要条款,它包括全部交易条件,体现了买卖双方各自的权利与义务。在正文中,对 7 大主要交易条件,即品质、数量、包装、价格、装运、支付、保险一定要详细订明,不得含糊。而对其他 4 项一般交易条件,即商检、索赔、仲裁和不可抗力可事先印妥后交给对方,一般因不同商品、不同国别和地区而异。对销售确认书,除主要交易条件外,一般交易条件通常不列入。

3. 约尾

即合同的尾部,包括合同的份数、使用的文字、效力、对异议的解释、双方签字等。

【例 6-10】 “本合同于 2004 年 3 月 29 日在广州签订,正本一式五份,分别用中、英文书就,两种文本具有同等法律效力。若对其解释有异议时,则以中文文本为准。

买方　　　　　　　　　　卖方

买方法定代表人签字　　　　　　　　　　卖方法定代表人签字

本合同所列附件为合同不可分割的部分。”

(二)合同成立的时间

根据《销售公约》的规定,受盘人接受发盘并在发盘有效期内将接受送达发盘人,合同即告成立。但在实际业务中,合同成立的时间以订约时合同上写明的日期或以收到对方确认书的日期为准，即在签订书面合同时买卖双方的合同关系确立。

三、合同成立的法律规范

合同对当事人构成的约束力是建立在法律的基础之上的。因此，合同必须符合法律规范才能得到法律的承认和保护。各国法律对于合同的成立都要求具备一定的条件，即所谓合同有效成立条件。由于各国的要求不尽相同，总的来说，合同成立的法律规范主要有以下几个方面：

1. 合同当事人意思表示要一致

合同当事人意思表示的一致性是通过要约（Offer）和承诺（Acceptance）达成的。也就是说，一方向另一方提出要约，另一方对该要约表示承诺，双方的意思表示达成了一致，合同即告成立，对双方便产生了法律约束力。如果有要约，没有承诺，合同就不成立。即使双方相互要约（Cross Offer），意思表示正好一致，合同仍不成立。

合同中的要约和承诺在国际贸易实务中分别被称为发盘和接受。在有关国际贸易的法律中，对发盘和接受这两个行为的定义是非常严格的。判定国际贸易合同是否成立，不仅要看有无发盘和接受，还要看发盘和接受这两个行为是否成立。

2. 关于对价（Consideration）或约因（Cause）

对价是指当事人为了取得合同利益所付出的代价。它是英美法系中有关合同成立所必须具备的一个要素。按照英美法系的解释，合同当事人之间存在着“我给你是为了你给我”的关系，这种通过相互给付，从对方那里获得利益的关系，称作对价。

约因是大陆法系中有关合同成立的要素之一，它是指当事人签订合同所追求的直接目的。例如，在货物买卖合同中，买卖双方签订合同都要有约因。买方的约因是为了获得货物，卖方的约因就是获得货款。在国际贸易合同中，只有存在对价或约因时，法律才承认合同的有效性；否则，合同就得不到法律的保障。

3. 合同的当事人必须具有订立合同的能力

各国法律对于哪些人具有订立合同的能力，哪些人没有订立合同的能力，都有具体规定。一般来说，未成年人和精神病患者没有订立合同的能力，或者其订立合同受到一定的限制，因为这些人或因为年龄太小或因为神志不清，缺乏判断能力或经验，不能理解自身行为的后果，所以法律要给予特别的保护。国际贸易合同一般是在法人之间签订的，而法人又是由自然人组织起来的，它必须通过自然人才能进行活动，也就是说，法人的行为是通过自然人实现的。因此，代表法人的自然人必须具备订立合同的能力。另外，法人本身也必须具备一定的行为能力。法人的具体表现形式一般都是公司。英国的《公司法》规定，公司行为不得越权，公司订约的能力要受公司章程的约束。如果公司订立的合同超出了公司章程所规定的能力，即属越权行为，这种合同在法律上是无效的。

4.合同标的和内容必须合法

各国法律都规定合同不得违反法律和公共秩序,不能损害公共利益。在这里公共利益是广义的,它包括公众安全、公众善良习惯和道德规范。在国际贸易中,对违禁品,如毒品、走私物品、严重败坏社会道德风尚的物品等签订贸易合同都是不合法的;与敌国或国家明令禁止的贸易对象国签订贸易合同也是不合法的。

对于不合法的合同,在当事人之间,没有权利和义务关系。一旦双方当事人发生争议或纠纷,任何一方都不得上诉,法律对这种合同不予承认和保护,但在必要时,还要追究当事人的刑事责任,没收其买卖的货物。

5.当事人必须在自愿和真实的基础上签订合同

合同是当事人意思表示一致的结果。根据各国的法律规定,如果由于某种原因或事实,构成当事人表示的意思不是自愿和真实的,则合同不成立。这些原因或事实有以下几种:

(1)胁迫(Duress)。

各国法律都一致认为:凡在胁迫下订立的合同,受胁迫的一方可以主张合同无效。因为在受到胁迫的情况下所作的意思表达,不是自愿表达的意思。《中华人民共和国合同法》第52条规定:“采取欺诈或者胁迫手段订立的合同无效”。在英美法系中,除普通法中有胁迫的原则外,在衡平法中还有“不正当影响”(Undue Influence)的原则。“不正当影响”主要适用于滥用特殊关系,以订立合同为手段从中谋取利益的场合。在大陆法系中,除了有胁迫的法律原则外,还有“绝对强制”的法律原则。在“不正当影响”和“绝对强制”下订立的合同是无效的。

(2)欺诈(Fraud)。

欺诈是指以使他人发生错误为目的的故意行为。各国法律都认为:凡因受欺诈而订立合同时,蒙受欺诈的一方可以撤销合同。英美法系把欺诈称为“欺骗性的不正确说明”(Fraudulent Misrepresentation)。受欺骗一方可要求损害赔偿,并撤销合同。大陆法系中也有同样的规定。例如,法国《民法典》中规定“如果当事人一方不实行欺诈手段,他方当事人决不签订合同者,此种欺诈便构成合同无效的原因”,即欺诈结果导致合同无效。

关于对某种事实保持沉默是否构成欺诈的问题,国外一般认为,只有当一方负有对某种事实提出说明的义务时,不作这种说明才构成欺诈。如果没有此种义务,则不能仅因沉默而构成欺诈。至于当事人是否有此义务,则应按合同的具体情况决定。以买卖合同为例,在商务谈判过程中,当事人是没有提供商品市场价格的义务的,因此,没有对此提供说明就不构成欺诈。但是,对于买卖标的物的情况,因其与对方决定是否订约有关,卖方必须披露,若明知一旦披露实情买方就不会签约,因而采取沉默的办法隐瞒实情,就构成了欺诈。

(3)错误(Mistake)。

错误是指当事人的意思表示有错误。错误导致意思表示不真实,从而影响合同的有效性。但是,各国法律普遍认为,如果任何意思表示的错误都使合同无效,交易就会缺乏必要的保障。因此,各国法律对这个问题都采取了慎重的态度,一般都按照错误的不同性质和可能产生的后果,采取区别对待的原则。例如,英美法系规定,订约当事人一方的错误,原则上不能影响合同的有效性。只有当该错误导致当事人之间根本没能达成真正的协议,或者虽已达成协议,但双方当事人在合同标的物的存在、性质、数量或有关交易其他重大事项时,才主张合同无效。再如,大陆法系强调,错误只有在涉及合同标的物的性质,涉及与其订立合同的对方当事人的认定时,才构成无效的原因。

6. 合同形式的法律规定

在大陆法系中,合同分为要式合同(Formal Contract)和非要式合同(Informal Contract)。要式合同是指依照法律的规定,按其规定的形式和程序成立的合同。例如,必须由双方当事人签字,并由证人或公证机关证明的合同,或者必须由政府机关批准生效的合同等。非要式合同可以用口头或书面,或者包括人证在内的其他证明形式的合同,它不一定要采用书面的形式作成。但是,在商业合同中其合同是以非要式为原则的。在英美法系中,虽然没有要式合同和不要式合同的划分,但却可以找出相近的概念。例如,在英美法系的分类中,有所谓签字蜡封的合同,这种合同属于一种按要求的形式和程序订立的合同,它与大陆法系中的要式合同相似。美国的《统一商法典》虽然规定凡是金额在 500 美元的货物合同须以书面形式作成,但仍保留了例外的情况。例如,卖方已经在实质上开始生产专为买方制造的、不宜售予其他买方的商品,则该合同虽然没有采取书面的形式,但仍具有约束力。

《销售公约》对于货物买卖合同的形式,原则上不加以任何限制。《销售公约》第 11 条明确规定,买卖合同无需以书面订立或证明,在形式方面不受任何其他条件限制。买卖合同可以用包括人证在内的任何方法证明。《销售公约》的这一规定既是兼顾西方国家的习惯做法,也是为了适应国际贸易发展的特点,因为许多国际贸易合同是以现代通信方法订立的,不一定存在书面合同。但是,《销售公约》允许缔约国对该条款的规定提出声明予以保留。

那么,当事人应于何时提出签订书面合同的要求?在以函电成交时,任何一方当事人要以签订书面合同作为合同成立的依据,都必须在发出要约或承诺通知中提出这一保留条件。在这种情况下,合同应于签订书面合同时成立,而不是在双方以函电达成协议时成立;双方当事人在签订书面合同前,均不受函电成交的约束。

如果任何一方当事人都没有提出以签订书面合同作为合同成立的依据,则按照合同法的一般原则,合同应于双方当事人以函电达成协议时成立,即当载有承诺内容的信函、电报、或电传生效时，合同即告成立。在这种情况下，任何一方当事人均不得以未签订书面合同为理由否定合同成立。

四、签订合同应注意的问题

(1)签约时，草拟合同方应及时认真地审核对方签回的书面合同，确保合同内容未经更改或附加。

(2)对国外寄来的需签回的合同，应仔细审阅，对异议应及时提出，决不可置之不理，以防被认为默认接受。在签署退回时，要防止重复签署，造成一个合同，两笔交易。

(3)在签订进出口合同时，要体现平等互利的原则。体现平等互利的原则就是在签订进出口合同时，既要反对对方把片面维护其一方利益的条款订入合同，也不能把对方不愿意接受的某些条款强加于人。

(4)必须符合合同有效成立的要件，即双方当事人的意思表示必须一致和真实；当事人都具有订约的行为能力；合同的标的、内容必须合法等。

(5)合同内容应与洽商达成的协议内容一致，同时在条款的规定上必须严密，要明确责任、权利和义务对等，切记避免订立多种解释的任意性和不确定性的条文。特别是对可能引起合同性质改变的内容，尤其应该慎之又慎。如果有些条文事先未商妥，需订入书面合同时，要进一步协商达成协议才可订入。

(6)合同各条款之间必须协调一致，不能相互矛盾。例如，在数量条款规定溢短装时，支付方式为信用证，就应规定信用证金额有增减幅度；又如贸易术语为CFR或FOB成交，在保险条款里就应该订明“保险由买方自理”。关于签约后发生的额外费用负担，如运费上涨、港口封冻的绕航费等，也应在合同中明确规定由何方负担。

R 能力拓展

项　目：根据业务背景制作合同书

目　的：1. 能够准确确定交易双方磋商一致的交易条件，并将其作为起草书面合同的依据；
2. 能够根据买卖双方交易磋商的结果，起草书面合同或成交确认书，掌握出口交易合同的形式、合同中主要交易条款和一般性交易条款的内容拟订；
3. 中英文缮制的合同格式规范、内容得当、用词准确。

内　容：1. 利用教学软件给出背景资料，确定交易条件；
2. 介绍书面合同的形式与内容；
3. 约首部分填写；

4. 正文部分撰写，分别起草商品品质条款、数量条款、包装条款价格条款、交货条款、支付条款，以及商检、索赔、不可抗力、仲裁条款；

5. 约尾部分填写；

6. 选择部分有代表性的合同草稿进行点评 。

训练方法：1. 教师提前一周布置任务；

2. 学生利用上课前的课余时间完成分组讨论；

3. 学生课堂上发表自己的讨论结果；

4. 教师点评。

S 复习思考

1. 交易磋商一般要经过哪些环节？它们的含义如何？要订立一项合同，哪些磋商环节是不可缺少的？为什么？

2. 构成一项法律上有效的发盘必须具备哪些条件？

3. 什么叫发盘的有效期？如何规定发盘的有效期？试举例说明？

4. 没有具体规定有效期的发盘可否为对方接受而订立合同？为什么？

5. 接受通知到达发盘人后，可否撤销？为什么？接受在何种情况下可以被撤销？

6. 在国际贸易中，买卖双方经口头或书面磋商达成交易后为什么还需签订一份具有一定格式的书面合同？在我国进出口业务中，通常采用的书面合同有哪些形式？其基本内容是什么？

E 能力训练

1. 广东省食品进出口公司于 2 月 5 日上午 10 点以航空信的方式向英国 A 商人发出如下实盘：报不可撤销实盘，亚麻油 500 公吨，水分及杂质最高 0.25%，旧铁桶装，每公吨 USD50 净重 CIF 纽约，7 月装运，不可撤销即期信用证付款，25 日前复到我地有效。2 月 5 日。

该出口公司在发出实盘后，发现价格计算有严重失误，立即于当天下午 3 点发出航空快信，宣布我 2 月 5 日亚麻油撤回无效。英国 A 商人于 14 日接到实盘，见其价格有利可图，立即于当天回复给出口公司，称："你 5 日发盘我完全接受，请寄合同，2 月14 日。"

英国 A 商人于 15 日才接到出口公司的撤回通知，即通知该出口公司："你 5 日发盘我已于 14 日发出接受，你撤回的通知在 15 日才到达，晚于我接受之日，而且你发盘系不可撤销的实盘，所以你撤回通知应告无效。我即开出信用证。"但该出口公司认为合同不成立。因 5 日发出实盘后，当天即发出撤回通知，所以撤回通知应与实盘同时到达，按国际惯例，即使是不可撤销实盘，其发盘与撤回通知同时发出应给予撤回。

问买卖双方有无合同？为什么？

2.我出口公司甲公司向国外乙公司发盘，报价小麦500公吨，每公吨260美元，发盘有效期为6天。乙公司2天后回复电中要求将货物价格降为每公吨240美元。4天后，甲公司将这批小麦卖给了国外丙公司，并在第6天复电乙公司，通知其货已售给其他公司。乙公司认为甲公司违约，要求甲公司赔偿。请问，甲公司是否应该赔偿乙公司？说明理由。

第七章 国际贸易合同的商品条款

学习导引

本章重点介绍国际货物买卖合同中对商品品质的表示方法、数量的计量方法、商品包装的种类与作用，以及规定合同的品质、数量与包装条款时应注意的问题。通过学习本章，应能够针对国际贸易商品的不同特点，分别以实物或以文字来说明商品的品质、计量商品的数量；熟悉各类包装标志和国际贸易中常见的中性包装的操作方法；掌握国际货物买卖对运输包装及销售包装的要求。

能力提示

通过对本章的学习和训练，具备能够正确签订合同中品名条款、品质条款、数量条款和包装条款的能力，并具有判断合同条款是否完善的能力。

第一节 合同的标的物

在国际货物买卖中，商品是买卖双方所签订合同的标的物，是一笔交易得以进行的物质基础。买卖双方所交易的每一种具体商品，都表现为一定的品名、品质，都涉及一定的数量和包装。因此，商品的品名、品质、数量和包装是买卖双方在交易中必须首先明确的问题，而且正确地选择和确定商品的品名、品质、数量和包装更是买卖双方在磋商和签订合同过程中必须解决的重要问题之一。

一、合同标的物的意义

国际货物买卖合同中的标的物，是指国家允许自由流通的属于出卖人所有的物品，即交易商品。

在国际贸易中，看货成交，一手交钱、一手接货的情况极少。通常，买卖双方在洽谈交易和签订买卖合同时，很少能见到具体商品，一般只是凭借对拟进行买卖的商品作必要的描述来确定交易的标的。可见，在国际货物买卖合同中，列明商品的名称，就成为必不可少的条件。

按照有关的法律和惯例，对交易标的物的描述是构成商品说明的一个主要组成部分，是买卖双方交接货物的一项基本依据，它关系到买卖双方的权利和义务。若卖方交付的货物不符合约定的品名或说明，买方有权提出损害赔偿要求，直至拒收货物或撤销合同。因此，列明合同标的物的具体名称，具有重要的法律和实践意义。

从业务角度看，商品品名是交易的物质内容，是交易赖以进行的物质基础和前提。

二、品名条款的内容

品名条款(Name of Commodity Clause)，是买卖双方对具有一定外观形态并占有一定空间的有形商品达成共识的一种文字描述，又称标的物条款。

国际货物买卖合同中的品名条款并无统一格式，一般都比较简单，通常在“货物描述”(Description of Goods)或“商品名称/品名”栏内具体列明交易双方成交商品的名称。

就一般商品来说，有时只要列明商品的名称即可。但有的商品，往往具有不同的品种、等级和型号。因此，为了明确起见，也可把有关具体的品种、等级和型号的概括性描述包括进去，作为进一步的限定。此外，有的甚至把商品的品质规格也包括进去，这实际上是把品名条款与品质条款合并在一起。

品名条款是一项既简单又非常重要的条款，同时也是单价条款的有机组成部分。如下面单价条款：Rice 180EUR per M/T FAS QINGDAO. 其中，Rice 即为品名条款。

三、规定品名条款的注意事项

国际货物买卖合同中，品名条款是合同中的主要条款。因此，在规定此项条款时，应注意下列事项：

(1)品名必须能确切反映交易标的物的特点，要明确、具体，避免空泛、笼统的规定。

(2)尽可能使用国际上通用的名称，若使用地方性的名称，交易双方应事先就其含义取得共识。对于某些新商品的定名及其译名，应力求准确、易懂，并符合国际上的习惯称呼。

(3)条款中规定的品名，必须是卖方能够供应且买方需要的商品，凡做不到或不必要的描述性的词句都不应列入，以免给履行合同带来困难。

(4)注意选用合适的品名，以利于减低关税、方便进出口通关和节省运费开支。

第二节　商品的品质

C 案例启迪

> 我国某公司同日本公司签订出口羊绒衫合同，共出口羊绒衫10000件，价值100万美元。合同规定羊绒含量100%，商标上也标明“100%羊绒”。当对方对我方公司出口的羊绒衫进行检验后，发现羊绒含量为70%，不符合合同规定而提出索赔，要求赔偿200万美元。最后我方公司赔偿数十万美元结案。

一、品质的概念

商品的品质（Quality of Goods），是指商品的内在质量和外观形态的综合。内在质量指商品的化学成分、物理机械性能及生物学特征等内在素质，如纺织品的色牢度、防水性能，机械商品的精密度等。外观形态指通过人们的感觉器官可以直接获得的商品的外形特征，如商品的大小、长短、造型、色泽及味道等。

商品的品质是决定商品使用效能的重要因素，任何商品的内在质量和外观形态都应达到某些特定的技术指标或要求。因此，在国际货物买卖中，买卖双方都很重视商品的品质，品质条件的确定是双方交易磋商的基本内容，商品品质的优劣直接影响交易能否达成。此外，商品的品质是决定商品销售价格的关键性因素，随着各国消费水平的不断提高，优质名牌产品尽管在价格上要比一般商品高出许多，但仍然受到消费者的青睐。可见，改进和提高商品的品质，不但能增强商品在国际市场上的竞争能力，扩大销售，还能提高销售价格，为国家创造更多的外汇收入。

在国际贸易中买卖的商品的品质，首先应满足一般要求，具有能满足消费者某种需要的特性，即有用性和必要的坚固耐用性。其次，国际贸易商品的品质还应满足一些特殊要求，包括：

(1)国际贸易商品要适应各国销售市场的消费习惯和消费水平。由于世界各国的经济发展不平衡，各国的消费习惯和消费水平相差较大。在消费水平比较高的国家，消费者往往比较重视在商品的款式上求新求异，而不过分追求商品的耐用性；但在消费水平较低的国家，其消费者则更重视商品的耐用程度，对商品的款式、包装不十分讲究。

(2)国际贸易商品要适应各国销售市场的季节和其他自然条件。由于季节和其他自然条件不同，各国市场对某些商品的品种或品质规格往往也会有不同的要求。

同时，某些商品的品质易受自然条件的影响而发生变化。因此，国际贸易商品的品质只有适应这些方面的要求，才能扩大销售，提高价格。

(3)国际贸易商品要适应各国销售市场的民族风俗、传统习惯和爱好特点，特别要注意有些国家宗教信仰方面的有关规定，保证销往这些国家的商品在包装、造型和商标图案等方面上不能与其有关规定相抵触。

(4)国际贸易商品要适应进口国政府有关法令和条例的规定。例如，欧美发达国家对进口食品、茶叶等商品的农药残留量、陶瓷的含铅量、花生及花生制品的黄曲霉素含量等都有规定，凡是不符合规定或要求的商品，一律不准进口，有的甚至还要就地销毁，并由货主承担由此而产生的各项费用。因此，要使商品顺利地进入国际市场，就必须充分了解各国对进出口商品品质的管理规定，避免因此而遭受损失。

以上内容主要是从出口的角度说明国际货物买卖对商品品质的要求，而在进口业务中也应对国际贸易商品的品质有所注意，一方面要避免进口商品品质过低损害我国利益，不利于我国生产与科研的进行；另一方面也要避免品质过高，不适合我国当前国情的需要，从而造成不必要的浪费。

二、品质的表示方法

国际贸易中买卖商品的种类繁多、特点各异，表示商品品质的方法要根据商品的特点进行选择。概括起来，主要分为两大类：以实物表示和以文字说明表示。

(一)以实物表示商品品质

以实物表示商品品质，是指以作为交易对象的商品的实际品质或以代表商品品质的样品来表示商品品质。通常有看货买卖和凭样品买卖两种情况。

1. 看货买卖

看货买卖是买卖双方履行合同时的品质标准以买方所看到的商品实际品质为准进行交易，通常是先由买方或其代理人在卖方场所验看货物，达成共识后进行交易。卖方按验看过的商品品质标准交付货物，买方按验看过的商品品质标准收货。只要卖方交付的货物是验看过的商品，买方就不得对品质提出异议。

在国际贸易中，由于交易双方远隔两地，交易洽谈多靠函电的方式进行。买方到卖方所在地验看货物有诸多不便，即使卖方有现货在手，买方也有代理人代为验看货物，也无法逐件查验，所以采用看货成交的可能性非常有限。看货买卖的这种做法，多用于寄售、拍卖和展售等业务中，尤其适用于具有独特性质的商品，如珠宝、首饰、字画及特定工艺制品(牙雕、玉雕、微雕等)。

2. 凭样品买卖

所谓样品(Sample)，是指从一批商品中抽取出来的或由生产使用部门设计、加工出来的，足以反映和代表整批商品品质的少量实物。凡以样品表示商品品质并以样品作为交货依据的买卖，称为“凭样品买卖”(Sale by Sample)。

一般凭样品买卖的货物都是用文字不易描述其品质规格的货物，如在造型上有特殊要求或具有色、香、味等方面特征的商品。在我国出口业务中，许多商品如服装、工艺品、土特产品等，在交易时一般都采用凭样品买卖。

凭样品买卖的基本前提是样品是表示货物品质的唯一根据，卖方所交货物必须与样品一致。

按样品提供者的不同，凭样品买卖可分为凭卖方样品买卖、凭买方样品买卖和凭对等样品买卖 3 种。

(1)凭卖方样品买卖(Sale by Seller's Sample)。

卖方样品是卖方主动向买方提供的样品，经买方对样品确认后，作为卖方交货、买方收货的品质标准。通常在合同中列明："品质以卖方样品为准"(Quality as per Seller's Sample)。

采用凭卖方样品买卖时应注意以下几个问题：

①卖方所提供的样品不能侵犯第三方的工业产权或其他知识产权。

②卖方所提供的样品必须是具有代表性的样品，该样品质量不能订得过高，以免造成生产和履约的困难；但也不宜订得过低，以免在价格上吃亏。

③卖方在向买方提供样品时应保留至少一份与送交样品品质完全一样的样品，即"留样"(Keep Sample)或"复样"(Duplicated Sample)，并列明相同的编号及送交买方的具体日期，以备交货或处理品质纠纷时核对之用，或日后作联系、洽谈交易之参考。同时，留存的复样应妥善保管，以保证样品品质的稳定。

(2)凭买方样品买卖(Sale by Buyer's Sample)。

买方样品是买方主动向卖方提供的样品，经卖方对样品确认后，作为卖方交货、买方收货的品质标准。我国也称为"来样成交"或"来样制作"。通常在合同中列明："品质以买方样品为准"(Quality as per Buyer's Sample)。

采用凭买方样品买卖时应注意以下几个问题：

①买方所提供的样品不能侵犯第三方的工业产权或其他知识产权。在买卖合同中应订明：由买方样品引起的工业产权等第三者权利问题，与卖方无关，概由买方负责。

②卖方勿盲目接单，应该对买方所提供样品的生产加工能力、交货期等因素认真研究和确定，并充分考虑自身条件。

(3)凭对等样品买卖(Sale by Counter Sample)。

在国际贸易中，谨慎的卖方往往不愿意承接凭买方样品交货的交易，以免因交货品质与买方样品不符而招致买方索赔，甚至退货的危险。在此情况下，卖方可根据买方提供的样品，加工复制出一个类似的样品交买方确认，这种经确认后的样品，称为"对等样品"或"回样"，也有称之为"确认样品"(Confirming Sample)。一旦对等样品被买方确认，则日后卖方所交货物的品质必须以对等样品为准。

在采用凭样品买卖时，卖方交货的品质必须与样品完全一致，这是凭样品买卖的基本前提。但这一点几乎难以做到，故如果使用“凭样品买卖”，应在合同中注明所允许的公差或在合同中注明一些弹性条款，如“品质与样品大致相同”(Quality shall be about equal to the sample)，或“品质与样品近似”(Quality shall be similar to the sample)。另外，为了避免买卖双方发生品质争议，必要时还可使用“封样”(Sealed Sample)，即由第三方或由公证机关(如商品检验机构)抽样，对样品采用铅封方式加封，由第三方或公证机关留存一份备案。

(二)以文字说明表示商品品质

以文字说明表示商品品质，是指以文字、图表、照片等方式来说明成交商品的品质。具体包括以下几种方式：

1. 凭规格买卖(Sale by Specification)

商品的规格(Specification of Goods)，是用以反映商品品质的若干主要指标，如化学成分、含量、纯度、性能、容量、长短、大小、粗细等。

在国际贸易中，买卖双方在洽谈交易时应提供具体规格来说明商品的基本品质状况，并在合同中订明。凭规格买卖时，说明商品品质的指标因商品的不同而不同，即使是同一商品，因用途不同，对规格的要求也会有差异。如大豆用作榨油，含油量就是合同中应当列明的重要指标；而当大豆用作食品加工时，蛋白质含量就是合同中应当列明的重要指标。用规格表示商品的品质，简单易行、明确具体，可根据每批成交货物的具体品质状况灵活调整，故在国际贸易中被广泛运用。例如，中国芝麻的品质规格如下：

中国芝麻　China Sesame Seed

水分(最高)10%　Moisture (max.) 10%

杂质(最高)1.5%　Admixture(max.) 1.5%

含油量(湿态、乙醚浸出物)55%基础　Oil Content (Wet basis ethyl ether extract) 55% BASIS

2. 凭等级买卖(Sale by Grade)

商品的等级(Grade of Goods)，是指同一类商品按其规格上的差异，分为品质优劣各不相同的若干等级。例如：

中国绿茶		Chinese Tea
特珍眉特级	货号 41022	Special Chunmee Special Grade Art. No. 41022
特珍眉一级	货号 9317	Special Chunmee Grade 1 Art. No. 9317
特珍眉二级	货号 9307	Special Chunmee Grade 2 Art. No. 9307

由于不同等级的商品具有不同的规格，为了便于履行合同和避免争议，在品质条款列明等级的同时，最好一并规定每一个等级的具体规格，以促进成交，体现按质论价。

例如,中国出口的钨砂,根据其三氧化钨和锡含量的不同,可分为特级、一级和二级共3种,而每一级又规定有下列相对固定的规格:

	三氧化钨(最少)	锡(最多)	砷(最多)	硫(最多)
特级	70%	0.2%	0.2%	0.8%
一级	65%	0.2%	0.2%	0.8%
二级	65%	1.5%	0.2%	0.8%

3. 凭标准买卖(Sale by Standard)

凭标准买卖是指由权威性的机构或组织颁布的对某些商品品质规定的必须达到规格中若干主要指标的要求。这种标准一般具有法律约束力。世界各国都有自己的标准,如英国为BS,美国为ANSI,法国为NF,德国为DIN,日本为JIS等。此外,还有国际标准化组织ISO标准、国际电工委员会(IE)等制定的标准。我国有国家标准、行业标准、地方标准和企业标准等。如钢丝绳的标准有国标、英标、美标等。

在国际贸易中应尽量采用我国的标准,以便安排生产。如果在出口贸易中外商要求采用外国标准,则应落实好生产厂家。另外,对于某些品质变化较大而难于规定标准的农副产品或某些品质构成复杂的工业制成品,往往采用以下两种标准:

(1)良好平均品质(Fair Average Quality ,简称FAQ)。

该品质是指一定时间内某地方出口货物的平均品质水平,俗称"中等货"或"大路货",一般由权威的行业协会定期对收获后的农产品进行抽样后予以确定公布,或由商品检验检疫机构定期对离岸的出口商品进行抽检予以确定公布,或由买卖双方联合抽样确定,也可由买卖双方共同委托的检验人员抽样确定,送交指定的检验机构检验确定。确定后的"良好平均品质",应封存保管或封样留存。例如,"甘薯片,2006年产,大路货,最高水分14%。交货品质以合同规定的规格为依据。"

(2)上好可销品质(Good Merchantable Quality,简称GMQ)。

指卖方交货品质只需保证是上好的,适合于市场销售,而无需说明商品的具体品质。这种品质标准更为笼统,一般适用于木材或冷冻水产品等。这种笼统的标准容易引起争议,在外贸业务中很少使用。

4. 凭说明书和图样买卖(Sale by Description and Illustration)

在国际贸易中,对一些技术密集型产品,如机器、大型设备、仪器、仪表等,因其结构复杂,制作工艺不同,对材料和设计的要求非常严格,很难用几个简单的指标来表明其品质状况。因此,对这类商品的品质条款,除了要规定其名称、商标品牌、型号等外,还必须以说明书来介绍该产品的构造、原材料、产品形状、使用方法等,以图样、照片、设计、图纸、分析表及各种数据来说明其具体性能和结构特点。

凭说明书和图样买卖,要求货物必须符合说明书所规定的各项指标。合同中应该规定:"品质和技术数据必须与卖方所提供的产品说明书严格相符"(Quality and technical data to be strictly in conformity with thc illustration submitted by the seller)。除此之外，一般还需要订立卖方品质保证条款和技术服务条款，如规定“卖方须在一定期限内保证其商品的质量符合说明书所规定的指标，如在保证期内发现品质低于规定，或部件的工艺质量不良，或因材料内部隐患而产生缺陷，买方有权提出索赔，卖方有义务消除缺陷或更换有缺陷的商品或材料，并承担由此引起的各项费用。”

5. 凭品牌或商标买卖(Sale by Trade Mark or Brand)

品牌(Brand)，是指工商企业给其制造或销售的商品所冠定的名称，以便与其他企业的同类产品区别开来。一个品牌可用于一种产品，也可用于一个企业的所有产品。商标(Trade Mark)，是指生产者或销售商用来识别其所生产或销售商品的标志，它可由一个或几个具有特色的单词、字母、数字、图形或图片等组成。商标经注册成为注册商标，注册商标是一种工业产权，受法律保护。

当前，国际市场上行销的许多商品，尤其是日用消费品、加工食品、耐用消费品等均标有一定的商标或品牌。一些在国际上久负盛名的名牌产品，都因其品质优良、稳定，具有一定的特色并能显示消费者的社会地位，故其售价远远高出其他同类产品。而一些名牌产品的制造商为了维护其商标的信誉，对其产品都进行严格的品质控制，以保证其产品品质达到一定的标准。因此，商标或品牌本身就是一种品质象征。人们在交易中就可以只凭商标或品牌进行买卖，而无需对品质提出详细要求。但是，如果一种品牌的商品同时有许多不同型号或规格，为了明确起见，就必须在规定品牌的同时，明确规定型号或规格。如果在交易中外方要求我方在产品上打上某商标或牌号，我方应在合同中要求注明：“商标牌号由外方提供，如有侵权，应由外方负责。”

6. 凭产地名称买卖(Sale by Name of Origin)

在国际贸易中，有些产品，因产区的自然条件、传统加工工艺等因素的影响，在品质方面具有其他产区的产品所不具有的独特风格和特色，在国际上享有盛誉。对于这类产品，一般可用产地名称来表示其独特的品质，如四川榨菜、镇江香醋等。

三、品质条款

品质条款(Quality Clause)，是合同的重要条款之一。它既是构成商品说明的重要组成部分，又是买卖双方交接货物时对货物品质进行检验的依据。

(一)品质条款的基本内容

品质条款的基本内容是货物品名、规格、等级、标准、商标、品牌等的具体规定。在凭样品买卖时，一般应列明样品的编号或寄送日期，有时还在合同中加列交货品质与样品相符或大致相符的说明；在凭标准买卖时，一般应列明引用的标准和标准版本的年份。

【例 7-1】 中国芝麻：水分(最高)8%，杂质(最高)2%，含油量(湿态、乙醚浸出物)52%基础，如实际装运货物的含油量高或低 1%，价格相应增减 1%，不足整数部分，按比例计算。[China Sesame Seed ：Moisture (max) 8%, Admixture(max)

2%, Oil Content (Wet basis ethyl ether extract) 52% basis, Should the oil content of the goods actually shipped be 1% higher or lower, the price will be accordingly increased or decreased by 1%, and any fraction will be proportionally calculated.]

(二)规定品质条款的方法

在国际贸易中,卖方实际交货的品质与合同规定的品质相符是卖方的主要义务之一。但在实际业务中,由于生产特性、生产加工条件、运输条件及气候等因素的影响,有时很难达到合同所规定的货物品质。如规定出口大豆水分含量为13%,卖方就很难达到整批货物的水分含量正好都是13%。这时买卖双方就需要对货物品质作出一些规定,常见的规定办法有以下两种:

1. 品质机动幅度

(1)规定范围。规定某项品质指标允许有差异的范围。例如,花色布幅宽45/46″,即布的幅宽在45～46英寸(1m=39.37in)之间均为合格。

(2)规定极限。对所交货物的品质规格,规定上下极限。如最大、最高、最多、最小、最低、最少。例如,大米的碎粒最高为25%,含水率最高为20%,杂质含量最高为1%。

(3)规定上下差异。即在规定某一具体质量指标时,允许浮动一定的百分比。例如,灰鸭毛含绒量18%,允许上下增减1%。

2. 品质公差(Quality Tolerance)

品质公差是指国际上公认的产品品质的误差,即允许交付货物的特定质量指标有公认的差异。产品在品质公差之内,将被认为是符合品质条款要求的。在商品生产中,出现一定的质量误差有时是难免的,如手表每天出现误差几秒,应算行走正常。这种公认的误差,即使合同没有规定,只要卖方交货品质在公差范围内,也不能视作违约。为了明确起见,应在合同品质条款中订明一定幅度的公差,如尺码允许有"±5%～8%的合理公差"。品质公差主要用于对精度要求较高的工业制成品的交易中。

(三)签订品质条款时应注意的事项

(1)正确采用表示商品品质的方法。

品质条款的内容,必然涉及表示品质的方法。究竟采用何种方法表示品质,应视商品的特性而定。一般来讲,凡能用科学的指标说明其质量的商品,则适于凭规格、等级或标准买卖;有些难以规格化和标准化的商品,如工艺品等,则适于凭样品买卖;某些质量好,并具有一定特色的名优产品,适于凭商标或品牌买卖;某些结构、性能复杂的机器、电器和仪表等商品,适于凭说明书和图样或产品目录买卖;具有地方风味和特色的商品,则可凭产地名称买卖。这些表示品质的方法,不能随意滥用,而应当合理选择。

此外,在出口业务中,凡能够用一种方法表示品质的,一般不宜采用两种或两种以上方法表示,以免受制过多而给交货带来困难。

(2)规定品质条款时,用词需简单、具体、明确,既能分清责任,又能方便检验。

应避免使用“大约”、“左右”、“合理误差”等含糊笼统的字眼,也不能使用绝对化的词句。在凭样品买卖时,应列明样品的编号和寄送日期,并规定交货品质与样品相同的条款。

(3)实事求是地确定品质条件。

在确定品质条件时必须从实际出发,要符合买卖双方的具体要求和能力,既不能过高,也不宜过低,以免影响合同的顺利履行。在确定出口商品品质条件时,既要考虑国外市场的实际需要,又要考虑国内生产部门供货的可能性。凡外商对品质要求过高,而我们又实际做不到的条件,不应接受。在确定进口商品的品质条件时,应从我国实际需要出发。质量过高,影响价格,也未必符合需要 ;质量偏低,或漏订一些主要质量指标,将影响使用,招致不应有的损失。

(4)注意品质条款的灵活性。

因交货品质与合同稍有不符便构成违约,所以在制成品交易中为避免此种现象的发生,一般应在合同中加订品质公差条款,而在初级产品,特别是农副产品的交易中,则在合同中加订品质机动幅度,必要时要订立品质增减价条款。

第三节　商品的数量

C 案例启迪

我某出口公司在某次交易会上与外商当面谈妥出口大米10000公吨,每公吨USD275 FOB中国口岸。但我方公司在签约时,合同上只笼统地写了10000吨(Ton),我方当事人主观认为合同上的吨就是指公吨(Metric Ton)。后来,外商来证要求按长吨(Long Ton)供货。如果我方照证办理则要多交大米160.5公吨,折合美元为44137.5美元。于是双方发生争议。

数量的多少不仅关系到买卖双方交易规模的大小,同时也关系到预期收益的多少。因此,买卖双方必须以约定的货物数量作为履行合同的依据。根据一些国家法律规定,卖方所交商品的数量必须与合同规定数量相符,无论多于或少于合同规定,买方都有权取消合同并请求损害赔偿。《销售公约》规定:按约定的数量交付货物是卖方的一项基本义务。如果卖方交付商品的数量大于合同规定的数量,买方可以收取,也可以拒绝收取多交部分的货物。如果买方收取多交部分货物的全部或部分,他必须按合同的价格付款。如果卖方交货数量少于约定的数量，卖方应在规定的交货期届满前补交，但不得使买方遭受不合理的不便或承担不合理的开支，即使如此，买方也有保留要求损害赔偿的权利。此外，按照某些国家法律或惯例的规定，如果卖方交货数量与合同规定不符，买方甚至有权拒收货物。因此，卖方在实际业务中要适当掌握成交数量，并认真订好数量条款。

一、常用的度量衡制度和计量单位

(一)度量衡制度

数量要靠计量单位进行表述，而计量单位总与特定的度量衡制度相联系。由于世界各国所采用的度量衡制度不尽相同，所以同一计量单位所表示的数量也就有差异，如公制规定的每公吨为 1000kg，英制规定每长吨为 1016kg，美制规定每短吨为 907kg。目前，国际贸易中常用的度量衡制度有公制、英制、美制和国际单位制 4 种。

(1)公制(The Metric System)，也称米制，基本单位为千克、米。它以十进位制为基础。“度量”和“衡”之间有内在的联系，相互之间的换算比较方便。因此，为欧盟及世界大多数国家所采用。

(2)英制(The British System)，基本单位为磅和码。它曾在世界上有较大的影响，但由于它不是采用十进制，换算很不方便，“度量”和“衡”之间缺乏内在联系。因此，使用范围逐渐减小，主要为英联邦国家采用。

(3)美制(The U. S. System)以英制为基础，多数计量单位的名称与英制相同，但含义有差别，主要体现在重量单位和容量单位中，如英制为长吨，等于 2200 磅，而美制为短吨，等于 2000 磅。它主要在北美洲国家和地区使用。

(4)国际单位制(The International System of Unit，简称 SI)是在公制的基础上发展起来的，于 1960 年国际标准计量组织大会通过，已为越来越多的国家所采用。它有利于计量单位的统一，标志着计量制度的日趋国际化和标准化，从而对国际贸易的进一步发展起到推动作用。

国际单位制共包括 7 个基本单位、2 个辅助单位，分别为表示长度的“米(m)”、表示质量的“千克(kg)”、表示时间的“秒(s)”、表示电流强度的“安培(A)”、表示热力学温度的“开尔文(K)”、表示物质的量的“摩尔(mol)”、表示发光强度的“坎德拉(cd)”、表示平面角的“弧度(rad)”和表示立体角的“球面度(sr)”。通过这 9 个单位即可导出不同科技领域的全部计量单位。

我国采用的是以国际单位制为基础的法定计量单位。《中华人民共和国计量法》第 3 条明确规定：“国家采用国际单位制。国际单位制计量单位和国家选定的其他计量单位为国家法定计量单位”。在我国进出口业务中，对进口的仪器和机械设备一律要求采用法定计量单位，如有特殊需要，须经有关标准计量管理机构批准，才能使用非法定计量单位。对出口商品，除照顾对方国家的贸易习惯而约定采用公制、英制或美制计量单位外，都应使用法定计量单位。我国的法定计量单位以国际单位制为基础，除国际单位制的 9 个基本单位外，又增加了几个非国际单位制的计量单位，如表示质量的“吨(t)”，表示航行速度的“节(Knot)”及表示时间的“分”、“时”、“天”等。

(二)计量单位

表示商品数量的计量单位是由商品的性质所决定的。目前，国际贸易中常用的计量单位可概括为以下几种：

1. 重量单位(Weight)

(1)常用计量单位。

公制——公斤(Kilogram，kg)、吨(Ton，t)、克(Gram，g)等；

英制和美制——长吨(Long Ton，l/t，即英吨)、短吨(Short Ton，s/t，即美吨)、磅(Pound，lb)、盎司(Ounce，oz)、打兰(Dram，dr)、格令(Grain，gr)等。

(2)计量单位之间的换算关系。

1 吨＝0.9842 长吨＝1.1023 短吨

1 公斤＝2.2046 磅＝35.2736 盎司

1 磅＝16 盎司＝256 打兰

1 打兰＝27.34375 格令

(3)适用商品。

一般天然产品及部分工业制成品，如矿产品、钢铁、盐、羊毛、谷物、棉花及油类等。

对黄金、白银等贵重商品，通常采用“克”或“盎司”来计量，钻石之类特别珍贵的商品通常用“克拉”(Carat)作为计量单位。

2. 长度单位(Length)

(1)常用计量单位。

公制——公里(Kilometre，km)、米(Metre，m)等；

英制和美制——英里(Mile)、海里(Nautical mile)、英尺(Foot，ft)、英寸(Inch，in)、码(Yard，yd)等。

(2)计量单位之间的换算关系。

1 公里＝0.6214 英里＝0.53964 海里

1 米＝1.094 码＝3.2808 英尺＝39.37 英寸

(3)适用商品。

金属绳索、电线电缆、绸缎、布匹等。

3. 容积单位(Capacity)

(1)常用计量单位。

公制——升(Litre，L)、立方米(Cubic Meter，m^3)等；

英制和美制——加仑(Imperial Gallon，英制；U. S. Gallon，美制；Gal)、立方码

(Cubic Yard)、立方英尺(Cubic Foot)、立方英寸(Cubic Inch)、蒲式耳(Bushel，bu)等。

(2)计量单位之间的换算关系。

1 升＝0.22 英制加仑＝0.264 美制加仑

1 英制蒲式耳＝1.032057 美制蒲式耳

(3)适用商品。

部分谷物、流体和气体物品，如小麦、玉米、煤油、汽油、天然气、双氧水等。

4. 面积单位(Area)

(1)常用计量单位。

公制——平方公里(Square Kilometre，km^2)、平方米(Square Metre，m^2)等；

英制和美制——平方英里(Square Mile)、英亩(Acre)、平方码(Square Yard，yd^2)、平方英尺(Square Foot，ft^2)、平方英寸(Square Inch，in^2)等。

(2)计量单位之间的换算关系。

1 平方公里＝0.3861 平方英里＝247.105 英亩

1 平方米＝1.1959 平方码＝10.7639 平方英尺＝1550 平方英寸

(3)适用商品。

皮制商品、塑料制品和部分装潢材料，如皮革、木板、玻璃、地砖、地毯等。

5. 体积单位(Volume)

(1)常用计量单位。

公制——立方米(Cubic Metre，m^3)、立方厘米(Cubic Centimetre，cm^3)等；

英制和美制——立方码(Cubic Yard，yd^3)、立方英尺(Cubic Foot，ft^3)、立方英寸(Cubic Inch，in^3)等。

(2)计量单位之间的换算关系。

1 立方米＝1.308 立方码＝35.3147 立方英尺＝61023 立方英寸

(3)适用商品。

木材、砂石、化学气体等。

6. 数量单位(Number)

(1)常用计量单位。

件(Piece，pc)、套(Set)、双(Pair)、打(Dozen，doz)、袋(Bag)、包(Bale)、罗(Gross，gr)、卷(Roll)、辆(Unit)、箱(Case)、令(Ream，rm)等。

(2)计量单位之间的换算关系。

1 罗＝12 打

1 打＝12 件

1 令＝516 张(用来表示印刷纸的张数)

(3)适用商品。

一般日用消费品、工业制成品和杂货类商品，如成衣、车辆、玩具、文具、活牲畜等。

二、计算重量的方法

国际贸易中，许多商品都是按重量计量的。但是，由于商品的性质、商业习惯及计量目的的不同，计算重量的方法也有很多种，可将其概括如下：

1. 毛重(Gross Weight，简称 GW)

毛重指商品本身的重量与内、外包装重量之和。

在国际贸易中，有些单位价值较低的商品，如粮食、饲料等农副产品，其包装价值同商品价值相差不大，有时也以毛重作为计算商品总价的基础，称为“以毛作净”(Gross for Net)。一般在合同中这样规定：“中国东北大豆 1000 公吨，单层新麻袋包装，每袋 100 公斤，以毛作净。”

2. 净重(Net Weight，简称 NW)

净重是指货物本身的实际重量，即除去包装物后商品的重量。因此，要计算货物的净重，则需从毛重中减去皮重，即：净重＝毛重－皮重。

皮重(Tare)，即商品包装的重量。在实际业务中，计算皮重的方法通常有以下 4 种：

(1)实际皮重法(Real Tare)。

通过实际称量得出总皮重，即实际皮重。这种方法计算皮重最精确，但也最麻烦，费用耗费最多，因为它需要取出该批货物的所有包装材料然后进行称量。所以只有对单位价值较高的商品才采用这种方法求得皮重。

(2)平均皮重法(Average Tare)。

在包装材料和包装规格比较整齐划一的情况下，可以只称量其中一件商品的包装重量，将其作为这批商品的平均皮重，然后乘以商品的总件数，便可得出这批商品的总皮重。另外，也可以抽取若干件商品的包装进行称量，取其平均值作为平均皮重。

(3)习惯皮重法(Customary Tare)。

规范化的包装物重量，其皮重已为市场所公认，对于这样的包装，可以直接将大家公认的重量作为皮重，而无需进行称量。如装运粮食的机制麻袋，国际上公认的重量为每只 2.5 磅，这即是习惯皮重。

(4)约定皮重(Computed Tare)。

买卖双方在合同中约定每件商品包装的重量，并以此作为计算总皮重的基础。

在国际贸易中，按重量成交的商品，绝大多数都是按净重计价的。《销售公约》规定，如果在合同中没有规定商品重量是毛重还是净重，则以净重计量商品的重量。

3. 公量(Conditioned Weight)

公量是指用科学方法抽出商品中的实际水分,然后再加上标准的含水量所求得的商品重量,即公平合理的量。在棉花、羊毛、生丝等商品的进出口中,因其有较强的吸湿性,海运中其重量受水分影响很不稳定,为了准确计算这类商品的重量,国际上通常采用按公量办法来计算重量,即以商品的干净重加上国际公定回潮率下所允许的含水量之和,其计算公式如下:

$$\text{公量} = \frac{\text{实际重量} \times (1 + \text{标准回潮率})}{1 + \text{实际回潮率}} \tag{7-1}$$

$$\text{标准回潮率} = (\text{公定含水量} \div \text{商品干净重}) \times 100\% \tag{7-2}$$

$$\text{实际回潮率} = (\text{实际含水量} \div \text{商品干净重}) \times 100\% \tag{7-3}$$

公式中的标准回潮率也称公定回潮率。

4. 理论重量(Theoretical Weight)

对于一些按固定规格和尺寸买卖的商品,只要其每件重量大致相等,就可以通过单位重量与总件数来推算出总重量,由此而得出的重量称为理论重量。如钢板、铝锭、马口铁等商品的重量往往以此种方法求得。

5. 法定重量(Legal Weight)

法定重量是指商品本身的重量与直接接触商品的包装物料的重量之和,即商品的净重加上销售包装的重量。在进出口业务中,外商有时要求在有关单据或信用证上分别列明 Gross Weight、Net Weight 和 Net Net Weight,这里的 Net Weight 就是指法定重量,有些国家的海关以此为依据对进口商品计收从量关税。而 Net Net Weight 才是通常意义上的净重,即商品本身的重量。

三、数量条款

(一)数量条款的内容

买卖合同中的数量条款是由数量和计量单位两部分内容组成的。

大多数情况下,交易双方在磋商交易和签订合同时,都在数量条款中明确、具体地规定了不容增减的数量,如“4000 吨”、“1000 码”等,这时卖方要承担按合同规定的确切数量向买方交货的义务。

(二)数量机动幅度条款

在国际贸易中,有些散装商品,因其本身的特征及生产、船舶舱位等原因,难以准确地按合同规定的数量交货。因此,对于这类商品需在数量条款中规定一定的数量机动幅度,以便合同的顺利履行。

数量机动幅度是在合同中规定的,卖方所交货物的实际数量可以多于或少于合同中规定数量的幅度。数量机动幅度一般有以下两种规定方式:

1. 溢短装条款(More or Less Clause)

即合同明文规定卖方交货时允许多交或少交合同数量的百分之几。例如，Quantity：100 metric tons with 2% more or less at Sellers option，such excess or deficiency to be settled at contracted price.（数量：100 吨，2%上下，由卖方决定，多交或少交部分按合同价格计算。）

一个完整的溢短装条款由以下 3 部分内容组成：

(1)机动幅度。即允许多交或少交的百分比，如上例中的"2% more or less"。

(2)选择权。即约定何方有权决定多交或少交，如上例中规定的"at Sellers option"。

(3)超过或不足部分的计价方法。如上例中规定的"to be settled at contracted price"。

2."约"量

即在合同交货数量前加"约"、"大约"、"近似"、"左右"等字样，表明货物数量为"约"量。例如，Quantity：1000 yards about.（数量：大约 1000 码。）

需要注意，不同的国家、不同的行业对"约"字的解释存在差异，有的解释为 2%，有的解释为 5%等，而在合同法中没有统一的解释，所以应尽量避免采用这种方式，即使采用，买卖双方也需就这种约量的含义达成书面协议。

(三)规定数量条款时应注意的问题

(1)正确掌握进出口商品的数量。

在出口业务中，出口商品的数量应适度，既要避免出口商品数量偏少所造成的我国商品市场占有率偏低的问题，也要避免出口数量过大引起的商品价格下跌给我国带来损失，还要使出口商品的数量与国外客户的经营能力与经营作风相适应，最终达到使我国出口商品在国外市场上保持经常的、稳定的销售目的。

在进口业务中，要根据我国市场上的实际需求与外汇支付能力确定进口商品的数量，另外也应考虑进口商品国际市场行情的变化趋势，以防进口数量巨大的商品价格下降给我国造成无形的价格损失。

(2)对进出口商品数量的规定要明确、具体。

在商品的数量条款中要对商品的数量、计量单位作出明确规定，在按重量成交的交易中还要说明计算重量的具体方法，尽量避免用"大约"、"左右"等含糊的词汇说明商品的数量，以免在合同执行过程中买卖双方对此产生争议。

(3)注意合理规定数量机动幅度。

数量机动幅度的大小视商品特性、行业或贸易习惯和运输方式等因素而定。数量机动幅度的规定要科学，过高或过低都会影响买卖双方对合同的履行。注意数量机动幅度的大小要适当，数量机动幅度选择权的规定要合理，溢短装数量的计价方法要公平。

第四节　商品的包装

C 案例启迪

上海某食品进出口公司出售花生酱罐头给日本三一株式会社，合同规定“per case 350USD CIF 门司，规格为每箱 48×500g，总数量为 1200 箱”。卖方发货时，装运了 1200 箱，每箱 24 罐，每罐 1000g，即每箱 24×1000g，花生酱总量不变。货到日本港口后，日本三一株式会社拒绝收货，并主张撤销合同。最后以上海某食品进出口公司给予日方一定赔偿而结案。

在国际贸易中，除少数的散装或裸装商品，大多数货物都需要有一定的包装。包装不仅能保护商品的品质，而且还能起到美化商品宣传商品的作用。包装在国际贸易中的作用就更为显著，它与产品的销路密切相关，直接关系到企业的经济效益。

一、商品包装的意义和种类

(一)商品包装的意义

商品包装是实现商品生产、流通、销售乃至消费良性循环的重要因素。在现代化的商品生产中，商品对包装的依附性越来越明显，而且包装本身的商品性也在不断增强，成为部门间买卖的对象。与此相应，包装生产部门也已成为重要的工业部门之一。然而尽管如此，包装仍然是商品的附属品，虽然有时优质产品的销量与售价也可能会因包装较差而受到影响。我们可从以下几个方面来分析商品包装的意义：

(1)从商品生产的角度来看。绝大多数商品只有进行了适当的包装，生产过程才算完成。而且在生产过程中，合理的包装设计和先进的包装机械有助于生产企业实现生产的机械化和自动化，提高生产效率，减少损耗，节省各项费用，从而使企业获得良好的经济效益。

(2)从物资流通的角度看。由于商品的实物流动包括了运输、装卸、储存、信息管理等多个环节，具有动态特征，易使商品受到损害，而包装恰恰能起到保护商品、减少损失的作用，因此在商品物流中具有重要意义。此外，合理的商品包装在物流中还能提高运输、装卸、储存和管理的效率，起到减少各种管理费用支出的作用。

(3)从商品销售的角度看。良好的商品包装可以增强商品的竞争力，起到促销作用，还可以提高销售工作的效率，减少损失，给企业带来一定的经济效益。

(4)从商品消费的角度看。随着商品对包装依附性的加大，商品包装给消费者带来了越来越大的利益，如保证卫生、提供方便、减少浪费、节约时间等，从而使消费者得到心理上的满足。

商品包装在以上诸方面的作用也体现在进出口商品的流转过程中。搞好出口商品的包装工作，对我国产品占领国际市场、增强产品自身的竞争力、提高售价都具有十分重要的现实意义。

(二)包装的种类

对进出口商品的包装方式可以进行如下的分类：

(1)散装(in Bulk)。

散装指直接将货物置于船体、车体或船体的一定部位内，不加任何其他包装。

适用于大宗的不易碰损的商品，这些商品一般不容易包装或不值得包装，如煤炭、矿砂、油类等。散装要求有特定的运输工具、特定的港口装卸设备和特定的仓储条件，在具备这一切条件的情况下，散装运输可以加快装卸速度，节省运费和包装费用，从而降低交易成本。

(2)裸装(Nude Packed)。

裸装指将商品用铁丝、绳索等加以捆扎或以其自身捆扎成捆、堆或束，不加任何额外的包装物料。

适用于品质比较稳定、可以自成件数、能抵抗外界影响、难于包装或不需要包装的商品，如钢材、橡胶等。

(3)包装(Packed)。

包装指针对货物的特性选择适当的物料、采用特定的方法对商品进行覆盖、包裹、捆绑等处理，以达到在流转过程中保护商品、在销售过程中宣传商品等目的。这是国际贸易中最常见的做法。

二、运输包装

运输包装是为方便运输而进行的包装，也被称为大包装或外包装，一般由许多小包装集合而成，不与商品直接接触，如香烟、食用油、化妆品等。运输包装在运输、装卸、储存过程中，首先可以起到保护商品的作用，其次还可以发挥方便运输、装卸和储存，提高物流效率，以及传达信息、方便管理等作用。

(一)对运输包装的要求

出口商品的运输包装，应体现下列要求：

(1)必须适应商品的特性。如水泥的包装应具有防潮功能，玻璃制品、陶瓷、灯具的包装应具有防振功能，液体货物的包装应具有防漏功能。

(2)必须适应各种不同运输方式的要求。如海运货物的包装应牢固、防挤压、防碰撞，空运货物的包装应轻便。

(3)必须考虑有关国家的法律规定和客户的要求。如美国、日本等国禁止用稻草、木屑等材料作包装衬垫材料，以免带进病虫害。

(4)要便于各环节有关人员进行操作。运输包装在流通过程中需要经过装卸、搬运、储存、保管、清点和查验，为了便于这些环节的有关人员进行操作，包装的设计要合理，包装规格和每件包装的重量与体积要适当。

(5)要在保证包装牢固的前提下节省费用。

(二)运输包装的种类

运输包装可以分为单件运输包装和集合运输包装两大类。

1. 单件运输包装

单件运输包装是指货物在运输过程中作为一个计量单位的包装。单件包装从不同的角度分类，可以分为以下几种：

(1)按包装造型分，有箱(Case)、桶(Drums/Casks)、袋(Bags)、包(Bales)、捆(Bundles)。

(2)按包装用材分，有纸箱(Cartons)、木箱(Wooden Case)、铁桶(Iron Drums)、木桶(Wooden Casks)、塑料桶(Plastic Casks)、纸袋(Paper Bags)、麻袋(Gunny Bags)、塑料袋(Plastic Bags)。

在现代运输包装容器中，最常见的主要有瓦楞纸箱和木箱。瓦楞纸箱的应用范围非常广泛，出现在包括蔬菜水果、加工食品、针棉织品、化妆品、医药用品及自行车、家用电器在内的许多商品的运输中。瓦楞纸箱富有弹性，具有良好的防振缓冲性能，且密封性好，能防尘，有助于保持产品的清洁卫生。此外，它自身重量轻，空箱能折叠，便于储存，也可节约运费；纸箱用后还可以回收利用，节省资源。

2. 集合运输包装

集合运输包装又称成组化运输包装，是指将一定数量的单件包装组合成一个大的包装或装入一个大的包装容器内。主要包括集装箱、集装袋和托盘。

(1)集装箱(Container)。

集装箱是一种运输货物的容器，既是货物的运输包装，又是货物的运输工具，一般由轮船公司提供周转。在众多集装箱规格中，目前国际上最通用的集装箱规格(高×宽×长)为8ft×8ft×20ft和8ft×8ft×40ft。20ft集装箱(也称20ft货柜)的载货重量，最大毛重为20t，最大容积为31m^3，一般可装17.5t或25m^{3}的货物。40ft集装箱的载货重量最大毛重为30t，最大容积为67m^3，一般可装25t或55m^{3}的货物。一般计算集装箱的流通量时，都以20ft集装箱作为计算衡量单位，通常用“TEU”(Twenty Foot Equivalent Unit)表示，其意思是“相等于20ft的集装箱。”一个40ft的集装箱相当于2个TEU。

集装箱的种类很多，按其使用目的分为：

①干质集装箱(Dry Container)　适于装载一般杂货的标准集装箱；

②冷冻集装箱(Frozen Container)　箱内冷冻设备温度可以调节;

③框架集装箱(Frame Container)　这种集装箱没有箱顶和两侧,可从集装箱侧面装载超重货物;

④开顶集装箱(Open Top Container)　这种集装箱没有箱顶,可用起吊机械从箱子上面装卸货物;

⑤牲畜集装箱(Cattle Container)　这种集装箱两侧有金属网,便于喂养牲畜和通风;

⑥罐式集装箱(Tank Container)等。

(2)集装袋(Flexible Container)。

集装袋是一种由合成纤维或复合材料编织而成的圆形大袋或方形大包。其容量因使用的材料和生产工艺不同而有区别,一般为1～4t,最多可达13t,适于装载粉粒状货物,如化肥、矿砂、面粉、食糖、水银等散装货物。

(3)托盘(Plate)。

托盘是按一定规格制成的单层或双层平板载货工具,在平板上集装一定数量的单件货物,并按要求捆扎加固,组成一个运输单位。托盘通常以木制为主,也有用塑料、玻璃纤维或金属制成。托盘上也可以另加上层装置。常见的托盘有平板托盘(Flat Plate)、箱形托盘(Box Plate)、柱形托盘(Post Plate)等。

使用集合运输包装,可以加速装卸和更好地保护货物。现在,有些国家为了提高装卸速度和港口码头使用效率,常常在信用证上规定进口货物必须用集合运输包装,有的港口甚至规定进口货物如果不使用集合运输包装,不许卸货。

(三)运输包装标志

在进出口货物的交接、运输及商检等流转过程中,为了便于识别货物、核对单证,需要在商品的运输包装上刷制一定的标志。运输包装标志按其作用的不同,可以分为以下3种:

1. 运输标志(Shipping Mark)

运输标志也称为唛头,指书写、压印或刷制在外包装上的由几何图形、文字和数字组成的符号。运输标志的主要作用是便于识别货物,方便运输,易于点数、查箱,使单货相符,防止错发错运;同时也可使单证制作简单化,节约复核单证的时间。

运输标志的组成不宜过于复杂,应当简明清晰,易于辨认、制作。标志的颜料要耐久,不易脱落。

按照国际标准化组织(ISO)的建议和推荐,标准运输标志由以下4项内容构成:

(1)收货人(买方)的名称字首或缩写。

(2)参考号码(必须是交易中最重要的号码,如运单号、订单号或发票号)。

(3)运输目的地。

(4)件数号码(要标明货物的总件数和每一件货物的顺序号)。

【例 7-2】 ABC Co. ——收货人的名称

94LAO602 ——合同号码

NEW YORK ——目的港

CTN/NOS. 1—1500 ——件数号码

运输标志中的件数号码主要说明整批货与本件货物的关系。假如该批货只有一种规格时，货物的件号可以是一个，如 C/NOS. 1—100。但如果一批货物有 100 箱，每一箱的包装细数和品种规格均不相同时，则可采用顺序件号的方法，即在货物包装上用 C/NOS. 1—100、C/NOS. 2—100……来表示，以便理货清查短损。C/NOS. 3—100 中的 C 表示纸箱(Carton)；3—100 中的 100 表示该批货物共计 100 件，3 则表示本件是 100 件中的第三件。在业务往来的函电中，有时会见到这样的写法“C/NO. 1—UP”，这表明包装件数待定，装运时按实际情况确定。

2. 指示标志(Indicative Mark)

指示标志又称安全标志、保护性标志。根据商品的性能特性，在包装外部用简单醒目的图形或文字对一些容易破碎、残损、变质的商品作出指示标志，以引起有关人员在装卸、搬运、存放和保管过程中的注意。见图 7-1。

图 7-1 指示性标志

3. 警告标志(Warning Mark)

警告标志又称危险品标志，是指在一些易燃品、爆炸品、有毒品、腐蚀性物品、放射性物品等危险性货物的运输包装上，用醒目的图形、文字和特定的图案刷制的标志，以示警告，保护物资和人身安全而加在外包装上的危险货物标志。见图 7-2。

（符号：黑色，底色：橙红色）（符号：黑色或白色，底色：绿色）（符号：黑色或白色，底色：正红色）

（符号：黑色，底色：白色、红色）（符号：黑色，底色：柠檬黄色）（符号：黑色，底色：白色）

（符号：黑色，底色：白色，附一条红竖条）（符号：上黑下白，底色：上白下黑）（符号：黑色，底色：白色）

图 7-2 警告性标志

三、销售包装

销售包装又称小包装或内包装，是直接接触商品并随着商品进入零售市场与消费者直接见面的一种包装。

（一）销售包装的作用和要求

销售包装除了用于保护商品外，还具有便于消费者识别、选购、携带和使用的功能，同时还起到美化宣传商品、吸引消费者和无声推销的作用。在欧美一些市场，商品包装是消费者判断是否购买此商品的重要因素。因此，对包装的用料、装潢设计、造型结构和文字说明上都有较高的要求。

(1)包装应与商品的价值或质量相适应。

“一等产品、三等包装”和“三等产品，一等包装”，都不利于企业销售。

(2)包装应便于识别。

这要求采用某些透明材料制作包装或在销售包装上辅以醒目的图案及文字标识，使消费者一目了然，便于识别商品。

(3)包装应方便消费者购买、携带和使用。

这要求包装有不同的规格和分量,适应不同消费者的需要。包装既要保证密封性,又要便于开启、使用和携带。

(4)包装上的文字说明应实事求是。

如产品成份、性能、使用方法、数量、有效期限等要符合实际,以增加顾客对商品的信任。

(5)包装装潢应给人以美感。

设计时要考虑消费者的审美习惯,使消费者能从包装中获得美的享受,并产生购买欲望。

(6)包装装潢应尊重进口国家的规定和风俗习惯。

出口商品的销售包装应注意进口国家的规定、风俗习惯,包装装潢上的文字、图案、色彩等不能与进口国家的风俗习惯、宗教信仰发生抵触。例如,加拿大政府规定,销往加拿大法语区的商品必须同时使用英、法两种文字;信奉伊斯兰教国家的人禁止用猪和类似猪的动物作为销售包装上的图案;法国人讨厌墨绿色等。

(二)销售包装的种类

目前,国际市场上流行的销售包装按形式和作用可分为:

1.陈列展销类

(1)堆叠式包装。是指商品包装的顶部和底部都设有吻合部分,使商品在上下堆叠时可以互相吻合。这种包装堆叠稳固性强,适于超级市场堆叠摆放,如罐头。

(2)挂式包装。是指用挂钩、挂孔、吊带、网袋等悬挂商品,可以充分利用货架的空间、增加展卖面积。常见的有起泡包装、袋形包装等。

2.识别商品类

(1)透明包装和开窗包装。是指商品包装全部或部分为透明材料或开窗纸盒包装,这种包装可使购买者直观商品的形态和质量。

(2)习惯包装。是指采用商品习惯包装造型,使购买者见到包装即可识别商品。

3.使用类

(1)携带式包装。包装上有提手装置设计或附有携带包装,方便顾客携带。

(2)易开包装。指带有手拉盖等设计的易开罐、易开瓶和易开盒等。

(3)喷雾包装。流体商品的销售包装本身带有自动喷出流体的装置,它如同喷雾器一样,使用相当便利。多用于日用消费品和医药喷洒。

(4)配套包装。对某些需要搭配成交的商品,往往采用配套包装,即将不同品种、不同规格的商品配套装入同一包装。

(5)礼品包装。要求外观精美、大方、名贵,专为送礼的包装。

(三)销售包装的标志和说明

在销售包装上,一般都附有装潢画面、文字说明及条形码标志等。

1. 装潢画面

销售包装上的装潢画面要美观大方、富有艺术吸引力，并突出商品特点，其图案与色彩应适应有关国家的民族习惯和爱好。例如，日本人喜欢鸭子而忌讳荷花；意大利人喜欢绿色；埃及人禁忌蓝色等。

2. 文字说明

销售包装上的文字说明包括商标、品牌、品名、产地、数量、规格、成份、用途和使用方法等，它与装潢画面应紧密结合，互相衬托、彼此补充，以达到宣传和促销的目的。使用的文字需简明扼要，让顾客能够看懂，必要时可以中外文字同时并用。

3. 条形码

条形码又称条码，是由一组粗细间隔不等的平行条纹及其相应的数字所组成，利用光电扫描阅读设备为计算机输入数据的一种特殊的代码语言。见图 7-3。

图 7-3　条形码示例

这种特殊的代码语言所包含的产品信息，通过光电扫描阅读设备输入到相应的计算机网络系统，即可判断出该商品的生产国别或地区、生产厂家、生产日期、品种规格和售价等一系列有关信息。使用条形码有效地提高了结算的效率和准确性，也方便了顾客，同时还可以使贸易中的双方及时了解产品的相关资料，提高国际市场的物流配送效率。

目前，国际上通用的条形码有两种：一种是由美国统一编码委员会(UCC)编制的 UPC 码(Universal Product Code)，另一种是由欧洲 12 国组成的欧洲物品编码协会后更名为国际物品编码协会编制的 EAN 码(European Article Number)。欧洲物品编码协会 EAN 条形码，又称 EAN—8 码。所有 EAN 条形码最前面的三位数字都是前缀码，即是商品生产国(地区)的代码。目前，使用 EAN 物品标志系统的国家(地区)众多，EAN 系统已成为国际公认的物品编码标志系统。我国也于 1991 年 4 月加入 EAN，分配到的国别码分别为 690、691 和 692(不包括港、澳、台地区)。此外，我国的书籍代码为 978，杂志代码为 977。

四、中性包装和定牌

(一)中性包装

中性包装(Neutral Packing)，是指在商品的内外包装上不注明制造国别、产地、厂商和原有注册商标、牌号等有可能导致识别商品来源的内容，包括定牌中性包装和无牌中性包装两种。定牌中性包装是指卖方按照合同中的规定，在商品的包装上使用买方指定的商标和牌号，但不注明原产地和制造厂商；无牌中性包装俗称“白牌”，是指在商品的包装上既无原有商标、原制造国别和厂商名称，也无买方的商标、品牌，需经买方重新包装后再销往最终的销售市场。

中性包装是国际贸易中的习惯做法和特定要求，其作用是有助于避开进口国家或地区的配额限制、关税壁垒和非关税壁垒等方面的一些歧视性、限制性乃至敌对性的贸易政策和贸易保护措施，从而扩大出口。尤其是对那些暂无直接外交关系、正在交战之中或正处于对方经济制裁中的国家或地区，中性包装已经成为各自向对方出口商品的一种必要手段。通常的做法是，采用中性包装将商品出口到第三国，经过重新包装和整理后，再出口到对方国家。

中性包装的做法是国际贸易中常见的方式，在买方的要求下，可酌情采用。对于我国和其他国家订有出口配额协定的商品，则应从严掌握，因为万一发生进口商将商品转口至有关配额国，将对我国产生不利的影响。出口商千万不能因图一己之利而损害国家的声誉和利益。

(二)定牌

定牌是指卖方按买方要求在其出售的商品或包装上标明买方指定的商标或品牌，这种做法叫定牌生产。我国目前接受外商定牌的出口产品很多，大部分均标明“中国制造”。

当前，世界许多国家的超级市场、大百货公司和专业商店，对其经营出售的商品都要在商品上或包装上标有本商店使用的商标或品牌，以扩大本店知名度和显示该商品的身价。许多国家的出口厂商为了利用买主的经营能力及其商业信誉和品牌声誉，以提高商品售价和扩大销路，也愿意接受定牌生产。

在我国的出口贸易中，如外商订货量较大，且需求比较稳定，为了适应买方销售的需要和有利于扩大出口，我国也可接受定牌生产，具体做法有下列几种：

(1)对于国外某些大量、长期、稳定的订货，为了扩大销售，可以接受买方指定的商标，不加注生产国别的标志，即定牌中性包装。

(2)接受国外买方指定的商标或品牌，但在商标或品牌下标明生产国别的名字。如“中华人民共和国制造”或“中国制造”字样。

(3)接受国外买方指定的商标或品牌，同时在商标或品牌下注明由买方所在国家工厂制造，即定牌定产地。

在定牌业务中，要特别注意买方指定的商标是否存在侵权的行为。为了避免在定牌业务中造成被动，可以在合同中规定：“买方指定的商标，当发生被第三者控告为侵权时，应由买方与控告方交涉，与卖方无关，并由此给卖方造成的损失由买方负责赔偿”。

我国企业在接受定牌生产时，需要注意：如果我国产品出口的市场潜力非常大，就要在市场上打自己的旗号，逐步树立自己品牌的形象，避免这类使用我们的产品为他人创牌子的事情发生。如北京亚运会期间，某企业生产的“骏马牌”手球得到好评，后来厂家收到阿迪达斯公司的大批订单，并要求商品必须贴有三叶图形的“Adidas”商标，才能以高价销往海外，这家企业当时因此获得了很大收益，但也为其日后的发展留下了很多遗憾。

五、包装条款的规定

(一)包装条款的内容

包装条款一般包括包装方式、包装材料、包装规格、包装标志、包装费用及单件包装的数量等内容。

【例 7-3】 Packing: In cartons of 10 kilos net each .(纸箱装，每箱净重 10kg。)

36 pairs packed in a carton size assorted .(每箱 36 双装，混码包装。)

In cloth bales each containing 10 pcs. of 42 yd.(布包，每包 10 匹，每匹 42 码。)

In new single jute bags , each containing 100 kilos net . Tare weight not less than 1 kilo .(单层新麻袋，每袋净重 100kg，皮重不少于 1kg。)

36 sets packed in one export carton ,each 420 cartons transported in one 20ft container.(36 套装一出口纸箱，420 箱装一个 20ft 集装箱运送。)

(二)订立包装条款需要注意的问题

(1)对包装的规定要明确具体。

约定包装时，应明确具体，不宜笼统规定。例如，不宜使用“适合海运包装”(Seaworthy Packing)、“习惯包装”(Customary Packing)和“卖方惯用包装”(Seller's Usual Packing)之类的术语。此类术语无统一解释，易引起纠纷。因此，除非是长期合作的贸易伙伴，双方对此已经取得一致认识，否则不宜采用。

(2)要结合货物特点和不同运输方式选择包装要素

货物的特性、形状和使用的运输方式不同，对包装的要求也不相同。在约定包装材料、包装方式、包装规格和包装标志时，必须考虑货物在储运和销售过程中的实际需要，并以此确定适宜的包装。

(3)明确包装物料提供与费用负担的相关事项。

出口货物的包装通常由卖方提供，包装费用一般包含在货价之内(Packing Charges Includ)，不另计收。如果买方有额外包装要求，则其费用应由买方承担并规定具体的费用支付方法；如果包装材料由买方供应，则应在合同的包装条款中订明包装材料最迟到达卖方的时限和逾期到达的责任。

(4)明确装箱细数及其配比。

装箱细数是指每个包装单位内所装的商品个数。如果整批货只有一个规格或尺码，则按要求的数量装箱即可；但如果有多个规格尺码或颜色，则要注意每件包装内容的搭配(Assortment)。例如,T恤衫500打,尺码32、34、36、38、40,每个尺码100打分装5箱。如果把32码的装在一箱,34码的又装另一箱,必然会给买方带来很大不便。因为有时因资金周转、储存地点问题,要分批提货,而每箱只装单一尺码或尺码不全,那么一定要等5种规格箱都到货才能够出售,且5个箱都要开遍。因此,对混色混码包装的货物一定要明确装箱配比,并严格按要求办理。

(5)明确唛头的指定。

按照国际贸易惯例,唛头一般由卖方决定,无需在合同中作具体规定。但如果买方要求特定唛头,则可在合同中具体列明,以便卖方据以刷制唛头(Marking);如果买方要求在合同订立以后由其指定,则应明确指定的最后时限,并订明"若到时未收到有关唛头通知,卖方可自行决定"。

S 复习思考

1. 在合同中规定"About 500 M/T"或"500 M/T 5% more or less at seller's option"条款,对买卖双方有无区别?为什么?在后一种规定情况下,卖方最多可交多少公吨?最少可交多少公吨?如何计价?

2. 什么是运输标志?它一般由哪些内容组成?试按一般要求设计一个运输标志。

3. 进出口合同中的包装条款一般包括哪些内容?试举几个实例。

4. 某公司出口一批脱水菠菜(Dehydrated Spinach)到香港,质量条款规定"水分不超过8%"(Moisture 8% max.)。若该公司实际交货质量高于或低于该标准,卖方要承担什么责任?

E 能力训练

1. 我国北方某公司与丹麦客商Codan. Co.签订一份布鞋合同,共计2500件,合约号为95BF01DK03,价格条件CIF哥本哈根。根据以上资料制作一个标准唛头。

2. 菲律宾某公司与上海自行车厂洽谈业务,打算从我国进口"永久"牌自行车1000辆。但要求我方改用"剑"牌商标,并在包装上不得注明"Made in China"字样。请问:我方是否可以接受?在处理此项业务时,应注意什么问题?

3. 我某出口公司以CIF条件与意大利客商签订了一份出口500t大豆的合同,合同规定:双线新麻袋包装,每袋50kg,价格为每吨200美元CIF热那亚。我方交单收款后,买方来电称:我公司所交货物扣除皮重后,不足500t,要求我方退回因短量而多收的货款。问:对方的要求是否合理?

第八章 国际货物运输

学习导引

通过学习本章，了解各种国际贸易运输方式的概念、作用和运用掌握国际贸易合同中关于运输条款签订时使用的装运条款和使用中要注意的问题；重点掌握国际贸易运输方式中使用最为广泛的海上运输方式和国际铁路运输方式，以及提单、海运单等运输单据的种类、特征及其使用。

能力提示

通过对本章的学习和训练，具备班轮运输中运费的计算能力、安排国际货物运输的能力和签订国际贸易合同中装运条款的能力。

第一节 运输方式

运输是实现商品交换的一个必要条件，没有运输，便无法实现商品的位移，商品交换也就不可能实现。同样，进出口商品的运输也是国际货物贸易活动中的一个不可缺少的重要环节。为了按时、按质、按量完成国际货物的运输任务，买卖双方在订立国际货物买卖合同时，都需要合理选定运输方式，订好各项装运条款，并运用好有关装运单据。国际货物运输的方式很多，如海洋运输、铁路运输、公路运输、航空运输、邮政运输、集中箱运输、大陆桥运输、国际多式联运等。

一、国际海洋货物运输

(一)国际海洋货物运输的概念及特点

1. 国际海洋货物运输的概念

国际海洋货物运输是指使用船舶或其他运输工具通过海上航道运送货物和旅客并获取收益的一种运输方式，以及与这种运输方式相关的辅助性的获取收益的活动的总称。

2. 国际海洋货物运输的优点

(1)通过能力大。海洋运输可以利用四通八达的天然航道,而与火车、汽车受轨道和道路的限制不同,故其通过能力很大。

(2)运量大。海洋运输船舶的运载能力远远大于铁路和公路运输车辆。目前,船舶正在向大型化发展,海上货轮小的能载几千吨,大的能载几万吨,第五代集中箱船可载重 6 万～7 万 t,巨型油轮可载 60 万 t 以上。一艘万吨级货轮载重量相当于 250～300 个车皮的载重量。

(3)运费低。按照规模经济的观点,由于国际海洋货物运输的运量大、行程远,分摊于每货运吨的运输成本较低,因此运价相对低廉。据统计,海洋货物运费约为铁路运费的 1/5,公路运费的 1/10,航空运费的 1/30。

3. 国际海洋运输的不足之处

(1)海洋运输受气候和自然条件的影响大,行期不易准确,而且风险较大。

(2)海洋运输的速度比较其他运输方式相对较慢。

(二)国际海洋货物运输的业务种类

1. 班轮运输业务(Liner Transport)

班轮运输又称定期船运输,是指在固定的航线上和港口间按事先公布的船期表,以从事客货运输业务并按事先约定的费率收取运费的一种海上运输方式。

(1)班轮运输经过长期的发展,形成了以下三大特点:

①五定的特点　即定期、定船、定港、定航线和定费率。

②班轮提单是运输合同的证明　班轮运输的承运人按照国际公约及有关的国内法规,拟订承、托运人双方的权利、义务、责任和免责条款的班轮提单,是承、托运双方争议处理的依据。货物装船后,提单由承运人(或其代理人)或船长签发给托运人。

③没有规定货物的装卸时间　由于班轮需按船期表规定的时间到港和离港,装卸作业均由随运人负责,所以在班轮运输中不存在滞期费和速遣的问题。

(2)由于班轮运输具有上述特点,故在国际海洋货物运输中表现出了如下明显优点:

①班轮运输的船舶技术性能较好,能适应定期运行的航线和货源(如备有冷藏货舱、鲜活货舱,以及贵重物品和重件货装载的特殊装备)。

②班轮运输的管理制度较为完善,船舶设备较好,船员的技术素质也较高,而且班轮公司一般都拥有自己的专用码头,在仓储和装卸方面都有一套专门的管理制度。

③班轮运输特别适合一般杂货和小批量货物的运输需要。班轮公司众多、班次频繁的特点对小批量而卸港又分散的货物及时出运,提供了优越的条件。即使不能直达的港口货运,班轮公司也可安排转运。

④班轮运输有利于收、发货的合理安排。班轮承运一般均采取码头仓库交接货物的装卸作业及货物的转运,而且定期公布船期表,这就为货方提供了诸多方便。

班轮的货运程序大致可归纳为揽货和订舱、收货和装船、卸货和交付 3 个部分。

(3)班轮运费的计算。班轮运费包括基本运费和附加费两部分。

①基本运费的计算标准通常按不同商品分为以下几种：

a. 按货物的毛重(或重量吨)计收，在运价表内用字母“W”表示。

b. 按货物的体积(或尺码吨)计收，在运价表内用字母“M”表示。

c. 按商品 FOB 价值的百分比计收，即按从价运费收取，在运价表内用“A . V. ”表示。

d. 按货物的毛重或体积计收，由轮船公司选择其中收费较高的一种计收运费，在运价表中用“W/M”表示。

e. 按货物的重量、体积或价值三者中较高的一种计收运费，在运价表中用“W/M or. A. V. ”表示。

f. 按货物的件数计收。

g. 按议价运费(Open Rate)计算。对大宗低值货物，采用船、货双方临时议定运价的方法。

h. 按起码费率(Minimum Rate)计算。即凡不足 1 运费吨(1 重量吨或 1 尺码吨)的货物，无论该货物属于几级货，均按该航线上的一级货收取运费。

②班轮运费中的附加费(Additional Charge)：

附加费是指除基本运费外，另外加收的各种费用。附加费的计算办法，有的是在基本运费的基础上，加收一定百分比；有的是按每运费吨加收一个绝对数计算。附加费名目繁多，而且会随着航运变化的情况而变动。在班轮运输中常见的附加费有：

a. 超重附加费(Extra Charges on Heavy Lifts)。

b. 超长附加费(Extra Charges Over Lengths)。

c. 选卸附加费(Additional on Optional Discharging Port)。

d. 转船附加费(Transhipment Additional)。

e. 直航附加费(Additional on Direct)。

f. 港口附加费(Port Additional)。

g. 货币贬值附加费(Devaluation Surcharge 或 Currency Adjustment Factor，简称 CAF)。

h. 港口拥挤费(Port Congestion Surcharge)。

i. 燃油附加费(Bunker Surcharge or Bunker Adjustment Factor)。

j. 绕航附加费(Deviation Surcharge)。

上述基本运费和各种附加费均按班轮运价计算。

③班轮运费的计算可遵循下列程序和步骤：

a. 先根据货物的英文名称从货物分级表中查出有关货物的计费等级及其计算标准。

b. 从航线费率表中查出有关货物的基本费率及各项需支付的附加费率。

c. 该货物的基本费率与附加费率之和即为每一运费吨的单位运价。

d. 用该货物的计费重量吨或尺码吨乘以单位运价即得出总运费额。

R 能力拓展

班轮运输中的运费计算

某进出口贸易公司出口一批货物共300箱，毛重为20.2公吨，体积为33.3m^3，由大连运至欧洲某港口。试计算该公司应付船公司的运费。

（假设已知按货物英文名称从货物分级表中查得该批货物属于10级货，计费标准是“M”，然后再按航线查出10级货物每运费吨的基本运费为USD40，另加燃油附加费10%。）

解析：

(1)先查该批货物的等级标准(本题已知条件给出是10级)。

(2)用该批货物的重量比体积，所得结果大于1时按照重量吨计算，所得结果小于1时按照尺码吨计算。本题条件重量与体积之比小于1，所以要按照尺码吨计算。

(3)在运费表中根据货物等级查得10级货品按照计费标准“M”计算的每运费吨价格的基本运费为USD40，另加燃油附加费10%。

(4)计算该批货物每立方米的单位运价为：40+40×10%=44美元。

(5)计算该批货物总运费为：33.3×44 = 1465.2美元。

2. 租船运输业务(Shipping by Chartering)

(1)租船运输的方式与特点。

租船运输是指租船人在租船市场上通过洽租、签约，向船东或二船东包租整船装运货物。租船运输又称不定期船(Tramp)运输，它没有预定的船期表、航线和港口，船舶是按照租船人和承租人双方签订的租船合同中的条款来进行运输的。

租船方式主要包括定程租船(Voyage Charter)、定期租船(Time Charter)及光船租船(Bareboat/Demise Charter)三种。一般在低价货、成交量大、交货期集中的情况下，可采用租船方式进行运输。

①定程租船　是指按航程租赁船舶，其特点如下：

a. 在定程租船方式下，船方必须按租船合同规定的航程完成货物运输任务，并负责船舶的经营管理及其在航行中的各项费用开支。

b. 租船人应支付双方约定的运费。

c. 货物在港口的装卸费用，应在租船合同中明确规定由船方或租方负担。

②定期租船　是指按期限租赁船舶，其特点如下：

a. 船、货双方的权利与义务在期租船合同中订明。

b. 船方提供适航的船舶，船员薪金、伙食等费用及保持船舶具有适航的有关费用，均由船方负担。

c. 船舶经营过程中产生的燃料费、港口费、装卸费和垫舱物料费等项开支由租船人负担。

d. 期租船的租金，一般是按租期每月每一夏季载重吨若干金额计算。

(2)光船租船　是指船东将空船租给承租人使用一段时间的租船方式，承租人自己配员，这实质上属于一种财产租赁。

(3)租船运输合同及其主要内容。

租船运输合同(Charter Party)，是指租船人按一定的条件向船东租用船舶或船、货双方就相互间的权利和义务达成的合同。

租船合同的主要条款是：船租双方当事人的名称、货物的名称、货量、装卸的受载日和解约日、船名、船籍、运费和装卸费用、装卸期限、滞期费和速遣费。

此外，租船合同还有一些专门性条款，如租船人责任终止条款、船东责任条款、共同海损清算条款等。

二、国际铁路货物运输

(一)国际铁路货物运输的概念与特点

1. 国际铁路货物运输的概念

国际铁路货物运输是指经由地上、地下及架空铁路实现货物从一国(地区)到另一国(地区)的位移。它是现代运输业的主要运输方式之一。

2. 国际铁路货物运输的特点

与其他运输方式相比较，铁路运输具有以下显著特点：

(1)运输量较大，安全可靠。铁路的一列货物列车一般能运送3000～5000t货物，远比航空运输和汽车运输的运输量大。在货物运输的安全性方面也较海上运输高。

(2)运输速度快。磁悬浮列车时速已达600km左右，与此同时，普通列车也开始提速，据专家预测，21世纪常规铁路行车时速将超过480km，远远超过汽车和船只。

(3)运输成本较低。仅为汽车运输的几分之一，甚至十几分之一。

(4)运输具有较高的连续性和准确性。受气候条件的影响较小，一年四季可以不分昼夜地进行运输。

(5)在环境污染方面，按运输公里计算，有害气体排放量，汽车比铁路大10～20倍，飞机比铁路多100倍。

(6)安全性上，公共汽车事故、小汽车事故和飞机事故分别为火车事故的2倍、20～30倍和7倍。

(7)占地面积上，在同等情况下，公路比铁路多占地3.5倍。

(8)噪声污染上，铁路噪声对城市的影响小于汽车和飞机，乘坐旅行更舒适。

(二)国际铁路货物运输的分类

1.冷冻货物的运输

冷冻货物的运输是指以备有特殊制冷设备的车厢经由铁路运输冷冻货物，如容易腐败的食品等。

2.大量液体或气体的运输

大量液体或气体的运输是指以特制的罐车经由铁路运输大宗的液体或气体，这种罐车亦可配装制冷设备。

3.集装箱运输

集装箱运输是指为方便运输而将单件或单包货物集中装于特制的集装箱内，经由铁路运输的方式。

4.国际邮包运输

国际邮包运输是指国际间私人邮包经由铁路运输传送的方式。

(三)国际铁路联运货物运输

1.国际铁路货物联运的概念、特点

(1)国际铁路货物联运的概念。

国际铁路货物联运是指在两个或两个以上国家铁路运送中，使用一份运送单据，并以连带责任办理货物的全程运送，在由一国铁路向另一国铁路移交货物时，无需发、收货人参加。

(2)国际铁路货物联运的特点。

①简化手续，方便收、发货人　虽然货物在全程运送中要经过多个国家，涉及到多次交接甚至多次换装等作业，但作为发货人只需在始发站办理一次性托运手续，即可将货物运抵另一个国家的铁路到站，发货人或收货人无需在国境站重复办理托运的烦琐手续。

②便于在国际贸易中充分利用铁路运输的优势　铁路运输具有成本较低、运输连续性强、运输风险小和不易受天气季节变化的影响等优势。实行国际铁路联运后，参加联运国铁路连成一体，形成国际铁路运输网络，便于发货人根据货物的运输要求，充分利用铁路运输优势和选择运输路径，既可加快其送达速度，又能节省有关费用支出。

③可提早结汇　发货人利用国际联运办理完出口货物的托运手续后，即可凭车站承运后开具的有关联运凭证和其他商务单证办理结汇，而无需等到货物到达目的地后办理。这样既能保证发货人收取货款，又加速了资金的周转，便于国际贸易的开

展，对贸易双方均有利。

④促进铁路沿线外向型经济及铁路运输企业的发展　通过开展国际联运，为铁路沿线外向型经济的开发提供了有利条件，特别是亚欧第二大陆桥的贯通，为沿线的缅东部地区及中亚国家的经济发展又提供了一次良好的机遇。

2. 国际铁路联运货物运输的适用范围

国际铁路联运是铁路运输的重要方式，许多国家非常重视并参加了协约组织，订立了各种协定。参加国际联运的国家主要分为两个集团：一个是以英、法、德等 32 个国家组成并签订有《国际铁路货物运送公约》的“货约”集团；另一个是以前苏联为首的 12 个国家组成并签订有《国际铁路联运协定》的“货协”集团。

尽管“货协”中的苏联、东欧各国政体在 20 世纪 80 年代末解体了，但铁路联运业务并未终止，原“货协”的运作制度仍被沿用。

国际铁路联运的范围：适用于国际“货协”国家之间的货物运送，发货人只需在发货站办理铁路托运，使用一张运单，即可办理货物的全程运输；适用于未参加国际“货协”铁路间的顺向或反向货物运输，在转换的最后一个或第一个参加国的国境站改换适当的联运票据。

3. 国际铁路联运出口货物的运输流程

国际铁路联运出口货物的运输组织工作，主要包括计划的编制、货物的托运、承运车、运送和交付等工作。货物的托运与承运过程，即为承运方（铁路）与托运方（发货人）缔结运输合同的过程。

(1)托运是发货人向铁路提出委托运输的行为。

(2)承运则是铁路接受发货人提出的货物运输的委托行为。

(3)发货人按车站指定日期将货物搬入车站或指定货位，经车站根据运单的记载事项查核实货，确认符合国际联运的有关规定后即予以接收。

(4)在发货人付清一切应付的运送费用后，车站在所提交的运单上加盖车站的日期戳。运单在加盖车站日期戳后，即标志承托双方以运单为凭证的运输合同开始生效，铁路对货物负有从始运地运送至运单上指定目的地的一切责任。

4. 国际铁路联运进口货物的运输流程（以我方进口流程为例）

进口货物的国际铁路联运，均需办理报关、报验、铁路货物单证的交接等工作。

(1)进口合同资料工作。

合同资料是国境站核放货物的重要依据，也是向各有关部门报关、报验的凭证。各进出口公司在对外合同签字后，要及时将一份合同的中文抄本寄给凭物进口口岸的分支机构。对于由外运公司分支机构接收的分拨小额订货，必须在抄寄合同的同时，按合同内容填附货物分类表。合同资料包括合同的中文抄本及其附件、补充书、协议书、变更申请书和有关确认函电等。

(2)进口货物的现场核放工作。

进口货物的交接首先是票据的交接，对方交接所将进口货物票据交中方交接后，我现场工作人员主动到中方铁路办公处索取我方公司所代理单位的进口货物票据。然后抄制进口货物明细单，查验合同所附带有关进货的材料是否齐全。接着按海关要求填报进口货物报关单，并连同合同及有关证明批件向海关申报放行货物。

(3)进口货物的交货。

联运进口货物到站后，铁路根据运单或随附运单的进口货物通知单所记载的实际收货人，发出货物到达通知，通知收货人提取货物。收货人接到通知后，必须到车站领取货物并附运送费用。在收货人付清一切应付运送费用后，铁路必须将货物连同运单一起交付收货人。

三、国际航空货物运输

(一)国际航空货物运输的概念及特点

1. 国际航空货物运输的概念

国际航空运输是一种新兴的运输方式，从人们一般的常规理解来看，国际航空货物运输即指一国的提供者向他国消费者提供航空飞行器运输货物并获取收入的活动。

2. 现代国际航空货物运输的特点

现代国际航空货物运输的特点如下：

(1)运送速度快，适于高价货物和时间性很强货物的运输要求。

(2)安全、准确，货物灭失与破损率低。

(3)适于陆域和水域不方便运输的内陆和其他地区的货物输运。

(4)简化、节省货运包装，降低产品的销售成本。

(5)缩短存货周期，加快商品流通，为供应链管理创造了条件。

(6)减少企业备用资金存量，加速资金周转，提高了资金使用效率和效益等。

航空运输的缺点是容积和载运量较小，成本较高，运价也比地面运输高，而且在一定程度上受运输条件的限制，从而影响了运输的准确性和正常性。

3. 国际航空货物运输的基本条件

航空货物运输需要基本条件支持，在设施设备等主要硬件方面有以下几条：

(1)航空港站。供飞机停放、起飞、降落、维修和确保空港、航空器安全的设施与设备。

(2)供货物进出空港。接受、保管、安排运输、保税、装拆箱、分拨、检验、交付等用途的航空货运站、货物仓库和作业设备。

(3)航空器。包括符合适航条件的客货两用飞机和货运飞机。

(4)航线。即按规定运行的空中交通线，包括飞行方向、航路的高度层和宽度、经停地点和两端港站。跨越国境通达其他国家的航线称为国际航线。

(5)航班。是指飞机按预先拟定的时间由始发港站起飞,并按照规定的航线经过经停站至终点港站作运输生产飞行的时间编排。航班分为出港和进港航班,或去程和回程航班。

(6)装货器具。包括航空载货托盘、航空集装箱和用于多式联运的国际标准集装箱,后者仅可装于宽体货运飞机或混合航空器的主甲板上。

(二)国际航空货物运输方式

国际航空货物运输方式主要有以下几种:

(1)班机运输方式(Scheduled Airline)。

班机运输方式是指在固定的航线上定期航行的航班,其始发港、目的港和途经站都是固定的。

(2)包机运输方式(Chartered Carrier)。

当货物批量较大,而班机又不能满足需要时,可以采用包机运输方式。包机运输又分整舱包运和部分舱包运两种。

(3)集中托运方式(Consolidation)。

集中托运方式是指航空货运代理公司把若干小批量单独发运的货物组成一整票向航空公司办理一次性托运手续,采用一份总运单集中发货运至同一到港,再由货运代理公司在当地的代理人收货、报关、分拨和放货给持有起运港代理人签发的运单的各实际收货人的一种运输方式。

(4)航空快件传送(Air Express)。

航空快件传送又称航空速递,是国际航空运输中最快捷的运输方式。该方式不同于一般的航空货运,而是由一个专门经营这项业务的公司与航空公司合作,设专人以最快的速度在货主、机场和用户之间传送急件。

(5)送交业务。

在国际贸易往来中,出口商为了推销其产品,往往要向客户赠送样品、宣传资料等。

(6)货到付款(Cash on Delivery)。

货到付款是承运人在货物到达目的地交给收货人时,根据其与发货人之间的协议,代向收货人收取航空运单上所记载的货款,并汇寄给发货人的一项业务。

四、国际集装箱运输

(一)国际集装箱货物运输概述

1.集装箱的概念

集装箱是一种容器,具有一定的规格强度,专为周转使用的货箱,也称货柜。这种容器与货物的外包装不同,它是进行货物运输、便于机械装卸的一种成组工具,通常以能装多少个 TEU(即 20ft 标准集装箱,其宽、高、长为 8ft×8ft×20ft)为衡量标准。

2. 集装箱货物运输(Container Transport)

集装箱货物运输是以集装箱作为运输单位进行货物运输的一种现代化的运输方式,它适用于海洋运输、铁路运输及国际多式联运等。

海上集装箱运输开始于 1965 年 4 月,由美国海陆运输公司(Sealand)通过一艘 T-2 型油轮首次试航,迄今已形成了一个世界性的集装箱运输体系。目前,集装箱海运已经成为国际主要班轮航线上占有支配地位的一种运输方式。

3. 集装箱货物运输的优点

(1)提高了装卸效率及港口的吞吐能力,加速了船舶的周转和港口的疏港。

(2)减少货物装卸次数,有利于提高运输质量,减少货损、货差。

(3)节省包装费、作业费等各项费用,降低货运成本。

(4)简化货运手续,便利货物运输。

(5)把传统单一运输串联成为连贯的成组运输,从而促进了国际多式联运的发展。

(二)集装箱运输方式

1. 集装箱运输方式根据货物装箱数量和方式分为整箱和拼箱两种

(1)整箱(Full Container Load,简称 FCL)。

整箱是指货方将货物装满整箱后,以箱为单位托运的集装箱。一般做法是由承运人将空箱运到工厂或仓库后,在海关人员的监督下,货主把货装入箱内,加封、铅封后,交承运人并取得站场收据(Dock Receipt),最后凭站场收据换取提单。

(2)拼箱(Less than Contain Load,简称 LCL)。

拼箱是指承运人或代理人接受货主托运的数量不足整箱的小票货物后,根据货物性质和目的地进行分类、整理、集中、装箱、交货等工作,这些工作均在承运人码头集装箱货运站(CFS)或内陆集装箱运转站进行。

2. 集装箱的交接方式和交接地点

(1)集装箱的交接方式大致有 FCL/FCL、LCL/LCL、FCL/LCL、LCL/FCL 四类,其中以整箱/整箱交接效果最好,也最能发挥集装箱的优越性。

(2)集装箱的交接地点分为门到门、门到站场、站场到门、站场到站场四种方式。

3. 集装箱运输的管理方法和工作体系

与传统运输方式不同的是其主要的关系人有:

(1)集装箱运输经营人;

(2)无船承运人(NVOCC);

(3)实际承运人;

(4)集装箱租赁公司;

(5)集装箱专用码头(堆场)或货运站等。

(三)集装箱进出口程序

1. 集装箱运输出口程序

(1)订舱。出口公司根据贸易合同事先向船公司(或其代理)办理订舱手续。

(2)装箱单。船公司确认订舱后,签发装箱单,分送集装箱堆场和集装箱货运站,据以安排空箱和货运交接。

(3)发送空箱。整箱货运所需的空箱,由船公司送交,发货人接收。拼箱货运所需的空箱一般由货运站领取。

(4)拼箱货装箱。集装箱货运站根据订舱单核收托运货物并签发站场货物收据,经分类整理后,在站内装箱。

(5)整箱货装箱。发货人收到空箱后,自行装箱并按时运至集装箱堆场。集装箱堆场根据订舱单、装箱单验收并签发站场货物收据。

(6)集装箱货运交接。站场收据是发货人发货和船公司收货的凭证。

(7)提单。发货人凭站场收据向船公司换取提单,然后向银行结汇。如果信用证规定需要装箱提单,则应在集装箱装箱后,才能换取装船提单。

(8)装船。集装箱堆场根据船舶积载计划,进行装船。

2. 集装箱运输进口程序

(1)货运单证。凭出口港寄来的有关货运单证着手缮制。

(2)分发单证。将单证分别送代理、集装箱货运站和集装箱堆场。

(3)到货通知。通知收货人有关船舶到港时间,便于准备接货,并于船舶到港后发出到货通知。

(4)提单。收货人按到货通知,持正本提单向船公司(或其代理)换取提货单。

(5)提货单。船公司(或其代理)核对正本无讹后,即签发提货单。

(6)提货。收货人凭提单连同进口许可证至集装箱堆场办理提箱或提货手续。

(7)整箱交。集装箱堆场根据提货单交收货人集装箱,并与货方代表办理设备交接手续。

(8)拆箱交。集装箱货运站凭提单交货。

五、国际多式联运

(一)国际多式联运的概念及特点

1. 国际多式联运的概念

国际多式联运是指按照多式联运合同,以至少两种以上不同运输方式,由多式联运经营人负责,将货物从一国境内接受货物地点运到另一国境内指定地点交付货物的一种国际运输方式。

2. 构成国际多式联运必须具备的条件

(1)货物托运和多式联运经营人接受的货物是国际间的货物运输。

(2)为至少两种不同运输方式的连贯运输。

(3)发货人与负责全程运输的多式联运经营人订立相关的多式联运合同。

(4)由与发货人订立相关合同的多式联运经营人对货物的全程运输负责。

(5)由多式联运经营人签发一份全程多式联运单据,且应满足不同运输的需要。

(6)全程运输使用单一运费率。

3.国际多式联运的主要特点

(1)由多式联运经营人与托运人签订一份运输合同。

(2)实行运输全程一次托运、一单到底、一次收费、全程负责。

(3)统一理赔。

(二)多式联运枢纽与网络点

1.联运枢纽的基本要求

多式联运活动中不同运输方式之间货物的顺利转换,需要有符合基本要求和能开展功能性活动的枢纽。

(1)能承接来自不同运输方式和运载工具的停留、挂靠作业,有布局合理、满足国际联运货物有序作业和快速转运的设施与设备,包括航道、港站、航站、泊位、堆场、仓库、各类机械与工具,确保运载工具和货物进出口装卸、货物换装、转运或储存都能顺利进行。

(2)有规范化的联运生产组织及其管理严格的运作体制,确保联运枢纽各环节的有效配合;有规范化和标准化的业务操作程序、严格的单证流转制度,确保作业管理和业务管理水平的质量。

(3)有高效率和自动化的信息接收、处理和交换系统,使物流和信息流形成一体,确保货物从一开始,包括订舱、接收、汇集、联运调度、仓储与场站管理、换装与积载,以及运输过程,直到交付,都能按照信息管理功能的要求得到有效控制和协调。

(4)具备枢纽物流的综合功能。

(5)有良好的货运进出口环境、宽松的政策、符合国际多式联运货运监管的制度、合理和具有竞争力的价格水平。

(6)具有能掌握现代多式联运方式和不同运输方式的技术、业务,以及懂经营、精管理,能组织和协调辖区内各项工作的专门人才。

2.网络点的功能与要求

多式联运需要有网络的支持,特别是货物的门到门运输,网络起着重要的作用。网络点是形成网络的基本条件,多式联运有关网络点的功能与要求有以下几个方面:

(1)具有足够承接和处理进出网络点货物与集装箱的设施、设备、技术等条件,并确保它们正常、合理、有效地得到调度、使用,并具有养护和维修条件与能力。

(2)能够承接、保管、分拨、调运各类进出口的联运货物,并能提供货物拆箱、拼箱、监理、点数、包装、维修和转运。

(3)能够承接、堆放、保管进出港站的集装箱,可按国际标准对集装箱实施检验和必要的维修,并根据有关指示具有及时吸纳各类空重箱进入网点或调运出网点的能力。

(4)能够正确处理各项与货物联运、货物交付和箱子管理的相关业务及单证事宜。

(5)便于海关对进出口、转运货物的查验与监管,便于货主办理通关手续等。

(6)具有信息处理和有效的反馈功能,为客户提供各方面所需要信息和资料。

(7)协调各方面的关系,确保场站及货物联运各环节的有效配合。

(8)控制网络点的运行费用,降低客户多式联运货物的流通成本。

3. 内陆货站

多式联运的网络点包括内陆货站。内陆货站与集装箱码头内的货运站,在设置、功能与作用上并非完全一样,而有其特定的含义与功能。

(1)它设立在经济、贸易发达和集中的陆域内地,有较好的地理位置,并与多式联运网线相连接,形成多式联运网络的组成部分。

(2)具有集散货物的功能。即把那些不成箱的零担出口货物在内地货站经拼箱公司拼装成箱后进行出运或中转,或者货物进口后安排拆箱、分拨、转运与交付业务。有的内陆货站还具有整箱货接收、交付、安排储存和转运功能。

(3)具有回收、保管、检验和维修集装箱的功能,有的还具有集装箱运输机械保管和维护的功能与要求,以及为了便于开展业务,也代办报关和保险手续。

(三) 多式联运业务流程及相关关系

1. 多式联运业务

多式联运业务从多式联运经营人的角度出发,主要包括与发货人订立多式联运合同、组织全程运输、完成从接货到交货过程的合同事项等内容。由于多式联运是依托不同运输方式、跨国跨地区的物资流通业务,如把多式联运从货物接收到最后交付这一过程进行分解,则具体业务主要包括:

(1)出运地货物交接。即托运人根据合同的约定把货物交至指定地点。

(2)多式联运路线和方式的确定,与分包方签订货物联运合同。

(3)货物出口安排。对货物全程运输投保货物责任险和集装箱保险。

(4)通知转运地代理人,与分包承运人联系,及时做好货物过境或进口换装、转运等手续申办和业务安排工作。

(5)货物运输过程的跟踪监管,定期向发货人或收货人发布货物位置等信息。

(6)通知货物抵达目的地时间,并要求目的地代理人办理货物进口手续。

此外,还有估算费用、箱子跟踪管理、租箱与归还业务,以及货物索赔和理赔业务等。

2. 国际多式联运业务的关系方

国际多式联运业务的参与方比较复杂，主要的相关关系有以下几种：

(1)多式联运经营人。他是与托运人进行签约，负责履行或组织履行联运合同，并对全程运输负责的企业法人和独立经营人。实务中，以船舶运输公司为多式联运经营人和货运代理人以无船承运人的身份从事多式联运经营活动者居多。他们在国际多式联运业务活动中，以本人或委托他人以本人的名义，与有关区段承运人订立分合同安排相关联运，与枢纽港和网络点如码头、仓储、场站和内陆货站等订立分合同，安排相关货物的交接、装卸、存放与保管等相关业务。

(2)货物托运人与收货人。他们在国际货物多式联运公约中已有清楚定义，但这里所述的托运人和收货人，是指货物实际托运人和实际收货人。与多式联运经营人的关系，前者是多式联运业务的委托人和合同当事方；后者是多式联运合同涉及的第三方和在目的地享受货物提运权的关系人。

(3)分合同方。分合同方包括区段承运人，如船舶所有人或经营人，铁路、公路、航空和江河运输经营人，以及非运载工具经营人，如集装箱场站、仓储经营人和转运代理人等。与多式联运经营人签订分合同的当事人应承担合同中所约定的责任部分。

(4)其他有关方。其他有关方主要指那些与货物和国际多式联运业务相关的其他关系方，包括与货物进出口业务相关的货物保险与货物检验，以及其他责任保险方、进出口贸易监管和外汇控制机构、海关和理赔行等。

(四)多式联运业务货物接管和交付

接管货物是多式联运经营人责任的开始。多式联运经营人可以从发货人或其代理人手中接管货物，或根据接管货物地点适用的法律或规章，从必须由负责管理运输的当局或其他第三者手中接收货物。

多式联运经营人在接管货物后，即安排全程运输、签发多式联运单据，在货物抵达目的地时，有义务通过其代理人按多式联运单据中收货人的地址通知收货人货物已抵达目的地，并按多式联运单据载明的交接方式交付货物给多式联运单据持有人。多式联运经营人向收货人交付货物时和在交货后规定的时间内，收货人未将货物灭失或损坏的情况书面通知多式联运经营人的，则此项交付便视为多式联运经营人已经按照多式联运单据的记载交付货物。除非货物在交付时已经当事各方或其授权在交货地的代表联合调查或检验，则无需就调查或检验所证实的灭失或损坏送交书面通知。

(五)多式联运业务的索赔与诉讼

货物在多式联运过程中发生损害，受损人按照国际公约和有关法规规定可以进行索赔。实际业务中的一般做法是，收货人发现货物损害后，首先向多式联运经营人或区段承运人进行书面通知，同时通知货物投保公司，根据货物本身的保险范围，向保险公司索赔；经保险公司赔付后，再凭权益转让书所取得的代位权责任范围向责任区段的承运人或分合同方追偿。多式联运经营人若已投保货物责任险，则在赔付后还可向所投保的保险公司索赔，其中如有属区段承运人或分合同方责任者，保险公司再向他们追偿。

索赔不成可以按规定进行诉讼。依照公约与法规规定，索赔和诉讼都有一定的程序和时效。《中华人民共和国海商法》(以下简称《海商法》)第 81 条和《集装箱多式联运管理规则》第 33 条的规定是，货损不明显时，整箱货在交付次日起连续 15 天内，拼箱货在交付次日起连续 7 天内提交书面索赔通知，否则，所作的货物交付便视为多式联运经营人已经按照多式联运单据的记载交付，并作为货物状况良好的初步证据。

诉讼应依照公约或法规规定，在具有管辖权或双方协议地点的法院进行。诉讼时效，《联合国国际货物多式联运公约》的规定为 2 年，与汉堡规则规定相同，但与海牙规则和维斯比规则的规定不同。如果自货物交付之日起 6 个月内受损人没有提出书面索赔通知，则会失去诉讼时效。我国《集装箱多式联运管理规则》规定：对多式联运经营人诉讼时效期间，若多式联运全程包括海运段的为 1 年；若多式联运全程未包括海运段的，则按《中华人民共和国民法通则》的规定为 2 年。时效时间从多式联运经营人交付或应当交付货物的次日起计算。

六、大陆桥运输

1. 大陆桥运输的概念

大陆桥运输(Land Bridge Transport)，是指利用铁路、公路为中间桥梁，把大陆两端的海洋运输连接起来，组成海—陆—海的连贯运输。

2. 大陆桥运输的特点

(1)能缩短营运时间。

(2)降低营运成本。

3. 世界上主要的 4 条大陆桥运输线

(1)美国大陆桥运输线。即利用美国贯穿东西的 3 条铁路干线：西雅图—芝加哥—波士顿、旧金山—芝加哥—纽约、洛杉矶—堪萨斯城—的摩，将远东地区的货物运往欧洲。

(2)加拿大大陆桥运输。即利用 2 条铁路干线：温哥华—温尼伯—哈利法克斯和鲁伯特港—温尼伯—魁北克，将远东地区的货物运入欧洲。

(3)前苏联西伯利亚大陆桥运输。该铁路东起纳霍德卡和东方港，西至莫斯科。东端可与平壤、北京、乌兰巴托相连接，西端可与赫尔辛基、斯德哥尔摩、奥斯陆、华沙、柏林、科隆、布鲁塞尔、巴黎、德黑兰相连接。通过该铁路可将远东地区的货物运往北欧、西欧、中欧、南欧及西亚各国。

(4)中荷大陆桥。东起我国连云港，西至荷兰鹿特丹，全长 10800 公里，沿途经莫斯科、华沙、柏林等地，也称欧亚大陆桥或新亚欧大陆桥。

七、其他运输方式

(一)国际管道运输

1. 国际管道运输的概念

国际管道运输(International Pipeline Transportation),是随着石油的生产而产生、发展的。它是一种特殊的运输方式,与普通货物的运输形态完全不同,具有独特的特点。普通货物运输是货物随着运输工具的移动,把货物运送到目的地,而管道运输的运输工具本身就是管道,是固定不动的,只是货物本身在管道内移动。换言之,它是运输通道和运输工具合二为一的一种专门运输方式。

管道运输是借助高压气泵的压力将管道内货物输往目的地的一种运输方式,其原理相当于自来水管道将水输送至各家各户。

2. 国际管道运输的种类

管道运输就其铺设工程可分为架空管道、地面管道和地下管道,其中以地下管道最为普遍。视地形情况,一条管道也可能三者兼而有之。

3. 国际管道运输的特点

管道运输不同于其他运输方式的最明显特点是驱动货物运行的输送工具是机泵和管道,且是静止不动的,只是给被运货物以压力而使货物本身连续不断地被运送。因此,管道运输是一种节省能耗、灵便、先进的运输方式,具有以下特点:

(1)运输通道与运输工具合一。

(2)高度专业化,适于运输气体和液体货物。

(3)永远是单方向运输。

4. 国际管道运输的收费

管道运输由于管道路线和运输是固定的,所以运输费用计算比较简单。按油类不同品种规格规定不同费率。其计算标准多以桶为单位,有的以吨为单位。此外,一般均规定每批最低托运量。

(二)国际展览品运输

(1)国际展览品运输。国际展览品运输工作是将展出所用的展品、道具、资料、行政用品、工具等,用陆运、空运、海运或综合方式从货物原所在地运到展出所在地,并运回或运到下一个展出地点,以及办理有关手续的工作。展品运输是筹办展览的主要业务工作,也是国际展览物流的最重要环节。

(2)国际展览品运输业务分为 3 个阶段:运输筹划、去程运输和回程运输。

(3)国际展览品运输方式主要有水运(包括海运和内陆水运)、空运、陆运(包括火车运输、汽车运输等)、邮递、快递、自带等。

(4)国际展览品运输费用通常分为运费和杂费两大类,统称运杂费。

(5)与国际展览品运输有关的手续,如办理单证、海关手续、保险等。

(三)国际邮政运输

1. 国际邮政运输(International Posted Transport)

国际邮政运输是一种较简单的运输方式。世界各国的邮件包裹业务均由国家办理,我国邮政业务由邮电部负责办理。国际上,各国邮政之间订有协议和公约,通过这些协议和公约使邮件包裹的传递畅通无阻,四通八达,形成全球性的邮政运输网,从而使国际邮政运输成为国际物流中普遍采用的运输方法之一。

2. 国际邮政运输的特点

(1)具有广泛的国际性。

(2)具有国际多式联运性质。

(3)具有"门到门"(Door to Door)运输的性质。

3. 邮件运输的种类

(1)普通包裹。凡适于邮递的物品,除违反规定禁寄和限寄的以外,都可以作为包裹寄送。包裹内不准夹寄信函,但可以附寄包裹内物件清单、发票、货单,以及收件人姓名、地址签条。

(2)脆弱包裹。脆弱包裹是指装有容易破损和需要小心处理物品的包裹,可以按脆弱包裹寄递,如玻璃制品、古玩等。脆弱包裹只限寄往同意接收的国家和地区。邮局对脆弱包裹只在处理上加以特别注意,所负责任与普通包裹相同。

(3)保价包裹。保价包裹是邮局按寄件人申明的价值承担保险责任的包裹,一般适于邮递贵重物品。

此外,国际上还有快递包裹、代收货价包裹、收件人付费包裹等。

4. 邮资

邮资是邮政局为提供邮递服务而收取的费用。各国对邮资采取不同的政策,有些国家把邮政收入作为国家外汇收入的来源之一;有些国家要求邮政自给自足,收支大致相抵;有些国家对邮政实行补贴政策,从而各国形成不同的邮资水平。

根据《万国邮政公约》的规定,国际邮资应按照与金法郎接近的等价折成其本国货币制度。邮联以金法郎为单位,规定了基本邮资,并以此为基础,允许各国可按基本国情增减,增减幅度最高可增加70%,最低可减少50%。

第二节 运输单据

一、海运提单

(一)提单概述

1. 提单的定义

提单(Bin of Lading,简称B/L),是指用以证明海上货物运输合同成立和货物已经由承运人接收或者装船，以及承运人保证据以交付货物的单证。

提单在国际班轮运输中既是一份非常重要的业务单据，又是一份非常重要的法律文件。提单是国际海上货物运输中最具有特色的运输单据。

2. 提单的作用

根据法律的规定，提单具有以下 3 项主要功能或作用：

(1)提单是海上货物运输合同的证明。

当提单转让给善意的第三人(提单的受让人、收货人等)以后，承运人与第三人之间的权利、义务等就按提单条款的规定处理，即此时提单就是第三人与承运人之间的运输合同。中国《海商法》第 78 条第 1 款规定："承运人与收货人、提单持有人之间的权利、义务关系，依据提单规定确定。"

(2)提单是证明货物已由承运人接管或已装船的货物收据。

货物的原始收据不是提单，而是大副收据或者是场站收据。

"收货待运提单"是证明承运人已接管货物，具有明显的货物收据功能的单证。"已装船提单"是在货物装船后，根据货物的原始收据——大副收据等签发的，提单上记载有证明收到货物的种类、数量、标志、外表状况的内容。

由于国际贸易中经常使用 FOB、CFR 和 CIF 这 3 个传统的价格术语，在这 3 个传统的"装运合同"(Shipment Contract)价格术语下，是以将货物装船象征卖方将货物交付给买方，货物装船时间也就意味着卖方的交货时间。因此，提单上还记载有货物装船的时间。用提单来证明货物的装船时间是非常必要的，因为作为履行贸易合同的必要条件，如果卖方未将货物按时装船，银行就不会接受该提单。

(3)提单是承运人保证凭以交付货物的物权凭证。

承运人或其代理人在目的港交付货物时，必须向提单持有人交货。在这种情况下，即使是真正的收货人，如果不能递交正本提单，承运人也可以拒绝对其放行货物。也就是说，收货人是根据提单物权凭证的功能，在目的港以提单相交换来提取货物的。

(二)提单的种类

随着世界经济的发展，国际海洋货物运输中所遇到的海运提单(Ocean B/L or Marine B/L)种类也越来越多。通常使用的提单为全式提单(Long Form B/L)或称为繁式提单，即提单上详细列有承运人和提单关系人之间权利、义务等条款。此外，还有简式提单(Short Form B/L)，即提单上印有"Short Form"字样，而背面没有印刷有关承运人与提单关系人权利、义务条款，或者背面简单列有注明以承运人全式提单所列条款为准的提单。有时信用证会明确规定不接受简式提单。

以下将介绍实践中经常遇到的提单基本种类，这类提单是指在正常情况下，符合法律要求所使用的提单。按照不同的分类标准分类如下。

1. 以货物是否已装船为标准

(1)已装船提单(on Board B/L;Shipped B/L)

指整票货物全部装船后,由承运人或其代理人向托运人签发货物已经装船的提单。该提单上除了载明其他通常事项外,还必须注明装运船舶名称和货物实际装船完毕的日期。

(2)收货待运提单(Received for Shipment B/L)

收货待运提单简称待装提单或待运提单,是指承运人虽已收到货物但尚未装船,应托运人要求而向其签发的提单。由于待运提单上没有明确的装船日期,而且又不注明装运船的船名,因此在跟单信用证的支付方式下,银行一般都不接受这种提单。

当货物装船后,承运人在待运提单上加注装运船舶的船名和装船日期,就可以使待运提单成为已装船提单。

2. 以提单“收货人”一栏的记载为标准

(1)记名提单(Straight B/L)。

记名提单是指在提单“收货人”一栏内具体填上特定收货人名称的提单。记名提单只能由提单上所指定的收货人提取货物。记名提单,不得转让。

(2)不记名提单(Open B/L;Blank B/L;Bearer B/L)。

不记名提单是指在提单“收货人”一栏内记明应向提单持有人交付货物(to the Bearer 或 to the Holder),或在提单“收货人”一栏内不填写任何内容(空白)的提单。不记名提单,无需背书,即可转让。

(3)指示提单(Order B/L)。

指示提单是指在提单“收货人”一栏内只填写“凭指示”(to Order)或“凭某人指示”(to the Order of×××)字样的提单。指示提单,可经过记名背书或空白背书后转让。

3. 以对货物外表状况有无批注为标准

(1)清洁提单(Clean B/L)。

清洁提单是指没有任何有关货物残损、包装不良或其他有碍于结汇的批注的提单。在正常情况下,向银行办理结汇时,都应提交清洁提单。

(2)不清洁提单(Unclean B/L or Foul B/L)。

不清洁提单是指承运人在提单上加注有货物及包装状况不良或存在缺陷,如水湿、油渍、污损、锈蚀等批注的提单。

实践中,当货物及包装状况不良或存在缺陷时,托运人会出具保函,并要求承运人签发清洁提单,以便能顺利结汇。由于这种做法掩盖了提单签发时的真实情况,因此承运人将会承担由此而产生的风险责任。

4. 以不同的运输方式为标准

(1)直达提单(Direct B/L)。

直达提单是指由承运人签发，货物从装货港装船后，中途不经过转船而直接运抵卸货港的提单。

(2)转船提单(Transhipment B/L or Through B/L)。

转船提单是指在装货港装货的船舶不直接驶达货物的目的港，而要在中途港换装其他船舶运抵目的港，并由承运人为这种货物运输签发的提单。

(3)多式联运提单(Combined Transport B/L；Intermodal Transport B/L；Multimodal Transport B/L)。

多式联运提单是指货物由海路、内河、铁路、公路和航空等两种以上不同运输工具共同完成全程运输时所签发的提单。多式联运提单一般由承担海运区段运输的船公司签发，主要用于集装箱运输。

5.以提单签发人的不同为标准

(1)由班轮公司所签的提单(班轮提单，Liner B/L)。

该种提单是指在班轮运输中，由班轮公司或其代理人所签发的提单。在集装箱班轮运输中，班轮公司通常为整箱货签发提单。

(2)由无船承运人所签的提单(NVOCC B/L)。

该种提单是指由无船承运人或其代理人所签发的提单。

6.以签发提单的时间为标准

(1)预借提单(Advanced B/L)。

预借提单是指由于信用证规定的装运期或交单结汇期已到，而货物尚未装船或货物尚未装船完毕时，应托运人要求而由承运人或其代理人提前签发的已装船提单。即托运人为能及时结汇而从承运人处借用的已装船提单；或者当托运人未能及时备妥货物，或者船期延误使船舶不能如期到港，托运人估计货物装船完毕的时间可能要超过信用证规定的装运期甚至结汇期时，就可能采取从承运人那里借出提单用以结汇的办法。

(2)倒签提单(Anti - date B/L)。

倒签提单是指在货物装船完毕后，应托运人的要求，由承运人或其代理人签发的提单，但是该提单上记载的签发日期早于货物实际装船完毕的日期。即托运人从承运人处得到的以早于货物实际装船完毕的日期作为提单签发日期的提单。由于倒填日期签发提单，所以称为“倒签提单”。

(3)顺签提单(Post - date B/L)。

顺签提单是指在货物装船完毕后，承运人或其代理人应托运人的要求而签发的提单，但是该提单上记载的签发日期晚于货物实际装船完毕的日期。即托运人从承运人处得到的以晚于该票货物实际装船完毕的日期作为提单签发日期的提单。由于使用了顺签日期来签发提单，所以称为“顺签提单”。

二、海运单

(一)海运单概述

1.海运单的定义

海运单(Sea Waybill,简称SWB),是证明海上货物运输合同和货物已经由承运人接管或装船,以及承运人保证将货物交给指定收货人的一种不可转让的单证。

2.海运单的发展

随着各国经济的发展及经济全球化的趋势,国际贸易的内涵与形式也在不断地发生着变化。世界上的货物运输形式不仅已从传统的单一运输方式发展到了国际多式联运“门到门”的先进运输组织方式,还溶入了现代物流的理念。人们早已熟悉和习惯的航空货物运输、公路货物运输和铁路货物运输中均是在没有“物权凭证”的情况下,凭海运单进行的。因此,在货主不需要转让运输途中货物的情况下,就可以选择使用简便易行的海运单。

由于采用海运单提货比提单更及时、更安全、更简便,20世纪70年代后期,使用海运单的国家越来越多。我国的船公司在20世纪90年代中期开始使用海运单。

3.海运单的作用

(1)是承运人收到货物或者货物已经装船后,签发给托运人的一份货物收据;

(2)是承运人与托运人之间订立海洋货物运输合同的证明。

4.海运单的优点

在一定条件下,海运单具有迅捷、简便、安全的特点。

(二)海运单的使用

1.签发海运单的要求

在使用海运单而不使用提单时,海运单仍是根据双方一致同意的条件(如运费预付或到付、待运或已装船等)来签发的。

2.签发海运单的份数

通常只签发一份正本海运单,但如经请求,也可签发两份或两份以上的正本海运单。

3.海运单流转程序

(1)承运人签发海运单给托运人。

(2)承运人在船舶抵达卸货港前向海运单上记名的收货人发出到货通知书。到货通知书表明这批货物的运输是根据海运单进行的。

(3)收货人在目的地出示有效身份证件证明他确系海运单上记载的收货人,并将其签署完的到货通知书交给承运人的办事机构或当地代理人,同时出示海运单副本。

(4)承运人或其代理人签发提货单给收货人。

(5)这批货物的运费和其他费用一经结清,同时办好海关等所有按规定应办理的所有程序,收货人便可以提货了。

三、铁路运输单据

(一)铁路运单

铁路运单(Rail Waybill)的全称是国际铁路货物联运单据(International Through Waybill),它是国际联运中铁路承运人与托运人之间的运输契约,也是铁路承运人收到货物后签发的货物收据,规定了铁路和收、发货人在货物运输中的权利和义务,对铁路、发货人和收货人三方都具有法律约束力。

当发货人向始发站提交全部货物,并付清应由发货人付清的一切费用,经始发站在运单正本及副本上加盖注明日期的印章证明货物已被接管时,即认为运输契约已经生效。

铁路运单的副本是始发站铁路签发给发货人作为货物已经交运的凭证和凭以向银行办理货款结算的单据。运单正本则随同货物由始发站送至终点站,在收货人付清应由其支付的运杂费后,与货物一起交给收货人。由于收货人向铁路提取货物时,无需提交运单,因此铁路运单并非物权凭证,也不能通过背书进行转让和作为抵押品向银行融资。

(二)承运货物收据

承运货物收据(Cargo Receipt),是由接受托运的中国对外贸易运输公司对运往香港或澳门的货物在其装上火车后签发给托运人的一份承运货物收据。它既是承运人与托运人之间的运输契约,又是出口方凭以办理结汇和香港或澳门的收货人凭以提货的凭证。外运公司要对该批货物的全程运输负责。

承运货物收据只签发一张,第一联即凭提货物联。如需要两张,只能在副本收据上加盖外运公司章。

四、航空运单

1. 航空运单的定义

航空运单(Air Waybill,简称 AWB),是航空运输货物的主要单据,它是承运人或其代理人与托运人之间的运输契约,也是承运人或其代理人收到指定货物后向托运人签发的货物收据。

2. 航空运单的特点

(1)航空运单不代表货物所有权,不能转让,也不能凭运单提货。

(2)货到目的地后,收货人凭承运人的到货通知和身份证明提取货物。所以航空运单的收货人必须做成“记名抬头”方式,而不能做成“指示抬头”。必须详细填写收货人的名称和地址。

(3)空运单正本交出口商办理结汇使用。

五、多式联运单据

多式联运单据(Multimodal Transport Document,简称 MTD),是指证明多式联运合同成立及证明多式联运经营人已收到指定货物,并负责按合同条款运输货物到目的地的单据。它是货物所有权的凭证,可以凭单据提取货物,也可以凭单据进行转让、流通或抵押。

从表面上看,它与海运提单中的联运提单有共同之处,但是本质上两者仍有较大区别。其主要区别如下:

(1)适用的运输方式不同。

两者所适用的运输方式虽然都是至少两种不同运输方式组成的联合运输,但是联运提单只适用于由海运与其他不同的运输方式尤其是以海运为第一运程所组成的联合运输,而多式联运单据所适用的多式联运是由任何两种或两种以上不同运输方式组成的联合运输。

(2)签发运输单据人的身份不同。

联运提单由第一运程的承运人或其代理人签发,而多式联运单据由多式联运经营人或其代理人签发。

(3)签发运输单据人的责任范围不同。

联运提单与多式联运单据虽然都是包括全程运输的联合运输单据,但是签发海运提单的承运人仅对第一运程运输负责,而签发多式联运单据的承运人要对全程运输负责。

六、邮政收据

1. 邮政收据的定义

邮政收据(Post Receipt),是邮政运输的主要单证,是邮政部门或国际信使专递公司在收到由其负责邮递的信函、样品或包裹等邮件后,向寄件人出具的注有寄发日期的货物收据,也是邮件发生灭失或损坏事故后寄件人或收件人向邮政部门索赔的凭证。

2. 邮政收据的特点

邮政收据不代表货物所有权,既不能转让,也不能凭收据提货。邮包运输由邮局通知单指定人凭据身份证明提货。

第三节 装运条款

装运条款是买卖合同的主要条款,包括装运时间、装货港、卸货港、是否允许分批装运等条款。在国际贸易合同的履行过程中,装运的安排往往需要由买卖双方的互相配合、共同安排才能顺利完成。卖方将货物何时及如何交付给买方是需要在国际贸易合同的有关装运条款中明确规定的，明确、合理地规定装运条款，是保证进出口合同履行的重要条件。

装运条款的订立与合同的性质和运输方式有着密切关系，我国进出口货物大部分是通过海洋运输，所以进出口合同大部分是 FOB、CIF 和 CFR 贸易条件项下的合同。以下主要介绍以这 3 种贸易术语成交，采用海洋运输方式的进出口贸易合同的装运条款。

一、装运时间

装运时间又称装运期，是指卖方按照贸易合同中的规定将货物何时交付给买方或承运人的期限。这是合同的主要条款，如卖方违反这一条件，买方有权撤销合同，并要求卖方赔偿损失。履行 FOB、CIF、CFR 合同时，卖方只需在装运港将货物装上船，取得代表货物所有权的单据，就算完成了交货任务。因此，装运时间（Time of Shipment）和交货时间（Time of Delivery）是同一概念，但是在采用其他价格术语成交时，“装运”与“交货”则是两个完全不同的概念。

（一）装运时间的规定方法

1. 明确规定具体的装运时间

（1）订明某年某月装运，如 2007 年 7 月装运（Shipment during July，2007）；跨月装运，如 2007 年 1～2 月装运（Shipment during Jan. /Feb. ，2007）

（2）规定某月某日前装运或某月底前装运，如 2007 年 1 月 15 前装运（Shipment on or before Jan. 15th，2007）；2007 年 1 月底前装运（Shipment at or before the end of Jan. 2007.）

2. 规定在收到信用证后若干天装运

如收到信用证后 30 天之内装运（Shipment within 30 days after receipt of L/C）。采用这种方式，应在合同中规定买方开立信用证的时间。否则，可能会因买方拖延开证而时间或拒绝开证使卖方决定是否或何时开始备货方面很被动。

3. 规定收到电汇后若干天装运

采用汇付方式收款时可使用这种方法。

4. 笼统规定近期装运

这种方法不规定具体期限，如“立即装运”（Immediate Shipment）、“尽快装运”（Shipment as soon as Possible）、即刻装运（Prompt Shipment）等。这种方法各国解释不一致，容易引起纠纷，应慎重采用。

（二）规定装运时间应注意的问题

（1）应该考虑货源和船期的实际情况。

（2）尽量明确规定装运期，少用或不用笼统规定装运期的方法。

(3)要考虑装运港或目的港的特殊地理和季节因素。

(4)要考虑运输情况。对有直达船和航次较多的港口,装运期可短一些,对无直达船或偏僻的港口,装运期要长一些。

二、装运港(地)和目的港(地)

(1)装运港和目的港通常各规定一个。

如装运港——大连;目的港——纽约。按实际业务需要,也可分别规定两个或两个以上的港口。

(2)签约时无法确定装运港或目的港时,可采用选择港的方法。

规定选择港有两种方法:一种是在两个或两个以上的港口中选择一个,如"CFR伦敦/汉堡/鹿特丹",这种方法主要由买方选择某一港口卸货。另一种笼统规定某一区域为装运港或目的港。

(3)确定装运港和目的港应注意的问题。

①尽量明确规定国外装运港或目的港,避免采用如"欧洲主要港口"等笼统规定。

②尽量不接受以内陆城市为装运港或目的港的条件,否则我方要多承担从港口到内陆城市的运费和风险。

③应注意国外港口是否有重名,如有重名,应在合同中明确标明港口所在的国家或地区的名称。

三、部分发运和转运

部分发运(Partial Shipment),是指将同一合同项下的货物分若干批次装运。但对同一船只、同一航次的多次装运,只要运输单据注明的目的地相同,即使提单上有不同的装运期或装运港口,也不视为部分装运。

转运(Transshipment),是指货物在装运港装船后,在中途将货物卸下,再装上其他的运输工具完成的运输。

根据《跟单信用证统一惯例》(UCP600)第 31 条:允许部分支款和部分发运。如合同未明确是否允许分批、转船,应视为允许。但为了避免争议,一般应在合同中明确规定是否允许分批或转运。例如,允许部分装运和转运(Partial shipment and transshipment to be allowed)。

对于部分发运条款,有些合同只简单规定"允许部分发运",而不加其他限制,即只要卖方交货的总量与合同规定相符,交货的批次及每批数量可以不受限制;有些对批量、分批间、分批次数都有明确规定,则卖方应严格按合同规定定批、定量、定期分运。另外,根据《跟单信用证统一惯例》(UCP600)第 32 条:如信用证在指定的时间段内分期支款或分期发运,任何一期未按信用证规定期限支款或发运时,信用证对该期及以后各期均告失效。即如果在信用证规定的时间内部分发运,只要其中一批未按规定装运，则该批及以后各批均告失效。

例如，信用证规定："Shipment during May/June/July, first shipment 100M/T, second shipment 200M/T, third shipment 300M/T"，受益人交货必须按此规定办理，即5月份交100公吨，6月份交200公吨，7月份交300公吨。又如，信用证规定：装运数量600箱，"Each month 200 cases beginning from March"。即3、4、5三月，每月各装200箱，叫作定期定量部分发运条款，如其中有一期未按期限装运，银行对该期及以后各期均有权拒付货款。

C 案例启迪

部分发运条款的纠纷案

某公司向德国出口某冷冻商品1500箱，合同规定1～5月按同等数量装运，每月300箱，凭即期信用证付款。客户按时开来信用证，我方1～3月份交货正常，顺利结汇。但在4月份时，由于船期延误，拖迟到5月6日才装运出口，而海运提单则倒签为4月30日，并送银行议付，议付行也未发现问题。后来在5月10日，该公司又在同船装运300箱运往目的地，开具的提单为5月10日。进口商取单时发现问题，便拒绝收货。

请问：进口商为何拒收货物？该出口公司的失误在哪里？

分析：该公司的失误是：

(1)4月份拖延了交货期，并将5月6日装运出口的货物装船提单日期倒签为4月30日，这是违法行为。

(2)最严重的错误是，5月10日将信用证中规定分月等量装运的货物与5月6日的货物装在同一船只上，这个错误无疑告诉对方4月30日的提单是倒签的。要求部分发运的货物装在同一只船上，本身也违背了信用证中关于部分发运的规定。

进口商拒收货物的理由如下：

(1)卖方倒签提单的行为成立，这是一种侵权行为。

(2)虽然对5月6日装运的300箱货物，是按信用证规定的时间和数量装运，但进口商按照前批(4月份)应装的货物未按时装运为由可判决5月10日装运的货物无效。具体可参见《跟单信用证统一惯例》(UCP600)第32条之规定。

四、装运通知

装运通知(Advice of Shipment)，是国际贸易合同装运条款中不可缺少的内容。规定装运通知，是要明确买卖双方的责任，共同做好车、船、货的衔接工作，便于及时办理货运保险，保证货物安全。尤其是在 CFR 贸易术语条件下成交时，装运通知具有特殊意义。总之，在装运条款中明确规定装运通知的相关工作内容，有利于国际贸易合同的顺利履行。

五、滞期、速遣条款

滞期和速遣条款是在定程租船的大宗商品买卖合同中，需要明确规定的一个条款。这是一种奖罚条款。

滞期费，就是负责装卸货物的一方未能按合同约定的装卸期限完成货物的装卸，则需向船方交纳延误船期的罚款。

速遣费，是指负责装卸货物的一方在合同约定的装卸期限内提前完成货物的装卸作业，可以从船方取得奖金。按惯例，速遣费通常是滞期费的一半。

滞期费、速遣费与装卸时间的长短关系密切。因此，在合同中必须合理地规定装卸时间的计算方法。合同中规定装卸时间的主要计算方法是以日为单位计算的。装卸的起算时间一般以船长向租船人或代理人递交“装卸准备就绪通知书”后的一定时间起算，如上午递交，下午开始起算装卸时间。装卸的终止时间以货物装完或卸完的时间为准。

六、其他装运条款

在同美国贸易的合同中，为了取得运费的优惠，可采用 OCP 条款。OCP 是 Overland Common Points 的缩写，意为“内陆公共点”。美国把北起达科他州、南至新墨西哥州直到东部沿海地区规定为 OCP 地区，按 OCP 运输条款达成交易，既可享受美国内陆运输的优惠费率，又可享受 OCP 海运的优惠费率。因此，对美贸易，采用 OCP 运输条款，对进出口双方都有利。

采用 OCP 条款时，要求：

(1)货物最终目的地在 OCP 范围内。

(2)必须经美国西海岸港口中转。所以，签订 CFR/CIF 合同时，目的港就应选择在美国西海岸港口。

(3)海运提单上必须注明 OCP 字样。

S 复习思考

1. 国际货物运输方式都有哪些选择？
2. 海运提单有什么性质和作用？主要有哪些种类？
3. 国际多式联运提单与海运联运提单有什么区别？
4. 什么是 OCP 条款？采用该条款时要注意哪些问题？

E 能力训练

某企业以 CIF 合同出口柴油机一批共 15 箱，每箱毛重为 0.382t，每件箱子的尺码是 95cm×80cm×90cm。在青岛装中国远洋运输公司轮船，经香港转运至苏丹港，试计算该批货物的运费是多少？

提示：经查阅，柴油机(Diesel Engine)货物分级表，属于 10 级货，计算标准为 W/M；从“中国—香港航线费率表”中查得 10 级货物从青岛到香港的费率为 22 美元，香港中转费率为 13 美元；从“香港—红海航线费率表”中查得 10 级货物费率为 95 美元；最后查“附加费率”，得知苏丹港要收取基本运费 10%的港口拥挤附加费。

第九章 国际货物运输保险

学习导引

通过学习本章，掌握海上货物保险的风险、损失和费用，承保责任范围，海上保险的险别和承保责任的起讫期限，伦敦保险业协会海运货物条款，保险金额和保险费的计算及其他运输方式的保险；了解其他相关知识，学会操作货运保险基本业务及订立合同的保险条款。

能力提示

通过对本章的学习和训练，具备办理国际贸易保险业务的基本理论知识与业务能力、综合分析能力，胜任本职工作的能力，具备良好的知识素质和实践能力。

国际货物运输保险是指保险人与被保险人订立保险合同，在被保险人缴纳约定的保险费后，保险人根据保险合同的规定，在被保险货物发生承保责任范围内的损失和费用时，给予经济补偿。

国际货物运输保险属于财产保险的范畴，是一种特殊形式的财产保险。在国际货物买卖中，货物由卖方所在地运到买方所在地的整个运输装卸和存储过程中，可能会因遇到各种难以预料的风险而遭受损失，为了使货物在遇险损失时能得到一定的经济补偿，卖方或买方就需要事先办理货物运输保险。

根据国际货物运输方式的不同，可把国际货物运输保险分为海洋运输保险、陆路运输保险、航空运输保险、集装箱运输保险、国际多式联运保险等。但在实际业务中，海洋运输保险占重要地位。因此，以下将主要介绍海运保险。

第一节 海运险承保的范围及中国保险条款

一、海运险承保的范围

海运险承保的范围主要包括海上风险、海上损失及费用。

(一)海上风险

海上风险是指船舶或货物在海上航行中发生的或随附海上运输所发生的风险。海上风险主要包括自然灾害、意外事故两大类,还包括外来风险。

1. 自然灾害

自然灾害是指由于自然界的变化所产生的破坏而造成的灾害,是客观存在和人力无法抗拒的,是承保人承保的主要风险。主要包括地震、海啸、火山爆发、恶劣气候、雷电、冰山、浪击落海等。

2. 意外事故

意外事故是指由于人类不能预料和抗拒的原因所造成的事故,如船舶的触礁、搁浅、碰撞、火灾、爆炸、沉没、失踪等。

3. 外来风险

外来风险是指海上风险以外的其他外来原因所造成的风险。外来风险可分为一般外来风险和特殊外来风险。一般外来风险又包括淡水雨淋、受潮受热、串味发霉、偷窃、短量 、玷污、钩损锈损等。特殊外来风险包括战争、罢工、交货不到、拒收、黄曲霉素造成的损失等。

(二)海上损失

由于海上风险的存在,可能对货物造成损失,根据造成损失的原因和货物的损失程度,可将海上损失分为全部损失和部分损失两大类。

1. 全部损失

全部损失是指被保险货物全部遭受损失。按照损失情况不同,又分为实际全损和推定全损。

(1)实际全损。是指保险标的物的全部灭失,或保险标的物损坏后不能复原,或标的物失去了使用价值,以及载货船舶长期失踪无音讯等。根据我国《海商法》的规定,被保货物遭受实际全损后,可按其投保全额,获得全部损失赔偿。

(2)推定全损。是指被保险货物在海运途中遭受承保责任风险后,虽未达到全损程度,但可以预见全损将不可避免,或为了避免全损,需要支付的恢复、修复费用加上继续将货物运抵目的地的费用之和将超过保险价值。

在推定全损发生后,被保险人获得赔偿的情况有两种,一种是获得全部赔偿,另一种是获得部分赔偿。如果想获得全部赔偿,必须办理委付手续。委付是指保险标的发生推定全损时,被保险人自愿将保险标的的一切权力转移给保险人,请求保险人按保险标的的全部保险金额予以赔偿的表示。

2. 部分损失

部分损失是指被保险货物的损失没有达到全部损失的程度。按照损失的性质,可分为共同海损和单独海损。

(1)共同海损。是指在海运途中,载货船舶遇到危难时,为了维护船舶和货物的共同安全和航程的继续完成，船方自动、有意识地采取合理措施，所直接造成的某些特殊的牺牲或支出额外的费用。如载货船舶在搁浅时，为了使船舶脱险，将船上的一部分货物抛入海中；再如船舶某舱失火，船上载货为纸张，为了灭火而使纸张浸水也属于共同海损。

共同海损的成立必须具备以下条件：

①共同海损的危险必须是真实存在的，危及了船舶和货物的共同安全，不排除不行，而不是主观臆断。

②必须是自动、有意识地采取的合理措施。

③共同海损的牺牲必须是特殊性质的，费用损失必须是额外支付的。

④共同海损的损失必须是共同海损措施的直接、合理的后果。

共同海损的牺牲和费用都是为了船货的共同安全而支出的，因而应该由船舶、货物或付运费方按最后获救价值共同按比例分摊，这种分摊称为共同海损的分摊。

(2)单独海损。是指在海上运输中，由于保单承保风险直接导致的船舶或货物本身的部分损失，又不属于共同海损，由各受损者单独负担的损失。例如，载货船舶在航行中遭到风暴，掀起的巨浪致使海水入仓造成部分货物受损或将甲板上的货物掀入海中造成的损失。

共同海损与单独海损的区别：

①造成海损的原因不同　单独海损是由于海上风险直接造成的损失，而共同海损不是海上风险直接造成的，而是为了解除风险人为的自动牺牲所造成的损失。

②承担损失的责任不同　单独海损的损失一般由受损方自行承担，而共同海损的损失，则应由受益的各方按照受益的大小比例共同分摊。

③涉及的利益不同　单独海损只涉及到船货某一方的利益，而共同海损涉及船货的共同安全。

(三)海上费用

由于海上风险造成了被保险货物的损失，继而还会带来大量的费用支出，这种费用损失称为海上费用。主要包括施救费用和救助费用。

1.施救费用

施救费用是指被保险货物在遭受承保责任范围内的灾害事故时，被保险人或其代理人与受让人，为了避免和减少货物损失，采取各种抢救与防护措施所支出的合理费用。保险人对这种施救措施负责赔偿。

2.救助费用

救助费用是指被保险货物遭受承保范围内的灾害事故时，由保险人或被保险人之外的第三者采取救助措施并获得成功，由被救方给救助方的一种报酬。救助费用一般可列入共同海损费用项目，由保险人负责赔偿。根据国际上的法律规定，一般采取无效果无报酬的原则，但有些特殊商品例外。

3.施救费用与救助费用的区别

(1)采取行动的主体不同。施救是由被保险人及其代理人等采取行动，而救助是保险人和被保险人之外的第三者。

(2)给付报酬的原则不同。施救费用是施救不论有无效果，都予以赔偿，而救助费用则是“无效果无报酬”。

(3)保险人的赔偿责任不同。施救费用可在保险货物本身的保额以外，再赔一个保额，而救助费用的赔偿是以不超过获救财产的价值为限，不得超过货物的保额。

(4)救助行为一般总是与共同海损联系在一起，而施救费用并非如此。[1]

C 案例启迪

保险条款的填写要明确具体[1]

案情简介：G公司以CIF价格条件引进一套英国产检测仪器，因合同金额不大，合同采用简式标准格式，保险条款一项只简单规定“保险由卖方负责”。到货后，G公司发现一部件变形影响其正常使用。G公司向外商反映要求索赔，外商答复仪器出厂经严格检验，有质量合格证书，非己方责任。后经商检局检验认为是运输途中部件受到振动、挤压造成的。

G公司于是向保险代理索赔，保险公司认为此情况属“碰损、破碎险”承保范围，但G公司提供的保单上只保了“协会货物条款”而没保“碰损、破碎险”，所以保险公司无法付索赔。

G公司无奈只好重新购买此部件，既浪费了金钱，又耽误了时间。

分析要点：

(1)在保险条款中，应包括投保金额、保险险别及采用的条款等几个方面的内容。

(2)无论进口或出口，都应考虑被保货物运输中可能遭遇的风险与损失，并根据货物的包装情况及出口情况来选择适当的险别加以投保。

分析：

(1)G公司业务人员想当然地以为合同规定卖方投保，卖方就一定会保“一切险”或伦敦“协会货物条款”(A)。而按照贸易术语的解释，在CIF条件下，如果合同没有具体规定，卖方只需要投保最低责任范围险别，即“平安险”和伦敦“协会货物条款”(C)就算履行了其义务。

(2)解决办法。①当进口合同使用CIF、CIP等由卖方投保的价格术语时，一定要在合同上注明按发票金额的110%投保的具体险别及附加险。②进口合同尽量采用CFR、CPT等价格术语，由买方在国内办理保险。③根据货物的特点选择相应险别及附加险。

---

[1] 资料来源：幸理. 国际贸易实务案例与分析. 武汉：华中科技大学出版社：101-102.

二、中国保险条款

中国人民保险公司参照国际保险市场的一般习惯做法，结合我国的实际情况，自行定制了各种保险条款，总称为“中国保险条款”(China Insurance Clause，缩写CIC)。货物运输保险条款是它的重要组成部分，主要包括海洋、陆上、航空和邮包等不同运输方式的货物保险条款，以及各种附加险条款。此部分主要介绍海洋货物运输保险，其他货物运输保险条款将在第三节中作一介绍。

(一)承保责任范围

1.基本险

基本险是指可以单独向保险公司投保的险别。主要包括平安险、水渍险和一切险。在被保险货物遭受损失时，本保险按照保险单上订明承保险别的保险条款规定，负赔偿责任。

(1)平安险(Free from Particular Average，简称 FPA)。

平安险，按英文的名称可译为单独海损不赔，即保险人只对标的物承保范围内所发生的全部损失和共同海损负赔偿责任，而不负责单独海损。但是目前的海上保险事务中已有所改变，保险人对于特定的意外事故等所引起的单独海损亦给予承保。但对于自然灾害造成的单独海损依然不保。

平安险的责任范围是：

①被保险货物在运输途中，由于恶劣气候、雷电、海啸、地震、洪水等自然灾害所造成的整批货物全部损失或推定全损。若被保险的货物用驳船运往或运离海轮时，则每一驳船所装的货物可视为一整批。当被保险人要求赔付推定全损时，需将受损货物及其权利委托给保险公司。

②由于运输工具遭受搁浅、触礁、沉没、互撞、流冰或其他物体碰撞，以及失火、爆炸等意外事故造成货物的全部或部分损失。

③在运输工具已经发生搁浅、触礁、沉没、焚毁等意外事故的情况下，货物在此前后又在海上遭受恶劣气候、雷电、海啸等自然灾害所造成的部分损失。

④在装卸或转运时，由于一件或数件，甚至整件货物落海造成的全部或部分损失。

⑤被保险人对遭受承保责任内危险的货物采取抢救、防止或减少货损的措施而支付的合理费用。但以不超过该批被救起货物的保险金额为限。

⑥运输工具遭遇海难后，在避难港口由于卸货所引起的损失，以及在中途港、避难港由于卸货、存仓及运送货物所产生的特别费用。

⑦共同海损的牺牲、分摊和救助费用。

⑧运输契约订有“船舶互撞责任”条款，根据该条款规定，应由货方偿还船方的费用。

(2)水渍险(With Particular Average or with Average，简称 WPA 或 WA)。

水渍险，其英文含义是对单独海损负赔偿责任，即对平安险不负责任的由于自然灾害造成的部分损失也负赔偿责任。水渍险的责任范围除包括平安险的各项责任外，还负责对被保险货物由于恶劣气候、雷电、海啸、地震、洪水等自然灾害所造成的部分损失负赔偿责任。

(3)一切险(All Risks)。

一切险，是海上货物运输保险中承保责任范围最大的一种基本险别。它除包括上述平安险和水渍险的各项责任外，还负责被保险货物在运输途中，由于一般外来风险所致的全部或部分损失。因此，一切险是平安险、水渍险和一般附加险的总和。

2. 附加险

附加险是指不能单独承保的险别，只能依一项基本险而立。附加险是对基本险的扩大和补充，是由被保险人根据个人运输条件的需要在基本险的基础上加投了一种或几种附加险，并需另外支付保险费。

附加险主要有以下 2 种类型：

(1)一般附加险。

目前，中国人民保险公司承保的一般附加险主要有下列 11 种：

①偷窃、提货不着险　对偷窃行为所致的损失和整件提货不着等损失，由保险公司予以赔偿。

②淡水雨淋险　对被保险货物因直接遭受雨淋或因淡水所致的损失，保险公司负赔偿责任。

③受潮受热险　对被保险货物在运输过程中，因气温突然变化或由于船上通风设备失灵，致使船舱内水汽凝结，发潮或发热所造成的损失由保险公司负责赔偿。

④混杂玷污险　对被保险货物在运输过程中，因与其他物质混杂，或被玷污而使产品质量下降所造成的经济损失由保险公司负责赔偿。

⑤包装破裂险　对被保险货物在运输过程中，因搬运或装卸不慎，致使包装破裂所造成的损失，以及为继续运输安全所需要对包装进行修补或调换所支出的费用，均负责赔偿。

⑥碰损、破碎险　对被保险货物在运输过程中，因振动、碰撞、挤压、颠簸造成的破碎和断裂等损失，由保险公司负责赔偿。

⑦渗漏险　对流质和半流质的液体和油类物质，在运输过程中因容器损坏而引起的渗漏损失负赔偿责任。

⑧短量险　对被保险货物在运输途中，因外包装破裂或散装货物发生数量散失和实际重量短缺的损失负赔偿责任。

⑨串味险　对被保险的食品、中药材、化妆品原料等货物，在运输过程中因受其他物品的影响而引起的串味损失负赔偿责任。

⑩钩损险　对被保险货物在装卸过程中，因使用吊钩等工具所造成的损失，由保

险公司负责赔偿。

⑪锈损险　对被保险货物在运输过程中，因生锈造成的损失负赔偿责任。但裸装的金属板、条、管等除外。

以上 11 种附加险，在保一切险时不需加保，但保平安险和水渍险时可选择加保。

(2)特殊附加险。

特殊附加险是以导致货损的某些政治风险作为承保对象的，不包括在一切险范围内。特殊附加险主要有以下几种：

①战争险　对直接由于战争、类似战争和敌对行为、武装冲突或海盗行为造成的运输货物的损失，以及由此而引起的捕获、拘留、扣押等造成的货物损失，或者由于各种常规武器(包括水雷、鱼雷)所造成的货物损失，以及由于上述各种原因引起的共同海损的牺牲、分摊和救助费用，由保险公司负责赔偿。但由原子弹、氢弹等核武器造成的损失除外。

②罢工险　对被保险货物，由于罢工被迫停工或工人参加工潮、暴动、民众斗争等人员的行动，或任何人的恶意行为所造成的直接损失，以及由于上述行为所引起的共同海损的牺牲、分摊和救助费用，由保险公司负责赔偿。

③交货不到险　不论何种原因，从被保险货物装上船开始，在 6 个月内不能运到原定目的地交货，就视为交货不到，由保险公司负责赔偿。

④进口关税险　是指对由于货物受损，仍需按完好价值缴进口关税所造成的损失，保险公司对损失部分货物的进口关税负责赔偿。

⑤舱面险　对装在船舶甲板上的货物，必须加保舱面险，否则保险公司对损失不负责任。加保后，保险公司除按保单所载条款外，还赔偿被抛弃或浪击落海的损失。

⑥黄曲霉素险　是指对谷物、花生等易产生黄曲霉素的货物，加保此险。当含量超过进口国标准时被拒绝进口、没收或强制改变用途而遭受损失的，保险公司负责赔偿。

⑦拒收险　对被保险货物在进口港被进口国有关当局拒绝进口或没收所致的损失进行赔偿。

此外，还有出口货物到香港(包括九龙在内)或澳门存仓火险责任扩展条款。

(二)除外责任

除外责任是指保险公司明文规定不予承保的损失和费用。除外责任中所列的各项致损原因，一般都是非意外的、偶然性的或者是比较特殊的风险，由保险公司明确作为一种免责规定。除外责任还可起到划清保险人、被保险人和发货人之间应负责任的作用。海洋货物运输保险的 3 种基本险别，对下列损失保险公司均不负责赔偿：

(1)因被保险人的故意行为或过失所造成的损失。

(2)属于发货人责任所引起的损失。

(3)在保险责任开始前，被保险货物已存在品质不良或数量短差所造成的损失。

(4)被保险货物的自然损耗、本质缺陷，以及市价跌落、运输延迟所引起的损失及费用。

(5)本公司海洋运输货物战争险条款和货物运输罢工险条款规定的责任范围和除外责任。[1]

C 案例启迪

保险的除外责任[1]

案情简介:我国A公司与荷兰B商签订一份出口皮手套合同,价格条件为CIF鹿特丹,向中国人民保险公司投保一切险。生产厂家在生产的最后一道工序时,将手套的湿度降低到了最低程度,然后用牛皮纸包好,装入双层瓦楞纸箱,再装入20英尺(609.6cm)集装箱,卖方按合同规定凭出口地检验合格证装船并结汇完毕。货物到达鹿特丹后,荷兰B商将货物送当地检验机构检验,检验结果表明,全部货物湿、霉、玷污、变色,损失价值达8万美元。随即向我保险公司提出索赔,保险公司接到索赔要求后,委托代理荷兰保险公司进行实地调查。经分析认为,该批货物的出口地不是异常热,进口地鹿特丹也不是异常冷,运输途中均无异常,完全属于正常运输。因此,中国人民保险公司拒绝赔偿。

分析要点:基本险的除外责任,是指保险人不负责赔偿的损失或费用,即在投保基本险别的条件下,对于上文所述5项损失并不负责赔偿。

分析:本案例涉及的是保险公司的责任及谁该对货损负责赔偿的问题。

(1)皮手套在正常的温度状况下运输,货物湿、霉、玷污、变色,不是运输过程中外来因素造成的,或由于自然灾害造成的,而应是商品本身的内在质量缺陷,即生产过程中没有把水分处理到符合该产品应有的干湿度。商品本身的内在质量缺陷,属保险公司的除外责任。《中国人民保险公司海洋运输货物保险条款》的"除外责任"条款规定:"被保险货物的自然损耗、本质缺陷、特性,以及市价跌落、运输延迟所引起的损失或费用"保险公司不负赔偿责任。

(2)根据《海商法》第51条规定,在运输责任期间货物发生的灭失或者损坏是"由于货物的自然特性或者固有缺陷"造成的,承运人不负赔偿责任。CIF合同属象征性交货性质的合同,卖方凭单交货,买方凭单付款,卖方所提交的单据符合买卖合同,卖方即应付款,所实际交付的货物不符合同,买方可凭货抵目的港后的检验证书向卖方索赔。如果是商品本身的内在质量缺陷,卖方理应负责赔偿。

---

[1] 资料来源:幸理.国际贸易实务案例与分析.武汉:华中科技大学出版社:102-103.

(三)保险责任的起讫

保险责任的起讫,又称保险期限,是指保险人对被保险货物承担保险责任的有效时间。被保险货物如果在有效期限内发生保险责任范围内的风险损失时,被保险人有权进行索赔,否则无权索赔。参照国际保险市场惯例,我国海运货物保险基本险的责任起讫遵循“仓至仓条款”(Warehouse to Warehouse Clause)原则。

1.基本险的责任起讫

本保险负“仓至仓”责任。“仓至仓”条款是指自被保险货物运离保险单所载明的起运地仓库或储存处所开始运输时生效,包括正常运输过程中的海上、陆上、内河和驳船运输在内,直至该项货物到达保险单所载明的目的地收货人的最后仓库或储存处所,或被保险人用作分配、分派或非正常运输的其他储存处所为止。如未抵达上述仓库或储存处所,则以被保险货物在最后卸载港全部卸离海轮后满 60 天为止。如在上述 60 天内被保险货物需转运到非保险单所载明的目的地时,则以该项货物开始转运时终止。

“扩展责任”条款是指当发生非正常运输的情况下,如由于被保险人无法控制的运输延迟、绕道、被迫卸货、重新装载、航线变更等,致使被保险货物运到非保险单所载明的目的地时或无法在约定时间运到指定目的地时,被保险人应及时通知保险人,并在必要时加交保险费的情况下,本保险仍继续有效。

保险责任按下列规定终止:

(1)被保险货物如在非保险单所载明的目的地出售,保险责任至交货时为止,但不论任何情况,均以被保险货物在卸载港全部卸离海轮后满 60 天为止。

(2)被保险货物如在上述 60 天期限内继续运输保险单所载原目的地或其他目的地时,保险责任仍按上述第一款的规定终止。

在办理扩展责任时,必须注意,在买卖合同的保险条款中对扩展期限和扩展地点应作出具体明确的规定。

2.附加险责任起讫

海运货物战争险的责任起讫不遵守“仓至仓”条款,而是以“水上危险”为依据。责任起讫是自保险单所载明的起运港装上海轮或驳船时开始生效,直至到达保险单所载明的目的地港卸离海轮或驳船时为止。如果被保险货物不卸离海轮或驳船,则保险责任以海轮达到目的港当日午夜起 15 天为止。如果在中途转船,则不论货物在当地卸载与否,保险责任以海轮到达该港或卸货地点的当日午夜起算满 15 天为止,等到再装上续运海轮时责任恢复有效。罢工险对保险责任的起讫的规定与战争险不同,适用“仓至仓”条款。

第二节　伦敦保险协会海运货物保险条款

在国际保险市场上,英国伦敦保险协会所制定的《协会货物保险条款》(Institute Cargo Clauses,简称 ICC)对世界各国有着广泛和重要的影响。目前,世界上很多国家，在海上保险业务中，直接采用该条款，或者在制定本国保险条款时参考或部分参考采用该条款。如我国按 CIF 或 CIP 条件成交出口货物，虽然一般以中国人民保险公司所制定的保险条款为依据，但如果外商要求采用《协会货物保险条款》时，我国出口企业和保险公司一般均可接受。因此，我们要对《协会货物保险条款》进行了解掌握，以利更好地运用保险条款正确处理货运保险问题。

《协会货物保险条款》最早制定于 1912 年，为了适应国际贸易、航运法律等方面的发展变化，曾对该条款进行过多次补充和修订，最后一次修改完成于 1982 年，并于 1983 年 4 月 1 日起正式实行。

一、协会货物保险条款的种类

ICC 条款共有以下 6 种险别：

(1)协会货物 A 险条款[Institute Cargo Clauses A，简称 ICC(A)]；

(2)协会货物 B 险条款[Institute Cargo Clauses B，简称 ICC(B)]；

(3)协会货物 C 险条款[Institute Cargo Clauses C，简称 ICC(C)]；

(4)协会战争险条款(货物)(Institute War Clauses——Cargo)；

(5)协会罢工险条款(货物)(Institute Strikes Clauses——Cargo)；

(6)恶意损害险条款(Malicious Damage Clauses)。

上述 6 种险别中 ICC(A)、ICC(B)、ICC(C)三种险别属于基本险，对承保风险及除外责任均有明确的规定，因而都可以单独承保。战争险和罢工险也有独立完整的结构，如果征得保险公司同意，必要时也可以独立承保，只有恶意损害险条款不能独立承保。也即前 5 种险别均可单独投保。

在 ICC 条款中，前 5 种险别均按条款的性质统一划分为 8 项主要内容，即承保范围、除外责任、保险期限、索赔、保险利益、减少损失、防止延迟、法律与惯例。

ICC 条款的特点主要表现在以下几个方面：

(1)ICC 条款的战争险和罢工险在需要时能单独投保。

(2)ICC 条款的各种险别取消了按全部损失与部分损失区分险别的规定。

(3)ICC 条款的各种险别赔偿时不计免赔率。

(4)ICC 条款规定的保单是一种空白格式的保险单，其内容简洁、明确，不包括保险条件，也取消了附注。

(5)ICC 条款增加了可保利益条款、续运费条款、增值条款、放弃条款、法律与惯例条款。

二、协会货物(A)险条款

1. ICC(A)险的承保责任范围

ICC(A)险的承保范围较广，对承保风险的规定采用“一切风险减除外责任”的概括式规定方法，即除了“除外责任”项下所列的风险保险人不予负责外，其他风险均予负责。ICC(A)险相当于中国的一切险。

2. ICC(A)险的除外责任

(1)一般除外责任。

一般除外责任主要包括：

①被保险人故意的不法行为所造成的损失和费用；

②由于包装或准备不足或不当所造成的损失和费用；

③因保险标的物的内在缺陷或特征所造成的损失与费用；

④保险标的物的自然渗漏、重量或容量的自然损耗或自然磨损；

⑤因船舶所有人、经理人、租船人经营破产或不履行债务所造成的损失或费用；

⑥直接由于延迟所引起的损失和费用；

⑦由于使用任何原子或热核武器所造成的损失或费用。

(2)不适航、不适货除外责任。

主要是指被保险人在保险标的物装船时已知船舶不适航，以及船舶、运输工具、集装箱等不适货。

(3)战争除外责任。

主要是由于战争、内战、敌对行为等造成的损失和费用，由于捕获、拘留、扣留(海盗除外)所造成的损失，由于漂流水雷、鱼雷等造成的损失和费用。

(4)罢工除外责任。

主要是指由于罢工、被迫停工所造成的损失和费用，由于罢工者、被迫停工工人等造成的损失或费用，任何恐怖主义者或出于政治动机而行动的人为所致的损失或费用。

三、协会货物(B)险条款

ICC(B)险对承保风险的规定是采用列明风险的方式，即把所承担的风险一一列举，凡属于承保责任范围内的损失，无论是全部损失还是部分损失，保险公司按损失程度均负责赔偿。ICC(B)险的责任范围比ICC(A)险要小，ICC(B)险相当于中国的水渍险。

1. ICC(B)险承保的风险

主要包括：

(1)火灾、爆炸；

(2)船舶或驳船搁浅、触礁、沉没或倾覆；

(3)陆上运输工具倾覆或出轨；

(4)船舶、驳船运输工具同水以外的外界物体碰撞；

(5)在避难港卸货；

(6)地震、火山爆发、雷电；

(7)共同海损牺牲；

(8)抛货；

(9)浪击落海；

(10)海水、湖水或河水进入船舶、驳船、运输工具、集装箱、大型海运箱及储存处所；

(11)货物在装卸时落海或跌落造成整件的海损。

2. ICC(B)条款的除外责任

ICC(B)险的除外责任，除对"海盗行为"和恶意损害险的责任不负责外，其余均与ICC(A)险的除外责任相同。

四、协会货物(C)险条款

ICC(C)险的风险规定与ICC(B)险一样，采用列明风险的方式。但是仅对重大意外事故所致损失负责，对非重大意外事故和自然灾害所致损失均不负责。ICC(C)险相当于中国的平安险。

1. ICC(C)险承保的风险

ICC(C)险承保风险是灭失或损害要合理归因于：

(1)火灾、爆炸；

(2)船舶或驳船搁浅、触礁、沉没或倾覆；

(3)陆上运输工具倾覆或出轨；

(4)船舶、驳船运输工具同水以外的任何外界物体碰撞；

(5)在避难港卸货；

(6)共同海损牺牲；

(7)抛货。

2. ICC(C)险的除外责任

ICC(C)险的除外责任与ICC(B)险的除外责任完全相同。

五、协会货物保险的保险期

保险期限是指保险公司承担保险责任的起讫期限。英国伦敦保险协会海运货物保险条款和海运货物战争险条款对保险期限的规定，同我国海运货物保险条款与海运货物战争险条款对保险期限的规定大体相同，ICC(A)条款、ICC(B)条款、ICC(C)条款的责任起讫也采用"仓至仓"条款。

综上所述，ICC(A)条款类似于我国的"一切险"；ICC(B)条款类似于我国的"水渍险"，但比水渍险的责任范围略大些；ICC(C)条款类似于我国的"平安险"，但比平安险的责任范围要小些。

恶意损害险是新增加的附加险别，承保被保险人以外的其他人(如船长、船员等)的故意破坏行为所致被保险货物的灭失或损坏。但是，恶意损害如果是由于政治动机的人为行动，则不属于恶意损害承保范围，而应属于罢工险的承保范围。由于恶意损害险的承保责任已被列入 ICC(A)险的承保风险范围，所以只有在投保 ICC(B)险和 ICC(C)险时，才在需要时予以加保。

第三节　我国陆空邮运输货物保险条款

除了海洋运输货物保险外，还有陆上运输、航空运输、邮包运输的货物也都需要办理保险。随着科学技术的进步和国际贸易的发展，其他国际货物运输方式也越来越多地被运用，陆上、航空、邮包及多式联运货物保险业务均得到充分发展，并脱离海洋运输货物保险，成为各自独立的保险条款。

一、我国陆上货物保险条款

根据中国人民保险公司《陆上运输货物保险条款》的规定，陆上运输货物保险的险别分为陆运险和陆运一切险两种。附加险与海洋运输货物保险一样，分为一般附加险和特殊附加险。此外，还有陆上运输冷藏货物险。

(一)陆运险和陆运一切险

1.陆运险和陆运一切险的责任范围

(1)陆运险的责任范围。

①被保险货物在运输途中遭受暴风、雷电、洪水、地震等自然灾害，或由于运输工具遭受碰撞、倾覆、出轨，或在驳运过程中，因驳运工具遭受搁浅、触礁、沉没，或由于遭受隧道坍塌、崖崩或火灾、爆炸等意外事故所造成的全部或部分损失。

②被保险人对遭受承保责任范围内危险的货物采取抢救、防止或减少货损的措施而支付的合理费用，但以不超过该批被救货物的保险金额为限。

在投保陆运险的情况下，被保险人可根据需要加保附加险。

(2)陆运一切险的责任范围。

陆运一切险的承保责任范围与海运保险条款中的一切险相似。保险人除承担上述陆运险的赔偿责任外，还承担被保险货物在运输途中由于外来原因所致的全部或部分损失。

以上责任范围均适用于铁路运输和汽车运输。

2.陆运险的除外责任

(1)被保险人的故意行为或过失所造成的损失。

(2)属于发货人的责任所引起的损失。

(3)在保险责任开始前，被保险货物已经存在品质不良或数量短差所造成的损失。

(4)被保险货物的自然损耗、本质缺陷、特性,以及市价跌落、运输延迟所引起的损失和费用。

(5)中国人民保险公司陆上运输战争险条款和货物运输罢工险条款规定的责任范围和除外责任。

3. 陆运险的责任起讫

陆运险的责任起讫也采用“仓至仓”条款,保险人负责从被保险货物运离保险单所载明的起运地发货人仓库或存储处所开始运输时生效,包括正常运输过程中的陆上和与其有关的水上驳运在内,直到该项货物运交保险单所载明的目的地收货人的最后仓库或存储处所为止。如未运抵上述仓库或存储处所,则以被保险货物最后卸载的车站满 60 天为止。

4. 陆运险的索赔时效

索赔时效为从被保险货物在最后目的地车站全部卸离车辆后起算,最多不超过 2 年。

(二)陆上运输冷藏货物险

陆上运输冷藏货物险是陆上运输货物险中的一种专门险。其主要责任范围除负责陆运险所列举的自然灾害和意外事故所造成的全部或部分损失外,还负责赔偿由于冷藏机器和隔温设备在运输途中损坏所造成的被保险货物因解冻、融化而腐败的损失。但对于因战争、工人罢工或运输延迟而造成的被保险冷藏货物的腐败或损失,以及被保险冷藏货物在保险责任开始时未能保持良好状况,整理、包扎不妥或冷冻不合规格所造成的损失则除外。一般的除外责任也适用于本险别。

陆上运输冷藏货物的责任起讫是自被保险货物运离保险单所载明的起运地的冷藏仓库装入运送工具时生效,包括正常陆运及有关的水上驳运在内,直到货物到达目的地收货人仓库为止。但以被保险货物到达目的地车站后 10 天为限。

(三)陆上运输货物战争险

陆运货物战争险是一种特殊附加险,只有在投保了陆运险和陆运一切险的基础上才能加保。加保陆运战争险后,保险公司负责赔偿在火车运输途中,由于战争、类似战争行为和敌对行为、武装冲突所致的损失,以及各种常规武器,包括地雷、炸弹所致的损失。但是,由于敌对行为使用原子弹或核武器所致的损失和费用,以及由于执政者或其他武装集团的扣押、拘留所造成的损失除外。

陆运货物战争险的责任起讫是以被保险货物装上保险单所载明的起运地的货车时开始生效,到保险单所载明的目的地卸离火车时为止。如果被保险货物不卸离火车,则以火车到达目的地的当日午夜起计算满 48h 为止;如在运输途中转车,不论货物在当地卸载与否,保险责任均以火车到达该中途站的当日午夜起满 10 天为止。如货物在此期限内重新装车续运,仍恢复有效。

二、我国空运货物保险条款

根据中国人民保险公司《航空运输货物保险条款》的规定，航空运输货物保险分为航空运输险和航空运输一切险。另外，还有一种附加险，即航空运输货物战争险。

(一)航空运输险和航空运输一切险

1.航空运输险和航空运输一切险的责任范围

(1)航空运输险的责任范围。

航空运输险的承保责任范围与海洋货物运输的水渍险大致相同，主要包括：

①被保险货物在运输途中遭受雷电、火灾、爆炸，或由于飞机遭受恶劣气候或其他危难事故而被抛弃，或由于飞机遭碰撞、倾覆、坠落或失踪等意外事故所造成的全部或部分损失。

②被保险人对遭受承保责任范围内危险的货物采取抢救、防止或减少货损的措施而支付的合理费用，但以不超过该批被救货物的保险金额为限。

(2)航空运输一切险的责任范围。

航空运输一切险与海洋货物运输的一切险相似。保险人除承担上述航空运输险的责任外，还承担被保险货物在运输途中由于外来原因所致的全部或部分损失。

2.空运货物保险的除外责任

航空运输险和航空运输一切险的除外责任，与海运险和陆运险的责任范围基本相同。

3.空运货物保险的责任起讫

(1)空运货物保险的责任起讫也采用“仓至仓”条款。保险人负责自被保险货物运离保险单所载明的起运地仓库或存储处所开始运输时生效，包括正常运输过程中的运输工具在内，直至该项货物运达保险单所载明的目的地收货人的最后仓库或存储处所，或被保险人用作分配、分派或非正常运输的其他存储处所为止。如未运抵上述仓库或存储处所，则以被保险货物在最后卸载地卸离飞机满 30 天为止。如在上述 30 天内被保险的货物需被转运到非保险单所载明的目的地时，则以该项货物开始转运时终止。

(2)由于被保险人无法控制的运输延迟、绕道、被迫卸载、重新装载、转载，或承运人运用运输契约赋予的权限所作的任何航行上的变更或终止运输契约，致使被保险货物运到非保险单所载的目的地时，在被保险人及时将获知的情况通知保险人，并在必要时加缴保险费的情况下，本保险仍继续有效。

4.空运货物保险的索赔期限

空运货物保险的索赔期限，从被保险货物在最后卸载地卸离飞机后起计算，最多不超过 2 年。

(二)航空运输货物战争险条款

航空货物战争险是航空货运险的一种附加险，只有投保了航空基本险(航空运输险和航空运输一切险)才能加保。加保战争险要追加战争险的保险费。

三、我国邮包运输货物保险条款

根据中国人民保险公司制定的《邮政包裹保险条款》的规定，邮包运输保险的险别分为邮包险和邮包一切险两种基本险别。此外还有附加险，如邮包战争险等。

邮包运输不同于以上的陆上、航空和海洋运输，它是通过海、陆、空辗转运送，实际上是一种“门到门”的运输。在长途运送过程中，遭受自然灾害、意外事故及各种外来风险的可能性较大。因此，寄件人为了转嫁邮包在运送过程中的风险损失，需办理邮包运输保险，以便一旦发生风险可以得到经济补偿。

(一)邮包险和邮包一切险

1.邮包险和邮包一切险的责任范围

(1)邮包险的责任范围。

①被保险的邮包在运输途中，由于恶劣气候、雷电、海啸、地震、洪水等自然灾害，或由于运输工具遭受搁浅、触礁、沉没、碰撞、出轨、坠落、失踪、失火、爆炸等意外事故所造成的全部或部分损失。

②被保险人对遭受保险责任范围内的货物采取抢救、防止或减少货损的措施而支付的合理费用，但以不超过该批被救货物的保险金额为限。

(2)邮包一切险的责任范围。

邮包一切险与海洋运输货物保险的一切险基本相同。保险人除承担上述邮包险的各项责任外，还承担被保险邮包在运输途中，由于外来原因所致的全部或部分损失。

2.邮包运输保险的除外责任

邮包险和邮包一切险的除外责任与海洋运输货物保险的除外责任范围基本相同。

3.邮包运输保险的责任起讫

邮包运输保险的责任自被保险邮包离开保险单所载明的起运地点寄件人的处所运往邮局时开始生效，直至该项邮包运达本保险单所载明的目的地邮局，自邮局签发到货通知书当日午夜起算，满15天终止。但在此期限内邮包一经递交至收件人的处所时，保险责任即行终止。

在投保邮包基本险的基础上，经投保人与保险人协商可以加保邮包战争险等附加险。加保时，还需另加保险费。在加保战争险的基础上，如加保罢工险，则不另收费。邮包战争险责任的起讫，是自被保险邮包经邮政机构收讫后自储存处所开始运送时生效，直至该项邮包运达保险单所载明的目的地邮政机构送交收件人为止。

4. 邮包运输货物保险的索赔期限

邮包运输货物保险的索赔期限从被保险邮包递交收件人时起算,最多不超过2年。

(二)邮包战争险条款

邮包战争险是邮包保险的一种特殊附加险,只有在投保了基本险之后,才能加保。加保战争险要追加保险费。

第四节 买卖合同中的保险条款及做法

在国际货物买卖合同中,为了明确买卖双方在货运保险方面的责任,一般都订有保险条款,保险条款的主要内容有保险人(保险公司)、被保险人(投保人)、保险险别、保险费率、保险金额和约定等事项。

一、合同中的保险条款

保险条款是进出口合同的重要组成部分,必须订得明确合理。条款内容要明确由谁办理保险、保险险别和保险金额的确定方法、采用什么保险条款,以及注明该条款的生效日期等。

签订出口合同时,如果按FOB或CFR条件成交,保险条款可规定为“保险由买方自理”(Insurance to be effected by the Buyers)。如果对方委托我方代办,可以订为:“由买方委托卖方按发票金额××%代为保××险,保险费由买方负担。”(Insurance to be effected by the Sellers on behalf of the Buyers for××% of invoice value against ×× Risk, permium to be for Buyers account)。

签订出口合同时,如果按CIF条件成交,规定按中国人民保险公司的保险条款办理,除将双方约定的险别、保险金额等项内容在合同中予以列明外,还应订明按××年×月×日中国人民保险公司海运货物条款承保。例如,“由卖方按发票金额××%投保××险,按××年×月×日中保财产保险有限公司海运货物保险条款负责”。(Insurance to be effected by the Sellers for ××% of invoice value against ×× Risk as per ocean Marine Cargo Clauses of the Peoples Insurance Company of China dated ×/×/×.)

签订进口合同时,由于我国进口货物多由我方自办保险,所以在进口合同中对保险条款的规定比较简单,通常作如下规定:“装船后保险由买方负责”(Insurance to be effected by the Buyers after loading)。

二、保险金额和保险费

(一)保险金额的确定

保险金额是被保险人对保险标的物的实际投保金额,是保险人依据保险条款所应承担的最高赔偿金额,也是计算保险费的基础。保险金额原则上应该是被保险货物的实际价值。但在国际贸易实践中,准确地核定进出口货物的实际价值是比较困难的,所以进出口运输保险金额一般是以发票价值为基础的。我国《海商法》规定,保险金额是由保险人与被保险人约定的,保险金额不得超过保险价值,超过保险价值的,超过部分无效。

在国际货物买卖中,如按 CIF 或 CIP 价格成交,就以 CIF 价值或 CIP 价值作为保险金额。但在货物发生损失时,被保险人已支付的经营费用和本来可以获得的预期利润,仍无法从保险公司获得赔偿。因此,各国保险法及国际贸易惯例都允许保险金额可在 CIF(或 CIP)货价的基础上适当加成,加成本一般是 10%。保险公司也可以与被保险人约定不同的加成率,但一般不超过 30%。UCP600 规定:"信用证对于投保金额为货物价值、发票金额或类似金额的某一比例的要求,将被视为对最低保额的要求。如果信用证对投保金额未作规定,投保金额至少为货物的 CIF 或 CIP 价格的 100%。如果从单据中不能确定 CIF 或 CIP 价格,投保金额必须基于要求承付或议付的金额,或者基于发票上显示的货物总值来计算,两者之中取金额较高者。"

保险金额的计算公式为:

$$\text{保险金额} = \text{CIF(或 CIP) 价} \times (1 + \text{加成率}) \tag{9-1}$$

由于保险金额一般是以 CIF 或 CIP 价格为基础加成确定的。因此,在仅有货价与运费(即已确定 CFR 或 CPT 价)的情况下,则可采用下列公式换算:

$$\text{CFR(或 CPT) 价} = \frac{\text{CFR(或 CPT) 货价}}{1 - \text{投保加成} \times \text{保险费率}} \tag{9-2}$$

中国财产保险公司承保我国进口货物,根据双方签订的预约保险合同,以进口货物的 CIF(或 CIP)价作为保险金额,一般不再加成。如果按 CFR(CPT)货价进口,则按平均保险费率直接计算保险金额。

$$\text{保险金额} = \text{CFR(或 CPT) 货价} \times (1 + \text{平均保险费率}) \tag{9-3}$$

如果采用 FOB(或 FCA)条件,根据双方签订的预约保险合同,共同议定平均运费率和平均保险费率,其计算保险金额的公式为:

$$\text{保险金额} = \text{FOB(或 FCA) 价格} \times (1 + \text{平均运费率} + \text{平均保险费率}) \tag{9-4}$$

(二)保险费与保险费率及保险费的计算

1. 保险费与保险费率

保险费是指投保人在保险时缴纳给保险人的金额。投保人向保险人交付保险费,是保险合同生效的前提条件。保险费是保险人经营业务的基本收入,也是保险人所掌握的保险基金的主要来源。

保险费率是由保险人依据被保险货物的危险性大小、损失率高低、经营费用多少为依据,根据不同商品、不同航线、不同险别,保险费率不同。目前,由中国人民保险公司制定的出口货物保险费率表,把出口货物分为"一般货物费率表"和"指明货物费率表"

两大类，按照不同险别和货物运经目的地分别规定基本险费率和附加险费率标准。

一般货物费率适用于所有海运出口的货物，凡投保基本险别的所有海运出口货物均需按一般货物费率表所列标准核收保险费。

指明货物费率是针对某些易损货物加收的一种附加费率。由于这些货物在运输途中极易因外来风险引起短少、破碎和腐烂等损失，所以将它们单独列出，并称之为指明货物。凡属指明货物费率表中所列的货物，如投保一切险，则在计算费率时，应先查出一般货物费率，然后再加上指明货物加费费率。

我国进口货物保险也有两种费率表，即“特约费率表”和“进口货物费率表”。“特约费率表”仅适用于同中国人民保险公司签订有预约保险合同的各经营进出口公司。“进口货物费率表”则适用于未与中国人民保险公司签订有预约保险合同的其他单位。

2. 保险费的计算

保险公司收取保险费的计算方法是：

$$\text{保险费} = \text{保险金额} \times \text{保险费率} \tag{9-5}$$

(1)出口货物保险费的计算。

$$\text{保险金额} = \text{CIF 货价} \times (1 + \text{加成率}) \tag{9-6}$$

$$\text{保险费} = \text{CIF 货价} \times (1 + \text{加成率}) \times \text{保险费率} \tag{9-7}$$

(2)进口货物保险费的计算。

进口货物的保险金额是按进口货物的 CIF 货价计算的，其保险费的计算如下：

①以 FOB 价成交的进口货物：

$$\text{保险金额} = \text{FOB 货价} \times (1 + \text{平均运费率} + \text{平均保险费率}) \tag{9-8}$$

$$\text{保险费} = \text{保险金额} \times \text{平均保险费率} \tag{9-9}$$

②以 CFR 价成交的进口货物：

$$\text{保险金额} = \text{CFR 货价} \times (1 + \text{平均保险费率}) \tag{9-10}$$

$$\text{保险费} = \text{保险金额} \times \text{平均保险费率} \tag{9-11}$$

三、保险单据

保险单据是保险公司与投保人之间订立的保险合同，也是保险公司出具的承保证明，它具体规定保险人与被保险人之间的有关权力与义务的关系，也是被保险人在一旦发生保险责任范围内的损失时，凭以向保险公司索赔和保险公司进行理赔的依据。常用的保险合同的形式有以下几种：

1. 保险单(Insurance Policy)

保险单俗称大保单，是指在承保指定航程内对货物发生的危险所开立的保险单证，是使用最普遍的保险单证。它具有法律上的效力，对双方当事人均有说服力。这种保险单是保险人根据投保人逐笔投保而逐笔签发的，货物安全抵达目的地或扩展责任到期，保险单的效力即告终止。

在保险单的正面一般列有当事人的名称和地址、保险标的物的情况、运输工具、保险险别、保险责任的起讫时间和地点及保险期限、保险金额和币别、保险费、开立保险单的日期和地点、保险人签章、偿付地点及其他事项等。

在保险单的背面附有保险人的责任范围、保险人与被保险人的权利与义务等详细条款。

2. 保险凭证(Insurance Certificate)

保险凭证又称小保单，是一种简化的保险单据。这种凭证除背面不载明保险人与被保险人双方的权力与义务等保险条款外，其余内容均与保险单相同。保险凭证与保险单具有同等的法律效力。但近年来，为实现单据规范化，不少保险公司已放弃了此类保险凭证的使用。

3. 联合凭证(Combined Certificate)

联合凭证是一种比保险凭证更为简化的保险单证，也有与保险单同样的效力。联合凭证是指保险公司将承保的险制、保险金额及保险编号加列到外贸公司开具的出口货物的商业发票上，作为已经承保的证据。至于其他项目，均以发票上所列明的为准，它是商业发票与保险单相结合的一种凭证。这种凭证目前只适用于对港澳地区部分华商及少数新加坡、马来西亚地区的出口业务。这种联合保险凭证不是专用单据不能转让，现已很少使用。

4. 预约保险单(Open Policy)

预约保险单又称预约保险合同，它是被保险人(一般为进口人)与保险人之间订立的总合同。目的是为了简化保险手续，并使货物一经装运即可取得保障。合同中规定承保货物的范围、险别、费率、责任、赔款处理等条款，凡属于合同约定的运输货物，在合同有效期内自动承保。在实际业务中，预约保险单适用于我国进口货物的保险，凡属于预约保险单规定范围内的进口货物，一经起运，我国保险公司即自动按预约保单所订立的条件承保。事先订立预约保险合同，可以防止因漏保或迟保而造成的无法弥补的损失。

5. 批单(Endorsement)

批单是指保险单出立后，投保人如需补充或变更其内容时，可根据保险公司的规定，向保险公司提出申请，经同意后即另出一种凭证，注明更改或补充的内容，这种凭证称为批单。

保险单一经批改，保险公司即按批改后的内容承担责任。其批改内容如果涉及保险责任范围扩大和保险金额增加，保险公司只在证实货物未发生出险事故的情况下才同意办理。批单原则上需粘在保险单上，作为保险单的一部分。

四、保险索赔

保险索赔是指当被保险货物遭受承保责任范围内的风险损失时，被保险人依据保险合同向保险人提出要求赔偿的行为。

(一)索赔程序

被保险货物运抵目的港后,如发生货损货差,收货人应判定损失责任,以确定索赔对象,向有关责任方要求损失赔偿。一般在运输途中由于自然灾害和意外事故造成的损失,只要在保险单的承保责任范围内,保险人应负赔偿责任。被保险人可向保险人提出索赔。

1.损失通知与残损检验

当被保险人获悉或发现被保险货物已遭损失,应立即通知保险公司或保险单上所载明的保险公司在当地的检验、理赔代理人,并申请检验。保险人应根据通知及时派人到现场进行查看检验,调查损失原因,搜集有关证据,以便确定责任。如被保险人未能及时发出损失通知或不发通知,则有可能导致丧失请求赔偿的权利。

一般情况下,对于遭受残损的货物,应尽可能地保留现场,以便保险人及有关各方进行检验。检验报告是检验机构对受损货物实地检验的客观记录,证明被保险货物的损失情况,是被保险人索赔的客观证据。

2.向有关方面提出索赔

被保险人或其代理人在提货时发现被保险货物整件短少或有明显残损痕迹,除向保险公司报损外,还应立即向承运人或海关、港务当局等索取货损货差证明。如果货损货差涉及承运人、码头、装卸公司等方面责任的,还应及时以书面形式向有关责任方提出索赔,并保留追偿权利,有时还要申请延长索赔时效。

3.采取合理的施救、整理措施

被保险货物受损后,被保险人和保险人均应及时采取施救、整理措施,以防止损失的继续扩大。因采取抢救、防止或减少货损的措施而支付的合理费用,可由保险公司负责,但以不超过该批被救货物的保险金额为限。

4.备妥索赔单证

被保险货物的损失经过检验,并办妥向承运人等第三者责任方的追偿手续后,应立即向保险公司或其代理人提出赔偿要求。提出索赔时主要提供下列单证:

(1)保险单或保险凭证;

(2)货物残损检验报告;

(3)发票;

(4)提单;

(5)装箱单或磅码单;

(6)海事报告;

(7)向承运人或其他第三者索赔的有关文件和来往通电;

(8)索赔清单,主要列明索赔金额和计算依据,以及有关费用的项目和用途。

5.代位追偿

在保险业务中,为了防止被保险人双获益,保险人在履行损失赔偿后,在其赔付金额内，要求被保险人转让其对造成损失的第三者责任方要求全损赔偿或相应部分赔偿的权利。这种权利称代位追偿权。在实际业务中，保险人需首先向被保险人进行赔付，才能取得代位追偿权。

(二)保险索赔应注意的问题

(1)海运货物保险一般是定值保险，即当货物发生全损时，应赔偿全部保险金额。如为部分损失，则需合理确定赔偿比例。

对易碎和易短量货物的索赔，应了解是否有免赔的规定。UCP600 规定："保险单据可以注明受免赔率豁免配额(减除额)约束。"免赔率有绝对免赔率和相对免赔率之分。如果损失额没有超过免赔率，则保险公司不给赔偿；超过免赔率，相对免赔率不扣除免赔率全部给予赔偿，绝对免赔率则要扣除免赔率只赔超过部分。中国人民保险公司现行的是绝对免赔率，伦敦保险业协会则采用无免赔率的规定。

(2)当被保险货物遭受严重损失，被保险人要求按推定全损赔偿时，必须将货物及其一切权力委付给保险公司。保险公司一经接受委付就只能按推定全损赔偿，并取得处理残余货物的权利。如果被保险人不提出委付，则被认为被保险人要保留残余货物的权利，保险公司只能按部分损失给予赔偿。

S 复习思考

1. 简述海上风险的种类？
2. 共同海损及构成共同海损的条件？
3. 海上运输货物保险的险别？
4. 仓至仓条款。
5. 伦敦保险协会海运货物保险条款的主要内容。
6. 我国其他运输方式的保险险别及承保责任的起讫。
7. 保险金额和保险费用。

E 能力训练

1. 某货轮载货后，在航行途中 A 仓起火。船长下令对 A 仓喷水灭火，A 仓内装载文具纸张等。灭火后，发现文具纸张的一部分被火焚毁，另一部分被水浸湿无法使用。试分别说明以上各项损失的性质，并指出在承保何种险别时，保险公司才负责赔偿。

2. 我某公司出口一批货物，采用 CIF 术语按发票金额加一成投保一切险和战争险(一切险保险费率为 0.6%，战争险保险费率为 0.03%)，如发票金额为 10000 美元，试问投保金额是多少？应付多少保险费？

单证9-1

海洋货物运输保险单样本

中国人民保险公司

The People's Insurance Company of China

总公司设于北京　　　　一九四九年创立

Head Office：BEIJING　　　　Established in 1949

海洋货物运输保险单

MARINE CARGO TRANSPORTATION INSURANCE POLICY

发票号码　　　　保险单号次

Invoice No.　　　　Policy No.

中国人民保险公司(以下简称本公司)根据……………………………………………………

(以下简称为被保险人)的要求由被保险人向公司缴付的约定的保险费，按照本保险单承保险别及背后所载条款及下列特款承保下述货物运输保险，特立本保险单。

This policy of Insurance that the People's Insurance Company of China (hereinafter called "The Company"), at the Request of ………………………………………………………

(hereinafter called the "Insured") and in consideration of the agreed premium being paid to the company by the Insured, undertakes to insure the undermentioned goods in transportation subject to the conditions of this policy as per the Clauses printed overleaf and other special Clauses attached hereon.

标记 Marks & Nos.	包装及数量 Quantity	保险货物项目 Description of Goods	保险金额 Amount Insured

总保险金额：

Total Amount Insured

保　费

Premium as arranged …………Rate as arranged …………per conveyance S. S. …………

开航日期　　　　自　　　　至

Slg. on or about. ………………… from ……………………………… to ………………………………

承保险别：

Conditions

所保货物，如遇风险，本公司凭本单及其有关证件给付赔款。

所保货物，如发生保险单项下负责赔偿的损失或事故，应立即通知本公司下述代理人查勘。

Claims, if any, payable on surrender of this Policy together with other relevant documents, In the event of accident whereby loss or damage may result in a claim under this Policy immediate notice applying for survey must be given to the Company's Agent as mentioned hereunder.

中 国 人 民 保 险 公 司

THE PEOPLE's INSURANCE CO. OFCHINA

赔款偿付地点

Claim payable at ……………………………………………………

出单公司地址　　　　日期

Address of Issuing Office …………Date ………………………………

单证9-2

运输保险凭证样本

中国人民保险公司

The People's Insurance Company of China

总公司设于北京　　　　一九四九年创立

Head Office: BEIJING　　　　Established in 1949

运输保险凭证

CERTIFICATE OF INSURANCE

被保险人:

Insured……………………………………………………

兹依照本公司正式运输保险单内所载全部条款及本承保作证所订之条款,承保下列货物保险,如保险单之条款与本凭证所订条款有抵触时,应以本凭证所订条款为准。

We have this day noted a risk as hereunder mentioned subject to all clauses and conditions of the Company printed form of Policy and to the terms outlined herein (which latter shall override the policy terms in so far as they may be inconsistent therewith).

保险货物项目及数量　　保险金额　　标　记

Description of Goods　　Amount Insured　　Marks & Nos.

总保险金额

Total Amount Insured ……………………………

保　费　　装载运输工具

Premium as arranged per conveyance s. s ……………

开航日期　　自　　至

Sailing on or about　　from　　to

承保险别

Conditions

所保货物,如遇风险,本公司凭本单及其有关证件给付赔款。

Claims, if any, payable to the Holder of the appertaining documents and on surrender of this Certificate.

所保货物,如发生保险单项下负责赔偿的损失或事故,应立即通知本公司下述代理人查勘。

In the event of accident whereby loss or damage may result in a claim under this Certificate immediate notice applying for survey must be given to the Company's Agent as mentioned hereunder.

赔款偿付地点

Claim payable at ……………………………………

出证公司地址 ……………………………日期…………………………于……………………

Address of……………………………………Date …………………………at……………………

Issuing Office

第十章 国际贸易货物的作价

学习导引

本章重点介绍商品的作价原则、作价方法，佣金、折扣、出口货物价格的核算方法，以及常用贸易术语的报价换算。通过学习本章，学会有针对性地使用不同定价方法，最大限度地避免交易的价格风险，并灵活运用佣金和折扣来达到扩大商品出口规模的目的，同时还应掌握对进出口业务进行经济效益核算的常用指标，要能够对一项业务是否应该进行作出正确的判断。

能力提示

通过对本章的学习和训练，具备能正确表达商品的单价和签订合同中价格条款的能力，并精于不同价格之间的换算、佣金与折扣的表达和出口商品的成本核算。

在国际贸易中，商品的价格是买卖双方最为关心的焦点问题，价格条款是买卖合同中必不可少的核心条款之一，它直接关系到买卖双方的经济利益。因此，正确掌握国际贸易商品价格，合理采用各种作价方法，适当运用佣金和折扣，并订立好合同中的价格条款至关重要。

第一节 进出口货物价格的作价方法

价格的掌握是一项很复杂而又十分重要的工作。为了做好这项工作，外贸从业人员必须正确贯彻我国进出口商品的作价原则，切实了解国际市场价格变动趋势，充分考虑影响价格的各种因素，做好比价工作和加强成本核算，并掌握价格换算的方法。

一、进出口货物作价的原则及其影响因素

(一)进出口货物的作价原则

在国际货物买卖作价时,以下是必须遵循的几个原则:

(1)按照国际市场的价格作价。

国际市场价格大体上包括:国际市场上较有代表性的交易所的销售价、大宗商品的产地价格水平、博览会价格、输入国(或地区)的当地市场价格等。

(2)结合购销意图作价。

国际货物买卖价格在国际市场价格水平的基础上,可根据购销意图略高于或低于国际市场价格。例如,独一无二的高科技产品、紧俏商品等可略高于市场价格水平。

(3)关注国际市场价格动态,综合考虑影响价格的各种具体因素。

国际市场价格因受供求关系影响而上下波动,甚至瞬息万变,因此在国际货物买卖作价时,必须关注市场供求关系的变化和国际市场价格涨落的趋势,作出正确的判断,合理确定进出口商品的成交价格。同时,还要考虑影响价格的各种具体因素,比如商品质量的好坏、运输距离的远近、交货地点和条件的不同、成交数量的大小、季节性需求及支付条件和汇率的变动风险等。

我国进出口商品的作价原则是:在贯彻平等互利的原则上,根据国际市场价格水平,结合国别(地区)政策,并按照我方的购销意图确定适当的价格。

(二)影响进出口货物作价的因素

由于价格构成因素不同,影响价格变化的因素也多种多样。因此,在确定进出口商品价格时,除考虑上述作价原则外,还应充分考虑下面几种影响价格的因素:

(1)商品的质量和档次。

在国际市场上,一般都贯彻按质论价的原则,即好货好价,次货次价。品质的优劣,档次的高低,包装装潢的好坏,式样的新旧,商标、品牌的知名度,都影响商品的价格。

(2)运输距离的远近。

国际货物买卖,一般都要通过长途运输。运输距离的远近会影响运费和保险费的开支,从而影响商品的价格。因此,在确定商品价格时,必须核算运输成本,做好比价工作,以体现地区差价。

(3)交货地点和交货条件。

国际贸易中,由于交货地点和交货条件不同,买卖双方承担的责任、风险和费用就有区别,在确定进出口商品价格时,必须考虑这些因素。例如,同一运输距离内成交的同一商品,按 CIF 条件和按 DES 条件成交,其价格应当不同。

(4)季节性需求的变化。

在国际市场上，某些节令性商品，如赶在节令前到货，抢先应市，便能卖上好价。过了节令的商品，其售价往往很低，甚至以低于成本的“跳楼价”出售。因此，应充分利用季节性需求的变化，切实掌握好季节性差价，争取按对我方有利的价格成交。

(5)成交数量的大小。

按国际贸易的习惯做法，成交量的大小影响价格。即成交量大时，在价格上应给予适当优惠，或者采用数量折扣的办法；反之，如成交量过少，甚至低于起订量时，也可以适当提高售价。因此，应掌握好数量方面的差价。

(6)支付条件和汇率变动的风险。

支付条件是否有利和汇率变动风险的大小，都影响商品的价格。例如，同一商品在其他交易条件相同的情况下，采取预付货款和凭信用证付款时，其价格应当有所区别。同时，确定商品价格时，一般应争取采用对自身有利的货币成交，如采用不利的货币成交时，应当把汇率变动的风险考虑到货价中去，即出口时适当提高售价，进口时适当压低购买价格。

(7)注意国际市场上商品的供求变化和价格走势。

国际市场价格因受供求变化的影响而上下波动，有时甚至出现瞬息万变的情况。因此，在确定成交价格时，必须考虑供求状况和价格变动的趋势。当市场商品供不应求时，国际市场价格就会呈上涨趋势；反之，当市场商品供过于求时，国际市场价格就会呈下降趋势。由此可见，切实了解国际市场供求变化状况，有利于对国际市场价格的走势作出正确判断，也有利于合理地确定进出口商品的成交价格，该涨则涨，该落就落，避免价格掌握上的盲目性。

此外，交货期的远近、市场销售习惯和消费者的爱好等因素，对确定价格也有不同程度的影响，必须通盘考虑和正确掌握。

二、进出口货物的作价方法和币种选择

(一)进出口货物的作价方法

根据国际惯例，贸易合同中的价格可以是明确规定的，也可以只规定作价的方法而不明确规定价格。合同价格一经确定，除非另有约定或对方同意，任何一方不得擅自更改。进出口贸易中的作价方法，一般均采用固定作价，即在磋商交易时把价格确定下来，事后无论发生什么情况均按确定的价格结算应付货款。但在实际业务中，有时也采用暂不固定价格、暂定价格和浮动价格等作价方法。

1. 固定价格

固定价格是买卖双方在洽商交易时商定的、在价格条款中明确规定的价格。它既是成交价格，又是支付价格，在合同中一旦确定，便不可变动。即使合同价格与交货当时的价格差别很大，双方也必须如期履行合同。

在合同中规定固定价格是一种普遍的做法，它具有明确、具体、肯定和便于核算

的特点。由于国际市场行情变化较大，为了减少价格风险或解决买卖双方在价格上的分歧，一些变通的做法也被日益采用。

2. 暂不固定价格

暂不固定价格又称“活价”，贸易双方只规定作价的方法和期限，而不规定具体价格。如“按提单日期的国际市场价格计算”。

某些货物因其国际市场价格变动频繁，并且变动幅度较大，或交货期较远，买卖双方对市场难以预测，但又确有订约的意图，则可采用暂不固定价格，而约定将来如何确定价格的方法。按此作价方法，买卖双方均不必承担市价变动的风险，但由于合同未订明价格而容易造成履约的困难。因此，这种方法往往只在长期交往的贸易伙伴间使用。

3. 部分固定价格，部分暂不定价

在大宗交易和分批交货的情况下，买卖双方为了避免承担远期交货部分的价格变动风险，也可采用部分固定价格、部分非固定价格的做法或分批作价的方法。即双方只约定近期交货部分的价格，而对余下远期交货部分的价格，则采用上述暂不固定价格的做法。

4. 暂定价格

在订立合同时，买卖双方先规定一个初步价格，作为开立信用证和初步付款的依据。待双方确定正式价格后，再根据多退少补的原则最后清算。这种方法，有利于促成交易，又使双方不必承担价格变动的风险。

5. 浮动价格

浮动价格又称“滑动价格”，是在价格条款中规定一个基础价格，并同时明确调整价格的依据和方法。

在某些生产周期长的机器设备和原料性商品的交易中，普遍采用“价格调整条款”，即买卖双方只约定初步价格，再按原材料价格和工资变化来调整最后价格，也可用物价指数作为调整价格的依据。

(二)币种选择

1. 计价货币和支付货币

计价货币(Money of Account)，是买卖双方用来计算债权债务的货币。在合同中，也就是用来计算价格的货币。

支付货币(Money of Payment)，是买卖双方用来清偿债权债务的货币。在合同中，也就是双方约定的、可用来清偿按计价货币表示的货款的等值货币。

在国际贸易中，计价货币通常与支付货币为同一种货币，但也可以计价货币是一种货币，支付货币是另一种甚至另几种货币。这些货币可以是出口国的货币或进口国的货币，也可以是第三国的货币，由买卖双方协商确定。合同中的价格只用一种货币来表示，而没有规定其他支付货币的，那么这种货币既是计价货币，又是支付货币。

如果在规定计价货币的同时，还规定了支付货币，那么支付货币和计价货币就为两种不同的货币。在后一种情况下，就要注意用什么汇率将计价货币折成等值的支付货币。按惯例，一般按付款日计价货币和支付货币两种货币的汇率，将计价货币表示的价款折成等值的支付货币来支付，除非买卖双方另有规定。

2.计价货币和支付货币的选择

由于不同的国家使用不同的货币，因此用来计价和支付的货币就有不同的选择。在国际金融秩序相对稳定的条件下，采用哪一种货币来计价和支付，并无大的差异。但在国际金融秩序动荡不定的条件下，采用不同货币对买卖双方的利益会产生较大的影响。尤其在当前国际金融市场普遍实行浮动汇率制的情况下，买卖双方都将承担一定的汇率风险。而且，由于进出口买卖的周期比较长，期间货币的币值可能发生较大的变化，甚至出现大幅度的变动，贸易的任何一方都有可能因合同规定的计价货币的汇率发生变动而遭受损失。因此，作为交易的当事人，在选择使用何种货币时，就不能不考虑外汇风险，而应选择一种能兼顾双方利益的币种，以利于减少外汇风险。

在进出口业务中，选择何种货币计价和支付，首先应考虑使用可自由兑换并且汇率相对稳定的货币。使用可自由兑换的货币，有利于调拨和运用，也有助于在必要时转移货币汇价风险。但对于那些已与我国签订协定并限定使用某种货币的国家，则应使用协定规定的货币。对可自由兑换的货币，还需要考虑其稳定性。

按国际上的一般习惯做法，如两种货币的汇率是按付款时的汇率计算，则不论计价和支付用的是什么货币，都可以按计价货币的量收回货款。对卖方来说，如果计价货币是硬币、支付货币是软币，则基本上不会受损失，并可起到保值的作用但如果计价货币是软币、支付货币是硬币，则所收入的硬币就会减少，这对卖方不利，而对买方是有利的。所以，在出口业务中，一般应尽可能争取使用从成交到收汇这段时期内汇价比较稳定且趋势上浮的货币，即所谓“硬币”。相反，在进口业务中，则应争取使用从成交到收汇这段时期内汇价比较疲软且趋势下浮的货币，即所谓“软币”或称“弱币”。

如果计价货币和支付货币的汇率在订约时已经固定，那么在计价货币是硬币、支付货币是软币的条件下，卖方在结算时收入的软币所代表的货值，往往要少于按订约日的汇率应收入的软币所代表的货值，也就是说对买方有利，而对卖方不利。反之，如计价货币是软币、支付货币是硬币，则对卖方有利，对买方不利。

在实际业务中，以哪种货币作为计价和支付货币，还应结合企业的经营意图、国际市场的供需情况和价格水平等情况，作全面综合的分析，但需避免因单纯考虑外汇风险而影响交易的正常进行。如果为了达成交易而采用对我方不利的货币，则应采用一定的方法予以补救。如根据该种货币今后可能的变动幅度和走势，相应地调整对外报价；在可能的条件下，争取保值条款等。

三、佣金和折扣

在国际贸易中，正确运用佣金和折扣，有利于灵活掌握价格，调动外商的积极性，加强对外竞销。

(一)佣金

1. 佣金的含义

佣金(Commission)，是指代理人或经纪人为委托人进行交易而收取的报酬，即中间商为买卖双方介绍交易而收取的手续费。佣金直接关系到商品的价格。

在洽商交易和签订合同时，还要明确规定佣金率。佣金率是指按照一定的含佣价给予中间商佣金的百分比。如，“GBP200 per M/T CIF London including 2% commission”(每吨 200 英磅 CIF 伦敦包括 2%佣金)。

佣金有明佣和暗佣两种，前者是指在买卖合同中明确规定佣金的百分比；后者是指不在买卖合同中明确规定佣金，而是另行约定佣金。暗佣的佣金率一般在 1% ~ 5%之间，不宜偏高。

2. 佣金的规定办法

在价格条款中，对于佣金可以有不同的规定方法。

(1)用文字来表示。

【例 10-1】 USD 286 per metric ton CIF San Francisco including 3% commission.

(每公吨 286 美元 CIF 旧金山包含 3%佣金。)

(2)在贸易术语后加注佣金的英文字母“C”和佣金率来表示。

【例 10-2】 USD 25/doz CFR C2% HK.(每打 25 美元 CFR C2% 香港。)

其中，“C”是 Commission 的缩写，佣金率可以用百分比表示，也可以用绝对数表示。如“CIF 价包含 2%的佣金”可以表示为“CIF C2%”或“CIF C2”。

3. 佣金的计算方法

计算佣金有不同的方法。实际业务中，利用不同的计算方法，即使含佣价相同，也可以得出几种佣金数。因此，佣金的计算是一种技巧，可以因交易对象或市场需求而异。在实际业务中，最常见的是以买卖双方的成交额或发票金额为基础计算佣金。例如，卖方报价为每公吨 1000 美元，CIF 3% ，则每公吨货物应支付的佣金为 30 美元(1000×3%)；卖方每公吨的实际收入应为 970 美元(1000－30)。

佣金的计算公式为：

$$佣金=含佣价\times佣金率 \tag{10-1}$$

不含佣金的价格即为净价，净价的计算公式为：

$$含佣价=净价+佣金 \tag{10-2}$$

$$净价=含佣价-佣金=含佣价\times(1-佣金率) \tag{10-3}$$

如果已知净价，则含佣价的计算公式为：

$$含佣价=\frac{净价}{1-佣金率} \tag{10-4}$$

【例 10-3】 我方报价 USD 20/kg CIF New York，对方要求改报 CIF C3 New York，若想保持我方的净收入不变，则对外改报的含佣价应为：

$$含佣价=\frac{20}{1-3\%}=USD\ 20.62$$

4. 佣金的支付方式

佣金的支付方式有以下 3 种：

(1)从货价中扣除，即合同中规定价格为含佣价(如 CIF C5＝USD 200)，买方实际支付价格为扣除佣金后的价格(CIF＝USD 190)。

(2)待出口商收妥货款后，再按事先约定的期限和佣金率，汇付给中间商。

(3)如采用信用证付款，则在信用证中规定佣金在议付时直接从信用证款项中扣除，称为“议扣”。

(二)折扣

1. 折扣的含义

折扣(Discount)，是卖方给予买方一定百分比的价格减让。从性质上看，它是一种优惠。在外贸业务中，使用折扣主要是为了照顾老客户、确保销售渠道、扩大销售等目的。业务员应根据具体情况，针对不同的客户，灵活运用各种折扣方法。如为了扩大销售，使用数量折扣(Quantity Discount)；如为发展关系，可以适当给予特别折扣(Special Discount)。

折扣也有明扣和暗扣，前者在买卖合同中明确规定折扣率；后者是指不在合同中规定折扣率，而另行约定。

2. 折扣的规定办法

在国际贸易中，折扣通常在规定价格条款时，用文字明确表示出来。例如，“GBP 200 per M/T CIF London including 3% discount”(每公吨 200 英磅 CIF 伦敦，包括 3%折扣)。此外，也可以表示为“GBP 200 per M/T CIF London less 3% discount”(每公吨 200 英磅 CIF 伦敦，减 3%折扣)，或用绝对数表示，如“每公吨折扣 6 英磅”。

3. 折扣的计算及支付方式

折扣通常是以成交额或发票金额为基础计算出来的。例如，每公吨 1000 美元 CIF 香港，折扣 2%，则卖方给予买方的折扣额应为 20 美元(1000×2%)。实际上，卖方收回的净收入为 980 美元(1000－20)。因此，折扣的计算公式为：

$$折扣额=原价(或含折扣价)\times 折扣率 \tag{10-5}$$

$$卖方实际净收入=原价-折扣额=原价\times(1-折扣率) \tag{10-6}$$

折扣的支付方式为：明扣在买方支付货款时预先扣除；暗扣则不从货款中扣除，

而是另付。

(三)佣金与折扣的区别

佣金与折扣都直接影响商品价格,但二者的概念不同。

(1)付给的对象不同。佣金是卖方或买方给中间商的报酬,而折扣是卖方给予买方的价格减让。

(2)如果卖方将中间商的佣金包括在货价内,如出口使用 CIF 价,则卖方投保时应将佣金计算在保险金额内;而买方在付款时就已经将折扣扣除,因此不包括在保险金额内。

(3)许多国家对佣金要征收所得税,而由于折扣对买方有利害关系,则不征税。

第二节　出口货物价格的核算

在国际贸易中,出口成交价格是由国际市场价格水平决定的,并且要受国际市场价格走势的影响。出口商品的价格能否被双方接受,要看该价格水平对交易双方是否有利。对我方来讲,为了能够确保在赢利的基础上达成交易,在对外成交前应根据外商提出的要求,参照国际市场价格水平,认真做好盈亏的核算工作。

一、出口货物的成本核算

外贸企业的盈亏是考核外贸企业经营管理水平的重要指标,加强对出口成本的核算非常重要。成本一般是企业作价的最低界限,不计成本、不计盈亏而片面追求成交数量是不可取的。因为这样做不仅会影响企业的经济效益,给国家带来经济损失,而且还易被国外市场提起反倾销诉讼。为了控制亏损,增加盈利,我国外贸企业在对外报价或磋商交易前,都必须对拟出口的商品进行成本核算。一般只有在盈利的情况下,才能对外成交。

(一)影响出口商品成本核算指标的因素

(1)出口总成本。

出口总成本是指外贸企业为出口商品支付的国内总成本。公式如下:

$$\text{出口总成本}=\text{出口商品的进货成本}+\text{出口前的一切费用}+\text{税金} \tag{10-7}$$

(2)出口成本价格。

是企业以出口总成本为基础计算出来的单位成本价格。它与出口成交价格的主要区别在于,出口成本价格并不涉及有关国外的任何费用;出口成交价格则可能包括单位商品的国外费用,如国外运费、保险费、佣金等。

(3)出口销售外汇(美元)净收入。

是指出口商品按 FOB 价出售时所得的外汇(美元)净收入。

(4)出口销售人民币净收入。

是指出口商品除去运费、保险费后折成的 FOB 价，按当时外汇牌价折成的人民币数额。

(二)出口商品成本核算指标

1. 出口商品盈亏率

出口商品盈亏率是指出口商品盈亏额与出口总成本的比率。其计算公式为：

$$出口盈亏额=出口销售人民币净收入-出口总成本 \quad (10\text{-}8)$$

$$出口商品盈亏率=\frac{出口盈亏额}{出口总成本}\times100\%=\frac{出口销售人民币净收入-出口总成本}{出口总成本}\times100\% \quad (10\text{-}9)$$

根据公式计算出的结果为正值时，表示盈利；计算结果为负值时，表示亏损。

【例 10-4】 某商品出口总成本为 63000 元人民币，出口后外汇净收入为 10000 美元，如中国银行的外汇牌价为 100 美元折人民币 780 元，则：

$$盈亏额=78000-63000=15000\text{ 元}$$

$$出口盈亏率=\frac{15000}{63000}\times100\%=23.8\%$$

2. 出口商品换汇成本

出口商品换汇成本是指商品出口净收入一个单位的外汇(即 1 美元)所需要的人民币成本。这一指标反映用多少人民币换回 1 美元，或出口收入 1 美元所需的人民币数。它是进出口交易盈亏的重要指标。其计算公式为：

$$出口商品换汇成本=\frac{出口总成本(人民币)}{出口销售外汇净收入(美元)} \quad (10\text{-}10)$$

出口商品换汇成本若高于银行当时的外汇牌价，则出口为亏损；反之，出口则盈利。出口商品换汇成本同出口盈亏率有直接关系，即亏损率越大，换汇成本越高；亏损率越低或有盈利，换汇成本就越低。

例如，在一笔交易中，计算出的出口换汇成本为 6.8 元，如果当时外汇牌价为 1 美元折 7.8 元人民币，则出口 1 美元的该商品将获得 1 元人民币的赢利。

3. 外汇增值率

外汇增值率又称“创汇率”，是指成品出口后的外汇净收入与原料外汇成本之间的比率。其公式为：

$$外汇增值率=\frac{商品出口外汇净收入-原料外汇成本}{原料外汇成本}\times100\% \quad (10\text{-}11)$$

若原料是进口的，其外汇成本按 CIF 价计算；若原料是本国的，则按该原料的 FOB 出口价计算。这一指标核算尤其对进料加工下的出口更有必要。

二、出口货物价格的核算

(一)货物的价格构成

在国际贸易中,货物的价格包括成本、费用(国内费用、国外费用)和预期利润三大要素。

1. 成本(Cost)

出口货物的成本主要是指采购成本。它是贸易商向供货商采购商品的价格,也称进货成本。它在出口价格中所占比重最大,是价格中的主要组成部分。

2. 费用(Expenses/Charges)

出口货物价格中的费用主要是指商品流通费。该费用在价格中所占的比重虽然不大,但项目繁多,且计算方法不尽相同,因此是价格核算中最为复杂的因素。实际业务中经常出现的费用有以下几种:

(1)包装费(Packing Charges)。通常包括在进货成本中,如果客户有特殊要求,则需另加。

(2)仓储费(Warehousing Charges)。提前采购或另外存仓的费用。

(3)国内运输费(Inland Transport Charges)。装货前发生的内陆运输费用,如卡车、内河运输费、路桥费、过境费及装卸费等。

(4)认证费(Certification Charges)。出口商办理出口许可、配额、产地证及其他证明所支付的费用。

(5)港区港杂费(Port Charges)。货物装运前在港区码头支付的各种费用。

(6)商检费(Inspection Charges)。出口商品检验机构根据国家有关规定或出口商的请求对货物进行检验所发生的费用。

(7)捐税(Duties and Taxes)。国家对出口商品征收、代收或退还的有关税费,通常有出口关税、增值税等。

(8)垫款利息(Interest)。出口商买进卖出期间垫付资金支付的利息。

(9)业务费用(Operating Charges)。出口商经营过程中发生的有关费用,也称经营管理费,如通信费、交通费等。出口商可根据商品、经营、市场等情况确定一个费用率,这个比率为5%～15%不等。

(10)银行费用(Banking Charges)。出口商委托银行向国外客户收取货款、进行资信调查等支出的手续费。

(11)出口运费(Freight Charges)。货物出口时支付的海运、陆运、空运及多式联运费用。

(12)保险费(Insurance Premium)。出口商向保险公司购买货运保险或信用保险支付的费用。

(13)佣金(Commission)。出口商向中间商支付的报酬。

这些费用中大部分属于国内费用，国外费用主要有国外运费、国外保险费和佣金。

3. 预期利润（Expected Profit）

预期利润是出口商的收入，是经营好坏的主要指标。

(二)出口货物的价格核算

1. 成本核算

成本对于出口商而言，即为进货成本，也就是贸易商向供货商购买货物的支出。但该项支出含有增值税。为了降低出口商品成本，增强产品竞争力，我国同其他国家一样，也实行出口退税制度，采取对出口商品中的增值税全额退还或按一定比例退还的做法，即将含税成本中的税收部分按照出口退税比例予以扣除，得出实际成本。

【例 10-5】 某公司出口陶瓷茶杯，每套进货成本人民币 90 元（包括 17%的增值税），退税率为 8%，计算每套陶瓷茶杯的实际成本。

解：

$$实际成本=进货成本-退税金额 \tag{10-12}$$

$$退税金额=\frac{进货成本}{1+增值税率}\times退税率$$

$$=\frac{90}{1+17\%}\times8\% =6.15\text{ 元} \tag{10-13}$$

$$实际成本=90-6.15=83.85\text{ 元}$$

答：陶瓷茶杯的实际成本为每套 83.85 元。

2. 运费核算

我国出口的货物绝大多数是通过海洋运输的，除了大宗初级产品采用租船运输外，多数采用班轮运输。采用班轮运输，根据货物是否装入集装箱分为件杂货与集装箱货两类。分别介绍如下：

(1)件杂货运费的构成：基本费用＋附加运费。附加运费一般以基本运费的一定百分比计收。

(2)集装箱货海运费的构成：①包箱费率（整箱）；②件杂货基本费率＋附加费（拼箱）。

以上运费在班轮运价表中可以查到，常见的计费标准为 W/M，船公司以重的或体积大的作为计收标准。

3. 保险费核算

采用 CIF 或 CIP 术语时，出口方要对保险费进行核算。计算方法如下：

$$保险费=保险金额\times保险费率 \tag{10-14}$$

$$保险金额=\text{CIF(或 CIP)}货价\times(1+投保加成率) \tag{10-15}$$

一般投保加成率是 10%，保险金额的计算以 CIF（或 CIP）货价或发票金额为基础。

4. 佣金核算

佣金是付给中间商的报酬，佣金的计算通常以发票金额为准，其计算公式同前。

5. 利润核算

利润是商人的收入，它的核算方法可以某一固定数额作为单位商品的利润，也可用一定的百分比作为经营的利润率来核算利润额。采用利润率核算利润时，应注意计算的基数，这个基数可以是某一成本，也可以是销售价格。计算利润的依据不同，销售价格和利润额也不一样，现分别举例说明。

【例 10-6】 某公司实际成本为人民币 180 元，利润率为 15%，计算价格和利润额。

(1)以实际成本为依据。

$$\text{利润额}=\text{实际成本}\times\text{利润率} \tag{10-16}$$
$$=180\times15\%=27\text{ 元}$$

$$\text{销售价格}=\text{实际成本}+\text{利润额}=\text{实际成本}+\text{实际成本}\times\text{利润率} \tag{10-17}$$
$$=180+27=207\text{ 元}$$

(2)以销售价格为依据。

$$\text{利润额}=\text{销售价格}\times\text{利润率} \tag{10-18}$$

$$\text{销售价格}=\text{实际成本}+\text{利润额}=\text{实际成本}+\text{销售价格}\times\text{利润率} \tag{10-19}$$

等式两边移项得：

$$\text{销售价格}=\frac{\text{实际成本}}{1-\text{利润率}} \tag{10-20}$$
$$=\frac{180}{1-15\%}=211.77\text{ 元}$$

$$\text{利润额}=211.77\times15\%=31.77\text{ 元}$$

(三)主要贸易术语的价格换算

在国际贸易中，不同的贸易术语表示其不同的价格构成因素。因此，在对外洽谈中，如果一方按某一术语报价，对方要求改其他术语表示的价格时，就涉及到价格的换算问题。

1. 主要贸易术语的价格构成

在我国进出口业务中，最常用的贸易术语是 FOB、CFR 和 CIF 三种，这三种术语仅适用于海上或内河运输。其价格构成的计算公式如下：

$$\text{FOB}=\text{进货成本}+\text{国内费用}+\text{预期利润} \tag{10-21}$$

$$\text{CFR}=\text{进货成本}+\text{国内费用}+\text{预期利润}+\text{国外运费} \tag{10-22}$$

$$\text{CIF}=\text{进货成本}+\text{国内费用}+\text{预期利润}+\text{国外运费}+\text{国外保险费} \tag{10-23}$$

FCA、CPT 和 CIP 贸易术语，是国际商会为适应国际贸易的新发展而制定的贸易术语，它们适用各种运输方式。其价格构成的计算公式如下：

$$\text{FCA}=\text{进货成本}+\text{国内费用}+\text{预期利润} \tag{10-24}$$

$$\text{CPT}=\text{进货成本}+\text{国内费用}+\text{预期利润}+\text{国外运费} \tag{10-25}$$

CIP＝进货成本＋国内费用＋预期利润＋国外运费＋国外保险费 (10-26)

2. 贸易术语的价格换算

在实际业务中，表示货物价格的方式一般有两种：一种是以净价表示；另一种是以含佣价或含折扣价表示。

(1)FOB、CIF 和 CFR 三种贸易术语净价之间的换算。

净价(Net Price)，是在表示货物价格时，不包含佣金或折扣。例如，"每吨 500 美元 CIF 伦敦"(USD 500 per M/T CIF London)。各种不同术语下的价格换算，不仅涉及术语形式上的改变，还涉及买卖双方各自承担的责任、费用和计价金额的改变。

①以 FOB 价换算为其他价格：

$$\text{CFR}=\text{FOB}+\text{运费} \quad (10\text{-}27)$$

$$\begin{aligned}\text{CIF}&=\text{FOB}+\text{运费}+\text{保险费}\\&=\frac{\text{FOB}+\text{运费}}{1-\text{投保加成}\times\text{保险费率}}=\frac{\text{CFR}}{1-\text{投保加成}\times\text{保险费率}}\end{aligned} \quad (10\text{-}28)$$

②以 CFR 价换算为其他价格：

$$\text{FOB}=\text{CFR}-\text{运费} \quad (10\text{-}29)$$

$$\text{CIF}=\text{CFR}+\text{保险费}=\frac{\text{CFR}}{1-\text{投保加成}\times\text{保险费率}} \quad (10\text{-}30)$$

③以 CIF 价换算为其他价格：

$$\text{FOB}=\text{CIF}\times(1-\text{投保加成}\times\text{保险费率})-\text{运费} \quad (10\text{-}31)$$

$$\text{CFR}=\text{CIF}-\text{保险费}=\text{CIF}\times(1-\text{投保加成}\times\text{保险费率}) \quad (10\text{-}32)$$

【例 10-7】 某出口公司对外报价牛肉罐头 2.20 美元/听 CIF 大连，按发票金额加成 10%投保一切险，保险费率 0.3%，客户要求改报 CFR 价格，请问该报多少？

解：

$$\begin{aligned}\text{CFR}&=\text{CIF}\times(1-\text{投保加成}\times\text{保险费率})\\&=2.20\times[1-(1+10\%)\times0.3\%]\\&=2.193\text{ 美元}\end{aligned}$$

答：应报 2.193 美元/听 CFR 大连。

(2)FCA、CPT 和 CIP 三种贸易术语净价之间的换算。

①以 FCA 价换算为其他价格：

$$\text{CPT}=\text{FCA}+\text{国外运费} \quad (10\text{-}33)$$

$$\begin{aligned}\text{CIP}&=\text{FCA}+\text{国外运费}+\text{保险费}=\frac{\text{FCA}+\text{国外运费}}{1-\text{投保加成}\times\text{保险费率}}\\&=\frac{\text{CPT}}{1-\text{投保加成}\times\text{保险费率}}\end{aligned} \quad (10\text{-}34)$$

②以 CPT 价换算为其他价格：

$$\text{FCA}=\text{CPT}-\text{运费} \quad (10\text{-}35)$$

$$\text{CIP}=\text{CPT}+\text{保险费}=\frac{\text{CPT}}{1-\text{投保加成}\times\text{保险费率}} \quad (10\text{-}36)$$

③以 CIP 价换算为其他价格：

$$\text{FCA}=\text{CIP}\times(1-\text{投保加成}\times\text{保险费率})-\text{国外运费} \tag{10-37}$$

$$\text{CPT}=\text{CIP}-\text{保险费}=\text{CIP}\times(1-\text{投保加成}\times\text{保险费率}) \tag{10-38}$$

(3)净价与含佣价之间的换算。

①以 FOB 含佣价换算为其他价格：

$$\text{FOB 净}=\text{FOB 含佣价}\times(1-\text{佣金率}) \tag{10-39}$$

$$\text{CFR 净}=\text{FOB 含佣价}\times(1-\text{佣金率})+\text{运费} \tag{10-40}$$

$$\text{CIF 净}=\frac{\text{FOB 含佣价}\times(1-\text{佣金率})+\text{运费}}{1-\text{投保加成}\times\text{保险费率}} \tag{10-41}$$

②以 CFR 含佣价换算为其他价格：

$$\text{FOB 净}=\text{CFR 含佣价}\times(1-\text{佣金率})-\text{运费} \tag{10-42}$$

$$\text{CFR 净}=\text{CFR 含佣价}\times(1-\text{佣金率}) \tag{10-43}$$

$$\text{CIF 净}=\frac{\text{CFR 含佣价}\times(1-\text{佣金率})}{1-\text{投保加成}\times\text{保险费率}} \tag{10-44}$$

③以 CIF 含佣价换算为其他价格：

$$\text{FOB 净}=\text{CIF 含佣价}\times(1-\text{投保加成}\times\text{保险费率})\times(1-\text{佣金率})-\text{运费} \tag{10-45}$$

$$\text{CFR 净}=\text{CIF 含佣价}\times(1-\text{投保加成}\times\text{保险费率})\times(1-\text{佣金率}) \tag{10-46}$$

$$\text{CIF 净}=\text{CIF 含佣价}\times(1-\text{佣金率}) \tag{10-47}$$

(四)不同计价货币的报价换算

在国际贸易中，经常会遇到货币换算的问题，如我方原报人民币，可客户要求改报美元价，或我方以美元报价，客户却要求以欧元或英镑报价等情况。这就要求外贸从业人员必须掌握和熟悉不同计价货币之间的价格换算技能。

假设下列外币买卖已在中国银行挂牌，同时假设要保证我出口公司收入不变，则有以下 3 种常用的换算公式。

1. 本币折算成外币对外报价

本币折算成外币的计算公式为：

$$\text{外币价}=\frac{\text{人民币}}{\text{外汇买入价}} \tag{10-48}$$

在直接标价法情况下，银行外汇买卖牌价中，前面的是买入价，后面的是卖出价。

【例 10-8】 我国某出口公司某商品对外报价：CNY2500 per M/T CIF New York，外商来 E-mail 要求改报美元，问我方应报多少？（已知中国银行外汇牌价为：USD 100＝CNY 823.24/824.96，答案保留两位小数。）

解：

$$\begin{aligned}\text{外币价}&=\text{本币(人民币)}/\text{外汇买入价}\\&=2500/8.2324=303.68\ \text{美元}\end{aligned}$$

答：改报为美元，我方应报 303.68 美元。

2. 外币折算成本币对外报价

外币折算成本币的计算公式为

$$人民币=外币价\times外汇卖出价 \tag{10-49}$$

【例 10-9】 我国某公司某商品对外报价是:GBP 20 per dozen CIF London。若以人民币报出,应报多少?(已知人民币对英磅的外汇牌价为:GBP100＝CNY 1340.12/1345.47)

解:
$$\begin{aligned}人民币&=外币价\times外汇卖出价\\&=20\times13.4547=269.09\text{ 元人民币}\end{aligned}$$

答:改报为人民币,我方应报 269.09 元人民币。

3. 外币甲折算成外币乙对外报价

外币甲折算成外币乙的计算公式为:

$$外币乙价=\frac{外币甲价\times外币甲卖出价}{外币乙买入价} \tag{10-50}$$

【例 10-10】 我国某公司出口某商品对外报价为:GBP 200 per piece CIF London。现应国外客户要求改报美元价,问我方应报多少?(已知汇率为:GBP 100＝CNY 1340.12/1345.47,USD 100＝CNY 823.24/824.96)

解: $\text{CIF 美元价}=(200\times13.4547)/8.2324=326.87$ 美元

答:改报为美元,我方应报 326.87 美元。

(五)FOB、CIF 和 CFR 三种贸易术语的对外报价核算

出口报价通常使用 FOB、CIF 和 CFR 三种价格。对外报价核算时,应按照如下步骤进行:

(1)明确价格构成;

(2)确定成本、费用和利润的计算依据;

(3)将各部分合理汇总。

以下用实例说明三种贸易术语的对外报价核算。

【例 10-11】渤海贸易公司收到爱尔兰公司求购 6000 双牛粒面革腰高 6in 军靴(一个 40ft 集装箱)的询盘,经了解每双军靴的进货成本为人民币 90 元(含增值税 17%),进货总价:90 × 6000 = 540000 元;出口包装费每双 3 元,国内运杂费共计 12000 元,出口商检费 350 元,报关费 150 元,港区港杂费 900 元,其他各种费用共计 1500 元。渤海公司向银行贷款的年利率为 8%,预计垫款两个月,银行手续费率为 0.5%(按成交价计),出口军靴的退税率为 14%,海运费:大连—都柏林,一个 40ft 集装箱的包箱费率是 3800 美元,客户要求按成交价 110%投保,保险费率为 0.85%,并在价格中包括 3%佣金。若渤海公司的预期利润为成交金额的 10%,人民币对美元的汇率为 8.25 : 1,试报每双军靴的 FOB、CFR、CIF 价格。

1.核算成本

$$实际成本=进货成本-退税金额$$

$$=90-90\div(1+17\%)\times 14\% \quad (10\text{-}51)$$

$$=79.2308 元/双$$

$$退税金额=进货成本\div(1+增值税率)\times退税率 \quad (10\text{-}52)$$

2.核算费用

国内费用＝包装费＋(运杂费＋商检费＋报关费＋港区港杂费＋其他费用)＋进货总价×贷款利率/12×贷款月份 (10-53)

$=3\times6000+(12000+350+150+900+1500)+540000\times8\%/12\times2$

$=18000+14900+7200$

$=40100$ 元

单位货物所摊费用＝40100 元/6000 双＝6.6833 元/双(注:贷款利息通常以进货成本为基础。)

银行手续费＝报价×0.5%

客户佣金＝报价×3%

出口运费＝3800÷6000×8.25＝5.2247 元/双

出口保险费＝报价×110%×0.85%

3.核算利润

利润＝报价×10%

4.三种贸易术语报价核算过程

(1)FOB C3 报价的核算。

FOB C3 报价＝实际成本＋国内费用＋客户佣金＋银行手续费＋预期利润

＝79.2308＋6.6833＋FOB C3 报价×3%＋FOB C3 报价×0.5%＋FOB C3 报价×10%

＝85.9141＋FOB C3 报价×(3%＋0.5% ＋10%)

＝85.9141＋FOB C3 报价×13.5% (10-54)

等式两边移项得:

FOB C3 报价×(1－13.5%)＝85.9141 元

FOB C3 报价＝85.9141/(1－13.5%)＝ 99.3227 元

折成美元:FOB C3＝99.3227÷8.25＝2.04 美元/双

(2)CFR C3 报价的核算。

CFR C3 报价＝实际成本＋国内费用＋出口运费＋客户佣金＋银行手续费＋预期利润 (10-55)

＝79.2308＋6.6833＋5.2247＋CFR C3 报价×3% ＋CFR C3 报价×0.5%＋CFR C3 报价×10%

＝91.1388＋CFR C3 报价×(3%＋0.5%＋10%)

＝91.1388＋CFR C3 报价×13.5%

等式两边移项得：

CFR C3 报价×(1－13.5%)＝ 91.1388 元

CFR C3 报价＝91.1388/(1－13.5%)＝105.3628 元

折成美元：CFR C3＝105.3628/8.25＝12.77 美元/双

(3)CIF C3 报价的核算：

CIF C3 报价＝实际成本＋国内费用＋出口运费＋客户佣金＋银行手续费＋出口保险费＋预期利润 (10-56)

＝79.2308＋6.6833＋5.2247＋CIF C3 报价×3%＋CIF C3 报价×0.5%＋CIF C3 报价×110%×0.85%＋CIF C3 报价×10%

＝91.1388＋CIF C3 报价×(3%＋0.5%＋110%×0.85%＋10%)

＝91.1388＋CIF C3 报价×14.435%

等式两边移项得：

CIF C3 报价×(1－14.435%)＝ 91.1388 元

CIF C3 报价＝91.1388/(1－14.435%)＝106.5079 元

折成美元：CIF C3＝106.5079/8.25＝12.91 美元/双

5. 三种价格对外报价

(1)USD 12.04/pair FOB C3 Dalian

(2)USD 12.77/pair CFR C3 Dublin

(3)USD 12.91/pair CIF C3 Dublin

6. 对外报价核算应注意的问题

根据上述报价情况，以下问题应当引起注意：

(1)按照报价的一定百分比计费的内容应一次求出，否则容易造成报价的低估。

(2)实际业务中，除了采用费用额相加的方法外，还有规定定额费用率的做法，该费用率的计费基础是含税的进货成本。

(3)银行费用是根据出口发票金额的一定百分比收取，计费基础是成交价格。佣金和保险费通常也根据成交价格来计算。

(4)垫款利息按照进货成本计算，远期收款利息按照成交价格计算。

(5)报价核算有总价核算和单价核算两种方法：总价法比较精确，但要将核算结果折算成单价后才能对外报价；单价法可以直接求出报价，但计算过程需保留多位小数，以保证报价准确，上述实例采用的就是单价核算法。

(6)注意报价的计量单位及集装箱内装箱数量的准确性，它直接影响单位运价和国内费用的多少。

(7)出口报价核算出来之后，可以采用逆算方法验算，即报价产生以后，用"收入减去支出等于成本"的原理来核算对外报价是否正确。

(8)业务员在对外磋商之前就应进行报价核算，以做到对一票买卖的综合经营状况心中有数。

7. 对外报价的验算

$$报价=成本+费用+利润 \tag{10-57}$$

成交后，报价即为销售收入，而成本=收入－支出。下面以前述背景资料为例进行验算。

【例 10-12】 渤海公司的 FOB 包含 3%佣金的报价为每双 12.04 美元 。那么：

出口收入=12.04 ×8.25= 99.33 元/双

$$支出=客户佣金+国内费用+银行手续费+利润 \tag{10-58}$$

$$=99.33\times3\%+6.6833+99.33\times0.5\%+99.33\times10\%$$

$$=20.0929 元/双$$

$$实际成本=出口收入-出口支出 \tag{10-59}$$

$$=99.33-20.0929$$

$$=79.2371 元/双$$

$$进货成本=实际成本\div(1+增值税率-出口退税率)\times(1+增值税率)$$

$$=79.2371\div(1+17\%-14\%)\times(1+17\%) \tag{10-60}$$

$$=79.2371\div1.03\times1.17$$

$$=76.9292\times1.17$$

$$=90.00 元/双$$

由前面背景材料得知：每双军靴的进货成本为 90 元人民币，可见该报价是合理的。

第三节　买卖合同的价格条款

一、价格条款的主要内容

在国际货物买卖中，进出口商通常采用固定作价方法。因此，价格条款一般包括两项内容：商品的单价和总值。

1. 单价(Unit Price)

单价由 4 个部分构成：计价货币、单价金额、计量单位和贸易术语。

例如，USD 10 per piece FOB 上海(每件 10 美元 FOB 上海)。

其中，计价货币是“美元/USD”，单价金额是“10”，计量单位是“件/piece”，贸易术语是“FOB 上海”。

在制定单价时，应注意：

(1)计价货币。同一货币名称，在不同国家和地区，代表的币值不一样。因此，在合同中必须将有关货币的国别(地区)写明。如“元”，应写明美元、加元、日元、港元；“法郎”，应写明法国法郎或瑞士法郎。

(2)计量单位。不同国家使用不同的度量衡制度，合同中价格条款的计量单位必须写清楚。如以吨为计量单位，应写明公吨、长吨或短吨。此外，对计量单位的书写应规范。例如，公吨(Metric Ton，M/T)。

(3)贸易术语后面的港口名或地名。FOB、FCA 术语后需写明装运港(发货地)名称，CFR、CIF、CPT 和 CIP 术语后应写明目的港(目的地)名称。如贸易术语中的地名有同名，应加注国名或地区名，以免出现差错。

2. 总值(Total Amount)

总值也称为总价，是合同中货物的全部金额。总值使用的货币应与单价使用的货币一致。计算总值时，如果品质、数量在合同中有机动幅度，则在机动幅度内一般按原有单价计价，在机动幅度外的应在合同中写明计价方法。另外，总值必须用大小写同时表示。

例如，Total Amount：USD 123 478.00(Say US Dollars one hundred twenty three thousand four hundred and seventy eight only)。

二、价格条款的实例

(1)HKD 55 per dozen FOB Shanghai.

每打 55 港元 FOB 上海。

(2)HKD 5.00 per dozen net CIF Hong Kong.

每打 5 港元 CIF 香港净价。

(3)JPY 5000 per carton CIFC2 Nagoya.

每纸箱 5000 日元 CIFC2 名古屋。

(4) USD 21 per set FOB Shanghai including your commission 5% on FOB basis.

每套 21 美元 FOB 上海在 FOB 基础上包含你方 5%佣金。

(5) USD 2130. 00t FOB Dalian including 5% commission. The commission shall be payable only after seller has received the full amount of all payment due to seller.

每吨 2130 美元含 5%佣金 FOB 大连，佣金以收付全部货款为条件。

(6)GBP 400 per M/T CFR London. No price adjustment shall be allowed after conclusion of this contract .

每公吨 400 英磅 CFR 伦敦，合同成立后，不得调整价格。

(7)Seller reserves the right to adjust the contracted price, if prior to delivery, there is any variation in the cost of labor or raw material or component parts.

如果在交货前劳动力原材料成本或其组成部分发生任何变化，卖方有权调整合同价格。

(8)Any advance in freight at time of shipment shall be for buyer's account .

装运期间运费的提价由买方支付。

(9)Exchange risks, if any , for buyer's account .

如有任何汇率风险，则由买方承担。

三、规定价格条款的注意事项

1. 根据商品质量和档次定价

贯彻按质论价原则，优质优价，次质次价，良好的包装装潢及品牌的知名度直接影响着商品的价格。

2. 根据成交数量定价

成交数量的大小影响着价格的高低。一般来说，商品的价格随购买数量的增加而下降，随数量的减少而提高。因此，对外报价必须言明数量基础。

3. 根据时间差调整定价

交货的时间不同，直接影响着价格的高低。交货期越近，卖方加紧备货需要增加的费用越多，价格也必然高一些；相反，交货期越远，价格可适当下调（根据具体情况定夺）。另外，有些商品季节性很强，赶在节日之前交货，适应市场需求，能卖上好价；错过旺季，价格必然降低。例如，供应圣诞节用的火鸡，如果赶在节前供应市场可卖上好价；但如果货物节后才到，不但卖不上好价，还有可能遭受买方拒收货物的厄运。

4. 根据付款方式调整定价

在出口业务中，汇付、托收、信用证是3种最主要的付款方式。采用不同的付款方式对双方的利益有不同的影响，在收款的安全性、及时性上均有所不同。比如，同一种商品出口，分别采用预付货款和托收两种方式，对卖方资金回流的快慢显然是不一样的，前者的卖价比后者卖价要低一些。因此，不同的付款方式，应有不同的价格。

5. 根据品质、数量机动幅度制定相应条款

(1)品质增减价条款。

经买卖双方协商同意，对品质机动幅度，按比例计算增减价格。例如，销售二氧化锰，合同规定最低含量为80%，每降低1%单价减少若干美元，每提高1%单价增加若干美元。

(2)溢短装部分定价条款。

一般来说，对溢短装条款规定的多装或少装部分均按合同价格计算。但是，有时为了避免当事人趁市价涨落之机，故意多装或少装(多收或少收)，特规定溢短装部分按照装运时的市价计算。

6. 根据汇率浮动情况制定保值条款

(1)软币计价，硬币保值。

出口铺缆船(Cable Layer)两艘，每艘报价100万港元，签约前一天美元与港元的汇率为1美元=6港元，则100万港元=16.666万美元。双方同意用软币港元计价，以硬币美元保值。按合同支付条件规定日期的前一天，若1美元=6.5港元，港元贬值，按合同规定用美元保值，即：16.666×6.5=108.33万港元。虽然签约时为100万港元，但由于采用了美元保值，就应支付108.33万港元。与此相反，若港元升值，也同理推算。这样双方的经济利益均得到保障。

(2)软币计价，市场黄金保值。

上例中，软币计价100万港元，签约前黄金市价为1盎司=3000港元，则100万港元=333.3盎司黄金。支付日期前一天黄金市价1盎司=3100港元，则333.3×3100=103.33万港元。签约时合同价为100万港元，支付时由于港元贬值，而合同又采用了市场黄金价格保值。因此，付款时就需支付103.33万港元。此种方法适用于固定汇率时期，现在很少使用。

7. 加列银行费用条款

银行费用主要有：寄单邮费、电报费、信用证通知费、修改通知费、议付费、单据处理费、不符点交单费等，这些费用一般占总货款的1% ～ 4% 。此项费用在合同中确定下来，便于价格的核算，对双方都有好处，避免日后产生纠纷。

8. 密切关注市场价格动态

随时掌握市场的变动趋势，供不应求时，该涨则涨；供过于求时，该降则降。既不要盲目要价，吓跑客户或让竞争者占先，错过成交机会，也不能随意砍价，影响出口收益。

S 复习思考

1. 下列出口单价的写法如果有错或不完整，请予以更正或补充。

(1)每打 25 英镑 CIF 巴黎。

(2)每公吨 300 美元 FOB 美国。

(3)CFR 伦敦每箱 50 元。

(4)每码 5 美元 CIF 香港净价含 3%佣金。

(5)每码 2 美元纽约。

2. 解释下列条款

(1)Your commission 3% on FOB value has been included in the above price.

(2)USD 20.00 per yard FOB Dalian net.

(3)DEM 46.00 per set CFR Hamburg.

(4)GBP 2.50 per dozen CIF London including 5% commission.

3. 业务员小王向美国客户就童车对外报价如下：CIF C3 纽约 USD 120.00 套，数量 20000 套。美国客户接到报价后认为我方价格比较接近，于是要求我业务人员报出 CIF C5 纽约价，请你帮小王以 CIF C5 进行报价。

4. 某出口货物的 FOB 价为 100 港元，单位运费为 10 港元，佣金率为 5%，保险费率合计为 1%，投保加成率为 20%，试将 FOB 价格分别改报成 CFR、CFR C5 和 CIF 价格。

5. 某商品出口总成本为 CNY 70000，出口外汇净收入为 USD 10000，设美元汇价为 USD100＝CNY 828.60/831.08，求出口商品盈亏率和出口商品换汇成本。

6. 中国某进出口公司向孟加拉国某公司出口货号为 AQL186 的高级海藻香皂，每块进货成本是 9.30 元人民币，其中包括 17%增值税，退税率 9%，纸箱包装，数量 450 件，每件装 72 块，外箱体积 36cm×27.5cm×28cm，毛重 12.5kg，净重 10.8kg，交货日期 2006 年 6 月底之前，L/C 支付，起运港：梧州，成交条件 CFR 吉大港 USD 1.50/piece，海运费 1800 美元，定额费用率为进货成本的 6.2%。可直接认定的国内费用占进货成本的 10.2%，美元对人民币的汇率为 1∶8.30。

根据上述资料，求：①实际成本；②退税金额；③费用总额(包括海运费)；④利润；⑤换汇成本。

E 能力训练

1. 我某出口公司拟出口化妆品去中东某国。正好该国某佣金商主动来函与该出口公司联系，表示愿为推销化妆品提供服务，并要求按每笔交易的成交额给予佣金

5%。不久,经该佣金商中介与当地进口商达成 CIF C5%总金额 50000 美元的交易,装运期为订约后 2 个月内从中国港口装运,并签订了销售合同。合同签订后,该佣金商即来电要求我出口公司立即支付佣金 2500 美元。我出口公司复电称:佣金需待货物装运并收到全部货款后才能支付。于是,双方发生争议。试问:这起争议发生的原因是什么?我出口公司应接受何种教训?

2. 我国公司拟对美国出口某商品 1000 公吨,单价报为:每公吨(以毛作净)400 美元 FOB 上海。国外回 E-mail 要求改报 CFR 旧金山。去旧金山需装美国船,此船运价表运费每运费吨为 50 美元(按短吨计算)。我方业务员以"CFR＝FOB＋F"计算:运费为每公吨 50 美元,CFR 报价为 450 美元。请问:此报价是否合理?为什么?

第十一章　国际贸易货款的收付

学习导引

通过学习本章，了解国际贸易货款的支付工具；理解各种支付工具和支付方式的特点及作用；掌握支付工具和支付方式的运用程序及其相关的业务知识；重点掌握信用证支付方式的基本业务知识。

能力提示

通过对本章的学习和训练，掌握票据的基本知识、信用证结算方式的使用，具备正确运用支付工具和支付方式清算国际贸易货款的能力。

国际贸易货款的收付直接影响到进出口商的资金周转和融通，影响到其各种金融风险和费用的负担，关系到进出口双方的切身利益。国际贸易货款的结算，主要涉及支付工具、付款时间与地点、支付方式等问题，了解和掌握国际贸易货款结算的基本业务知识，有利于国际贸易合同的洽商和履行，有利于建立国际贸易双方的长期信任与合作关系。

第一节　票　　据

一、票据的概念及票据行为

票据是国际通行的结算和信贷工具，是可以流通转让的债权凭证。在国际贸易中，作为货款的支付工具有货币和票据，并以票据为主。各国都对票据进行了立法，我国于 1995 年 5 月 10 日通过了《中华人民共和国票据法》(以下简称《票据法》)，并自 1996 年 1 月 1 日起施行。

(一)票据概念及性质

1. 票据的概念

票据的含义有广义和狭义之分。广义的票据是指一切商业上的权利凭证,如提单、保险单、包单、抬头债券和股票等。狭义的票据是以支付一定金额为目的,并且可以转让流通的有价证券。它是在商品或货币的让渡过程中,反映债权、债务的发生、转移、偿付而使用的一种信用工具。

在国际贸易支付中使用的票据仅指狭义的票据。在我国,狭义的票据专指《票据法》中所涉及的汇票、本票和支票。它们都是由票据的出票人签发,并承诺或委托付款人在见票时或在指定时期无条件支付确定金额的、可以流通转让的有价证券。

2. 票据的性质

根据各国票据法的规定与解释,票据具有以下性质:

(1)有价性。票据是以货币金额为付给标的物的有价证券。票据如同财产一样具有价值,其价值就是票据上指明的给付金额。票据的有价性使之成为支付手段,可作为现金来使用。

(2)要式性。票据必须具备法定的必要条件,即法定的要素及格式,才能产生法定效力。

(3)流通性。票据可以通过背书、交付而使其权利履行、转让、流通,并可以不经过债务人的同意即可背书进行转让或再转让。通过转让,票据的受让人可以获得票据的全部法律权利。

(4)无因债权性。票据是否成立,完全不受其赖以产生的原因关系的制约。只要票据具备法定要式,票据行为即告成立,而不论其行为发生的原因。只要票据符合法定要式,付款人必须无条件付款,票据受让人无需调查出票或转让的原因。

(二)票据行为

票据行为是以承担票据上的债务为目的所做的必要形式的法律行为。票据行为以行为人的签名作为必要条件,凡在票据上签名者,均应对票据上所载文义负责。票据签名的目的是为了确定行为人的责任,以及辨别行为人的真伪。

在票据运动过程中,各种票据行为都独立承担票据责任,即票据行为具有独立性。只要票据具有法定要式,前一票据行为的缺陷不影响后一票据行为的有效性。因此,只要票据符合要式,票据行为的签名者均应以票据上所载文义为准,独立承担票据责任。

票据行为包括出票、背书、承兑、参加承兑和保证 5 种。其中,出票是主票据行为;其他行为都是以出票为基础衍生而来的,称为附属票据行为。

1. 出票(Issue)

出票是创造票据的行为,票据上的权利、义务均以开出票据的行为而产生。因此,出票被称为基本票据行为或主票据行为。

出票包括出票人按法定要式制作票据并签字和将票据交付给收款人的两种行为。如果仅由出票人签发票据而未经交付，票据行为是不完整的。只有出票人将票据交付出去，出票才告结束，汇票即生效。

2. 背书(Endorsement)

背书是原持票人以转让票据权利为目的的票据行为。背书时原持票人被称为背书人。背书是背书人与其他票据债务人连带负担债务责任的行为。

背书和出票一样，也包括两种行为，即背书人在票据后面背书和将已背书的汇票交付被背书人。背书人是票据的出让人，被背书人是票据的受让人。票据可以不断地经过背书连续转让下去。对于受让人来说，所有在他以前的背书人和原出票人都是他的前手；而对于出让人来说，所有在他出让以后的受让人都有是他的后手。前手对后手承担汇票得到承兑和付款的责任。

3. 承兑(Acceptance)

承兑是票据付款人承诺负担票据债务偿付的行为，也是指付款人表示承担票据到期付款责任的行为。付款人在票据上写明“承兑”字样，注明承兑日期，并由付款人签字，交还持票人。

4. 参加承兑(Acceptance for Honor)

参加承兑是票据遇到拒绝承兑而退票时，非票据债务人在得到持票人同意的前提下，参加承兑已被拒绝的票据的票据行为。

5. 保证(Guarantee)

保证是指非票据债务人对于出票、背书、承兑、付款等所发生的债务予以偿付、担保的票据行为。保证增强了票据的可接受性，便于票据的流通。

背书、承兑、参加承兑和保证均称为附属票据行为，或从属票据行为。出票、背书和保证行为是汇票、本票所共有的票据行为；承兑、参加承兑是汇票特有的票据行为；支票仅有出票、背书两种票据行为。

二、汇票

汇票(Bill of Exchange; Draft)在票据的各种类型中是最主要的一种票据，在国际结算业务中使用的最为广泛。

(一)汇票的概念

我国《票据法》第一条第一款为票据作出了明确的定义：“汇票是出票人签发的，委托付款人在见票时或者在指定日期无条件支付确定的金额给收款人或持票人的票据。”从以上定义可知，汇票是一种无条件支付的命令，有3个基本当事人：出票人、付款人和收款人。

英国《票据法》对汇票的定义是：汇票是“由一人签发给另一人的无条件书面命令，要求受票人见票时或于未来某一规定的或可以确定的时间，将一定金额的款项支付给某一特定的人或其指定的人或持票人”。

(二)汇票的基本内容

各国票据法对汇票内容的规定不同,但主要项目和内容基本一致。

(1)载明“汇票”或“Exchange for”、“ Draft”字样。目的在于明确票据的种类,使汇票与本票、支票等其他支付工具相区别。

(2)无条件支付命令。汇票是出票人指定付款人支付给收款人的无条件支付命令书,支付不能受到限制,也不能附带任何条件。所以,支付只能用无条件支付命令的文句,不能用附带任何先决条件的文句。

(3)确定的金额。汇票上金额的文字需用大写和数字小写同时记载,二者需完全一致,金额数字不得涂改或盖校对章,否则汇票无效。汇票金额不得超过信用证金额,除非信用证金额前有“大约”和“类似”字样者。汇票金额也应与发票金额完全一致。

(4)付款人名及付款地点(付款人和付款的地方)。付款人又称受票人,他是支付命令的接受者,汇票上付款人的名称和付款地点必须写清楚,以使持票人按汇票批示向付款人提示承兑或付款。付款人只有对汇票进行了承兑,才对汇票承担必须付款而不能拒绝的责任。

(5)付款期限(Tenor of Payment)。付款期限又称付款到期日,是付款人履行付款义务的日期。

我国《票据法》规定的付款期限的记载形式有以下 4 种:

①见票即付(At Sight)　指在汇票上记载“At Sight”字样,付款人一经持票人提示,汇票即履行付款责任。

②定期付款(Fixed Date)　指在汇票上订明在某年某月某日付款,又称板期汇票,属远期汇票的范畴。

③出票后定期付款(After Date)　指在汇票上记载自出票日起经过一定期限付款,又称计期汇票,属远期汇票的范畴。

④见票后定期付款(After Sight)　指在汇票上记载自付款人承兑之日起经过一定期限付款,属远期汇票的范畴。

(6)收款人(Payee)名称。又称汇票抬头人或受款人,收款人是主债权人,必须明确记载。收款人有以下 3 种写法:

①限制性抬头　指在“收款人”栏中填“限付给××人”(Pay to ×× only)或“限付给××人,不许转让”(Pay to ×× only not transferable)。这种抬头的汇票不能转让和流通。

②指示性抬头　指在“收款人”栏中填“付给某某公司或指定人”(Pay to ×× Co. or Order)或“付给××人的指定人”(Pay the order of ××)。

③持票人抬头　指在“收款人”栏内填写“付给来人”(Pay to Bearer)。这种抬头

的汇票无需持票人背书，仅凭交付即可转让。

(7)出票日期(Date of Draft)与地点(Place of Draft)。汇票上记载的出票人签发汇票的日期，可凭以确定出票后若干天付款的远期汇票的付款到期日、提示期限、承兑期限等。汇票上注明签发汇票的地点，对于在一个国家出票，而在另一个国家付款的国际汇票，关系到汇票的法律适用。

(8)出票人签章(Signature of Drawer)。按照各国票据法的规定，汇票需经出票人签字方能生效。出票人签字后，即承担汇票的责任。

汇票上除记载法定事项外，还可以记载一些非法定事项，如签发汇票的原因、该汇票项下的信用证号码等，这些都不影响汇票的效力。

(三)汇票的种类

汇票从不同的角度可分为以下几种：

(1)按出票人的不同，可以分为银行汇票和商业汇票。

银行汇票(Banker's Bill)的出票人和付款人都是银行。银行签发汇票后，一般交汇款人，由汇款人寄交国外收款人向汇票指定的付款银行取款。

商业汇票(Commercial Draft)的出票人是企业或个人，付款人可以是企业、个人或银行。在国际贸易中，出口商装运货物后，签发商业汇票，并附以其他有关单据，委托银行向国外进口商收取货款。

(2)按是否附有包括运输单据在内的商业单据，可以分为光票和跟单汇票。

光票(Clean Bill)，是指不附带商业单据的汇票。光票的流通完全依靠个人的信用，当事人信用较好的汇票易于在市场上流通。银行汇票大多是光票。

跟单汇票(Documentary Bill)，是指附有包括运输单据在内的商业单据的汇票。跟单汇票除有个人的信用外，还有物的保证。国际贸易结算中的汇票大多采用跟单汇票。

(3)按付款日期的不同，汇票可以分为即期汇票和远期汇票。

即期汇票(Sight Draft;Demand Draft)，又称即期付款汇票，是指在持票人提示或付款人见票时应立即付款的汇票。

远期汇票(Time Draft;Usance Draft)，又称定期付款汇票，它是在一定期限或特定日期付款的汇票。这种汇票需由持票人向付款人提示，要求承兑，以便明确承兑人到期的付款义务。关于远期汇票的付款时间，有以下几种规定办法：

①见票后若干天付款(At××days after sight)；

②出票后若干天付款(At××days after date)；

③提单签发日后若干天付款(At××days after date of Bill of Lading)；

④指定日期付款(Fixed Date)。

(4)按承兑人的不同，汇票可以分为商业承兑汇票和银行承兑汇票。

商业承兑汇票(Commercial Acceptance Draft)，是由企业或个人作为付款人并承兑的远期汇票。企业或个人承兑后，即承担了汇票到期支付的法律责任，因而属于商业信用。

银行承兑汇票（Banker's Acceptance Draft），是由银行作为贷款人并承兑的远期汇票。银行承兑后，即承担了汇票到期支付的法律责任，因而属于银行信用。

（四）汇票的票据行为

汇票在使用过程中的各种行为，都由《票据法》加以规范，主要有出票、提示、承兑和付款。如果需要转让，通常应经过背书行为。如汇款遭拒付，还需作成拒绝证书和行使追索权。

1. 出票（Issue）

出票包括出票人按法定要式制作汇票并签字和将汇票交付给收款人的两种行为。如果仅由出票人签发汇票而未经交付，票据行为是不完整的。只有出票人将汇票交付出去，出票才告结束，汇票即生效。

出票后，出票人即承担保证汇票得到承兑和付款责任。如果汇款遭到拒付，出票人应该接受持票人的追索，清偿汇票金额、利息和有关费用。

2. 提示（Presentation）

提示是持票人将汇票提交付款人要求承兑或付款的行为，是持票人要求取得票据权利的必要程序。

提示又分为两种：

(1)付款提示，即期汇票或已承兑的远期汇票的持票人向汇票付款人提示要求付款；

(2)承兑提示，即远期汇票的持有人向付款人提示要求承兑。

付款提示和承兑提示都应在法定期限内进行，各国票据法对此都作出了规定。至于提示地点，持票人应在汇票规定的付款地点进行提示；若汇票未载明付款地点，持票人可直接对付款人进行提示。

3. 承兑（Acceptance）

承兑是指付款人在持票人向其提示远期汇票时，在汇票上签字，承诺于汇票到期时付款的行为。

承兑包括两种行为：

(1)付款人在汇票正面写明“承兑”字样，并注明承兑和签名；

(2)承兑人承兑汇票后，将汇票交还持票人，以供持票人在汇票到期日再次向承兑人提示付款。

付款人一旦对汇票作出承兑，即成为承兑人，以主债务人的地位承担汇票到期时无条件付款的法律责任。若承兑人在汇票到期时拒绝付款，则持票人可直接对他提起诉讼。而付款人若拒绝承兑汇票，则他不承担对汇票到期付款的法律责任，持票人只能对前手背书人及出票人追索。

4. 背书(Endorsement)

背书是以转让票据权利为目的的票据行为。凡指示性抬头和限制性抬头的汇票,必须以背书的方式进行转让。

背书包括空白背书和记名背书两种。以空白背书方式转让,原持票人(背书人)只签署自己的名字,而不记载受让人(被背书人)的名字;以记名背书方式转让时,背书人在汇票背面签署自己的名字,并且记载被背书人的名称。

在金融市场上,最常见的背书转让为汇票贴现,即远期汇票经承兑后,尚未到期,持票人背书后,由银行或贴现公司作为受让人,从票面金额中扣减按贴现率结算的贴息后,将余款付给持票人。

5. 付款(Payment)

票据的最终目的是凭以付款。付款是付款人在汇票到期日,向提示汇票的合法持票人足额付款。

持票人取得付款时,应当在汇票上签收,或另外出立收款的凭证,并将汇票交付付款人。至此,汇票所代表的债权债务关系即告终止。

6. 拒付(Dishonor)

拒付也称退票。拒付包括拒绝承兑和拒绝付款:当持票人向付款人提示汇票要求承兑遭到拒绝时,便构成拒绝承兑;当持票人向付款人提示汇票要求付款遭到拒绝时,便构成拒绝付款。

7. 追索(Recourse)

汇票遭到拒付,持票人立即产生追索权,他有权向其前手(背书人、出票人)要求偿付汇票金额、利息和其他费用权利,即追索。正当持票人可不以背书次序,超过其前手,而对债务人(出票人、背书人、承兑人)中的任何一人追索。被追索者付讫票款后,即取得持票人的权利,得再向其他债务人行使追索权,直到出票人为止。行使追索权的条件:

(1)持票人必须在法定期限内向付款人提示票据。

(2)汇票遭到拒付时,持票人为了行使追索权,必须在法定期限内作出拒绝证书(Protest)。拒绝证书是一种由付款地的法定公证人作出的证明付款人拒付的文件。持票人应将汇票交出,由公证人持以向付款人再作提示;再遭拒绝后,公证人即按规定格式制成一张证明人书,连同汇票一并交还持票人,持票人据以向前手行使追索权。

(3)持票人必须在拒付后的法定期限内及时向其前手发出拒付通知,将拒付事实通知其前手;被通知者再通知其前手,直至出票人。发出拒付通知的目的是使汇票上的所有债务人及时得知拒付事实,以做好偿付被追索票款的准备。

除上述出票、提示、承兑、付款、背书、拒付和追索等票据行为外,汇票在使用和流通过程中,有时还会产生参加承兑、保证等其他票据行为。

8. 保证(Guarantee)

保证的做法是:保证人在汇票上或汇票的粘单上写明"保证"字样,然后注明被保证人,最后签上保证人的姓名,并加注日期。

9. 参加承兑(Acceptance for Honor)

参加承兑的目的是为了防止追索权的行使,维护出票人和背书人的信誉。

参加承兑人应该在汇票正面记载参加承兑的意旨、被参加承兑人的姓名、参加承兑的日期并签名。其记载形式是:"Acceptance for Honor of (被参加承兑人的姓名) on (参加承兑时间) signed by (参加承兑人签名)。"

10. 参加付款

参加付款是指汇票得不到付款、持票人行使追索权时,由其他愿意付款的人付款。参加付款与参加承兑的作用相同,都是为了防止追索权的行使,维护出票人和背书人的信誉,而且二者都可以指定任意债务人作为被参加人。它们的不同之处是,参加付款不需要征得持票人的同意,可以是任何人,而参加承兑则需要征得持票人的同意。另外,参加付款是在汇票被拒付时可能出现的行为,而参加承兑则是在汇票被拒绝承兑时可能出现的行为。

汇票格式如下:

NO ____________________

Exchange for ____________________

At ________ *Sight of this FIRST of Exchange(the SECOND of the same tenor and date being unpaid), pay to the order of the* ____________________ *sum of* ____ *drawn under* ____ *value received and charge to account*

To ____________________

三、本票

本票和汇票在许多方面相同或相似,汇票中有关出票、付款、背书、提示、拒绝及追索等行为的法律规定均适用于本票。

1. 本票(Promissory Note)的概念

我国《票据法》规定,本票是由出票人签发,承诺自己在见票时无条件支付确定金额给收款人或者持票人的票据。我国《票据法》对本票的定义仅指银行本票。

英国《票据法》关于本票的定义是:"本票是一人向另一人签发的,保证即期或定期或在可以确定的将来时间,对某人或其指定人或持票来人支付一定金额的无条件书面承诺。"即允许企业和个人签发本票。

简言之,本票是出票人对受款人承诺无条件支付一定金额的票据。

2. 本票的必要项目

一般来说,本票必须具备以下项目:

(1)写明其为"本票"字样;

(2)无条件支付承诺;

(3)收款人或其指定人;

(4)出票人签字;

(5)出票日期和地点;

(6)付款期限(未载明付款期限者,视为见票即付);

(7)一定货币金额;

(8)付款地点(未载明付款地点者,出票地视为付款地)。

3. 本票的种类

本票按出票人的不同,可以分为商业本票和银行本票。

(1)商业本票。

商业本票又称一般本票,出票人一般是企业或个人。商业本票根据付款时间的不同,又可以分为即期本票和远期本票。即期本票就是见票即付的本票,而远期本票则是承诺于未来可以规定的或可以确定的日期支付票款的本票。

(2)银行本票。

由银行签发的本票为银行本票。银行本票都是即期的。银行本票如果开成不记载收款人的本票或来人抬头本票,即可代替现钞流通。为了限制银行本票的签发,稳定金融市场,有的国家对本票的发行规定最低限额,只允许开出一定金额以上的大额本票,以免当作纸币在市场上流通;有的国家则禁止发行来人抬头的银行本票。

4. 本票和汇票的区别

(1)汇票是委付式票据,它是由出票人签发的,委托付款人于规定时间无条件向收款人支付一定金额的票据。所以,汇票有3个基本当事人,即出票人、收款人和付款人。而本票是允诺式票据,它是由出票人承诺于持票人提示付款时无条件地由他本人向收款人支付一定金额的票据。所以,本票的基本当事人只有2个,即出票人和收款人。本票的付款人就是出票人自己。

(2)远期汇票必须经过承兑才能确定付款人对汇票的付款责任,而本票的付款人即是出票人自己,出票人签发本票就等于承诺在持票人提示付款时付款,因此无需承兑。但是,见票后定期付款的本票应由持票人向出票人提示见票,以确定本票的付款到期日。

(3)汇票在承兑前,出票人就是主债务人;在承兑后,承兑人是主债务人。而本票在任何情况下,出票人都是主债务人。

四、支票

在国际贸易中,支票经常代替现钞作为一种支付工具而加以使用。

1. 支票(Check;Cheque)的概念

我国《票据法》规定:"支票是由出票人签发,委托办理支票存款业务的银行或其他金融机构在见票时无条件支付确定金额给收款人或持票人的票据。"

英国《票据法》关于支票的定义是:"支票是以银行为付款人的即期汇票。它是银行存款人(出票人)对银行(付款人)签发的授权银行对某人或其指定人或持票来人即期支付一定金额的无条件书面背书命令。"

2. 支票的必要项目

支票必须具备以下几项项目:

(1)写明其为"支票"字样;

(2)无条件支付命令;

(3)付款银行的名称和地点;

(4)出票人签字;

(5)出票日期和地点(未写明出票地点者,以出票人名字旁的地点为出票地);

(6)付款地点(未写明付款地点者,以付款银行所在地为付款地点);

(7)写明"即期"字样(如未写明即期者,仍视为见票即付);

(8)一定金额;

(9)受款人或其指定人名称。

3. 支票的种类

(1)记名支票(Check to Order)。

记名支票是在支票的"收款人"一栏内写明具体收款人的姓名,如"限付××人"。取款时需由收款人签章。

(2)不记名支票(Check to Bearer)。

不记名支票又称空白支票 。在这种支票上不记载收款人的姓名,只写"付持票人"(Pay Bearer),持票人无需在支票上签章即可支取票款。

(3)划线支票(Crossed Check)。

为了防止支票遗失、被窃及冒领等意外情况的发生,出票人或持票人可在支票正面划出两道横线,即成为划线支票。划线支票与一般支票不同,只能委托银行收款。由于划线支票只能用于银行间的收付,不易被冒领票款。因此,即使支票被遗失或被窃,失票者还可以通过银行代收的线索查出冒领者,追回票款,从而保证持票人和出票人的利益安全。

(4)保付支票(Certified Check)。

为了避免出票人开出空头支票，保证在支票提示时付款，支票的收款人或持票人可以要求银行对支票"保付"(To Certify)。保付是由银行在支票上加盖"保付"戳记，以表明在支票提示时一定付款。

支票一经保付，付款责任即由银行承担，付款银行就成为主债务人。付款银行对支票保付后，即将票款从出票人账户转入另一专户，以备付款。所以，保付支票提示时，不会退票。

(5)银行支票(Banker's Check)。

银行支票是由银行签发，并由银行付款的支票。银行代理客户办理票汇时，可开立银行支票。

(6)空头支票。

空头支票是指出票人签发的超出其在付款人处的存款金额的支票。对这种支票，银行将拒付。

4. 支票和汇票的区别

(1)付款人的身份不同。汇票的付款人可以是银行，也可以是个人或企业。支票的付款人仅限于具有一定资格的银行或者其他金融机构。

(2)付款期限不同。汇票有即期和远期之分，其中远期汇票需要承兑，而支票只能是即期的。支票一经提示，付款人就应当按照票面金额支付票款，因此支票无需承兑。

第二节　汇付和托收

C 案例启迪

某公司业务员与国外客户商定，货款的结算使用美元电汇支付。货物发出一个月后，该业务员收到客户电汇付款的银行收据传真件，当即指示船公司将货物电放给提单上的通知人，客户随即将货物提走，但货款却未到账。经查，客户在银行办理了电汇付款的手续后，取得了银行收据，马上传真给卖方，并立即要求电放货物，在拿到卖方给船公司的电放指示附件后，即去银行撤销了这笔电汇付款，给该公司造成了19万美元的损失。

当前国际贸易中使用的支付方式主要是汇付、托收和信用证3种。其中，汇付和托收是国际贸易支付中常见的凭商业信用进行结算的方式。

一、汇付

(一)汇付的概念和基本当事人

汇付(Remittance),即汇款,是付款人通过银行或其他途径将款项汇交收款人的一种结算方式。在国际贸易中,如果采用汇付,通常是由买方按合同规定的条件和时间(如预付货款、货到付款或凭单付款)通过银行将货款汇交对方。

汇付方式有 4 方当事人:

(1)付款人(Remitter),即汇出款项的人。在进出口贸易中,汇款人通常是进口商。

(2)收款人(Payee or Beneficiary),即收取款项的人。在进出口贸易中,收款人通常是出口商。

(3)汇出行(Remitting Bank),即受汇款人的委托,汇出款项的银行。在进出口贸易中,汇出行通常是进口地的银行。

(4)汇入行(Paying Bank),即受汇出行委托解付汇款的银行,又称解付行。在进出口贸易中,汇入行通常是出口地银行。

(二)汇付方式的种类及操作程序

根据汇出行向汇入行发出汇款委托的方式,汇付可分为电汇、信汇和票汇 3 种形式。

1. 电汇(Telegraphic Transfer,简称 T/T)

电汇是指汇出行应汇款人的委托和申请,以拍发加押电报或电传方式将付款委托通知其在收款人当地的分行或代理行(汇入行),委托其将一定金额的款项解付给指定的收款人。

电汇的基本方式如下:

(1)买卖双方订立合同,并规定采用电汇方式付款。

(2)汇款人填写电汇申请书,委托汇出行使用电汇方式汇款;同时,向汇出行交付金额款项,并支付一定的汇费和使用国际电讯工具的费用。

(3)汇出行交汇款人回单。

(4)汇出行根据电汇申请书的指示,向汇入行发出电汇通告单,委托汇入行向指定收款人解付汇款。汇出行在使用电报电传时,要注意加注与汇入行事先约定的密押(Test Key)。

(5)汇入行在收到电报电传并核对密押无误后,向收款人发出汇款通知。

(6)汇款人出示收款收据和适当的证明文件向汇入行取款。

(7)汇入行付款。

(8)汇入行向汇出行收回垫款或邮寄付讫借记通知进行转账,并将收据交汇出行转交汇款人,作为款项已付的凭证。

电汇方式采用加注密押的电传电报发出电讯批示，具有收款快捷、资金安全的特点。尽管汇款人将因此承担较高的国际电讯费，但在电汇方式下，资金的在途时间极短。如果汇款数额较大，则节约的在途资金利息足以弥补所支付的国际电讯费用。所以，电汇方式适用于金额大、需求急的货款。

2. **信汇**(Mail Transfer，**简称** M/T)

信汇是指汇出行应汇款人的委托和申请，采用航邮付款委托书的方式，委托汇人行解付一定金额给指定的收款人。

信汇方式的操作程序与电汇方式基本相同 。区别仅在于：信汇方式是将付款委托书通过邮局以航邮方式寄予汇入行，委托银行解付汇款的，而电汇则采用电讯方式。而且信汇委托不必加注密押，但需有汇出行有权签字人员的签名或印鉴，汇入行经核对证实无误后，解付汇款。

由于信汇是以航邮方式将支付委托书寄交汇入行。因此费用较电汇低廉，但邮寄速度慢，收款人收款较迟。

电汇和信汇方式的收付程序如图 11-1 所示。

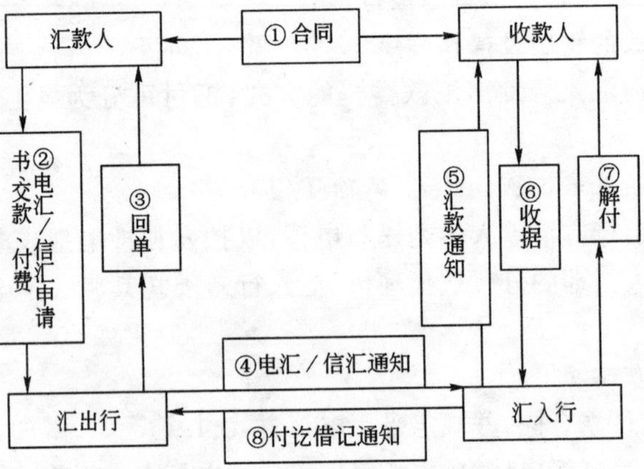

图 11-1　电汇和信汇方式的收付程序

3. **票汇**(Remittance by Banker's Demand Draft，**简称** D/D)

票汇是汇出行应汇款人的申请 ，开立以其海外分行或代理行为付款人，列明汇款人所指定的收款人名称的银行即期汇票，交由汇款人自行寄交给收款人，由收款人凭票向付款人(汇入行)取款的一种汇付方式。

票汇与电汇、信汇有以下两点不同：

(1)支付工具。汇票的传递不通过银行，汇入行即汇票的付款行无需通知收款人取款，而由收款人自行持票向汇入行指示，请求解求票款；而电汇、信汇的汇入行在收到汇出行的委托支付通知后，必须通知收款人付款。

(2)票汇的收款人可以通过背书转让汇票，到银行领取汇款的，很可能不是汇票上的收款人本人或其委托代收的往来银行，而是其他人，因此票汇方式可能涉及较多的当事人；而电汇、信汇的收款人不能将收款权转让，所以它们涉及的当事人较少。

票汇的收付程序如图 11-2 所示。

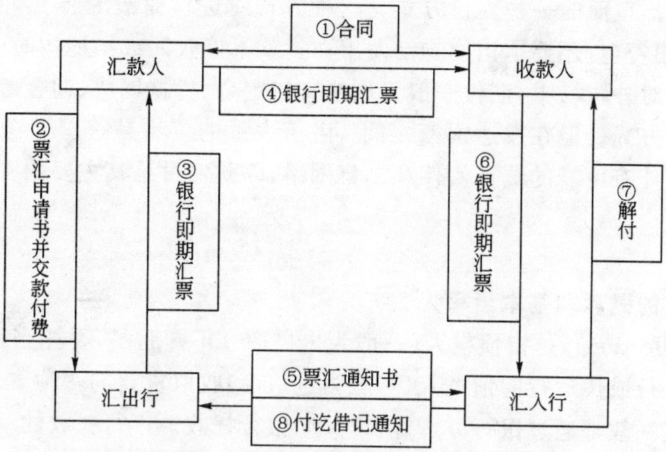

图 11-2　票汇的收付程序

采用票汇方式时，银行利用汇款资金的平均时间较电汇、信汇长。因为汇票在到达付款行手中时，可能经过了许多人的转让。所以，票汇为银行提供了更多的利润。

(三)汇付的特点及其在国际贸易中的使用

汇付的优点在于手续简便、费用低廉。汇款支付方式的手续是最简便的，如同一笔单纯的汇款业务，银行只负责汇款，因此银行的手续费也最少。

汇款的缺点是风险大、资金负担不平衡。在国际贸易支付中，无论是电汇、信汇，还是票汇，银行都不经手货运单据，而由出口商自行交由进口商，所以该种支付方式又称单纯支付。由于银行只提供服务而不提供信用，使用汇付完全取决于买卖双方中一方对另一方的信任，并在此基础上向对方提供信用和进行资金流通。因此，汇付属商业信用性质，风险较大。再者，以汇付方式支付时，可以是预付货款，也可以是货到付款。如果是预付货款，买方和卖方提供信用并融通资金；而如果是货到付款，则由卖方向买方提供信用并融通资金。不论采用哪一种方式，风险和资金负担都集中在其中一方。

在国际贸易中，以汇付方式结算买卖双方的债权债务时，根据货款汇付和货物运送时间及顺序的不同，汇付可分为先付款、后交货和先交货、后付款两种。前者称为预付货款，后者称为货到付款。

1. 预付货款(Payment in Advance)

预付货款是指买方(进口商)先将货款的全部或者一部分通过银行汇交卖方，卖方(出口商)收到货款后，再行发货的一种支付方式。这种方式对出口商最为有利，但对进口商来说，预付货款不但积压了资金，而且还要承担出口商可能不按合同交货的风险。

2. **货到付款**(Payment after Arrival of Goods)

货到付款是指在签订合同后，出口商先发货，进口商收到货后立即或在一定时期内将货款汇给出口商的一种支付方式。这种方式对进口商最为有利，而对出口商来说，不仅要占用资金，还要承担货物已发出而货款不能收回或不能按时收回的风险。

在我国的对外贸易中，汇付一般只用来支付定金、货款尾数、佣金等费用，不是一种主要的支付方式。但在发达国家之间，由于大量的贸易是跨国公司的内部贸易，而且企业在国外有可靠的贸易伙伴和销售网络，因此汇付是其主要的支付方式。

二、托收

(一)托收的概念和基本当事人

托收(Collection)，是指债权人(一般为出口商)开具汇票，委托当地银行通过其在进口地的分行或代理行向债务人(一般为进口商)收取货款的一种支付方式。

托收方式一般都通过银行办理，所以又叫银行托收。银行托收的基本做法是：由出口人根据发票金额开出以进口人为付款人的汇票，向出口地银行提出托收申请，委托出口地银行(托收行)通过其在进口地的代理或往来银行(代理行)代向进口人收取货款。可见，托收方式采用的是逆汇方法，即资金的流向与支付工具的传递方向相反，在托收方式下，出口人能否收回货款，完全取决于进口人的信誉，所以托收的性质为商业信用。

托收方式的基本当事人有以下 4 个：

(1)委托人(Principals)。是委托银行办理托收业务的人。委托人为债权人。由于委托人通常开具汇票委托银行向国外债务人收款，所以也称为出票人。

(2)委托行(Remitting Bank)。又称托收行，是受委托人委托办理托收的银行，通常是进口地银行。

(3)代收行(Collecting Bank)。是指接受委托行的委托向付款人收取票款的银行，通常是进口地银行，并且多数是委托行在进口地的分行或代理行。

(4)付款人(Payer)。是指汇票中指定的付款人，也就是代收银行向之提示汇票和单据的债务人，通常是进口商。

除了上述基本当事人外，采用托收方式还可能有提示银行和需要时的代理两个当事人。

提示银行(Presenting Bank)，是指向付款人提示汇票和单据请示其付款的银行。通常，代收行兼有提示的责任，但有时代收行可以委托与付款人有往来账户关系的银行作为提示行。

需要时的代理(Customer's Representative in Case of Need)，是委托人为了防止因为付款人拒付而发生无人照料货物情形而在付款地事先指定的代理人。该种代理人通常只授权在发生拒付时，代为料理货物清仓、转售或运回等事宜。

（二）托收的种类及其操作程序

在托收业务中，银行处理的单据有两类：一类是资金单据，另一类是商业单据。前者指的是汇票、支票或其他取得货款的类似凭证；后者指的是发票、货运单据、所有权凭证或其他类似的单据。

托收可根据所使用的汇票的不同，分为光票托收和跟单托收。国际贸易中，货款的收取大多采用跟单托收。

1. 光票托收（Clean Collection）

光票托收是指不附有商业单据的资金单据，或仅附有发票等不包括货运单据的一般商业单据的托收。在国际贸易中，光票托收主要用于小额交易付款、部分预付货款、分期支付货款，以及贸易从属费用的收取。

2. 跟单托收（Documentary Collection）

跟单托收是指附有包括货运单据在内的商业单据的托收。跟单托收可以是带有资金单据（汇票）的跟单托收，也可以是不带有资金单据的跟单托收，即以发票代替汇票，连同有关的货运单据一起交银行托收，以避免印花税的负担。

在国际贸易支付中使用的通常都是跟单托收，其中的货运单据代表货物的所有权，交单即等于交货。因此，对于交单的规定非常重要。根据代收行向进口商交付货运单据的条件不同，跟单托收的交单方式可分为付款交单和承兑交单。

(1)付款交单（Documents against Payment，简称 D/P）。

付款交单是指出口商在托收委托书中提示银行，只有在付款人（进口商）付清货款时，才能向其交出货运单据，即出口商的交单以进口商付款为条件。按照付款时间的不同，付款交单又可分为即期付款交单和远期付款交单。

①即期付款交单（Documents against Payment at Sight，即 D/P at Sight） 是指出口商按合同规定发运货物后，开具即期汇票（或不开汇票），连同全套货运单据，委托银行向进口商提示，进口商见票（和单据）审核无误后，立即付款，银行在其付清货款后交出货运单据。

即期付款交单的收付程序如图 11-3 所示。

②远期付款交单（Documents against Payment after Sight，即 D/P after Sight） 是指出口商按合同规定发货后，开具远期汇票，连同全套货运单据，委托银行向进口商提示，进口商审单无误后在汇票上承兑，于汇票到期日付清货款后，再从银行领取货运单据。

远期付款交单的收付程序如图 11-4 所示。

远期付款交单和即期付款交单的交单条件是相同的，即进口商必须在付清货款之后，才能取得代表货物所有权的单据。远期付款交单是出口商给予进口商的资金融通，融通时间的长短取决于汇票的付款期限。付款期限通常有两种规定方式：一种

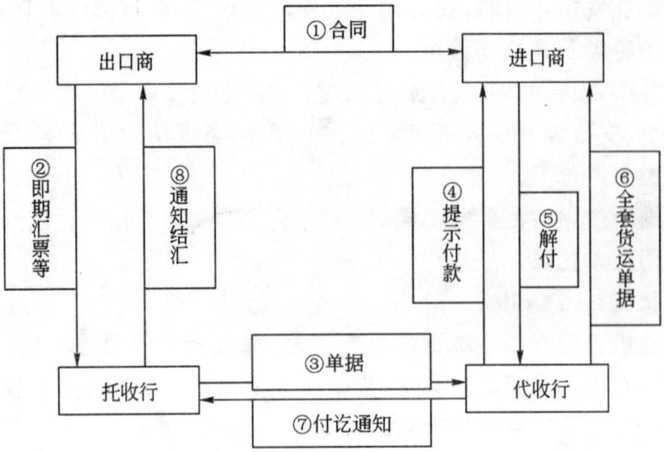

图 11-3　即期付款交单的收付程序

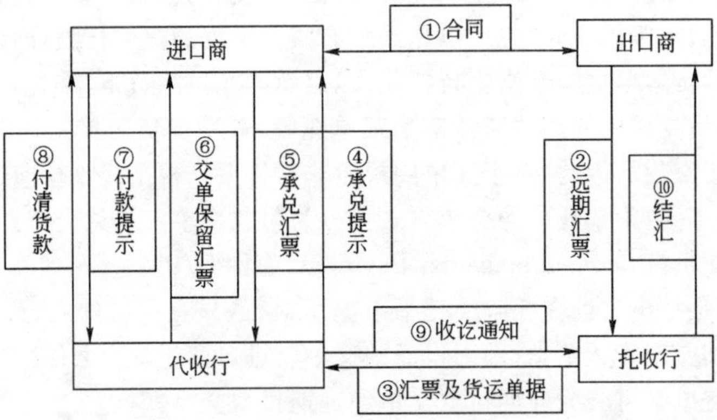

图 11-4　远期付款交单的收付程序

是付款日期和到货日期基本一致，进口商付款后即可提货。另一种是付款日期比到货日期要推迟许多，进口商必须请求代收行同意其凭信托收据借取货运单据，以先行提货。所谓"信托收据"(Trust Receipt，简称 T/R)，是进口商借单时提供的一种书面实用担保文件，表示故意以代收行的委托人身份代为提货、报关、存仓、保险、出售，并承认货物的所有权仍属于银行，保证货物售出后所得货款应于汇票到期日交银行。代收行若同意进口商借单，是代收行自己给予进口商的一种资金融通方式，与出口商无关。因此，若汇票到期不能收到货款，则代收行应承担偿还货款的责任。在实际操作中，也有出口商在委托时主动授权代收行凭信托收据借单给进口商，即"付款交单，凭信托收据借单"(D/P，T/R)。此种做法将由出口商自行承担汇票到期拒付的风险，与代收行无关。这种方式只有在出口商对进口商的资信、偿还能力等情况十分了解并确信能如期付款时才采用。

(2)承兑交单(Documents against Acceptance，简称 D/A)。

承兑交单是指出口商在按照合同规定发运货物后开具运期汇票，连同货运单据委托银行办理托收，并明确批示银行，进口商在汇票上承兑后即可向银行领取全套货运单据，待汇票到期日再付清货款，即出口商的交单以进口商在汇票上承兑为条件。

因为只有远期汇票才需要办理承兑手续，所以承兑交单仅限于远期汇票的托收。这种方式对进口商极为有利，进口商只要承兑汇票，即可取得货运单据，凭以提取货物。进口商往往不必自备资金，而以出售货物所得的货款，到期履行付款。但是这种方式对于出口商来说风险很大，一旦付款人在汇票到期时拒付，出口商便银货两空。即使出口商凭付款人承兑的汇票依法起诉，但如遇付款人确实无实际偿付能力，货款仍无法追回。因此，出口商对使用这种支付方式都持严格控制的态度。

承兑交单的具体业务程序如图 11-5 所示。

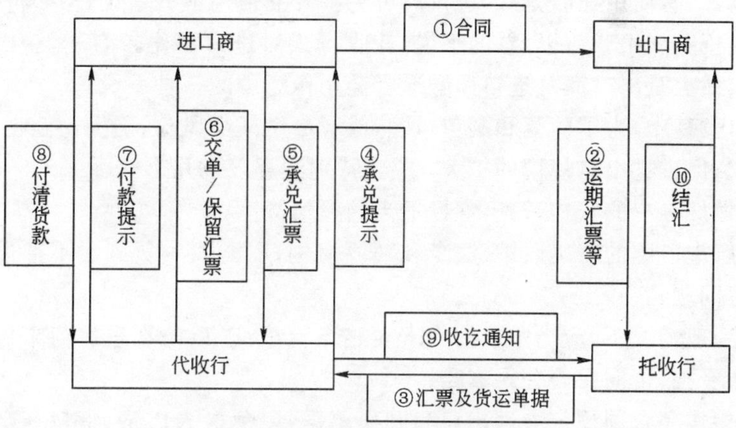

图 11-5　承兑交单的具体业务程序

(三)托收的特点及其在国际贸易中的使用

托收按其性质讲，是一种商业信用。在跟单托收中，银行在办理托收业务时，只提供代收货款、代为交单的服务，并无承担付款人必然付款的责任。而且对于单据，根据国际商会《托收统一规则》的解释，银行只需核实所收到的单据在表面上与托收委托书所列内容一致，除此之外，银行没有进一步检查单据的义务。所以在托收方式下，银行只是作为代理人按委托书的指示办事，对于出口商所交单据的真伪、货款能否收回等问题概不负责。出口商能否安全、及时地收回货款，完全取决于进口商的信用。

托收具有以下几个特点：

(1)托收方式带给出口商的风险较大。

在托收方式中，出口商在发运货物以后，要依赖进口商的信用才能收到货款，所以在一定程度上失去了货物和资金两方面的主动权。在付款交单方式中，进口商不付款，即不能取得货物，因而对出口商有一定的保障，但由于货物已发运致国外，出口商不得不承担货物存仓保险、转售和运输费用的损失。在承兑交单下，由于在出口商付款前已交出货物，致使出口商担负的风险更大，一旦进口商到期不付款，出口商就会银货两空。

(2)出口商有一定的资金负担。

在托收方式中，出口商先行发货，然后委托银行收取货款。因此，出口商有一定的资金负担，其大小视汇票付款期限而定：对于即期付款，进口商从发货到收回货款一般在 10～15 天；对于远期汇票，则还需加上从承兑到付款的时间。

(3)托收是出口商给予进口商资金融通的一种支付方式。

尽管在托收方式下，进口商付款后能否取得合格的货物取决于出口商的商业信用，即进口商也有一定的风险，但是，由于托收时出口商先行发货，因此免去了进口商收货的风险，而且不需垫付资金；如果采用承兑交单，还可不必占用自有资金，有利于资金周转。此外，使用托收方式，进口商可免去开立信用证的手续，不必付银行押金，因而减少了资金支出。所以，总的来说，托收方式对进口商比较有利，在出口业务中使用托收实质上是出口商对进口商融通资金用作竞争的一种手段。

在出口贸易中，为了防范和避免风险，或者尽量减少风险，确保安全收汇，充分发挥托收方式，促进进出口规模的扩大，应当特别注意以下几个问题：

(1)先做好客户的资信调查，掌握适当的授信额度；

(2)了解进口国的有关政策、法令和商业惯例，以防发生货到后不准进口或不能及时收汇等问题；

(3)在一般情况下，应当争取按 CIF 价格条件成交，以防在进口商未付款前万一货物在途中受损，可向保险公司索赔；

(4)严格按照合同规定办理出口和制作单据，以免授人以柄，借口拖延付款或拒付货物；

(5)为了避免风险和损失，出口商应当投保卖方利益险或出口信用险。

R 能力拓展

我方出口一批货物，付款方式为 D/P90 天托收。汇票及货运单据通过托收银行寄抵国外代收行后买方进行了承兑，但货到目的地后，恰好这时行市上涨，于是付款人出示信托收据(T/R)向银行借得单证，货出售后买方倒闭。问我方于汇票到期时还能收回货款吗?

(四)《托收统一规则》

在各国银行的托收业务中，往往由于各方当事人对各自的权利、义务和责任的解释不同，加之各个银行的具体做法也不统一，因此很容易导致纠纷和争论的产生。国际商会为了调和各有关当事人之间的矛盾，促进和保护贸易活动的开展，曾于 1958 年草拟了一套《商业单据托收统一规则》(即国际商会第 192 号出版物)，建议各国银行使用，并于 1967 年公布、1978 年修改，定名为《托收统一规则》第 322 号出版物(Uniform Rules for Collection Publication No. 322)。1996 年 1 月 1 日，再次修订实施最新的《托收统一规则》第 522 号出版物(Uniform Rules for Collection Publication No. 522)。《托收统一规则》是现在各个银行和委托人在办理托收时应遵循和参考的国际惯例。

《托收统一规则》共分 7 个部分、26 条，主要内容简述如下：

(1)委托人应受国外法律和惯例规定的义务和责任约束，并对银行承担该项义务和责任，承担赔偿责任。

(2)银行必须核实所收到的单据在表面上与托收委托书所列一致，如果发现不一致，应立即通知委托人。除此之外，银行对单据没有其他义务，银行对单据的形式、完整性、准确性、真实性或法律效力及单据上规定的或附加的一般和(或)特殊条件概不负责。

(3)除非事先征得银行同意，否则货物不能直接发给银行或以银行为收货人。如果未经同意就将货物发给银行或以银行为收货人，则银行无义务提取货物，货物的风险与责任仍由发货人承担。

(4)跟单托收使用远期汇票时，在托收委托书中必须指明单据是凭承兑还是凭付款交付。如无此项指明，银行则按付款交单处理。

(5)当汇票遭到拒付时，代收行应及时通知托收行转告委托人，而托收行应在合理时间内作进一步处理单据的指示。如代理行发出拒付通知 90 天内未接到任何指示，可将单据退回托收行。

《托收统一规则》自公布实施以来，被各国银行采纳和使用。但是应当指出的是，作为国际惯例，《托收统一规则》并不是国际上公认的法律，只有有关当事人事先约定，才受该惯例的约束。我国银行在进出口业务中，在使用托收方式时，也参照这个规则的解释办事。

第三节　跟单信用证统一惯例

一、《跟单信用证统一惯例》的演变及 UCP600

(一)《跟单信用证统一惯例》的演变

信用证支付方式自 19 世纪就被国际社会所使用，随着国际贸易的发展逐渐成为国际贸易常用的一种支付方式。但由于对跟单信用证有关当事人权利、义务、责任等定义和术语缺乏统一的解释和公认的规则，造成了许多争议和纠纷的不断发生。国际商会(ICC)为了解决这一问题，1930 年拟订了《商业跟单信用证统一惯例》，并于 1933 年正式公布，建议各国采用。随着国际贸易的发展变化，国际商会又于 1951

年、1962年、1974年先后对该惯例进行了修订。1983年修订时，称为《跟单信用证统一惯例》（简称《统一惯例》），即国际商会第400号出版物。1993年修订的《统一惯例》即成为国际商会第500号出版物（UCP500）。

随着银行、运输、保险各行业的发展，国际商会第500号出版物（UCP500）已经不能完全满足和适应实际业务的需要。由于UCP500在条款设置及措辞方面存在一定的不足，以及其他出版物如ISP98和ISBP中反映出的一些问题，2003年5月，ICC银行技术与惯例委员会批准对UCP进行修改，并正式成立新惯例起草工作小组批准对UCP进行修改。国际商会中国国家委员会（ICCCHINA）参与了修订的全过程，而且是最主要的几个参与国家之一。

2006年10月25日，在巴黎举行的ICC银行技术与惯例委员会2006年秋季例会上，以点名（Roll Call）形式，经71个国家和地区的ICC委员会投票表决，通过了UCP600，并于2007年7月1日起实施。由于UCP的重要和核心地位，它的修订还带动了eUCP《跟单信用证统一惯例关于电子交单的附则》、ISBP《关于审核跟单信用证项下单据的国际标准银行实务》、SWIFT等的相应出版物的修订和升级。

（二）UCP600简介

UCP600共有39个条款，虽比UCP500减少10条，但却比UCP500更准确、清晰，更易读、易掌握、易操作。

UCP600将一个环节涉及的问题归集在一个条款中；将L/C业务涉及的关系方及其重要行为进行了定义，如第二条的14个定义和第三条对具体行为的解释。

1. UCP600结构上的改变

（1）对概念和某些词语在本惯例下的特定解释进行了集中归结。UCP600在第二、三两个条款，集中归结了概念和某些词语在本惯例下的特定解释。把原本散落在各个条款中的解释定义归集在一起使全文变得清晰。从各关系方的定义来看，其责任和义务没有实质性变化，但相比UCP500，UCP600在个别用词上更加清晰和简洁，并补充了一些UCP500中未加以明确的定义。这方面的调整对于企业，特别是涉足信用证业务不多的企业来讲，是一项有利的举措，因为这将更便于学习。在研读UCP600的过程中，需要尤其注重这些定义。只有明确惯例对各当事方的定义，才能更准确地把握信用证下各方的权利义务，也才能更好地保护自身利益。

（2）按照业务环节对条款进行了归结。简而言之，就是把通知、修改、审单、偿付、拒付等环节涉及的条款在原来UCP500的基础上分别集中，使得对某一问题的规定更加明确和系统化，从而大大方便了使用者。在进行业务处理时，如果对某一环节不太清楚，使用者可以很方便地在UCP600中查到相关的规定。同时，在学习UCP600时，也可以对某一问题有一个周详的认识。在关于如何认定正本单据的规定方面也进行了同样的改进——新的规定更加单纯而明确。

（3）UCP600在结构上的变化借鉴了ISP98的模式，改变了原UCP500在次序排列上的不足，极大地方便了使用者。

2. UCP600 的主要变化

UCP600 在以下 5 个方面纠正了 UCP500 造成的许多误解：

(1)把 UCP500 难懂的词语改变为简洁明了的语言。UCP600 取消了易造成误解的条款，如“合理关注”、“合理时间”及“在其表面”等短语。有人说这一改变会减少昂贵的庭审，意指法律界人士丧失了为论证或反驳“合理”、“表面”等所收取的高额费用。

(2)UCP600 取消了许多无实际意义的条款。如“可撤信用证”、“风帆动力批注”、“货运代理提单”及 UCP500 第 5 条“信用证完整明确要求”，以及第 12 条有关“不完整不清楚指示”的内容也从 UCP600 中消失。

(3)更换了一些定义。如对审单作出单证是否相符决定的天数，由“合理时间”变为“最多为收单翌日起第 5 个工作日”。又如，“信用证”UCP600 仅强调其本质是“开证行一项不可撤销的明确承诺，即兑付相符的交单”。再如，开证行和保兑行对于指定行的偿付责任，强调的是独立于其对受益人的承诺。

(4)UCP600 对新概念的描述极其清楚准确。如兑付(Honor)定义了开证行、保兑行、指定行在信用证项下，除议付以外的一切与支付相关的行为；议付(Negotiation)，强调的是对单据(汇票)的买入行为，明确可以垫付或同意垫付给受益人，按照这个定义，远期议付信用证就是合理的。另外，还有“相符交单”、“申请人”、“银行日”等。

(5)方便贸易和操作。UCP600 中有些特别重要的改动，如拒付后的单据处理，增加了“拒付后，如果开证行收到申请人放弃不符点的通知，则可以释放单据”；增加了拒付后单据处理的选择项，包括持单候示、已退单、按预先指示行事，从而便利了受益人和申请人及相关银行的操作。又如转让信用证，UCP600 在强调第二受益人的交单必须经转让行，避免损害第一受益人利益的同时，也保护了正当发货制单的第二受益人的利益。再如单据在途中遗失，UCP600 强调只要单证相符，即只要指定行确定单证相符，并已向开证行或保兑行寄单，不管指定行是兑付还是议付，开证行及保兑行均对丢失的单据负责。这些条款的规定，都大大便利了国际贸易及结算的顺利运行。

二、UCP600 的几个重要内容

(一)两个重要的新定义

在 UCP600 的条款中，出现了两个十分重要的新定义，在此有必要对它们进行解释，以利于对惯例全貌的把握。

(1)HONOR。“兑付”这个词概括了开证行、保兑行、指定行在信用证下除议付以外的一切与支付相关的行为。这个定义的引入可以使其他条款的规定统一而简洁；无论哪一种信用证，银行在信用证下的义务是同一性质的，这对信用证的使用者，尤其对于受益人来说是非常有利的。

(2)COMPLYING PRESENTATION。UCP600 对“相符交单”作了专门的界定,强调要与信用证条款、适用的惯例条款及国际银行标准实务相符合,并在审单标准条款中,进行了细化规定,从而可以减少贸易实务中对于单据不符点的争议。

这两个定义,特别是“HONOR”很可能会出现在将来的信用证条款中,比如开证行给指定行的指示条款部分(SWIFT 电文 MT700 第 78 场),需要各当事方在实务中加以注意,以判定开证行的承诺性质。

(二)UCP600 的重大改变

相对 UCP500 来说,UCP600 有多处实质性的变动,有些对进出口商可能会产生重要影响。

1. 议付的定义

UCP600 对于议付的定义有别于 UCP500 和 ICC 关于“议付”的专门意见书。在新的定义中,明确了议付是对票据及单据的一种买入行为,也是对受益人的融资——预付或承诺预付,从而明确了议付的预付性质。定义上的改变承认了有一定争议的远期议付信用证的存在,同时也将议付行对受益人的融资纳入了受惯例保护的范围。

议付的概念一直存在多种解释,新的规定可能难在所有银行中达成统一意见,但对于受益人而言,获得支付或融资才是最终目的。因此,这一条款倒也简单明了。

2. 新增的融资许可

UCP600 还明确了开证行对于指定行进行承兑、作出延期付款承诺的授权,同时包含允许指定行进行提前买入的授权。这项规定旨在保护指定行在信用证下对受益人进行融资的行为。

各国法院在审理信用证案件时,在如何认定指定行的行为效力方面有很大的差异,比如在英国和美国的法律中,对于善意持票人的判定标准就有很大不同。国际商会对新增的融资许可的尝试,虽然存在与各国的商法、票据法相抵触的可能,但对于统一银行的操作将会取得进展。鉴于各国法院在处理信用证相关案件时,倾向于遵循国际惯例,这样的规定是富有积极意义的。

3. 拒付后对单据的处理

UCP600 对于拒付后的单据处理,增加了“拒付后,如果开证行收到申请人放弃不符点的通知,则可以释放单据”。增加了拒付后单据处理的选择项,包括持单侯示、已退单、按预先指示行事。这样便利了受益人和申请人及相关银行操作。

UCP600 细化了拒付电中对单据处理的几种选择,主要是考虑到受益人提交单据最基本的目的是获得款项,如果申请人同意放弃不符点并支付,对受益人利益不会造成根本性的损害。特别是当受益人明知单据存在不符点,依然要求指定行向开证行寄送单据的情况下,隐含了其希望申请人接受不符点并支付款项的意愿。UCP600 把这种条款纳入合理的范围内,符合现实业务的发展,减少了因此产生纠纷的可能，并有利于缩短不符点单据处理的周期。当然，如果出口商出于各种考虑不愿意给予对方这种权利，则可以在交单时明确表示此笔交单按照惯例中另一个选项来处理，即拒付后“单据按照交单人事先指示处理”，或者干脆要求进口商委托开立信用证时直接排除这一选项。对于进口商而言，如果因不符点单据而准备拒付时，同样要注意向开证行查询对方在交单面函中有无额外指示，以免造成后续处理的不便，甚至因处理不当引发纠纷。

4. 单据处理的天数

关于开证行、保兑行、指定行在收到单据后的处理时间，UCP600 规定“最多为收单翌日起第 5 个工作日”。首先，UCP500 规定的“合理时间”的概念不复存在，就会避免处理时间是否“合理”的争议。UCP600 把单据处理时间的双重判断标准简化为单纯的天数标准，使得判断依据简单化。其次，关于最长时限的缩短，对受益人更为有利，这就要求银行、公司各个环节的操作人员都要提高办事效率。从进口商方面考虑，头寸调拨时间变短，特别是授信开证的公司，如果其内部手续繁杂，将可能会影响及时支付。当开证行发现不符点后，其与申请人接洽的时间相应变短；而如果出现交单面函指示不清等问题，与交单行的联系时间也受到压缩。对于出口商而言，在新的规定下有望更早收到头寸。虽然有银行反映，新的规定将导致所有支付均发生在收单翌日起第 5 个工作日而没有提前支付的余地，但至少支付底限是提前了。由于我国产品大量出口到东南亚及中东地区，而这些地区的银行业务处理普遍欠规范，新的规定有望帮助我国出口商提前收汇。

5. 转让信用证的变化

转让信用证方面，UCP600 强调第二受益人的交单必须经转让行。此条款主要是为了避免因第二受益人绕过第一受益人直接交单给开证行，损害第一受益人的利益；但当第二受益人提交的单据与转让后的信用证一致，而第一受益人换单导致单据与原证出现不符时，又在第一次要求时不能作出修改的，转让行有权直接将第二受益人提交的单据寄开证行。这项规定保护了正当发货制单的第二受益人的利益，剥夺了不当作为的第一受益人赚取差价的权利。这个重要变化，需要引起进出口各方的特别注意。

有人或许会担心新的规定导致环节增多，特别是在我国很多第一受益人只是贸易代理或拥有进出口权的母公司的情况下，反而会引起不便。事实上，这种担心是不必要的。现实业务中，如果第一受益人要求全额转让，不需支取差价的话，可以要求进口商开立信用证时排除此条款，或在要求转让行进行转让时，明确告知开证行第一受益人放弃换单权利。

6. 对在途中遗失的单据的处理规定，更加明确具体

UCP600 对单据在途中遗失的责任划分明确具体，从而大大便利了国际贸易及结算的顺利运行。

(三)指示方责任

从 UCP600 全文来看,惯例对于指示方给予了较大的压力,主要是对进口商的影响。比如,对于发票、运单、保单以外的单据,如果并未规定出具人和单据内容,那么只需提交看上去满足所要求单据功能的单据即可。这就要求进口商,在给予开证行开证指示时,一定要注意措辞清晰,至少要明确自己需要的是什么层次的单据。

对于卖方市场货物的进口,进口商有时会迫于对方压力,按照对方要求拟写信用证申请,甚至不清楚信用证中规定的到底是何种单据,一旦受益人提交的单据产生问题,受害的肯定是进口商。业务操作中,出口商希望单据规定尽可能简单是很常见的,对于他的要求是否应该满足取决于单据的重要性。如果单据名称表面看来很模糊,或者单据十分重要,那么明确出具人或是规定单据内容是必要的。

对于信用证业务的申请人(进口商)而言,在业务中采取偏谨慎的态度是完全有必要的。

从 UCP600 整体的角度来看,对于单据的要求是逐渐宽松。需要在制作和审核单据过程中,按照新的标准去做。

三、UCP600 的主要配套规则

由于 UCP600 的改进,与之相配套的一些规则也必然会作相应的改变,这就需要相关业务人员加以关注。其中最主要的有:

(1)《〈跟单信用证〉统一惯例电子交单补充细则》(The Uniform Customs and Practice for Documentary Credits for Electronic Presentation,简称 eUCP)。根据 ICC 国家委员会的建议,由于 eUCP 使用有限,升级后的 1.1 版 eUCP 仍作为 UCP600 的补充,也即 eUCP1.1 版是专门对 UCP600 所作的升级版本。由于 UCP 很多条款并不对电子交单产生影响,所以要与 eUCP 一起使用。在电子交单或电子和纸制单据混合方式提交单据时,要同时使用 eUCP 和 UCP 两个规则。eUCP 共有 12 个条款。

(2)《关于审核概单信用证项下单据的国际标准银行实务 ISBP》(International Standard Banking Practice)及其修改。相关规则在过渡期间将继续有效,但因其是针对 UCP500 的,对 UCP600 不适用。2007 年 7 月 1 日前将通过与 UCP600 精神相一致的 ISBP。新的 ISBP 草案称为 ISBP for the Examination of Documents under Documentary Credits subject to UCP600(ISBP)。本次秋季会议上,GaryCollyer 先生作了修改工作的第一次介绍:全文 199 条,非常全面,也非常枯燥,只能在理解的基础上,作为工具书使用,但必须了解其基本精神,在需要时可以查找,不然在实务操作中会引起麻烦。

(3)SWIFT 的升级。SWIFT 是为国际结算提供电讯服务的,SWIFT 修改已得到 SWIFT 各国家用户小组和 SWIFT 董事会的批准,并将于 UCP600 生效时同时上线(Goeslive)。SWIFT 升级涉及的电文格式有 MT700、710、720、705 等,具体调整了44场(域),改变了31D场,44场A、E、F、B等随UCP600转运单据条款而改变。这些改变于2006年11月起执行,2007年10月或11月将采用永久的执行版本。2007年10月27日,新的指引将在SWIFT使用手册中正式发布。

(4)《见索即付保函统一规则》(Uniform Rules for Demand Guarantees,简称URDG)正在修订中。

(5)联大国际贸易法委员会(The United Nations Commission on International Trade Law,简称UNCITAL)正在修订新的国际海洋运输公约。

S 复习思考

1. 请简要说明汇票的票据行为有哪些?
2. 汇票、本票与支票的含义是什么,试说明它们之间的区别。
3. 什么是汇付和托收?国际贸易货款结算使用它们时会有什么利弊?
4. 支付工具与支付方式一样吗?
5. 什么是“相符交单”?
6. UCP600与UCP500相比有哪些重大改变?

E 能力训练

我国某公司向韩国某商人以D/P见票即付推销其商品,对方答复:“如贵方接受D/P见票后90天付款,并通过A银行代收,则我方接受。”

问:韩方提出此项要求的出发点是什么?

第十二章　信用证及其他收付方式

学习导引

通过学习本章，了解信用证及其他支付方式的类型、UCP600的重大变化；掌握各种支付方式的选择方法、合同中支付条款的规定方法等；重点掌握银行保函、备用信用证、国际保理业务的工作程序。

能力提示

通过对本章的学习和训练，具备正确使用银行保函、备用信用证、国际保理业务的专业能力，具有在国际贸易货款结算中正确选择支付方式的能力。

第一节　信用证付款

一、信用证的含义与作用

信用证是在商业信用出现信用危机的基础上产生的一种支付方式。由于信用证是银行开出的以银行信用为基础的，所以信用证支付方式为人们所普遍接受，并成为国际贸易中的一种主要支付工具。

（一）信用证的含义与内容

信用证（Letter of Credit，简称L/C），是一种不可撤销的、有条件的银行付款承诺。具体讲，信用证是银行（开证行）根据买方（申请人）的要求和指示，或是银行自身主动向卖方（受益人）开出的，在规定期限和一定金额内，凭规定单据付款的书面承诺文件。

世界上各商业银行所开立的信用证没有统一格式，其内容一般都包括：

（1）关于信用证本身的说明。包括信用证的种类、编号、开证日期、受益人与开证申请人的姓名和地址、金额、有效期限、到期地点等。

(2)关于汇票的说明。包括汇票的出票人、付款人、付款期限、金额、出票条款等。

(3)关于基本单据的说明。主要指对商业发票、运输单据、保险单据的具体要求。

(4)关于附属单据的说明。即对基本单据以外的各种单据的具体规定。

(5)关于货物的说明。即要写明货物名称、数量、价格、包装等情况。

(6)关于运输的说明。即说明货物的起运地、目的地、运输期限、能否部分发运及转运等。

(7)对其他事项的说明。包括以上6项之外的一切特殊规定及要求。

此外,由于各国银行普遍采用国际商会的《统一惯例》,规范信用证业务,所以在信用证上一般都注明"本证按国际商会的《跟单信用证统一惯例(2007年修订)》,即国际商会第600号出版物办理"。

(二)信用证的特点

信用证付款方式具有以下特点:

(1)付款人只能是银行。信用证业务中称为付款银行的通常为开证行,有时开证行也指定另一家银行付款或议付。

(2)信用证是一种自足文件,不依附于贸易合同而独立存在。信用证的开立以交易双方的买卖合同为依据,其各项条款也应与买卖合同条款的规定相一致,但信用证一经开出就成为一种独立的文件。所有当事人,特别是有关银行,只受信用证条款的约束,即开证行不得以任何借口拒绝对符合信用证规定的单据付款或履行其他义务。

(3)信用业务是一种单据买卖。银行处理的只是单据,而不问货物、服务或其他行为,而且只强调从表面上确定单据是否与信用证条款相符,以决定是否承担付款的责任。因此,信用证执行的是"相符交单原则"。

R 能力拓展

国际商会制定的UCP600已经把UCP500单证一致、单单一致的单证"严格一致原则",修改为"相符交单原则"。相符交单(Complying Presentation),强调要与信用证条款、适用的惯例条款及国际银行标准实务相符合。这一对"相符"的界定,可能会减少实务中对于单据不符点的争议。在审单标准条款中,进一步细化了这一规定。

请查阅有关UCP600资料,合理使用"相符交单原则"。

二、信用证的当事人及使用程序

(一)信用证的当事人

信用证支付方式涉及的当事人较多,主要有:

1. 申请人(Applicant)

申请人又叫开证申请人,是指向银行申请开立信用证的人,即进口人或实际买主,在信用证中又称开证人(Opener)。如由银行自己主动开立信用证,则此种信用证所涉及的当事人中没有开证申请人。

2. 开证行(Issuing Bank,Opening Bank)

开证行是应申请人的要求或者代表自己开出信用证的银行。开证行承担保证付款的责任,一般为进口人所在地银行。

3. 通知行(Advising Bank;Notifying Bank)

通知行是指应开证行的要求,将信用证转交出口人的银行。它只鉴别信用证的表面真实性,不承担其他义务。通知行是出口人所在地银行。

4. 受益人(Beneficiary)

受益人是指接受信用证并享受其利益的一方。一般为出口人或实际供货人。

5. 议付银行(Negotiating Bank)

议付银行是指根据开证行的授权买入或贴现受益人开立和提交的符合信用证规定的汇票或单据的银行。议付银行可以是指定的银行,也可以是非指定的银行,由信用证条款来规定。

6. 付款银行(Paying Bank;Drawee Bank)

付款银行是指开证银行指定代行信用证项下付款或充当汇票付款人的银行。一般是开证行,也可以是其指定的另一家银行,这要根据信用证条款的规定来决定。

7. 保兑行(Confirming Bank)

保兑行是指根据开证行的授权要求对信用证加具保兑的银行。保兑行在信用证上加具保兑后,即对信用证独立负责,承担必须付款或议付的责任。保兑银行具有与开证银行相同的责任和地位。保兑银行可以由通知银行兼任,也可由其他银行加具保兑。

8. 偿付银行(Reimbursement Bank)

偿付银行又称清算银行(Clearing Bank),是指接受开证银行的指示或授权,代开证银行偿还垫款的第三国银行,即开证行指定的议付行或代付行进行偿付的代理人(Reimbursing Agent)。偿付银行的出现,往往是由于开证行的资金调度或集中在该第三国,故要求该银行代为偿付信用证规定的款项。

9. 受让人(Transferee)

受让人又称第二受益人(Second Beneficiary),是指接受第一受益人转让有权使用信用证的人,大都是出口人。在可转让信用证的条件下,受益人有权要求将该证的全部或一部分转让给第三者,该第三者即为信用证的受让人。

10. 指定银行(Nominated Bank)

指定银行是指信用证可在其处兑用的银行。如信用证可在任一银行兑用,则任一银行均为其指定银行。

(二)与信用证相关的一些术语

1. 保兑(Confirmation)

保兑是指保兑行在开证行承诺之外作出的承付或议付相符交单的确定承诺。

2. 承付(Honor)

承付又叫兑付,是指:

(1)如果信用证是即期付款信用证,则即期付款;

(2)如果信用证是延期付款信用证,则承诺延期付款并在承诺到期日付款;

(3)如果信用证是承兑信用证,则在承兑受益人开出的汇票到期日付款。

3. 相符交单(Complying Presentation)

相符交单是指与信用证条款 UCP600 的相关适用条款及国际标准银行实务一致的交单。

(三)信用证方式的一般操作程序

由于信用证的种类不同,其条款有着不同的规定,故其业务环节和手续也不尽相同。但是,从信用证支付的一般程序来看,主要有以下环节:

1. 签订买卖合同

即进出口交易双方签订货物买卖合同,合同中规定以信用证方式支付货款,这是开展信用证业务的前提条件。

2. 申请开证

开证申请人在买卖合同规定的期限内,向开证行申请开立以出口商为受益人的信用证。开证申请书包括以下两方面的内容:

(1)指示开证行开立信用证的具体内容。该内容应与买卖合同的条款相一致,是开证行凭以向受益人或议付行付款的依据。

(2)开证人对开证行的声明。用于明确双方的责任,其主要内容是开证人承认在其付清货款前,开证行对单据及其代表的货物拥有所有权,若到期不付款,开证行可以出售货物,以抵付进口商的欠款。

开证人申请开证时,应向开证行交付一定比例的押金(Margin)或其他担保品,其数由开证行根据开证人的资信状况和市场行情而定。

3. 开出信用证

开证行接受开证人的开证申请后,应当严格按照开证申请书的指示拟订信用证条款。开证行应将其开立的信用证邮寄或电传或通过 SWIFT 电讯系统送交出口地的通知行,请其代为通知受益人。

4. 通知信用证

通知行收到信用证后,经核对签字印鉴(信开)或密押(全电开)无误,确认其真实性后,应立即将信用证通知受益人,并留存副本一份备查。

通知行通知受益人的方式有两种:一种是将信用证直接转交受益人,并附加经签署的通知书；另一种是当该信用证以通知行为收件人时，通知行应以自己的通知书格式照录信用证全文，经签署后交受益人。这两种方式对受益人来说，都是有效的信用证文本。

按照《统一惯例》(UCP600)的规定，如果通知行无法鉴定信用证表面的真实性，它必须毫不延迟地通知开证行说明它无法鉴别。如果通知行还决定通知受益人，则必须告知受益人它未能鉴别该证的真实性。

受益人收到通知后，如果认为开证行的资信不可靠、接受信用证有风险，则可以要求开证行另找一家银行加具保兑。保兑行通常由通知行兼任。

5. 交单议付

受益人收到信用证后，应当立即进行审核。如果发现信用证内容有与合同条款不符之处，或者不符合有关国际惯，例如《国际贸易术语解释通则》和《统一惯例》中的规定，应立即通知开证人要求修改。由开证人提交修改申请书，开证行制作成修改通知书后，以原信用证传递的方式交付通知行，再经通知行审核签字密押无误后，传知受益人。

受益人对信用证内容审核无误，或认可了修改通知书后，即可按信用证的规定装运发货；缮制并取得信用证所规定的全部单据，开立汇票(或不开汇票，视信用证规定)，连同信用证正本和修改通知书(信用证经过修改的)，在信用证规定的有效期和交单期内，交至信用证指定的议付行要求议付。

6. 议付(Negotiation)

议付是指指定银行在相符交单下，在其应获偿付的银行工作日当天或之前向受益人预付或者同意预付款项，从而购买汇票(其付款人为指定银行以外的其他银行)及/或单据行为。

议付是受益人利用信用证取得资金融通的一种方式，又称买单、出口押汇。具体做法是：议付行对受益人提交的信用证规定的全套单据与信用证核对，确认相符交单后，同意议付，并购进受益人出具的汇票和全套单据，将汇票金额扣除议付日到估计收到票款日的利息和手续费后，把垫款交给受益人。

按照《统一惯例》的规定，如果开证行在信用证中清楚地表明适用于议付，则开证行对议付行承担付款责任；如果开证行在信用证中表明该证适用于付款或承兑方式，则开证行并不对买单银行承担信用证所规定的付款责任，该行此时可作为汇票的善意持票人或受益人的委托人向开证行索偿。

7. 寄单索偿

议付行议付后，取得了信用证规定的全套单据，即可将汇票和单据寄交开证行或其指定的付款行请求偿付货款。如果开证行未在信用证内指定其他银行，则议付行应将汇票和单据寄交开证行；如果开证行在信用证中指定了付款行，则议付行应将汇票和单据寄交付款行。

8. 偿汇

开证行或其指定的付款行在收到议付行寄来的汇票和单据后，根据信用证审核单据，在审单无误后，应当无条件偿付给议付行。如果付款行拒绝付款，则由开证行保证付款。若开证行在信用证中指定了一家偿付行，则议付行应向开证行寄单，并同时向偿付行发出索偿通知。偿付行接到索偿通知后，按其与开证行的事先约定，向议付行偿付；如果偿付行拒绝偿付，则开证行仍应承担付款责任。开证行和付款行的付款是不可追索的。

开证行或付款行如果发现单证或单单不符，有权拒付，但必须在不迟于收到单据的次日起 7 个营业日内将拒付事实通知议付行；否则，开证行必须履行付款责任。

9. 通知付款

开证行向议付行偿付后，即通知开证人付款赎单。

10. 付款赎单

开证人到开证行核验单据，确认无误后，将全部票款及有关费用一并向开证行付清并赎回单据。开证人如发现单据有误，有权拒绝付款赎单。但是，此时的开证行对议付行或付款行没有追索权。开证行可转让单据或出售货物，以弥补损失。

开证人赎取单证后，即享有单据的权利，可凭以向运输部门提取货物。至此，开证人与开证行之间因开立信用证而构成的契约关系即告结束。

跟单信用证业务的程序如图 12-1 所示。

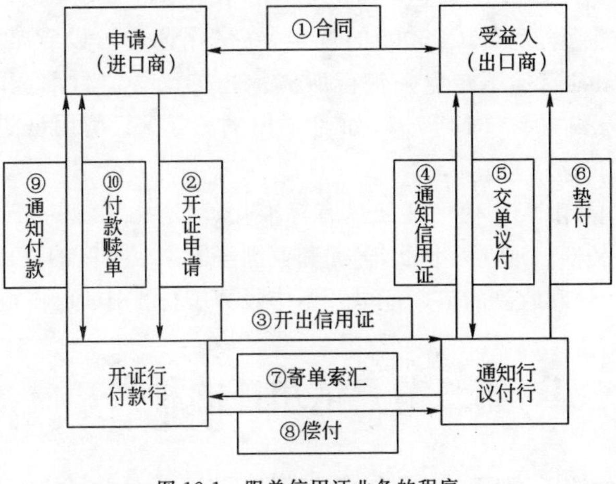

图 12-1　跟单信用证业务的程序

(四)开立信用证的形式

开立信用证的形式主要有信开本和电开本两种。

1. 信开本(To Open by Airmail)

信开本是指开证银行采用印就的信函格式的信用证，开证后以航邮寄送通知行。这种方式现已很少使用。

2. 电开本(To Open by Cable)

电开本是指开证行使用电报、电传、传真、SWIFT 等各种电讯方法将信用证条款传达给通知行。电开本又可分为以下几种：

(1)简电本(Brief Cable)。即开证行只是通知已经开证,将信用证的主要内容,如信用证号码、受益人名称和地址、开证人名称、金额、货物名称、数量、价格、装运期及信用证有效期等预先通告通知行,详细条款将另航寄通知行。由于简电本内容简单,在法律上是无效的,故不能作为交单议付的依据。简电本有时注明“详情后告”(Full Details to Follow)等类似词语,则该简电本通知只能作为参考,不是有效的信用证文件,开证行应立即寄送有效的信用证文件。

(2)全电本(Full Cable)。即开证行以电讯方式开证,把信用证的全部条款传达给通知行。全电开证本身是一个内容完整的信用证,因此它是交单议付的依据。

(3)SWIFT 信用证。SWIFT 是“全球银行金融电讯协会”(Society for Worldwide Inter-bank Financial Telecommunication)的简称。1973 年在比利时布鲁塞尔成立,目前有 1000 多家成员银行。它设有自动化的国际金融电讯网,该组织的成员银行可以通过该电讯网办理信用证业务,以及进行外汇买卖、证券交易、托收等。

凡按照国际商会制定的电讯信用证格式,利用 SWIFT 系统设计的特殊格式(Format),通过 SWIFT 系统传递的信用证的信息(Message),即通过 SWIFT 开立或通知的信用证称为 SWIFT 信用证,也称“全银电讯信用证”。

采用 SWIFT 信用证,必须遵守 SWIFT 使用手册的规定,使用其代号(tag),依据由国际商会《统一惯例》(UCP500)的规定,在信用证中可以省略银行的承诺条款(Undertaking Clause),但不能免去银行所应承担的义务。目前,开立 SWIFT 信用证的格式代号为 MT700 和 MT701,如对开出的 SWIFT 信用证进行修改,则采用 MT707 标准格式传递信息。

采用 SWIFT 信用证后,信用证便具有标准化、固定化和统一格式的特性,且传递速度快捷,成本也较低。现在西北欧、美洲和亚洲等国家或地区的银行已广泛采用。我国银行在电开信用证和收到的信用证电开本中,SWIFT 信用证已占很大比重。

第二节 信用证的种类

由于信用证的性质、期限、流通方式等不同,信用证有不同的类型。

1. 根据信用证项下的汇票是否附有货运单据,信用证可划分为跟单信用证和光票信用证

(1)跟单信用证(Documentary Credit)。

跟单信用证是指开证行凭跟单汇票或仅凭收据付款的信用证。所谓“跟单”,大多是指代表货物所有权或证明货物已装运的运输单据、商业发票、保险单,以及商检证书、

海关发票、产地证书、装箱单等。国际贸易所使用的信用证,绝大部分是跟单信用证。

(2)光票信用证(Clean Credit)。

光票信用证是开证行仅凭受益人开具的汇票或简单收据而无需附带单据付款的信用证。光票信用证在贸易货款的结算上使用不广,它主要被用于贸易总公司与各地分公司间的货款清偿及贸易从属费用和非贸易费用的结算,也被用于信用证方式的预付货款。

2. 以开证行所负的责任为标准,信用证可分为不可撤销信用证和可撤销信用证

(1)不可撤销信用证(Irrevocable Letter of Credit)。

不可撤销信用证是指信用证一经开出,在有效期内,未经受益人或有关当事人的同意,开证行不得片面修改和撤销,只要受益人提供的单据符合信用证的规定,开证行必须履行付款义务。根据 UCP600 对信用证的定义,信用证都是"不可撤销的"(Irrevocable)。

(2)可撤销信用证(Revocable Letter of Credit)。

可撤销信用证是指开证行对所开信用证不必征得受益人或有关当事人的同意,有权随时撤销的信用证。凡是可撤销信用证,应在信用证上注明"可撤销"(Revocable)字样。否则,将被视为"不可撤销的"。可撤销信用证被撤销或修改时,开证行一般应通知原来的通知行。倘若在通知到达前,已由可以办理即期付款、承兑、议付或延期付款的有关银行,根据表面上符合信用证条款的单据进行了付款、承兑、议付后,开证行应予承认并负偿付之责。这种信用证对出口人极为不利,出口人一般不接受。

3. 以有没有另一家银行保兑为标准,信用证可分为保兑信用证和不保兑信用证

(1)保兑信用证(Confirmed Letter of Credit)。

保兑信用证是指开证行开出信用证,由另一家银行保证对符合信用证条款规定的单据履行付款义务。对信用证加保兑的银行,称为保兑行(Confirming Bank)。

保兑行的付款责任,是以规定的单据在到期日或以前向保兑行提交,并符合信用证条款为条件。保兑行通常是通知行,有时也可以是出口地的其他银行或第三国银行。保兑的手段一般是由保兑行在信用证上加列下述保兑文句:"兹对此证加具保兑并保证于提示符合此证条款的单据时履行付款"。

(2)不保兑信用证(Unconfirmed Letter of Credit)。

不保兑信用证是指开证银行开出的信用证没有经另一家银行保兑。当开证银行资信好和成交金额不大时,一般都采用不保兑信用证。

4. 以付款期限的不同为标准,信用证可分为即期付款信用证和延期付款信用证

依据 UCP600 的规定,信用证必须规定其是以即期付款、延期付款、承兑还是议付的方式兑用。以付款期限的不同为标准,信用证可分为即期付款信用证和延期付款信用证。

(1)即期付款信用证(Sight Payment Credit)。

即注明“即期付款兑现”(Available by Payment at Sight)的信用证。这种信用证一般不需要汇票,也不需要收据,付款行和开证行只凭货运单据付款。信用证中一般列有“当受益人提交规定单据时,即行付款”的保证文句。这种信用证的付款行通常由指定通知行兼任,其到期日一般也是受益人向付款行交单要求付款的日期。

(2)延期付款信用证(Deferred Payment Credit)。

即注明“延期付款兑现”(Available by Payment after Sight)的信用证。这种信用证不要求受益人出具远期汇票,因此必须在证中明确付款时间,如“装运后××天付款”或“交单日后××天付款”。由于这种信用证不使用远期汇票,故出口商不能利用贴现市场的资金,而只能自行垫款或向银行借款。

5.以受益人对信用证的权利可否转让为标准,信用证可分为可转让信用证和不可转让信用证

(1)可转让信用证(Transferable Credit)。

可转让信用证是指信用证的受益人(第一受益人)可以要求授权付款、承担延期付款责任、承兑或议付的银行(统称“可转让银行”),或当信用证是自由议付时,可以要求信用证中特别授权的转让银行,将信用证的全部或部分转让给一个或数个受益人(第二受益人)合同的信用证。

根据UCP600的规定,可转让信用证是指特别注明“可转让”(Transferable)字样的信用证。否则,不能转让。信用证注明“可分割”(Divisible)、“可分开”(Fractionable)、“可让渡”(Assignable)和“可转移”(Transmissible)等措辞,并没有使信用证可以转让,则银行可以不予理会。

可转让信用证只能转让一次,即只能由第一受益人转让给第二受益人,第二受益人不得要求将信用证转让给其后的第三受益人,但若再转让给第一受益人,不属被禁止转让的范畴。如果信用证不禁止分批装运,在总和不超过信用证金额的前提下,可分别按若干部分办理转让,该项转让的总和,将被认为只构成信用证的一次转让。

信用证只能按原证规定的条款进行转让,但信用证金额、商品的单价、到期日、交单日及最迟装运日期可以减少或缩短,保险加保比例可以增加,信用申请人可以变动。信用证在转让后,第一受益人有权以自身的发票(和汇票)替换第二受益人的发票(和汇票),但其金额不得超过信用证规定的原金额。如信用证规定了单价,应按原单价开立。在替换发票(和汇票)时,第一受益人可在信用证项下取得自身发票和第二受益人发票之间的差额。

实际业务中,要求开立可转让信用证的第一受益人,通常是中间商。为了赚取差额利润,中间商要将信用证转让给实际供货人,由供货人办理出运手续。但信用证的转让并不等于买卖合同的转让,如第二受益人不能按时交货或单据有问题,第一受益人仍要负买卖合同上的卖方责任。

(2)不可转让信用证(Non-transferable Credit)。

不可转让信用证是指受益人不能将信用证的权利转让给他人的信用证。凡信用证中未注明“可转让”的，就是不可转让信用证。

6.根据信用证使用方法(付款方法)的不同可分为付款信用证、承兑信用证和议付信用证

(1)付款信用证(Payment Credit)。

凡指定某一银行付款的信用证，均称为付款信用证。此种信用证一般不要求受益人开具汇票，而仅凭受益人提供的单据付款。

(2)承兑信用证(Acceptance Credit)。

承兑信用证是指由某一银行承兑的信用证，即当受益人向指定银行开具远期汇票并提示时，指定银行即行承兑，并于汇票到期日履行付款。依据 UCP500 第 9 条：“信用证不应要求凭申请人为付款人的汇票支付”的规定，付款人仅限于开证行或被指定的其他银行。这种信用证又称为银行承兑信用证(Banker’s Acceptance L/C)。承兑信用证一般用于远期付款的货物交易。但有时，买方为了便于融资或利用银行承兑汇票以取得比银行放款利率为低的优惠贴现率，在与卖方订立即期付款的合同后，要求开立银行承兑信用证，证中规定“远期汇票即期付款、所有贴现和承兑费用由买方负担”。这种做法对受益人来说，他虽然开出的是远期汇票，但却能即期收到全部货款。

(3)议付信用证(Negotiation L/C)。

议付信用证是指开证行在信用证中，邀请其他银行买入汇票或单据的信用证。即允许受益人向某一指定很行或任何银行交单议付的信用证。通常在单证相符条件下，银行扣取垫付利息和手续费后，即付给受益人。议付信用证又可分为公开议付信用证和限制议付信用证。

①公开议付信用证(Open Negotiation Credit)　又叫自由议付信用证(Freely Negotiation Credit)，是指开证行对愿意办理议付的任何银行作公开议付邀请和普通付款承诺的信用证，即任何银行均可按信用证条款自由议付的信用证。

②限制议付信用证(Restricted Negotiation Credit)　是指开证银行指定某一银行或开证行自己议付的信用证。在限制议付信用证中，通常有下列限制议付的文句：“本证限××银行议付”。

公开议付信用证和限制议付信用证的到期地点都在议付行所在地。这种信用证经议付后，如因故不能向开证行索得票款，议付行有权对受益人行使追索权。

7.循环信用证(Revolving Credit)

循环信用证是指信用证全部或部分使用后，其金额又恢复到原金额，可再次使用，如此可多次使用直至达到规定的次数或规定的总金额为止。循环信用证通常在分批均匀交货的情况下采用。按照循环的方式，它可以分为按时间循环信用证和按金额循环信用证。

(1)按时间循环信用证。

按时间循环信用证是受益人在一定时间内可多次支取信用规定的金额。例如，信用证规定“本证按月循环，信用证每月可支金额 50000 美元，于每个日历月的第一天自动恢复。本行在此循环信用证项下的最大责任不超过 6 个月的总值 300000 美元，每个月未使用余额不能够移至下个月合并使用。”

(2)按金额循环信用证。

按金额循环信用证是指在信用证金额议付后，仍恢复到原金额可以再次使用，直至用完信用证规定的总金额为止。在这种信用证条件下，具体做法有以下 3 种：

①自动式循环使用　受益人按规定时间装运货物交单议付一定金额后，信用证金额即自动恢复，可再次按原金额使用。例如，信用证规定“本证将再次自动恢复每月一期，每期金额 50000 美元，总金额为 200000 美元。”

②非自动式循环使用　受益人按规定时间装运货物交单议付一定金额后，必须等开证行的通知到达后，才能使信用证恢复至原金额，再次使用。例如，信用证规定“本金额需在每次议付后，收到开证银行本证可以恢复的通知方可恢复。”

③半自动式循环使用　受益人每次装货交单议付后，在若干天内开证行未提出中止循环的通知，信用证即自动恢复至原金额，并可再次使用。例如，信用证可规定如下条款：“议付银行在每次议付后 7 天内未被通知中止恢复，则信用证未用金额即增至原金额。”

循环信用证的优点是：进口方可以不必多次开证，从而节省开证费用，同时也可简化出口方的审证、改证等手续，有利于合同的履行。

循环信用证与一般信用证的不同之处表现在：一般信用证在使用后即告失效；循环信用证则可以多次使用。

8. 对开信用证(Reciprocal Credit)

对开信用证是指两张信用证的开证人互以对方为受益人而开立信用证。对开信用证的特点是：第一张信用证的受益人(出口人)和开证人申请人(进口人)就是第二张信用证的开证申请人和受益人，第一张信用证的通知行就是第二张信用证的开证行。两张信用证的金额相等或大体相等，两张可以同时互开，也可以先后开立。对开信用证多用于易货贸易或来料加工或补偿贸易业务，从事这些业务中的交易双方都担心对方凭第一张信用证进口或出口后，另外一方不履行出口或进口义务，因此采取这种互相联系、互为条件的开证办法，用以彼此约束。

9. 对背信用证(Back to Back Credit)

对背信用证又称转开信用证，即受益人要求原证的通知行或其他银行以原证为基础，另开一张内容相似的信用证。对背信用证的受益人可以是国外的，也可以是国内的，对背信用证的开证行只能根据不可撤销信用证来开立。对背信用证的开立通常是中间商转售他人货物，从中图利，或两国不能直接办理进出口贸易时，通过第三者以此种方法来沟通贸易。

对背信用证的内容除开证人、受益人、金额、单位、装运期限、有效期限等可有变动外，其他条款一般与原证相同。由于对背信用证的条款在修改时，新证开证人需得到原证开证人和开证行的同意，所以受益人使用对背信用证时必须特别慎重。

10. 预支信用证(Anticipatory L/C)

预支信用证是指允许受益人在货物装运交单前预支货款的信用证，有全部预支和部分预支两种。在预支信用证项下，受益人预支的方式有以下两种：

(1)开证行预支。出口人在货物装运前开具以开证行为付款人的汇票光票，由议付行买下向开证行索偿。

(2)向议付行预支。即由出口地的议付行垫付货款，待货物装运后交单议付时，再扣除垫款本息，将余额支付给出口人。如货物未装运，则由开证行负责偿还议付行的垫款和利息。为引人注目，这种预支货款的条款常用红字，故习称“红条款信用证”(Red Clause L/C)。而在如今的国际贸易实务中，信用证的预支条款并非都用红色表示，但其效力相同。

11. 根据特殊性质或特定用法分类的几种信用证

(1)假远期信用证(Usance Letter of Credit Payable at Sight)。

假远期信用证又称远期汇票即期付款的信用证，是指要求受益人出具远期汇票，但可以即期收汇的信用证。也就是说，在远期信用证项下，尽管受益人开立的是远期汇票，但议付行可为受益人即期索偿，受益人如同履行即期信用证一样，可以在提交与信用证条款相符的单据后立即取得款项。

对出口商来说，假远期信用证与即期信用证没有区别，但汇票到期时如被拒付则要承担被追索的风险。而进口商却可在远期汇票到期时，再向银行付款并承担利息和承兑费用，它的实质是开证行对进口商融通资金提供便利。

(2)带电报索汇条款信用证(Credit with T/T Reimbursement)。

带电报索汇条款信用证是指允许议付行在议付后用电报通知开证行，使其立即将货款用电汇拨交议付行的信用证。有此种信用证能使出口商尽快收到货款。

(3)红条款信用证(Red Clause Credit)。

红条款信用证又称预支信用证，即允许受益人在货物出运前，先凭光票向议付银行预支一部分货款作为备货资金的信用证。用在信用证规定的装运期内，受益人向议付银行提供全套货运单据，议付信用证金额将减去预支金额及利息后的差额。这种信用证预先垫款的特别条款，习惯上用红色打写，以引人注目，所以用了“红条款”这个名字。

第三节 其他支付方式

一、银行保函

保函(Letter of Guarantee，简称 L/G)，又称保证书，是指银行、保险公司、担保公司或个人(担保人)应申请人的请求，向第三方(受益人)开立的一种书面信用担保凭证。保证在申请人未能按双方协议履行其责任和义务时，由担保人代其履行一定金额、一定期限范围内的某种支付责任或经济赔偿责任。

在保函项下，受益人取得保证人偿付的方式有以下两种：

(1)见索即付保函(Demand Guarantees)。

它是担保人收到以书面形式出具的符合保函条款(或保函中规定的其他文件)的索赔书时，承担付款责任的承诺文件。这种保函又叫无条件保函(Unconditional L/G)。这种保函中，担保人承担的是第一性的、直接的付款责任。

(2)有条件保函(Conditional L/G)。

它是指保证人向受益人付款是有条件的，只有在符合保函规定的条件下，保证人才予以付款。这种保函中，担保人承担的是第二性的、附属的付款责任。

(一)银行保函的含义及其性质

银行保函(Banker's Letter Guarantee)，是由银行开立的承担付款责任的一种担保凭证。银行根据保函的规定承担绝对的付款责任，故银行保函一般为见索即付保函。

见索即付保函是一种与基础合同相脱离的独立性担保文件，受益人的权利与担保人的义务完全以保函所载的内容为准，即使保函中援引了基础合同，但也与基础合同无关，受益人只要提交了符合保函要求的单据，担保人就必须付款。保函必须是书面的，"书面"包括有效的电讯信息或加密押的 EDI 信息。

(二)银行保函的当事人

1. 主要当事人

银行保函的主要当事人有以下 3 个：

(1)申请人(Applicant)。申请人又叫委托人(Principal)，即向银行提出申请，要求银行开立保函的一方。其责任是履行合同义务并在担保人履行担保义务后，向担保人补偿其所作的任何支付。投标保函的申请人是投标人；履约保函的申请人，出口时为货物或劳务的提供者，进口时为价款付款人；还款保函的申请人是预付款或借贷款的受款人。

(2)受益人(Beneficiary)。即收到保函并有权按保函规定的条款凭以向银行提出索赔的一方。受益人的责任是履行其有关合同的义务。在投标保函下，受益人为招标人;在承包工程的履约保函和预付款保函项下,受益人为工程的业主。

(3)担保人(Guarantor)。又称保证人,即开立保函的银行。其责任是在收到索赔书和保函中规定的其他文件后,认为这些文件表面上与保函的条件一致时,即支付保函中规定数额的经济赔偿。

2. 其他当事人

除上述3个主要当事人外,还可能涉及以下几个当事人:

(1)通知行(Advising Bank)。又叫转递行(Transmitting Bank),即根据开立保函的银行的要求和委托,将保函通知给受益人的银行,通常为受益人所在地的银行。

(2)保兑行(Confirming Bank)。又称第二担保人,即根据担保人的要求在保函上加以保兑的银行。保兑行通常是受益人所在地信誉良好的银行。如果担保银行的资信能力较差或属外汇紧缺国家的银行,受益人可要求在担保行出具的保函上由一家国际上公认资信好的大银行加具保兑。到时,如果担保人未按保函规定履行赔付义务,则保兑行应代其履行付款义务。

(3)转开行(Reissuing Bank)。即指接受担保银行的要求,凭担保人的反担保向其受益人开出保函的银行。转开行通常是受益人所在地银行。转开行如接受担保人请求转开的委托,就必须及时开出保函。保函一经开出,转开行即变为担保人,承担担保人的责任义务。

(4)反担保人(Counter Guarantor)。即指为申请人向担保银行开出书面反担保函的人。其责任是:保证申请人履行合同义务,同时向担保人承诺,当担保人在保函项下作出付款以后,担保人可以从反担保人处得到及时、足额的补偿,并在申请人不能向担保人作出补偿时,负责向担保人赔偿损失。

(三)银行保函的主要内容

根据国际商会制定的《见索即付保函统一规则》(UDG458),银行保函的内容主要有:

(1)有关当事人。保函中应详列主要当事人,即申请人、受益人、担保人的名称和地址。如果涉及通知行或转开行,还应列明通知行或转开行的名称和地址。

(2)开立保函的依据。依据是基础合同,应列明合同或标书等协议的号码、日期。

(3)担保金额和金额递减条款。担保金额是保函内容的核心,担保人仅依据保函所规定的金额向受益人负责,其责任不超过保函所规定的金额。

(4)要求付款的条件。担保人在收到索赔书或保函中规定的其他文件后,认为这些文件表面上与保函条款一致时,即支付保函中规定的款项。如果不一致,担保人可以拒受这些文件。

保函项下的任何付款要求均应以书面作出,保函规定的其他文件也应是书面的。

(5)保函失效日期或失效条件。在保函中应规定保函失效日期。如未规定,当保函退还担保人,或受益人书面声明解除担保人的责任,则认为该保函已被取消。

(6)保函所适用的法律与司法。保函所适用的法律是担保人营业所在地的法律,如果担保人有数处营业场所,其适用法律为开出保函的分支机构所在地法律。

在我国担保业务中,对外保函的适用法律有以下两种情况:

(1)如果申请人是境内机构,而受益人是外国或港澳地区的银行、企业等,境内担保人所提供的保函一般应适用中国的法律。

(2)如果申请人是境外机构(主要指中国驻外企业、在境外的中外合资企业等),而受益人是外国或港澳地区的银行、企业或其他经济组织,境内担保人所提供的外汇担保就不一定非适用中国的法律不可,也可酌情选择他国的法律。

(四)银行保函的种类

银行保函在实际业务中的使用范围很广,广泛适用于贸易与国际经济合作领域。

1. 履约保函(Performance Guarantee)

在一般货物进出口交易中,履约保函又分为进口履约保函和出口履约保函。

(1)进口履约保函。是指担保人应申请人(进口人)的申请开给受益人(出口人)的保证承诺。保函规定,如出口人按期交货后,进口人未按合同规定付款,则由担保人负责偿还。

(2)出口履约保函。是指担保人应申请人(出口人)的申请开给受益人(进口人)的保证承诺。保函规定,如出口人未能按合同规定交货,则由担保人负责赔偿进口人的损失。

2. 还款保函(Repayment Guarantee)

还款保函又称预付款保函或定金保函,是指担保人应合同一方当事人的申请,向合同另一方当事人开立的保函。保函规定,如果申请人不履行其与受益人订立的合同的义务,不将受益人预付或支付的款项退还或还给受益人,则由担保人向受益人退还或支付款项。

保函的种类还有投标保函、补偿贸易保函、来料加工保函、技术引进保函、维修保函、融资租赁保函和借款保函等。

二、备用信用证

(一)备用信用证的概念

备用信用证(Stand by L/C),又称商业票据信用证(Commercial Paper L/C)、担保信用证、保证信用证(Guarantee L/C)或履约信用证(Performance L/C),是指开证行根据开证申请人的要求,向受益人开立的保证,在开证人未能履行其应履行的义务时,承担有条件的偿付责任的一种特殊信用证。受益人在信用证的有效期和金额内,如开证人未履约,应开具汇票(或不开汇票),并随附关于开证申请人不履约的书面证明或证件，提交开证行要求付款，以取得补偿，如开证人履约，则该证备而不用，这就是“备用”(Stand by)的由来。

备用信用证一般在投标、还款或履约保证、预付货款和赊销等业务中使用，美国等一些国家把它用于买卖合同项下货款的支付。

备用信用证没有统一的格式，其内容与银行保函基本相似。根据《统一惯例》(UCP500)，备用信用证属于跟单信用证。由于备用信用证在使用中出现了许多问题，UCP500 对其规则并没有具体规定，美国国际银行法律与惯例研究所 1998 年率先制定出备用信用证规则草案。同年 10 月，经国际商会银行委员会等机构审查认可，作为国际商会 590 号出版物，即《1998 年国际备用信用证惯例》(ISP98)，于 1999 年 1 月 1 日起实施，使备用信用证的操作和以此引起的争端有章可循。

(二)备用信用证与银行保函、一般信用证的区别

备用证最早流行于美国和日本。由于这两个国家的法律禁止银行开具银行保函，银行采用备用信用证来代替保函，以免介入商业纠纷，备用信用证就是在这种情况下产生的。所以，备用信用证与银行保函类似，同属银行信用，但也有不同之处，主要表现在：

(1)付款责任不同。在备用信用证下，银行承担第一性付款责任，受益人只要符合信用证规定的提交声明书或证件的条件，就可以取得款项；在银行保函下，银行承担第二性付款责任，只有当被保证人即主债务人不履行付款或其他义务时，才履行付款责任。

(2)付款依据不同。备用信用证的付款依据是受益人提交的信用证规定的声明书或证件，银行与开证申请人和受益人之间的合同无关；而银行保函的付款依据是有关合同或某项诺言未被履行，担保银行可能会被牵连到合同中去。

备用信用证与一般信用证都是银行承担第一性付款责任，但二者的区别表现在：

(1)跟单信用证通常只作为货物买卖的支付；而备用信用证不仅适用于货物买卖的支付，还适用于投标担保、还款担保等。

(2)备用信用证的付款行凭受益人出具的证明开证人已经违约的证明书承担付款责任；而跟单信用证的付款行凭受益人提交的符合信用证要求的货运单据付款。

(3)备用信用证具备“备而不用”的性质，适用于开证人不履约的情况；而跟单信用证适用于履约的情况，受益人履行了信用证规定的条件，开证行即付款。

三、国际保理

随着国际贸易买方市场的普遍形成，贸易竞争已发展到了付款条件方面，越来越多的进口商拒绝信用证方式，而以承兑交单和货到付款方式结算货款的业务逐渐增多,这就大大增加了出口商的商业风险和资金负担。为了帮助出口商减少风险和融通资金,一种新的与融通资金相结合的支付方式——国际保理业务应运而生。

(一)国际保理的概念和内容

国际保理(Factoring),是国际保付代理的简称,又称保理、保付代收或承购应收账款业务等。它是指在国际贸易中,在以托收、赊账等商业信用方式结算货款的情况下,保理商(Factor)向出口商提供的一项包括进口商资信调查、百分之百的风险担保、催收账款、财务管理及贸易融资等在内的综合性财务服务。

国际保理业务的主要内容包括:

(1)对海外进口商进行商业资信调查和信用评估,并根据出口商的要求确定进口商的信用额度。

(2)为出口商承担百分之百的买家信用风险,出口商将票据卖断给保理商后,由保理商承担全部的信贷风险和汇价风险。

(3)负责应收账款的追收,并负责账务管理。保理商买断出口商的票据后,对应收账款进行管理并负责催收。此外,保理商向出口商提供账务管理。

(4)提供出口商所需要的资金融通。收到出口商的票据后,保理商可按照出口商的需要预付80%左右的货款,余款在进口商付清全部货款后支付。

(二)保理业务的当事人及程序

国际保理业务的当事人通常有出口商、进口商、出口保理商和进口保理商。其中,出口保理商是接受出口商委托收款的保理公司;进口保理商是出口保理商在进口商所在地的保理代理人,负责对进口商进行资信调查,与出口保理商有契约关系。

保理业务的基本程序:

(1)出口商与出口保理商签订保理协议。

(2)出口商将进口商的有关情况及交易资料提交给出口保理商。

(3)出口保理商将资料整理后转送给进口商所在国内的保理商。

(4)进口保理商对进口商的资信进行调查和评估,并将调查结果和可提供信用额度的建议通知出口保理商。

(5)出口保理商转通知出口商。如果该进口商资信可靠,则出口保理商对进出口双方的交易加以确认。

(6)进出口双方签订以国际保理方式结算的贸易合同。

(7)出口商按合同规定备货装运后,将发票及有关货运单据送交进口商,同时将一份发票副本交出口保理商。

(8)出口保理商按照出口商的要求,预付80%左右的货款或采用买断票据形式,按票面金额扣除利息等各项费用后,无追索权地付予出口商。

(9)出口保理商随即将发票副本转寄进口保理商，后者将发票入账，并负责催收账款。

(10)进口商在付款到期日向进口保理商交付发票的全部金额，并支付保理费。

(11)进口保理商将发票金额拨交给出口保理商。

(12)出口保理商扣除预付货款、保理费、银行转账及其他费用后，将余款交给出口商。

保理业务的基本程序如图 12-2 所示。

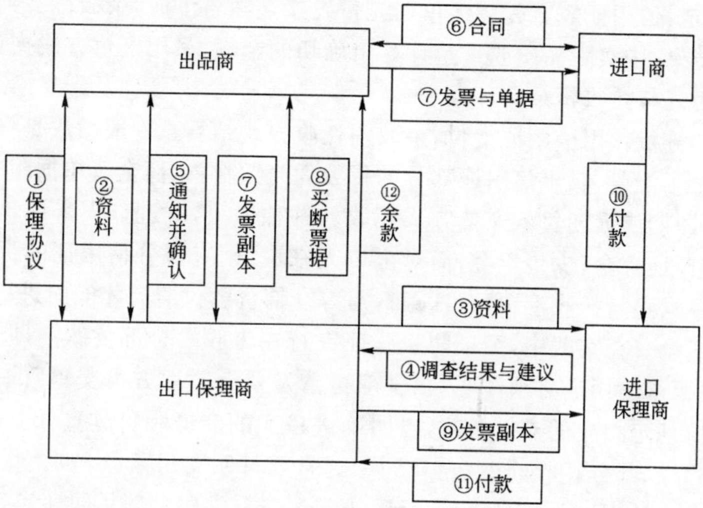

图 12-2　保理业务的基本程序

(三)《国际保理惯例规则》简介

20 世纪 70 年代，国际统一司法协会起草了《国际保理惯例规则》(Code of International Factoring Customs，简称 IFC)(以下简称《保理规则》)，并于 1987 年 4 月通过。1988 年 5 月，在加拿大渥太华举行的共有 55 个国家的正式代表参加的国际保付代理规则会议上，审议并通过了该《保理规则》，我国也参加并签署了该《保理规则》。它为在国际贸易中使用保理业务提供了统一的法律依据和业务标准，明确了各方当事人的权利和义务，使之成为国际保理业务中有广泛代表性和权威性的国际惯例。

我国金融机构作为保理商也正式开展并受理出口保理业务。继参加国际保付代理规则会议后，中国银行与总部设在荷兰的国际保理商连锁组织(Factors Chain International，简称 FCI)保持密切的联系，并已与美国、德国、瑞典、新加坡等国的保理商签订了保理协议。目前，中国银行开展的出口保理业务为出口商提供的服务内容与一般国际保理业务基本相同。

第四节　结算方式的选择及支付条款

一、结算方式的选择

(一)信用证与汇付相结合

这是指部分货款用信用证支付，余额用汇付方式结算。如对矿砂等初级产品的交易，双方约定：信用证规定凭装运单据先付发票金额若干成，余额待货到目的地后，根据检验的结果，按实际品质或重量计算出确切的金额，另用汇付方式支付。

(二)信用证与托收相结合

这是指部分货款用信用证支付，余数用托收方式结算。一般做法是：信用证规定出口人开立两张汇票，属于信用证部分的货款凭光票付款，而全套单据附在托收部分汇票项下，按即期或远期付款交单方式托收。这种做法，对进口人来说，可以减少开证金额，少付开证押金，少垫资金；而对出口人来说，因有部分信用证的保证，且信用证规定货运单据跟随托收汇票，开证银行需等全部货款付清后才能向进口人交单，所以收汇比较安全。在实践中，为了防止开证银行在未收妥全部货款前即将货运单据交给进口人，要求信用证必须注明“在全部付清发票金额后方可交单”的条款。在出口合同中也应规定相应的支付条款，以明确进口人的开证和付款责任。出口合同如使用部分信用证、部分托收的做法，合同中通常要订明支付条款，如“买方需在装运月份前××天送达卖方不可撤销信用证，规定××％发票金额凭即期光票支付，其余××％金额用即期跟单托收方式付款交单。全套货运单据附于托收项下，在买方付清发票的全部金额后交单。如买方不能付清全部发票金额，则货运单据需由开证行掌握，凭卖方指示处理。”

(三)托收与备用信用证或银行保函相结合

跟单信用证对出口人来说，有一定风险。如在使用跟单托收时，结合使用备用信用证或银行保函，由开证银行进行保证，则出口人的收款就能基本得到保障。具体做法是：出口人在收到符合合同规定的备用信用证和银行保函后，就可凭光票与声明书向银行收回货款。

采用这种方式时，通常应在出口合同中订入相应的支付条款。例如：

(1)“凭即期付款交单方式支付全部发票价值。代收需无迟延地用电传向托收银行发出付款通知。

装船前，需由一家信用卓著的银行开立一份金额为×××美元以卖方为受益人的不可撤销备用信用证，规定凭光票和随附的一份书面声明付款；在该声明中注明买方在代收银行提出跟单汇票后5天内按20××年×月×日第××号合同履行付款义务。”

(2)“即期付款交单付款，并以卖方为受益人的总金额为×××的银行保函担保。

银行保函应载有以下条款：如×××号合同项下跟单托收的汇票付款人不能在预定日期付款，受益人有权在本银行保证书项下保其汇票连同一份列明×××号合同的款项已被拒付的声明书支款。”

在使用这种结算方式时，备用信用证和银行保函的有效期必须晚于托收付款期限后一定时间，以便被拒付后能有足够时间办理追偿手续。出口人在办理托收手续时，还应在托收申请书中明确规定，在发生拒付时，要求托收银行请代收银行立即用电报或电传通知，以免耽误，造成备用信用证或银行保函失效，以致失去追索权利。

(四)汇付、托收、信用证三者相结合

在成套设备、大型机械产品和交通工具的交易中，由于成交金额较大，产品生产周期较长，一般采用按工程进度和交货进度分若干期付清货款，即采取分期付款和延期付款的方法，以汇付、托收和信用证三者相结合的方式付清贷款。

1. 分期付款(Payable by Installments)

买卖双方在合同中规定，在产品投产前，买方可采用汇付方式，先交部分货款作为定金，在买方付出定金前，卖方应向买方提供出口许可证影印本和银行开具的保函。除定金外，其余货款，可按不同阶段分期支付，并由买方开立不可撤销的信用证，即期付款，但最后一笔货款一般是在交货或卖方承担质量保证期满时付清。货物所有权则在付清最后一笔货款时转移。在分期付款的条件下，货款在交货时付清或基本付清。因此，按分期付款条件所签订的合同是一种即期合同。

2. 延期付款(Deferred Payment)

在成套设备和大宗交易的情况下，由于成交金额较大，买方一时难以付清全部货款，可采用延期付款的办法。其做法是：买卖双方签订合同后，买方一般要预付一小部分货款作为定金。有的合同还规定，按工程进度和交货进度分期支付部分货款，但大部分货款是在交货后若干年内分期摊付，即采用远期信用证支付。延期支付的那部分货款，实际上是一种赊销，等于是卖方给买方提供的商业信贷，因此，买方应承担延期付款的利息。在延期付款的条件下，货物所有权一般在交货时转移。

3. 分期付款与延期付款的区别

分期付款与延期付款的区别是：

(1)货款清偿的程度不同。采用分期付款，其货款是在交货时付清或基本付清；而采用延期付款时，大部分货款是在交货后一个相当长的时间内分期摊付。

(2)所有权转移时间不同。采用分期付款时，只要付清最后一笔货款，货物所有权即行转移；而采用延期付款时，货物所有权一般在交货时转移。

(3)支付利息费用不同。采用分期付款时，买方没有利用卖方的资金，因而不存在付息问题；而采用延期付款时，由于买方利用卖方的资金，所以买方需向卖方支付利息。

延期付款是买方利用外资的一种方式，一般货价较高。因此，在按延期付款条件签订合同时，应结合利息、费用和价格等因素进行考虑，权衡得失，然后作出适当抉择。

二、合同中的信用证支付条款

《统一惯例》经过多次修订,内容日益充实和完善,故其被当前大多数国家的银行采用。开证行如采用该惯例,就可在信用证中加注:"除另有规定外,本证根据国际商会《跟单信用证统一惯例(2007 年修订)》,即国际商会 600 号出版物办理"。

由国际商会制定的《统一惯例》本身虽不是一项有约束性的法律文件,但它已为各国银行所普遍接受,成为一项公认的国际惯例,至今已被大多数国家的银行所采用,可以说它的适用已具有全球性。有些国家已把它作为裁决跟单信用证纠纷的法律依据。因此,开证行在所开出的信用证上必须注明:"本让根据国际商会《跟单信用证统一惯例(2007 年修订)》,即国际商会 600 号出版物办理。"以确保信用证得到法律的保护。在我国进出口商应充分了解《统一惯例》的内容,以便在实际业务中能正确理解和运用国际贸易惯例。

在进出口合同中,如约定凭信用证付款,买卖双方应将开证日期、信用证类别、付款时间、信用证金额、信用证的有效期和到期地点等事项作出明确具体的规定。现将我国出口合同中信用证支付条款列举如下:

1. 即期信用证支付条款

(1)"买方应通过卖方所接受的银行于装运月份前×天开立并送达卖方不可撤销即期信用证,有效期至装运月份后第 15 天在中国议付。"

(2)"买方应于×年×月×日前(或接受卖方备货通知后×天内或签约后×天内)通过银行开出以卖方为受益人的(由××银行保兑的)不可撤销的(可转让的)全部发票金额的即期信用证。信用证有效期延至装运日期后 15 天在中国到期。"

2. 远期信用证支付条款

"买方应于×年×月×日前(或接到卖方通知后×天内或签约后×天内)通过××银行开立以卖方为受益人的不可撤销的(可转让的)见票后×天(或装船日后×天付款)的银行承兑信用证。信用证议付有效期延至上述装运期后 15 天在中国到期。"

3. 循环信用证支付条款

"买方应通过为卖方所接受的银行于第一批装运月份前×天开立并送达卖方不可撤销即循环信用证,该证在 20××年期间,每月自动可供××(金额),并保持有效至 20××年×月×日在北京议付。"

三、国际结算风险的控制

(一)跟单信用证的风险

常见的较为典型的跟单信用证的欺诈行为,主要有以下几种情形:

(1)信用证内容与合同规定不符。

(2)伪造单证或单证虚假。

(3)在信用证中加列“软条款”。

(4)信用证中的“非单据性条款”。

(二)支票欺诈的主要形式及特征

(1)伪造、假冒支票。表现为伪造出票人的签字、支票要素不全、内容谬误较多等。

(2)涂改、传真、影印支票。表现为支票有涂改的迹象,或以传真件和影印件的形式出现。

(3)空白、过期、作废支票。表现为支票金额巨大,其实早已过期失效。支票转折环节较多,涉及关系人复杂等。

(4)空头、预付支票。表现为买方要求卖方以空运方式发货,以控制货权。进口商要求支票随附空运单副本、发票和装箱单据向银行托收,迫使出口商只有发货才能办理托收等。

(三)托收的风险

与信用证的收汇方式比较,托收由于没有银行作为信用担保人,其风险要比信用证大得多。不良外商常用的以托收方式赖账的手段主要有:

(1)在 D/P 即期票据提示时,买方或者以其手头资金短缺为由,要求改用其他延期付款的方式;或者以市场疲软为由,要求降低价格等借口拒付单据。

(2)卖方将货物发运后,买方明确向卖方指出:由于卖方以前发运的货物存在严重的质量问题,使其蒙受了巨大损失,这次他必须先看到货物的销售情况后,确定以前补偿和此批货款支付问题。如果卖方不同意,他将拒收本批货物。

(3)D/P 远期或者 D/A 方式下,买方提出货物后,在单据的付款期限到期后,迟迟不到银行支付货款。

(四)汇票的风险

(1)使用汇票的单位必须是在银行开立账户的法人。

(2)签发汇票必须以进行的商品交易为基础,禁止签发无商品交易的汇票。

(3)汇票继承兑后,承兑人(即付款人)有无条件支付票款的责任。

(4)汇票除向银行贴现外,不准转让。

(5)贸易成交前,一定要通过有效途径对客户的信誉进行资信调查。对客户提交的票据,一定要事先委托银行对外查实,以确保安全收汇。

S 复习思考

1. 什么是信用证?简述信用证结算的一般程序。

2. 备用信用证与银行保函、一般信用证的区别在哪里?

3. 如何进行结算方式的选择?

4. 国际结算风险有哪些?

5. 为什么使用信用证结算还需要汇票?

E 能力训练

出口合同规定某商品 1200t,7～12 月每月各装运 200t,不可撤销即期信用证付款,装运月份开始前 15 天买方负责将信用证开至卖方,买方按约如期于 6 月 15 日将信用证开给卖方。经审查,信用证总量与总金额及其他条款均与合同规定一致,但装运条款仅规定:“允许分批”和最后装运日期为 12 月 31 日。由于出口企业备有库存现货,为争取早出口,早收汇,遂先后于 7 月 20 日和 10 月 5 日将货物分两批各 600t 装运出口,由于提交的单据符合信用证条款规定,付款行及时履行了付款义务。但事后不久,收到国外进口人电传,声称我出口企业违反了合同,提出索赔。对此,你认为应如何处理?

第十三章　进出口商品检验与通关

学习导引

通过学习本章，了解进出口商品检验与通关的基本内容和性质；重点掌握进出口商品检验与通关相关环节的办理程序、报检单和报关单的形式、内容及填写方法。

能力提示

通过对本章的学习和训练，具备安排进出口业务环节中报检和报关工作的能力，具备填写报检单和报关单相关单据的能力。

第一节　进出口商品检验概述

一、进出口商品检验概述

(一)商品检验的概念

国际货物买卖中的商品检验是指商品检验机构对商品的品质、数量(重量)、包装、安全性能、卫生指标、残损情况、货物装运技术条件等进行检验和鉴定，从而确定货物的品质、数量(重量)和包装等是否与合同条款相一致，是否符合交易双方国家有关法律和法规的规定。

商检机构依法对进出口商品实施检验工作是一国对外贸易活动中的一个重要组成部分，是买卖合同中的重要内容之一，是买卖双方办理结算及提出索赔或理赔的依据，是提高出口商品品质和竞争力的重要举措，是提高出口国商品国际信誉的必要措施，是国家实施对进出口商品品质管制的重要手段，是维护进口国利益的重要手段。

(二)检验检疫国家机构

中华人民共和国质量监督检验检疫总局(General Administration of Quality Supervision，Inspection and Quarantine of the People’s Republic of China，简称 GAQ-

SIQ)，主管全国出入境商品检验检疫、动植物检疫、国境卫生检疫工作。国家质检总局设在全国各地的直属检验检疫局、商检机构、办事处负责管理所辖地区进出口商品的检验检疫工作。

(三)中国出入境检验检疫业务的基本内容

国家质量监督检验检疫机构对出入境货物、交通运输工具、人员及事项进行检验检疫。其业务内容包括进出口商品检验、进出境动植物检疫和国境卫生检疫等。

1. 进出口商品检验(Exit and Entry Goods Inspection)

进出口商品检验是指出入境检验检疫机构依《中华人民共和国进出口商品检验法》(以下简称《商检法》)，对列入国家质量监督检验检疫总局制定、调整并公布的《实施检验检疫的进出口商品目录》(简称《法检目录》)的进出口商品，必须经过出入境检验检疫机构进行检验。进出口商品实施检验检疫的内容包括：商品的质量、规格、数量、重量、包装，以及是否符合安全、卫生要求；商品的装载容器、包装物及来自疫区的运输工具。

2. 进出境动植物检疫(Exit and Entry Quarantine for Animal and Plants)

进出境动植物检疫是指进出境检验检疫机构依《中华人民共和国进出境动植物检疫法》和《进出境动植物检疫法实施条例》的有关规定，对动植物及相关物实施检疫和监督管理的行为。

3. 进口商品认证管理

国家对涉及人类健康、动植物生命和健康，以及环境保护和公共安全的产品实行强制性认证制度。自 2002 年 5 月 1 日起，列入《强制性产品认证的产品目录》内的商品，必须经过指定认证机构的认证合格，方可进口。

4. 进口废物原料装运前检验

国家对废物原料进口实行自动、限制和禁止制度，对于自动和限制进口类可用作原料的废物，收货人与发货人签订废物原料进口合同时，必须订明所进口的废物原料符合中国环境保护控制标准的要求，并约定由出入境检验检疫总局认可的检验机构实施装运前检验，实行装运前检验合格后，方可装运进口。

5. 出口商品质量许可

国家对重要出口商品实行质量许可制度。出入境检验检疫部门单独或会同有关部门共同负责发放出口商品质量许可证的工作，未获证的商品不准出口。

目前，国家对机械、电子、轻工、机电、玩具、医疗器械、煤炭等类商品实施出口质量许可制度。国内生产企业或代理人均可向出入境检验检疫机构申请出口质量许可证书。

6. 食品卫生监督检验

进口食品、食品添加剂、食品容器、包装材料、食品用工具及设备必须符合我国的有关法律法规规定。申请人需向检验检疫机构申请并接受卫生监督检验，按照国家卫生标准进行检验，合格的方准进口。

7. 出口商品运输包装检验

对列入《实施检验检疫的进出口商品目录》及其他法律法规要求检验的出口商品的运输包装，进行性能检验，未经检验或检验不合格的，不准用于盛装出口商品。对于出口危险货物包装容器实行危包出口质量许可制度。危险货物包装容器需经性能鉴定和使用鉴定后，方能出口。

8. 外商投资财产鉴定

各地检验检疫机构凭财产关系人或代理人及经济利益有关方的申请或司法、仲裁、验资等机构的指定或委托，办理外商投资财产的鉴定工作。外商投资财产鉴定包括价值鉴定、损失鉴定、品种鉴定、质量鉴定、数量鉴定等。

9. 货物装载和残损鉴定

用船舶和集装箱运输粮油食品、冷冻品等易腐食品出口的，应向口岸检验检疫机构申请检验船舱和集装箱，经检验符合装运技术条件并发给证书后，方准装运。对海运、空运进口商品，可向检验检疫机构申请办理监视、残损鉴定、海损鉴定工作。

10. 卫生检疫与处理

出入境检验检疫机构统一对出入境的人员、交通工具、集装箱、货物、行李、邮包等实施医学检查和卫生检查，有权要求出入境人员填写健康申明卡，出示预防接种证或其他证件。

二、商品检验报检的程序和方法

报检是指进出口商品的外贸关系人，包括生产单位、经营单位、货运代理单位、进出口商品的收发货人和接运单位，按《商检法》、《中华人民共和国进出境动植物检疫法》、《中华人民共和国国境卫生检疫法》和《中华人民共和国食品卫生法》的规定，对法定检验检疫的进出境货物，向检验检疫机构申请办理检验、检疫、认定和鉴定的手续。

(一)报检一般规定

1. 出入境货物的报检程序

出入境货物的报检程序要遵循“先检验检疫，后放行通关”的原则，即法定检验检疫的进出境货物的收发货人或其代理人向检验检疫机构报检，检验检疫机构受理并计收费后，转检验检疫部门实施必要的检验、检疫、消毒、熏蒸、卫生除害等。

对产地和报关地一致的出入境货物，检验合格的出具《出境货物通关单》或《入境货物通关单》；对产地和报关地不一致的进出境货物，出具《出境货物换证凭单》或《入境货物换证凭单》，并由报关地检验检疫机构换发《通关单》；对出境货物检验检疫不合格的货物，出具《出境货物不合格通知单》。

出入境货物的报检工作流程为：报检→收费→检验检疫→出单→通关。

2. 出入境报检的时限要求和地点

(1)出境货物最迟在出口报关或装运前7天报检，个别检验检疫周期长的货物，应留有相应的检验检疫时间。

(2)输入植物、种子、种苗及其他繁殖材料的，应在入境前7天报检。

(3)输入微生物、人体组织、生物制品、血液及制品、种畜、禽及精液、胚胎、受精卵应当在入境前30天报检。

(4)输入其他动物的，应在入境前15天报检。

(5)需隔离检疫的出境动物在出境前60天预报，隔离前7天报检。

(6)大宗散装商品、易腐烂变质商品、废旧品、进口卸货发现有破损或短缺的商品在卸货口岸检验检疫机构报检。

(7)其他入境货物，在入境前或入境时向报关地的检验检疫机构办理报检手续。

(8)法定检验检疫货物，除了活动物由口岸检验检疫外，原则上应在产地检验检疫。

(9)审批、许可证等有关政府批文中规定检验检疫地点的，在规定的地点报检。

(二)报检单位和报检人资格的认定

1. 资格的认定

(1)报检单位首次报检时，需持本单位营业执照和政府批文办理登记备案手续，取得报检单位代码。其报检人员经检验检疫机构培训合格后领取《报检员证》，凭证报检。

(2)代理报检单位需按规定办理注册登记手续，其报检人员应具有《代理报检员证》，凭证办理代理报检手续。

(3)代理报检的，需向检验检疫机构提供委托人按规定格式填写的委托书。

2. 主要报检单位类型

(1)有进出口经营权的国内企业。

(2)进境货物收货人或其代理人。

(3)出境货物生产企业或代理人。

(4)中外合资、中外合作和外商独资企业。

(5)中外企业、商社常驻中国代表机构等。

(6)其他对外贸易关系人。

(三)入境报检手续

(1)入境报检时，应填写入境货物报检单，并提供合同、发票、提单等有关单证。

(2)如遇下列情况报检时，还应提供其相关文件如下：

①凡实施安全质量许可、卫生注册或其他需审批审核的货物，应提供有关证明。

②凡实施品质检验的，应提供国外品质证书或质量保证书、产品使用说明书及有关标准和技术资料；凭样成交的，需加附成交样品；以品级或公量计价结算的，应同时

申请重量鉴定。

③凡报检入境废物时，应提供国家环保部门签发的《进口废物批准证书》和经认可的检验机构签发的装运前检验合格证书等。

④凡申请残损鉴定的，还应提供理货残损单、铁路商务记录、空运事故记录或海事报告等证明货损情况的有关单证。

⑤凡申请重量(数量)鉴定的，应提供重量明细单、理货清单等。

⑥凡属货物已经收、用货部门验收或其他单位检测的，应随附结果报告及重量明细单。

⑦入境的动植物及其产品，在提供产地证明的同时，还必须提供输出国家或地区官方检验证书；需办理入境检疫审批手续的，还应提供入境动植物检疫许可证。

⑧过境动植物及其产品报检时，需持货运单和输出国家或地区官方出具的检疫证书；运输动物过境时，还应提交国家质量监督检验检疫总局签发的动植物过境许可证。

⑨报检入境运输工具、集装箱时，应提供检疫证明，并申报有关人员的健康状况。

⑩因科研等特殊需要，输入禁止入境物的，必须提供国家质量监督检验检疫总局签发的特许审批证明。

(四)出境报检手续

(1)出境报检时，应填写出境货物报检单，并提供对外贸易合同、信用证、发票、装箱单等单证。

(2)如遇下列情况报检时，还应提供其相关文件如下：

①凡实施质量许可、卫生注册或需经审批的货物，应提供有关证明。

②出境货物需经生产者或经营者检验合格并加附检验合格证或检测报告；申请重量鉴定的应加附重量明细单或磅码单。

③按样品成交的货物，应提供经买卖双方确认的样品。

④查验出境运输工具、集装箱等，还应提供检疫证明，并申报有关人员健康状况。

⑤生产出境危险货物包装容器的企业，必须向检验检疫机构申请包装容器的性能鉴定；生产出境危险货物的企业，必须向检验检疫机构申请危险货物包装容器的使用鉴定。

⑥出境危险货物时，必须提供《出境货物运输包装性能检验结果单》正本联和《出境危险货物运输包装使用鉴定结果单》正本联。

⑦申请原产地证明书和普惠制原产地证明书的，应提供商业发票等资料。

(五)电子报检方式简述

电子报检是指报检人使用电子报检软件通过检验检疫业务服务平台将报检数

据以电子报文方式传输给检验检疫机构，经检验检疫机构业务管理系统和检务人员的处理后，将受理报验信息反馈给报检人，实现远程办理出入境检验检疫报检的行为。

(1)申请开通电子报检业务手续的报检人应符合以下条件：

①已在检验检疫机构办理报检人登记备案或注册登记手续的；

②具有经检验检疫机构培训考核合格的报检员；

③具备开展电子报检的软硬件条件；

④在国家质检总局指定机构办理电子业务开户手续。

(2)报检人申请电子报检时，应提供以下资料：

①报检人的登记备案或注册证明复印件；

②《电子报检登记申请》；

③《电子业务开户登记表》。

(3)检验检疫机构应及时对申请人开展电子报检业务的报检人进行审核，经审核合格的报检人可以开展电子报检业务。

(4)电子报检可提高工作效率，加快通关速度。

虽然电子报检和传统的人工报检的报检、检验等业务环节是相同的，但是与传统的报检程序相比较，一般电子报检的时间只需要2～3个工作日，而传统报检则需要7～8个工作日。显而易见，电子报检提高了检验检疫工作效率。

国家质检总局和海关总署联合开发了电子通关联网核查系统，并于2003年1月1日在主要口岸的检验检疫机构和海关推广使用。该系统采用网络信息技术，将由检验检疫机构签发的出入境通关单的电子数据传输到海关计算机作业系统，海关将报检报关数据比对确认相符合的，予以放行。这在很大程度上加快了进出口货物的通关速度。

在目前阶段，检验检疫机构和海关联合采取的通关单联网核查系统还需要同时校验纸质的通关单据，这是将来实现无纸化通关的一个过渡阶段。这种通关方式相比原来的传统通关方式已经有了一个飞跃发展。它具有数据信息共享、简化操作程序、降低外贸成本、提高通关速度的功能，还有效控制了报检数据与报关数据不符合的问题和不法分子伪造、编造通关单证的不法行为。

三、进出口商品报检单的填制

在此，将以出口业务中报检工作需要填制的出境货物报检单为例来说明报检单的填制方法。

(一)出境货物报检单的格式

出境货物报检单的格式见表12-1。

中华人民共和国出入境检验检疫出境货物报检单

表 12-1

报检单位(加盖公章)　　　　编号

报检单位登记号：　　联系人：　　电话：　　报检日期：

发货人	(中文)	
	(外文)	
收货人	(中文)	
	(外文)	

货物名称(中/外文)	H.S.编码	产地	数/重量	货物总值	包装种类及数量

运输工具名称号码		贸易方式		货物存放地点	
合同号		信用证号		用途	
发货日期	输往国家(地区)		许可证/审批号		
启运地	到达口岸		生产单位注册号		
集装箱规格、数量及号码					

合同/信用证订立的检验检疫条款或特殊要求	标记及号码	随附单据(划"√"或补填)	
		□合同 □信用证 □发票 □换证凭单 □装箱单 □厂检单	□包装性能结果单 □许可/审批文件

需要证单名称(划"√"或补填)		检验检疫费	
□品质证书 _正_副 □重量证书 _正_副 □数量证书 _正_副 □兽医卫生证书 _正_副 □健康证书 _正_副 □卫生证书 _正_副 □动物卫生证书 _正_副	□植物检疫证书 _正_副 □熏蒸消毒证书 _正_副 □出境货物换证凭单 □出境货物通关单	总金额(人民币元)	
		计费人	
		收费人	

报检人郑重声明：	领取单证	
1.本人被授权报检。 2.上列填写内容属实，货物无伪造或冒用他人的厂名、标志、认证标志，并承担货物质量责任。 签名：________	日期	
	签名	

(二)《出境货物报检单》的填写说明

《出境货物报检单》由各口岸出入境检验检疫局统一印制,除编号由检验检疫机构受理人指定外,其余各栏由报检单位填制并盖章确认。填制规范如下:

1. 编号(No.)

由检验检疫机构受理人指定,前6位为检验检疫局机关代码,第7位为报检类代码,第8、9位为年代码,第10～15位为流水号。

2. 报检单位(Declaration Inspection Unit)

报检单位指经国家质检总局审核,获得许可、登记,并取得国家质检总局颁发的《自理报检单位备案登记证明书》或《代理报检单位备案登记证明书》的企业。

本栏填报报检单位的中文名称,并加盖与名称一致的公章。

3. 报检单位登记号(Register No)

报检单位登记号指报检单位在国家质检总局登记的登记证号码。

本栏填10位数登记证号码。

联系人:填报检人员姓名;电话号:填报检人员的联系电话。

4. 报验日期(Declaration Inspect Date)

报验日期指检验检疫机构接受报检当天的日期。

本栏填制的报检日期统一用数字表示,而不用英文等表示。

5. 发货人(Consignor)

发货人指外贸合同中的供货商,或商业发票上的出票人。

本栏分别用中、英文对照分行填报发货人名称。

6. 收货人(Consignee)

收货人指外贸合同中的收购商,或商业发票上的受票人名称。

本栏分别用中、英文对照分行填报收货人名称。

7. 货物名称(中/外文)(Description of Goods)

货物名称指被申请报检的出入境货物名称、规格、型号、成分,并以中英文对照填写。

本栏应按合同、信用证、商业发票中所列商品名称的中、英文填写。

注意:废旧物资在此栏内需注明。

8. H. S. 编码(H. S. Code)

H. S. 编码指海关《协调商品名称及编码制度》中所列编码。H. S. 编码为8位数字。以当年海关公布的商品税则编码分类为准。

注意:当有些商品有最后两位补充编码时,应填报10位编码。

9. 产地(Original Area)

在出境货物报检单中,产地指货物生产地、加工制造地的省、市、县名。在进境货物报检单中,产地指该进口货物的原产国或地区。

本栏填报出境货物生产地的省、市、县的中文名称。

10. 数/重量(Quantity/Weight)

数/重量指以商品编码分类中计量标准项下的实际检验检疫数量、重量。

本栏按实际申请检验检疫的数/重量填写,重量还需列明毛/净/皮重。

注意:本栏可以填报一个以上计量单位,如第一计量单位:"个";第二计量单位:"千克"等。

11. 货物总值(Amount)

货物总值指出境或入境货物的商业总值及币种。

本栏合同、发票或报关单上所列货物总值应一致。

注意:本栏不需要填报价格术语,如"CIF"或"FOB"等。

12. 包装种类及数量(Number and Type of Declaration)

包装种类及数量是指货物实际运输外包装的种类及数量。

本栏应按照实际运输外包装的种类及对应数量填报,如"136 箱"等。

注意:实际运输中,为了方便装卸、保护外包装,常用托盘运输包装,这时除了填报托盘种类及数量以外,还应填报托盘上装的包装数量及包装种类。

13. 运输工具名称号码(Means Of Conveyance)

运输工具名称号码指载运出境货物的运输工具的名称和运输工具编号。

本栏填制实际出境运输工具的名称及编号,如船舶名称及航次等。

注意:实际报检申请时,若未定运输工具的名称及编号时,可以笼统填制运输方式总称。如填报"船舶"或"飞机"等。

14. 合同号(Contract No.)

合同号指对外贸易合同、订单、形式发票等的号码。

本栏填报的合同号应与随附的合同等号码一致。

15. 贸易方式(Means of Trading)

贸易方式指该批货物的贸易性质,即买卖双方将商品所有权通过什么方式转让。

本栏填报与实际情况一致的贸易方式。常见的贸易方式有一般贸易、来料加工贸易、易货贸易、补偿贸易等 90 多种贸易方式。

16. 货物存放地点(Place of Goods)

货物存放地点指出口货物的生产企业存放出口货物的地点。

本栏按实际填报具体地点、厂库。

17. 发货日期(Shipment Date)

发货日期指货物实际出境的日期。

按实际开船日或起飞日等,填报发货日期,以年、月、日的方式填报。

18. 输往国家(地区)(Destination Country/Area)

输往国家(地区)指出口货物直接运抵的国家(地区),是货物的最终销售国。

本栏填报输往国家(地区)的中文名称。

19. 许可证/审批号(Licence No. /Approve No.)

凡申领进出口许可证或其他审批文件的货物,本栏应填报有关许可证号或审批号。无许可证或没有审批文件的出境货物报检单可以免报。

20. 生产单位注册号(Manufacture Register No.)

生产单位注册号指由出入境检验检疫机构签发的卫生注册证书号或加工厂库的注册号码等。

本栏填报实际生产单位的注册号(10 位数)。

21. 起运地(Place of Departure)

本栏填报出境货物最后离境的口岸或所在地的中文名称,如"上海口岸"等。

22. 到达口岸(Final Destination)

到达口岸指出境货物运往境外的最终目的港。

本栏最终目的港预知的,按实际到达口岸的中文名称填报;最终到达口岸不可预知的,可按尽可能预知的到达口岸填报。

23. 集装箱规格/数量及号码(Type of Container,Container Number)

集装箱规格是指国际标准的集装箱规格尺寸。常见的有 4 种箱型:A 型、B 型、C 型和 D 型,它们的尺寸有十多种,主要有 20'C 型、40'A 型等。

集装箱的数量是指实际集装箱数量,而不是作为换算标准箱。

集装箱号码是指国际集装箱的识别号码,其组成规则是:箱主代号(3 位字母)+设备识别号("U"为海运集装箱)+顺序号(6 位数字)+检测号(1 位),如 TGHU8491952。

本栏填报实际集装箱数量、规格、箱号,如"1X20' /TGHU8491952"。

24. 合同、信用证订立的检验检疫条款或特殊要求

在合同中订立的有关检验检疫的特殊条款及其他要求应填入此栏。

25. 标记号码(Marks and Number of Packages)

货物的标记号码,又称货物的唛头,主要用于识别货物。

本栏应根据实际合同、发票等外贸单据上相同内容填报。

注意:如没有唛头应填报"N/M",不可以空缺。

26. 用途(Purpose)

从以下 9 个选项中选择符合实际出境货物的用途来填报:

①种用或繁殖;②食用;③奶用;④观赏或演艺;⑤伴侣动物;⑥试验;⑦药用;⑧饲用;⑨其他。

27. 随附单据(划"√"或补填)(Attached Files in√)

按照实际随附的单据种类划"√"或补充填报随附单据。

28. 签名(Signature of Authorized Signatory)

由持有《报检员证》的报检员手签姓名。

29. 检验检疫费用

由检验检疫机构计费人员核定费用后填写,如熏蒸费和消毒费等。

30. 领取证单

报检人在领取证单时填写领证日期和领证人签名。

(三)商品检验证书的种类

进出口商品经检验合格的,由检验检疫机构签发检验证书。经检验不合格的,由检验检疫机构签发不合格通知单。

届时出口企业应对货物进行重新加工或整理,并随附加工整理情况报告和不合格通知单,申请复验一次;经复验合格后,由检验检疫机构签发检验证书。

检验证书的种类和文本,根据证明内容或检验方式的不同,可分为证书 36 种,凭单类 31 种,监管类证单 14 种。

一般情况下,出境货物所需的单证主要有:品质证书、重量证书、数量证书、兽医卫生证书、健康证书、卫生证书、动物卫生证书、植物检疫证书、熏蒸/消毒证书、出境出口检验检疫证书。以上证书应使用国家质检总局制定和批准的格式,分别使用英文、中文、中英文合并签发。

第二节　进出口商品检验合同条款

一、进出口商品检验合同条款的主要内容

国际货物买卖合同中的商品检验条款,是进出口合同的重要内容之一。商品检验条款的内容主要包括检验时间与地点、检验机构、检验证书、检验依据与方法、商品的复验等。

(一)检验时间与地点的约定

根据国际习惯做法和我国对外贸易实践,关于买卖合同中检验时间与地点的规定,基本上有以下几种做法:

1. 在出口国检验

这种检验方法又可分为产地检验和装运前或装运时检验。

(1)产地检验。即在货物离开生产地点(工厂、农场或矿山)之前,由卖方或其委托的检验机构人员对货物进行检验或验收。卖方承担货物离开产地之前进行检验或验收为止的责任,而在运输途中出现的品质、数量等方面的风险则由买方负责。这是国际贸易中普遍采用的习惯做法。

(2)装运前或装运时在装运港或装运地检验。即出口货物在装运港装船前或在启运地装运时,以双方约定的商检机构验货后出具的品质、重量(数量)和包装等检验证明,作为决定商品品质和重量的最后依据,叫做离岸品质和离岸重量(Shipping

Quality and Shipping Weight)。所谓最后依据，是指卖方取得商检机构出具的各项证明书时，就意味着所交货物的品质和重量与合同的规定相符，买方对此无权提出任何异议，从而否定了其对货物的复验权，除非买方能证明，货到目的地时的变质或短量是由于卖方未能履行合同的品质、数量、包装等条款，或因货物固有的瑕疵而引起的。离岸品质和离岸重量所代表的是风险转移时的质量和重量，至于风险转移后，货物在运输途中所发生的货损，买方仍然有权向有关责任方面索赔。至于装船时检验，是指用传送带或机械操作的办法对进行装船的散装货，在装船的过程中进行抽样检验或衡量。这与装船前检验一样，也属于离岸品质和离岸重量。

2. 在进口国检验

在进口国检验即在进口国目的港检验。货到目的港卸货后，由双方约定的目的港商检机构验货并出具品质、重量(数量)检验证明作为最后依据，叫做到岸品质、到岸重量(Landed Quality and Landed Weight)。如发现货物的品质或重量与合同规定不符而责任属于卖方时，买方可向其提出索赔或按双方事先约定处理。

3. 出口国装运港检验，进口国目的港复验

出口国装运港商检机构验货后出具的检验证明，作为卖方向银行议付货款的单据之一，而不作为最后依据。货到目的港后由双方约定的检验机构在规定的时间内复验，如发现货物的品质、重量(数量)与合同规定不符而责任属于卖方时，买方可根据检验机构出具的复验证明，向卖方提出异议，并作为索赔的依据。这种检验办法对买卖双方都有好处，且比较公平合理，因而在国际贸易中应用广泛。

4. 装运港检验重量，目的港检验品质

这种做法是以装运港检验机构验货后出具的重量证书及目的港检验机构出具的品质证书为最后依据，叫做离岸重量、到岸品质。这种做法多应用于大宗商品交易的检验中，以调和买卖双方在检验问题上存在的矛盾。

(二) 检验机构的约定

在商品进出口合同当中，要明确约定本合同中的商品质量检验机构，通常根据商品的性质，以及按照相关法律规定是否属于国家法定检验品种等因素，同时根据是采取离岸证书还是到案证书来选择我国的商品检验机构还是国外的商品检验机构。

1. 国外的检验机构

在国际贸易中，商品的检验工作一般由专业的检验机构负责办理。有官方机构，也有同业工会、协会或民间私人经营的机构或半官方的机构；有综合机构，也有专业机构。检验机构名称也多种多样，如检验公司、公证行、鉴定公司、公证鉴定人、试验室或宣誓衡量人等。

2. 我国的商品检验机构

中华人民共和国国家质量监督检验检疫总局，是我国负责对进出口商品进行检验的最高国家商品检验机构。目前，在各省、自治区、直辖市，以及进出口商品口岸、集散地设立进出口商品检验局及其分支机构，管理其辖区内的进出口商品检验工作。

(三)检验依据与检验方法的约定

检验进出口商品的依据，也是据以衡量进出口货物是否合格的标准。凡我国法律、行政法规所规定的强制性检验标准或其他必须执行的检验标准，或对外贸易合同所约定的检验标准，均构成进出口商品的检验依据。

一般来说，进出口业务中商品的检验依据主要有成交样品、标样、合同、信用证、标准等。合同中约定作为检验依据的检验标准不能同国家有关法律、行政法规的规定等相冲突，否则，该项合同内容是无效的。

检验方法是指对进出口商品的质量、数量、包装等进行检验的做法，包括抽样的数量及方法。在实践中，商品检验的方法主要有感官检验、化学检验、物理检验、微生物学检验等。有些商品，用不同的检验方法可能会得出不同的检验结果。为避免发生争议，最好在合同中对检验方法作出明确的规定。

(四)复验的约定

在进出口合同当中，也应该对买方对到货是否有复验权作出明确约定。复验权既不是强制性的，也不是接受货物的前提条件，复验与否由买方自理。如果买方要求复验，则应在合同中对复验的期限、复验机构和复验地点等规定清楚，以免造成不必要的麻烦和纠纷。

二、签订商品检验合同条款应注意的问题

在签订进出口合同中关于商品检验检疫条款时，一定要尽量做到清晰、具体、明确。否则，一旦出现产品质量、数量等与合同要求不符的情况，就容易因为职责界定不清而引起不必要的纠纷。具体要注意以下几点：

(1)明确产品的检验时间和地点；

(2)明确实行检验检疫的机构；

(3)明确检验依据和检验方法；

(4)明确是否需要复验。

第三节　进出口商品通关概述

一、商品通关概述

国际贸易、国际交流和交往活动往往是通过运输工具、货物、物品和人员的进出境来实现的。《中华人民共和国海关法》(以下简称《海关法》)规定：“进出境运输工具、货物、物品，必须通过设立海关的地点进境或者出境。”因此，通关活动成为运输工具、货物、物品进出境时必须完成的一项工作。

(一)报关的含义

一般而言,报关是指进出口货物收发货人、进出境运输工具负责人、进出境物品的所有人或者他们的代理人向海关办理货物、物品或运输工具进出境手续及相关海关事务的过程。

(二)报关的范围

1. 进出境运输工具

进出境运输工具主要包括用以载运人员、货物、物品进出境,并在国际间运营的各种境内或境外船舶、车辆、航空器和驮畜等。

2. 进出境货物

进出境货物主要包括一般进出口货物,保税货物,暂准进出境货物,特定减免税货物,过境、转运和通运货物及其他进出境货物。

另外,一些特殊形态的货物,如以货品为载体的软件等也属报关的范围。

3. 进出境物品

进出口物品主要包括进出境的行李物品、邮递物品和其他物品。以进出境人员携带、托运等方式进出境的物品为行李物品;以邮递方式进出境的物品为邮递物品;其他物品主要包括享有外交特权和豁免权的外国机构或者人员的公务用品或自用物品等。

(三)报关的时限规定

进出口货物报关需在规定的时间内申请。

对于出口货物,一般来说,应在装货前 24h 内向运输工具所在地的海关申报,最迟不超过装货时间。

对于进口货物,我国《海关法》规定:"进口货物的报关期限为自运输工具申报进境之日起 14 日内,由收货人或其代理人向海关报关,超过这个期限报关的,由海关征收滞报金。"

(四)报关单位和报关员

1. 报关单位的概念

报关单位是指依法在海关注册登记的进出口货物收发货人和报关企业。

《海关法》规定:"进出口货物收发货人、报关企业办理报关手续,必须依法经海关注册登记,报关人员必须依法取得报关资格。未依法经海关注册登记的企业和未依法取得报关从业资格的人员,不得从事报关业务。"法律明确规定了对向海关办理进出口货物报关手续的进出口货物收发货人、报关企业实行注册登记管理制度。

2. 报关员的概念

报关员是指依法取得报关员从业资格,并在海关注册,向海关办理进出口货物报关业务的人员。

由于进出口货物的报关手续比较复杂,办理人员需要熟悉法律、税务、外贸、商品知识,精通海关法律、法规、规章和掌握办理海关手续的技能。为此,我国海关规定进出口货物的报关业务应由经海关批准的专业人员代表进出口货物收发货人或者报关企业向海关办理。这些专业人员就是报关员。

(五)报关和代理报关

自理报关是指进出口货物收发货人向海关注册登记后，只能为本单位进出口货物报关。

在日常的进出口业务活动中，进出口货物报关是一项专业性很强的工作，有些进出口货物收发货人由于经济、时间、地点等方面的原因不能或者不愿自行办理报关手续，在实践中便产生了委托报关的需要。

报关企业，是指按照规定经海关准予注册登记，接受进出口货物收发货人的委托向海关办理代理报关业务，以进出口货物收发货人的名义或者以自己的名义代为办理报关业务的境内企业法人，也即为进出口货物收发货人提供报关服务的企业。报关企业为进出口货物收发货人提供报关服务的业务活动称为代理报关。作为报关企业，必须在经营规模、管理人员素质、报关员数量、守法状况、管理制度等几个方面符合海关规定的设立条件，并经海关注册登记行政许可，依法向海关办理注册登记后方可进行相关业务。

二、报关单的填制

在进出口业务的报关活动中，进出口公司或者报关企业的报关员要向海关提交进出口报关单，用以申请货物的通关。因此，能够正确填制报关单是每位报关人员应该熟练掌握的一项技能。是否能够正确及时地提交报关单，关系到进出口企业的货物通关速度。

我们在本章以出口报关单为例来说明报关单的填制方法。

(一)出口货物报关单样式

出口货物报关单样式见表 12-2。

(二) 出口货物报关单的填制说明

1. 预录入编号

预录入编号指申报单位或预录入单位对该单位填制录入的报关单编号，用于该单位与海关之间引用其申报后尚未批准放行的报关单。

2. 海关编号

海关编号指海关接受申报时给予报关单的编号。海关编号由各海关在接受申报环节确定，应标识在报关单的每一联上。报关单海关编号为 18 位数，其中前两位为分关(办事处)编号，第三位由各关自定义，4～9 位为顺序编号，后 9 位为预录入编号。

3. 出口口岸

出口口岸指货物实际出我国关境口岸海关的名称。关区代码表中有相应的口岸海关名称及代码。

中华人民共和国海关出口货物报关单　　　　表 12-2

预录入编号：　　　　　　　　　　　　　　　　海关编号：

出口口岸	备案号	出口日期	申报日期	
经营单位	运输方式	运输工具名称	提运单号	
发货单位	贸易方式	征免性质	结汇方式	
许可证号	运抵国(地区)	指运港	境内货源地	
批准文号	成交方式	运费	保费	杂费
合同协议号	件数	包装种类	毛重(kg)	净重(kg)
集装箱号	随附单据	生产厂家		
标记唛码及备注				
项号　商品编号　商品名称、规格型号　数量及单位　最终目的国(地区)单价　总价　币制　征免				
税费征收情况				
录入员　录入单位	兹声明以上申报无讹并承担法律责任	海关审单批注及放行日期(签章)		
报关员		审单　审价		
单位地址　申报单位(签章)		征税　统计		
邮编　电话　填制日期		查验　放行		

4. 备案号

备案号指《出口货物登记手册》编号或《出口货物征免税证明》的编号。

5. 出口日期

出口日期指运载所申报货物的运输工具办结出境手续的日期，即承运船舶开航的日期。

本栏目为6位数，顺序为年、月、日各2位。

6. 申报日期

申报日期指海关接受发货人或其代理人申请办理出口手续的日期。

本栏目为6位数，顺序为年、月、日各2位。

7. 经营单位

经营单位指对外签订并执行出口贸易合同的中国境内企业或单位。

本栏目应填报经营单位名称和编码。编码为10位数字，是指出口地主管海关办理注册登记手续时，海关给企业设置的注册登记编码。

8. 运输方式

运输方式指载运货物出境所使用的运输方式。按海关规定的《运输方式代码表》选择相应的运输方式。

9. 运输工具名称

运输工具名称指载运货物出境的运输工具的名称及运输工具的编号。填写内容应与运输部门向海关申报的载货清单所列相应内容一致，海洋运输填报船舶呼号/航次号。

10. 提运单号

提运单号指出口货物提单或运单的编号。提单号码即为配舱回单上的D/R编号。

11. 发货单位

发货单位指出口货物在境内的生产或销售单位。

本栏目应填报发货单位的中文名称或其海关注册编码。

12. 贸易方式

贸易方式本栏目应根据实际情况，并按海关规定的《贸易方式代码表》选择相应的贸易方式简称或代码。

13. 征免性质

征免性质指海关对出境货物实施征、减、免税管理的性质类别。

本栏目应按照海关核发的《征免税证明》中批注的征免性质填报，或根据实际情况按海关规定的《征免性质代码表》选择填报相应的征免性质简称或代码。

14. 结汇方式

结汇方式指出口货物的发货人或其代理人收结外汇的方式。

本栏目应按海关规定的《结汇方式代码表》选择相应的结汇方式名称或代码。

15. 许可证号

如需申领出口许可证的货物，必须填报外经贸部及其授权发证机关签发的出口货物许可证的编号，不得为空。

16. 运抵国(地区)

运抵国指出口货物直接运抵的国家(地区)。对发生运输中转的货物，如中转地未发生任何商业性交易，则运抵国不变，如中转地发生商业性交易，则以中转地作为运抵国(地区)填报。

本栏目应按海关规定的《国别(地区)代码表》填报相应的运抵国(地区)中文名称或代码。

17. 指运港

指运港指出口货物运往境外的最终目的港。

本栏目应按海关规定的《港口航线代码表》填报相应的港口中文名称或代码。

18. 境内货源地

境内货源地指出口货物在国内的产地或原始发货地。

本栏目应根据出口货物生产厂家或发货单位所属国内地区，并按海关规定的《国内地区代码表》填报相应的国内地区名称或代码。

19. 批准文号

本栏目应填报《出口收汇核销单》编号。

20. 成交方式

本栏目应根据实际成交价格条款，按海关规定的《成交方式代码表》选择填报相应的成交方式的名称或代码。

21. 运费

本栏目用于成交价格中含有运费的出口货物，应填报该份报关单所含全部货物的国际运输费用。可按运费单价、总价或运费率三种方式之一填报，同时注明运费标记，并按海关规定的《货币代码表》选择填报相应的币种代码。

“1”表示运费率，如5%的运费率填报为5/1。

“2”表示每吨货物的运费单价，如24美元的运费单价填报为502/24/2(502为美元代码)。

“3”表示运费总价，如7000美元的运费总价填报为502/7000/3。

22. 保险费

本栏目用于成交价格中含有保险费的出口货物，应填报该份报关单所含有全部货物国际运输的保险费用。可按保险费总价或保险费率两种方式之一填报，同时注明保险费标记，并按海关规定的《货币代码表》选择填报相应的币种代码。

“1”表示保险费率，如0.3%的保险费率填报为0.3/1。

“3”表示保险费总价，如10000港元保险费总价填报为110/10000/3(110为港元的代码)。

23. 杂费

杂费指成交价格以外的、应计入完税价格或应从完税价格中扣除的费用，如手续费、佣金、回扣等。可按杂费总价或杂费率两种方式之一填报，同时注明杂费标记，并按海关规定的《货币代码表》选择相应的币种代码。应计入完税价格的杂费填报为正值或正率，应从完税价格中扣除的杂费填报为负值或负率。

24. 合同协议号

本栏目应填写出口货物合同(协议)的全部字头和号码。

25. 件数

本栏目应填报出口货物的实际外包装的总件数。

26. 包装种类

本栏目应根据出口货物的实际外包装种类，按海关规定的《包装种类代码表》选择填报相应的包装种类代码。

27. 毛重

毛重指货物及包装材料的重量之和。计量单位为千克，不足 1 kg 的填报为 1。

28. 净重

净重指货物的毛重减去外包装材料后的重量，即商品本身的实际重量。计量单位为千克，不足 1kg 的填报为 1。

29. 集装箱号

集装箱号是指在每个集装箱箱体两侧标示的全球唯一的编号。非集装箱货物填报为 0。

30. 随附单据

随附单据指随出口货物报关单一并向海关递交的单证或文件。合同、发票、装箱许可证等必备的随附单证不在本栏目填报。应按海关规定的《监管证件名称代码表》选择填报相应证件的代码。

31. 生产厂家

生产厂家指出口货物的境内生产企业。

32. 标记唛码及备注

本栏目上部填写标记唛码中除图形以外的文字、数字等，本栏目下部填报随附单据栏中监管证件的编号。具体填报要求为：监管证件代码、监管证件号码。

33. 项号

本栏目填写报关单中的商品排列序号(出口货物按税则号码归类)。

34. 商品编号

商品编号指按海关规定的商品分类编码规则确定的出口货物的商品编号。

35. 商品名称、规格型号

本栏目第一行填报出口货物规范的中文商品名称，第二行填报规格型号，必要时可加注原文。商品名称应与所提供的商业发票相符，且应当规范；规格型号应当足够详细，以能满足海关归类、审价及监管的要求为准，包括品名、牌名、规格、型号、成分、含量、等级等。

36. **数量及单位**

数量及单位指出口货物的实际数量及计量单位。本栏目分三行填报：第一行，填报法定第一计量单位及数量；第二行，凡海关列明第二计量单位的，填报该商品第二计量单位，无第二计量单位的本栏目为空；第三行，成交计量单位与海关法定计量单位不一致时，填报成交计量单位及数量，成交计量单位与海关法定计量单位一致时，本栏目为空。

37. **最终目的国(地区)**

最终目的国指已知的出口货物的最终实际消费、使用或进一步加工制造国家(地区)。应按海关规定的《国别(地区)代码表》选择相应的国家(地区)名称或代码。

38. **单价**

本栏目应填报出口货物实际成交的商品单位价格。

39. **总价**

本栏目应填报出口货物实际成交的商品总价。

40. **币制**

币制指出口货物实际成交价格的币种。

本栏目应按海关规定的《货币代码表》选择填报相应的货币名称或代码。

41. **征免**

征免指海关对出口货物进行征税、减免、免税或特案处理的实际操作方式。

本栏目应按照海关核发的《征免税证明》或有关政策规定，对报关单所列每项商品选择填报海关规定的《征减免税方式代码表》中相应的征减免税方式。

42. **税费征收情况**

本栏目供海关批注出口货物税费征收及减免情况。

43. **录入人员**

本栏目用于预录入和 EDI 报关单，打印录入人员的姓名。

44. **录入单位**

本栏目用于预录入和 EDI 报关单，打印录入单位名称。

45. **申报单位**

申报单位指对申报内容的真实性直接向海关负责的企业或单位。自理报关的，应填报出口货物的经营单位名称及代码；委托代理报关的，应填报经海关批准的专业或代理报关企业名称及代码。本栏目还包括报关单位地址、邮编和电话等分项目。

46. **填制日期**

本栏目为 6 位数，顺序为年、月、日各 2 位。

47. **海关审单批注栏**

该栏由海关关员填写。其中，“放行”栏填写海关对接受申报的出口货物作出放行决定的日期。

三、电子报关简述

(一)含义

电子报关(Electronic Customs Declaration),是指进出口货物收发货人或其代理人通过计算机系统,按照《中华人民共和国海关进出口货物报关单填制规范》的有关要求,向海关传送报关单电子数据,并备齐随附单证的申报方式。

报关单位在电子计算机终端或微机上输入与纸质报关单相同的数据和格式,通过电子计算机将报关单证输入海关的报关自动化系统以向海关申报。海关的电子计算机对报关单证预审后,凡符合海关规定的,海关审单中心就自动地发出海关放行指令或者签发海关"出口查验/放行通知书"(俗称 OK 单)。这种报关方式,从接受申报到海关放行全过程通过电子计算机进行而无需人工操作,故称为"电子报关"、"电脑报关"、"无纸报关"。

(二)作用

报关采用了计算机技术后,对各有关方面产生的高效益是显而易见的。对广大报关人,它可节省时间和费用,克服了因海关现场报关而造成的旅途劳累和排队等候之苦;对海关而言,它使关员们有充裕的时间来处理报关单证,减少了差错而提高了效率;对于进出口贸易各相关部门,如税务、外汇管理部门等,可以及时得到经海关发送的进出口货物信息,加快了核销、退税的速度,有效处理、储存、调阅报关单证,也减少工作差错。因此,电子报关已成为不可缺少的报关形式。我国已在北京、上海、天津、大连、青岛、广州、九龙等海关实现了电子报关。

(三)电子报关的法律地位

根据《海关法》的规定,纸质报关单和电子数据报关单具有同等的法律效力。

采用纸质报关单的形式或电子数据报关单的形式是法定申报的两种基本方式。在一般情况下,进出口收发货人或其代理人先向海关计算机系统发送电子数据报关单,在接收到海关计算机系统发送的"接受申报"电子报文后,凭以打印纸质报关单,随附有关单证,向海关提交报关单证进行申报。

C 案例启迪

我国某公司向某国出口一批冻鸡,到货后买方在合同规定的索赔有效期内向我方提出品质索赔,索赔金额约占合同金额的半数以上。买方附来的证件有:

(1)法定商品检验证,注明该商品有变质现象(表面呈乌黑色,实际上为一小部分乌皮鸡),但未注明货物的详细批号,也未注明编制货物的数量与比例。

(2)官方化验机构根据当地某食品零售商店送检的食品作出的品质变质证明。

我方未经详细分析就复函对方同意赔偿,试分析我方对此处理的不当之处。

第四节 进出口商品通关业务

一般来说,进出口业务的通关业务分为报关申请、海关查验、海关征税、海关放行这四个环节。本章根据进出口货物贸易类型中的一般进出口贸易和保税贸易类型的通关业务来分别介绍。

一、进出口贸易的通关业务

(一)含义

所谓一般进出口通关制度,是指货物在进出境环节缴纳完进出口税费,并办结了各项海关手续后,进口货物可以在境内自行处置、出口货物在运离关境后可以自由流通的海关通关制度。适用一般进出口通关制度的进出口货物可以永久留在境内或境外。

(二)出口货物通关的基本程序

一般进出口货物通关的基本手续,通常是由进出境环节向海关申报、陪同海关查验、缴纳进出口税费和提取或装运货物等 4 个基本环节组成。

1. 申报前看货取样

根据《海关法》第 27 条规定,对进口货物的收货人经海关同意可以看货取样,对法检货物应在检验合格后提取货样。

2. 如实申报,交验单证

进口货物的收货人、出口货物的发货人应按规定的方式(纸质报关单或电子数据报关单),真实、准确、完整地填报与货物有关的各项内容,并随附各种有关单证。

进口货物应自运输工具进境之日起 14 日内办理申报,如逾期申报,则自第 15 日起按到岸价,每日征收 0.5‰的滞报金。如超过 3 个月仍未申报,海关即行变卖货物,在扣除各种费用后,余款上缴国库。

出口货物应在货物运抵海关监管区内于装运前 24h 办理申报,申报一经海关接受,报关单的内容不得修改或撤销,但有正当理由,并经海关同意者除外。

3. 查验货物

查验地点一般在海关监管区内的进出口口岸码头、车站、机场、邮局或海关的其他监管场所进行。对进出口大宗散货、危险品、鲜活商品、落驳运输的货物,经进出口收货人的申请,海关也可结合装卸环节,在作业现场予以查验。在特殊情况下,经进出口收发货人或其代理人的申请,海关审核同意后,也可派员到规定的时间和场所以外的工厂、仓库或施工工地查验货物。

海关查验进出口货物时，报关员必须在场，并按照海关的要求负责搬移货物、开拆和重封货物的包装，并应随时答复海关查验人员提出的问题或提供海关需要的相关单证，积极配合海关的查验监管活动。必要时，海关也可径行开验、复验或提取样品。

4. 计征税费

征收关税是海关的任务之一，进口货物的收货人、出口货物的发货人、进出境物品的所有人是依法缴纳关税的义务人。

5. 签印放行

进出口货物经过申报、查验和缴纳税费后，海关便在有关单据上(进口为提货单或运单，出口为装货单或运单)签印放行。收发货人凭盖有放行印章的单据到监管仓库提取进口货物，或将出口货物装上运输工具运离关境。对于一般进出口货物，放行即为结关。

C 案例启迪

1997年12月12日清晨，一辆由境外驶入的列车停靠在我边境某站。车站黄站长正在各处巡视，凭其经验，他敏锐地觉察到这辆列车出了严重的机械故障。原来列车在途中发生了严重故障，不能继续行驶。列车长希望车站能提供方便，使列车得到充分修复。黄站长对情况表示理解和同情，并询问需要什么样的帮助。列车长遂提出了自己的看法，为了对列车进行整修，需要放下一部分旅客，并且卸载搬运一部分货物。如果列车不能妥善修复，他已同站边一辆空载列车负责人协商，准备对旅客及物品进行转运。黄站长知道，这种情况必须与海关取得联系，由海关出面进行监管和检查，而附近又没有海关。黄站长转述了其想法，列车长却以时间紧、海关远、情况特殊、手续麻烦等理由坚决反对，黄站长只好勉强暂时同意。列车开始下放旅客，并搬下一部分货物，检修工作同时进行。列车长打电话与指运地联系，称列车在途中出现问题，正在修复，但对于下客下货等事实隐去没说。指运地车站了解了情况，但却未与海关联系。

边境小站上列车上下客、货十分混乱。张副站长回来了解情况后，意识到问题的严重性，当即给市区海关打电话。海关接报后，随即派人赶赴现场，发现旅客所带的行李物品中，有的已开拆，车上货物不少被搬运下车，有的关封已被拆开。列车长正与另一空载列车负责人协商转运事宜。列车长对海关人员的到来表示惊讶，随后作解释，强调情况特殊。

海关人员对列车进行检查，并向列车长要求递交货物运单、包裹运行报单及随附文件。但列车长申明这些单据在车站内,他无法给出。海关人员在检查时发现了一批象牙制品,经查证认为属于合理范围内的旅客个人行李物品,未予重视;在检查中,有一位以使领馆人员享受免检为由拒绝接受检查。海关人员在此情况下,强行进行检查,从行李中搜出一台无线电发报机,由对方提供了该地区无线电管理委员会批准文件,以及有关申报单证后,海关人员核实无误,遂予以归还。

试析:

1. 本案例中列车长、黄站长、指运地车站、市区海关等在处理问题中各有什么违反海关有关规定的地方?

2. 如果你是上述人员,对相关问题该如何处理?

解析:

首先,列车在进入关境后在未经海关查验之前,所有的人员、货物、随身物品都应该在海关监管之中,因此在特殊情况需要把人和货物从封闭的列车上面放下时,应该及时与当地海关联络,确保所有应该在海关查验范围内的人员和物品能够在海关的监管范围之内后,再来协商解决办法。

其次,列车长不应该以任何理由瞒报事实;黄站长应该坚持原则,说服列车长按章办事;指运地车站也应该及时将情况与海关沟通,协商解决办法。至于海关人员,在遇到按照规定符合免检的人员或物品时,却强行施检,这也违背了海关的相关规定。

二、保税进出口贸易货物的通关业务

(一) 含义

根据《海关法》第 100 条,"保税货物是指经海关批准未办理纳税手续进境在境内储存、加工、装配后复运出境的货物。"据此,保税通关制度只适用经营目标是在境内储存、加工、装配后复运出境的货物,亦即海关放行时,其通关手续并未完结,货物仍在海关监管的范畴之内,报关人仍需继续承担办理结关的义务。

保税通关制度下的监管时限:进口料件应自进口之日起 1 年内加工成成品返销出口(或复出口),出口加工贸易的出口料件应自出口之日起 6 个月内加工成成品复运进口。

(二)保税进出口通关程序

1. 加工贸易合同的登记备案

报关人的主要任务是:持合同、批件向所在地海关申请办理登记备案手续,由海关确认贸易性质、经营条件后,取得进出口的《登记手册》。

2. 申报进口

报关人的主要任务是:在保税加工或储存货物实际进境时,持海关核发的保税加工的《登记手册》或保税仓库的《登记手册》及其他报关单证向海关申报，办理加工料件或保税储存的进口手续。

3. 按最终去向申报出口或办理其他海关手续

报关人的主要任务是：根据保税加工成品、保税储存货物的复运出口或转为内销，结转二次保税等最终去向，分别向海关办理出口或其他相应的海关手续。

4. 结案报核

报关人的主要任务是：核对保税加工货物进、出数量和实耗，核对保税储存货物进库及最终去向的数据后，在规定的时限内，向所在地海关报核，经海关审核确认后，注销保税管理。

三、进出口货物的转关业务

（一）含义

在进出口业务活动中，当进境地和终到地不在一个地点，或者生产地和启运地不在一个地点时，为了方便报关业务，进出口企业可以申请转关。转关是指进出口货物在海关监管下，从一个设关地转运至另一设关地办理某项海关手续的行为。

（二）三种转关业务类型

1. 进口转关货物

指凡进境地入境，向海关申请转关，运往另一设关地点办理进口海关手续的货物。

2. 出口转关货物

指在启运地已办理出口海关手续，运往出境地，由出境地海关监管放行的货物。

3. 境内转关货物

指从境内一个设关地点运往境内另一个设关地点，需经海关监管的货物。

S 复习思考

1. 结合出境报检单的填制说明练习出境货物报检单的填制。
2. 结合出口报关单的填制说明练习出口货物报关单的填制。
3. 简述进出口货物的基本通关程序，在实际业务中该如何操作？

E 能力训练

组织学生参观当地海关或商检机构办事大厅，通过观察进出口业务人员在大厅办理商检申报或通关申报手续，以及海关或商检机构工作人员受理通关或商检手续的过程，体验通关和商检氛围。

第十四章　国际贸易合同的履行

学习导引

通过学习本章，理解进出口合同履行的各个环节的含义；掌握进出口合同履行的整个过程的各个节点；重点掌握主要进出口单据的种类、出口商审证的内容方法及应避免的常见问题。

能力提示

通过对本章的学习和训练，能够非常清楚进出口合同履行的程序，具备出口审证、履行出口合同的基本能力素质。

国际货物贸易合同签订后，进出口商双方都应受其约束，都要本着"重合同，守信用"的原则，切实履行合同规定的各项义务。由于进出口合同涉及面广，工作环节多，手续繁杂，且影响履行的因素很多，为了提高履约效率，进出口商应该加强同有关部门的协作与配合，力求把各项工作做到精确细致，尽量避免出现脱节情况，做到环环扣紧，井然有序。为了有利于合同的履行，本章将介绍履行进出口合同的基本程序、各环节的基本内容和履行当中的注意事项等内容。

R 能力拓展

如果你是一个出口商，签订完毕一份出口合同后，现在你应做什么？你如何完成这笔交易？

请不要看教材，分组讨论上述问题。

第一节　出口合同的履行

我国多数出口贸易合同都是按 CIF 或 CFR 条件成交，并采用信用证支付方式收款。因此，履行这类出口合同时，必须做好催证、审证、改证、备货、租船、订舱、报验、报关、投保、装船、制单、结汇等工作环节。在这些工作环节中，以证（催证、审证和改证）、货（备货）、船（租船、订舱）、款（制单结汇）4个环节的工作最为重要。只有做好这些环节的工作，才能防止出现违反合同的情况。具体而言，在履行出口合同时，应做好下列各环节的工作：

一、催证、审证和改证

在履行凭信用证付款的出口合同时，应注意做好下列工作：

（一）催证

在按信用证付款条件成交时，买方按约定时间开证是卖方履行合同的前提条件，尤其是大宗交易或按买方要求特制的商品交易，买方及时开证更为必要；否则，卖方无法安排生产和组织货源。在实际业务中，由于种种原因买方不能按时开证的情况时有发生，或者由于市场行情变化或资金发生短缺的情况下，甚至会出现买方故意不开证的情况。因此，卖方应催促买方按约定时间办理开证手续。必要时，也可请驻外机构或银行协助代为催证。

（二）审证

信用证是依据买卖合同开立的，其内容应该与买卖合同条款完全相符。但在实际业务中，由于种种原因，如工作的疏忽、电文传递的错误、贸易习惯的不同、市场行情的变化或进口商有意利用开证的主动权加列对其有利的条款等，买方开来的信用证常有与合同条款不符的情况，或者在信用证上加列一些出口上看似无所谓但实际上却无法满足的信用证付款条款（在业务中被称为“软条款”）等，使出口商根本无法按信用证收取货款。为了确保收汇安全和合同的顺利履行，防止给出口商造成不应有的损失，出口商应对国外来证，按合同进行认真的核对和审查。

在实际业务中，审证工作是银行（通知行）与受益人（出口商）的共同责任，但两者在审证时各有侧重。通知行着重审查信用证的真实性、开证行的政治背景、资信能力、付款责任和索汇路线等方面的内容。如果银行审核后认为信用证是真实的，则在信用证上打上类似“印鉴相符”的字样，再把信用证转给出口商。受益人则是着重审查信用证与合同的一致性。但由于信用证直接关系到出口商的切身利益，所以出口商一般都要对信用证进行全面审查。

1.通知行审证的范围及要点

（1）政治性、政策性审查。在我国对外政策的指导下，对不同国家和不同地区的来证从政治上、政策上进行审查，如来证国家同我国有无经济贸易往来关系；来证内容是否符合政府间的支付协定，如使用的货币、记账方式等；信用证中有无歧视性内容等。

（2）开证行的资信能力与经营作风审查。如发现开证行的资信不佳、经营作风不良或资力不足以负担信用证金额，或开证行所在国的政治经济不稳定，则应要求开证行另外寻找一家可靠银行对信用证加以保兑，或在信用证中规定部分发运、分批收汇的办法。

(3)检查国外来证的印鉴或密押是否真实，以判断信用证的真实性。

(4)信用证付款银行所在地址及责任的描述与规定、开证行的名称和银行参考号应该清楚地注明在信用证上。在证内，对开证行付款责任方面（尤其是电开信用证）是否加列"限制性"条款或"保留"条件的条款，以确定信用证是否确已生效。受益人对此也应该特别注意。如来证注明"以领到进口许可证后通知时方能生效"、"邮寄证实书为有效文件"，电报来证注明"另函详"等类似文句，应在接到上述生效通知书或信用证详细条款后再履行交货义务。

(5)审查开证行付款的责任。一般不接受"可撤销信用证"。要特别注意一些来证虽然表明其是"不可撤销信用证"，但在开证行的付款责任方面却附加了一些与此相矛盾的条款，使信用证背离了凭单付款的原则，使"不可撤销信用证"名不副实。

(6)审查信用证对通知行的规定是否合理，各条款之间是否互相矛盾，来证中是否有拼写错误、是否有对引证（或套证）的规定等。

2. 受益人审证的范围及要点

(1)审查信用证是不是不可撤销的，一般不接受"可撤销信用证"；是保兑的还是不保兑的。

(2)信用证金额及其采用的货币。信用证金额应与合同金额一致，如合同订有溢短装条款，则信用证金额还应包括溢短装部分的金额，来证采用的货币与合同规定的货币一致。信用证金额中的单价与总值要填写正确，大、小写并用。

(3)信用证的到期日、到期地点，货物的装运期、装运地点和到货地点的规定。

按惯例，一切信用证都必须规定一个交单付款、承兑或议付的到期日，未规定到期日的信用证不能使用。通常信用证中规定的到期日是指受益人最迟向出口地银行交单议付的日期，如信用证规定在国外交单到期日，由于寄单费时，且有延误的风险，一般应提请修改。否则，就必须提前交单，以防逾期。

信用证的到期地点，通常要求规定在中国境内到期。如信用证将到期地点规定在国外，一般不易轻易接受。

装运期必须与合同规定一致，如来证太晚，无法按期装运，应及时申请国外买方延展装运期限。信用证有效期与装运期应有一定的合理间隔，以便在装运货物后有足够的时间办理制单结汇工作，信用证有效期与装运期规定在同一天的，称为"双到期"。应当指出，"双到期"是不合理的，受益人是否就此提出修改，应视具体情况而定。

(4)信用证中注明的基础交易中买方和卖方的名称、地址的准确性。信用证受益人应使用合法的公司名称，银行一般不给个人开立信用证。

(5)买卖双方签订的合同号、销售确认书或买方的采购订单号应该在信用证上注明。

(6)信用证对货物的描述应该清楚,并使用惯常的描述方法。来证中对有关品名、数量或重量、规格、包装和单价等项内容的记载,是否与合同的规定相符,有无附加特殊条款,如发现信用证与合同规定不符,应酌情作出是否接受或修改的决策。

(7)信用证所规定的提交汇票的要求是否合理。如付款期限与合同规定不符、没有将开证行作为汇票的付款人等都是不应该的。

(8)信用证要求受益人提交单据的规定。对来证要求提供的单据种类份数及填制方法等,要仔细审查,如发现有不适当的规定和要求,应酌情作出适当处理。例如,要求商业发票或产地证明需由国外第三者签证,以及提单上的目的港后面加上指定码头等字样,都应慎重对待;信用证及其所有的相关单据最好坚持用英语书写;信用证的受益人应至少有 21 天的交单时间。

(9)开证行与保兑行的资信情况及其规定的审查。为了确保安全收汇,对开证行和保兑行所在国的政治、经济状况,开证行和保兑行的资信及其经营作风等,都应注意审查,如发现有不可靠的信息则应酌情采取适当的措施。信用证应该由在中国的通知银行负责通知。如果是保兑的信用证,最好由通知银行保兑。信用证上要注明通知行的银行参考号。

(10)有关部分发运和转运的规定。应根据运输情况酌情规定是否允许部分发运和转运。

(11)信用证使用的贸易术语。信用证中应注明所使用的贸易术语,并与买卖双方订立的买卖合同的内容一致。

(12)应有明确的付款时间,或采取受益人开立汇票方式付款,但需注明汇票的付款时间,如汇票即期付款(At Sight)。

(13)在信用证中一般不应指明运输航线,也不应指明承运货物的货运代理人。出口商和货运代理人本着节省费用的原则灵活选择运输线路或便于出口商本着节约的原则自由选择货运代理人。

(14)审查来证中有无与合同规定不符的特殊条款。在审证时,除对上述内容进行仔细审核外,有时信用证内加列许多特殊条款(Special Condition),如指定船公司、船籍、船龄、船级等条款,或不准在某个港口转船等,一般不应轻易接受,但若对我方无关紧要,而且也可办到,则也可酌情灵活掌握。

(15)在非海运的情况下,如航空运输,为了保证出口商安全收回货款,航空运单的收货人一般应写明是开证银行。

(16)信用证应受国际商会最新出版的《统一惯例》,如 UCP600 的约束。

(三)改证

在审证过程中如发现信用证内容与合同规定不符,应区别问题的性质,分别同银行、运输、保险、商检等有关部门研究,作出妥善的处理。一般来说,如发现我方不能接受的条款,应及时提请开证人修改,在同一信用证上如有多处需要修改的,应当一次性提出。对信用证中可改可不改的,或经过适当努力可以办到而并不造成损失的,则可酌情处理。对通知行转来的修改通知的内容,如经审核不能接受时,应及时表示拒绝,如一份修改通知书中包括多项内容,只能全部接受或全部拒绝,不能只接受其中一部分,而拒绝另一部分。

国际商会 UCP600 规定:未经开证行、保兑行(若已保兑)及受益人同意,信用证既不能撤销,也不能修改。因此,信用证中的任何条款的修改,都必须在有关当事人全部同意后才能生效。该惯例还规定,信用证在修改时,"原证的条款(或先前接受过修改的信用证)在受益人向通知修改的银行发出他接受修改之前,仍然对受益人有效"。"对同一修改的内容不允许部分接受,部分接受将被视为拒绝修改的通知"。

此外,对来证不符合合同规定的各种情况,还需作出具体的分析,不一定坚持要求对方办理改证手续。只要来证内容不违反政策原则并能保证我方安全迅速收汇,我方也可以灵活掌握。

R 能力拓展

参观一家外贸企业,仔细观察他们出口备货的全过程,并记录下来。

请问:这家企业从开始备货到货物能够发运,都依秩做了哪些事情?

二、备货、报验

为了保证按时、按质、按量交付约定的货物,在订立合同之后,卖方必须及时落实货源,备妥应交的货物,并做好出口货物的报验工作。

(一)备货

备货是出口商根据合同和信用证的要求,向有关企业或部门采购和准备出口货物的过程。在我国,出口企业有两类:一类是生产型企业,一类是贸易型企业。

生产型企业备货是向生产加工或仓储部门组织货源和催交货物,对应交的货物进行验收、清点、加工、整理、包装和刷制唛头,以及办理申报检验和领证等项工作。而贸易型企业备货则是向有关生产企业或部门联系货源,订立国内采购合同。出口商在备货工作中,应注意下列事项:

1. 有关货物的问题

包括:

(1)货物的品质、规格。交付货物的品质、规格,必须符合约定的要求,如果不符,应进行筛选、加工、整理直至达到要求为准。

(2)货物的数量。必须按约定数量备货，而且应留有余地，以备必要时作为调换之用，如约定可以溢短装百分之若干时，则应考虑满足溢短装部分的需要。

(3)备货的时间应与信用证规定的装运期限相适应。为了保证按时交货，应根据合同和信用证对装运期的规定，并结合船期安排，做好供货工作，使船货衔接好，以防止出现船等货的情况。

2.有关货物的包装问题

货物必须按约定的条件包装，核实包装是否适应长途运输和保护商品的要求，如发现包装不良或有破损，应及时修整或调换。并应注意以下出口包装问题：

(1)尽量安排将货物装运到集装箱中或牢固的托盘上。

(2)必须将货物充满集装箱，并做好铅封工作。

(3)集装箱中的货物应均匀放置并均匀受力。

(4)为了防止货物被盗窃，货物的外包装上不应注明识别货物的标签或货物的品牌。

(5)由于运输公司按重量或体积计算运费，出口企业应尽量选择重量轻的小体积包装，以节省运输费用。

(6)对于海运货物的包装，应着重注意运输途中冷热环境变化出现的潮湿和冷凝现象。即使有些船舱有空调设备，但仍能导致货物受损。采用集装箱通常可以避免绝大部分货物发生受潮现象。

(7)对于空运货物的包装，应着重注意货物被盗窃或被野蛮装卸。特别是易损货物，应用牢固的箱子包装。鉴于飞机的舱位有限，对于包装尺寸的要求，应与有关运输部门及时联系。

(8)随着科学技术水平的不断进步，自动仓储环境处理的货物越来越多，货物在运输和仓储过程中，通常由传送带根据条形码自动扫描分拣。因此，应注意根据仓储要求，严格按统一尺寸对货物进行包装或将货物放置于标准尺寸的牢固托盘上，并预先正确印刷和粘贴条形码。

3.有关货物外包装的运输标志问题

正确刷制运输标志的重要性体现在以下 4 个方面：

(1)符合运输和有关国家海关的规定。

(2)保证货物被适当处置。

(3)掩盖包装内货物的性质。

(4)帮助收货人识别货物。

因此，在运输标志的准备上应注意以下问题：

(1)刷制运输标志应符合运输和有关国家海关的规定。

(2)包装上的运输标志应与所有出口单据上对运输标志的描述一致。

(3)运输标志应简洁,且能提供充分的运输信息。

(4)所有包装上的运输标志必须使用防水墨汁刷写。

(5)有些国家海关要求所有的包装箱必须单独注明重量和尺寸,甚至用公制或英语或目的地国家的语言注明。为此,应注意有关国家海关的规定。

(6)在运输包装上的运输标志尺寸应大小适中,使相关人员在一定距离内能够看清楚。根据国外通行的做法,就一般标准箱包装,刷制字母的尺寸至少为 4cm 高。

(7)运输标志应该至少在包装箱的四面都刷制,以防货物丢失。

(8)除了在外包装上刷制运输标志外,还应尽量在所有的货运单据上标注相同的运输标志。这些单据包括:内陆运输提单、海运提单、空运提单、码头收据、装箱单、商业发票和报关单等。

(二)报验

凡按约定条件和国家规定必须进行法定检验的出口货物,在备妥货物后,应向中国进出口商品检验检疫局申请检验。只有经检验取得商检局签发的检验合格证书,海关才准放行,凡检验不合格的货物,一律不得出口。

申请报验时,应填制“出口检验申请单”,向商检局办理申请报验手续。申请单的内容,一般包括品名、规格、数量或重量、包装、产地等项。在提交申请单时,应随附合同和信用证副本等有关文件,供商检局检验和发证时作参考。

货物经检验合格,商检局发给检验合格证书,出口商应在检验证规定的有效期内将货物装运出口,如在规定的有效期内不能装运出口,应向商检局申请展期,并由商检局进行复验,复验合格后,才准予出口。

三、办理货运、报关和投保

(一)办理货运

按 CIF 或 CFR 条件成交时,卖方应及时办理租船订舱工作,如系大宗货物,需要办理租船手续,如系杂货则需洽订舱位。出口商洽订舱位需要填写托运单,托运单是托运人根据合同和信用证条款内容填写的向船公司或其代理人办理货物托运的单证,船方根据托运单内容,并结合航线、船期和舱位情况,如认为可以承运,即在托运单上签章,留存一份,退回托运人一份,至此,订舱手续即告完成,运输合同即告成立。

船公司或其代理人在接受托运人的托运申请后,即发给托运人装货单,凭以办理装船手续。装货单的作用有三:一是通知托运人已配妥××船舶,确定航次及装货日期,让其备货装船;二是便于托运人向海关办理出口申报手续;三是作为命令船长接受该批货物装船的通知。

货物装船以后,船长或大副则应签发收货单,即大副收据作为货物已装妥的临时收据,托运人凭此收据即可向船公司或其代理人交付运费并换取正式提单,如收货单上有大副批注,则换取提单时应将大副批注在提单上。

值得注意的是，现代信息技术的应用正在极大地改变着国际货物运输的运作方式，EDI电子数据交换技术的应用，使国际贸易单证的传递、货物运输情况的跟踪、货运信息的共享等都在享受现代通信技术所提供的科学、快捷和便利的服务。同时，现代信息技术也在改变着全球运输行业的运作方式，使国际货物运输服务出现了更加细致的专业化分工。现代运输企业为全球客户提供的科学、快捷和便利的运输服务，既通过最大限度地减少库存等来降低企业的物流成本，又在不断地改变着货主与运输企业的货物运输运作方式与运作习惯。各种形式的物流运输与管理机构，如货运代理公司、储运公司、报关经纪行等为出口商的货物运输提供了多种选择。

按照货运公司提供服务的不同类型划分，出口企业在办理货物运输时，一般与以下3种类型的货运服务机构打交道：国际储运公司、国际货运代理公司、国际货运联盟。这3种机构的业务都有着不同的运作程序。下面简单介绍一下国际储运公司、国际货运代理公司的运作程序。

1. 国际储运公司的集中箱运作程序

(1)出口商就一批货物与储运公司接洽，国际储运公司就出口商的整体运输情况向出口商提出建议。

(2)运输条件达成后，国际储运公司负责向船公司或航空公司租船订舱，并根据装运期就装运前的拼箱和装箱时间作出安排。

(3)国际储运公司就货物及有关单据，如发票、装箱单等的准确性进行核对。

(4)国际储运公司负责制作有关运输单据，如载货清单(Cargo Manifest)、运输代理行提单(House B/L)或主提单(Master B/L)等。

(5)国际储运公司进行货物的拼箱和装箱，并将货物及运输标志打在外包装上，表示信息包括：运输代理行提单或主提单号、货物的起运地或目的地、货物的总箱数等。

(6)货物从仓库用卡车等运输工具运到装运港，并安排或武装上运输工具。

2. 国际货运代理公司的运作程序

(1)出口商就一批货物与国际货运代理公司接洽，国际货运代理公司就出口商的整体运输情况向出口商提出建议，并报一个全程运输的综合价格。

(2)运输条件达成后，国际货运代理公司确定货物运输的航线，负责向船公司或航空公司租船订舱，并根据装运期就货物从仓库到装运港的运输仓储和装运作出总的安排。

(3)国际货运代理公司与装运前的仓储公司或陆运公司洽商货物从仓库到装运港之间的运输，并就货物及有关单据，如发票、装箱单等的准确性进行核对。

(4)国际货运代理公司受出口商的委托办理货物通关手续。

(5)当货物在装运港装运完毕后，根据大副收据的最终结果制作运输代理行提单

(House B/L),并与船公司或航空公司联系取得主提单(Master B/L)等。

(6)国际货运代理公司将运输代理行提单交付出口商,同时将船公司或航空公司的主提单寄交国外目的港的代理。

(7)出口商经银行结汇后,有关货运单据,包括运输代理行提单被转移到进口商手中。

(8)货物到达目的港后,国际货运代理公司目的港的代理将通知进口商直接从目的港提货,或由国际货运代理公司目的港的代理作为收货人替进口商办理进口报关手续,再将货物运送到进口商的目的地。

(9)进口商向在目的港的国际货运代理公司的代理出示运输代理行提单,换取主提单或其他提货凭证。

(10)如果进口商未能在规定的时间内提货,则由国际货运代理公司目的港的代理作为收货人在征求有关货主意见后将货物另行处置。

(二)报关

出口货物在装船出运之前,需向海关办理报关手续,出口货物办理报关时必须填写出口货物报关单,必要时还需要提供出口合同副本、发票、装箱单、重量单、商品检验证书,以及其他有关证件,待海关查验有关单据后,即在装货单上盖章放行,凭以装船出口。

(三)投保

凡按 CIF 条件成交的出口合同,在货物装船前,卖方应及时向保险公司办理投保手续。出口货物投保一般都是逐笔办理,投保人应填制投保单,将货物名称、保险金额、运输路线、运输工具、开航日期、投保险别等一一列明,为了简化投保手续,也可利用出口货物明细单或货物出运分析单来代替投保单,保险公司接受投保后,即签发保险单或保险凭证。

在使用预约保单办理货运保险的情况下,尤其要注意货物装运后,应及时将货物的装运信息通知给保险公司,以确保运输的货物能及时得到保险保障。

四、信用证项下制单结汇

货物装运之后,出口商应及时、准确地缮制各种单据。在信用证规定的交单有效期内,递交银行办理议付结汇手续。

(一)信用证项下制单结汇的 3 种做法

就我国的情况而言,在信用证付款条件下,出口商在银行办理出口结汇的做法主要有 3 种形式:收妥结汇、押汇和定期结汇。由于不同的银行具体的结汇方法不同,以下将简单介绍一下这 3 种结汇方式的做法:

1. 收妥结汇

收妥结汇又叫收妥付款,是指信用证议付行在收到出口商的出口单据后,经审查无误，将单据寄交国外付款行索取货款的结汇办法。在这种情况下，议付行都是待收到付款行的货款后，即收到国外付款行的贷记通知书(Credit Note)时，才按当日外汇牌价，按照出口商的指示，将货款折成人民币拨入出口商的账户。

2. 押汇

押汇又称买单结汇，是指议付行在审单无误的情况下，按信用证条款贴现受益人(出口商)的汇票或者以一定的折扣买入信用证项下的货运单据，从票面金额中扣除从议付日到估计收到票款之日的利息，将余额按议付日外汇牌价折成人民币，拨给出口商。议付行向受益人垫付资金、买入跟单汇票后，即成为汇票的持票人，可凭票向付款行索取票款。押汇是为了给银行提供融资便利。

3. 定期结汇

定期结汇是指议付行根据向国外付款行索偿所需的时间，预先确定一个固定的结汇期限，并与出口商约定该期限到期后，无论是否已收到国外付款行的货款，都主动将票款金额折成人民币拨付出口商。

(二)处理单证不符情况的几种办法

信用证项下的制单结汇业务，议付行要求“单、证表面严格相符”。但在实际业务中，由于种种原因，单证不符的情况时有发生，发生这种情况后的一般对策就是要求出口商及时修改单据证使单证相符，但当信用证的交单期不允许，不能及时改证时，出口商应视具体情况从以下方法中选择处理：

1. 表提

表提又称为“表盖提出”，即信用证受益人在提交单据时，如存在单证不符，向议付行主动书面提出单证不符的点。通常，议付行要求受益人出具担保书，担保如日后遭到开证行拒付，由受益人承担一切后果。在这种情况下，议付行为受益人议付货款。因此，这种做法也被称为“凭保议付”。表提的情况一般是单证不符情况并不严重，或虽然是实质性不符，但事先已经开证人(进口商)确认可以接受。

2. 电提

电提又称为“电报提出”，即在单证不符的情况下，议付行先向国外开证行拍发电报或电传，列明单证不符点，待开证行复电同意再将单据寄出。电提的情况一般是单证不符的属于实质性问题，金额较大。用电提方式可以在较短的时间内由开证行征求开证申请人的意见。如获同意，则可以立即寄单收汇；如不获同意，受益人可以及时采取必要的措施对运输中的货物进行处理。

3. 跟单托收

如出现单证不符，议付行不愿用表提或电提方式征询开证行的意见，在此情况下，信用证就会彻底失效。出口商只能采用托收方式，委托银行寄单代收货款。

需要指出的是，无论是采用表提、电提，还是采取跟单托收的方式，信用证受益人都失去了开证行在信用证中所作的付款保证，这就使得出口收汇从银行信用变成了商业信用。可见,出口商认真、准确缮制符合信用证要求的出口单据是非常重要的。

C 案例启迪

形式发票的效力

形式发票的期限为1991年7月28日,该公司又于8月2日通知客户该形式发票因汇率变动而作废,但客户于9月9日开来信用证,对此信用证,该公司有无装船义务?又该公司在接到对方9月9日开出的信用证后,立即通知客户于9月底将差额货款汇来,结果无消息,该信用证已到期,应如何处理?

分析:形式发票本来是一种非正式发票,它只是将卖方议定的交易条件转达给买方,供买方接受时作为参考,或者用来申请进口许可证,获得进口货物所需的外汇,属于邀请发盘的性质,不能作为交易中的要约过程,但如果其中已具备了发盘必备的条件,也可以成为发盘。若发盘有明确的有效期限,那么发盘在有效期内受其约束,有效期满,发盘失效。

本例形式发票的有效期为7月28日,且该公司又于8月2日通知客户形势发票作废,客户却于9月9日开来信用证,显然早已超过了接受的时效,双方合同关系不成立。既然没有契约存在,卖方也就没有履行交货的义务,而应该将信用证退还客户,并说明理由,以免造成误解,产生不必要的纠纷。

该公司接到信用证后,通知客户汇来差额货款显然也是不合适的,因为在该公司宣布原发盘失效后,并没有进行新的发盘,交易成立的条件根本不具备。该公司应将信用证退回买方。买方也应要求卖方退换信用证,对补款要求置之不理,以免日后造成不应有的损失。

第二节 进口合同的履行

进口合同签订后,进口商一方面要履行付款、收货的义务,另一方面也要督促国外出口商履行合同规定的各项义务,防止其拖延履约或违约而给进口商造成损失。我国的进口交易大多以FOB条件成交,以即期信用证作为支付方式,并采用海运方式运输货物。虽然不同的合同在履行中有不同的特点,但一般都要经过开证、租船订舱和催装、保险、审单付款、报关提货、商检、拨交等几个主要环节。

一、开证

进口合同签订后,进口商应按合同中的有关规定,及时向银行填写和提交开立信用证申请书(Application for Letter of Credit)及进口合同副本,向银行办理开证手续。银行在对进口商进口所需外汇进行核查后,还可能要求进口商交付全额进口货款或一定比例的押金(Margin)或提供其他担保,并向开证人收取开证手续费。然后才按开证申请书的指示向出口商开出信用证。有关信用证的内容需注意以下几点:

(1)信用证的内容要以合同为依据,与合同条款相一致。进口企业在填写开证申请书时,应在其中列明各项交易条件,并应使这些条件与合同中的规定完全一致,这样才能保证银行开出的信用证的内容与合同一致。

(2)信用证的种类及开立时间应按合同规定办理。特别要注意,如果合同规定进口商应在出口商取得出口许可证后开立信用证,或对开证时间有其他特殊规定,进口商也应照办,否则一旦信用证开出而对方不能取得出口许可,也将给进口企业造成一定的损失。

(3)对方收到信用证后如发现信用证的某些内容与合同中规定不同,提出修改信用证的请求,进口商应及时通知开证行,办理修改手续。如果对方对与合同相符的信用证提出修改要求,进口企业有权选择同意或不同意修改。

二、派船接运货物

信用证开出以后,进口商就要及时催促出口商备货,准备装运,特别是对数量、金额较大的重要商品,最好委托出口地的代理督促卖方按合同规定履行交货义务,保证船货衔接。在FOB合同下,租船订舱工作由进口商负责。通常情况下,卖方收到信用证后,应将预计装船日期通知买方,由买方派船到指定港口接货。进口商往往将这项工作委托给外运公司代办。手续办妥,应及时向卖方确认,只有在对方确认后才能派船前往受载。由于FOB条件下保险由进口方办理,卖方在货物装船后应立即对买方发出装船通知,以便买方及时办理保险手续。

因此,FOB进口合同在租船订舱时有3个通知至关重要,即卖方的货妥通知、买方的派船通知和卖方装船后的通知。

三、投保货运险

目前,我进口货物保险由各进口公司与中国人民保险公司签订预约保险合同。按此合同规定,所有按FOB和CFR条件进口的货物,进口公司在收到国外装船通知后,只要将船名、提单号、开船日期、商品名称、数量、装运港、目的港等项内容及时通知保险公司,即视为为已办妥保险手续,中国人民保险公司从货物在装运港装船时起自动对货物承担保险责任。

在没有签订预约保险合同的情况下应该逐笔投保,即进口方应在出口货物装运前或发出装货通知书到达进口货物后及时办理货物运输保险。

四、审单和付汇

国外卖方交单议付后，议付行即将汇票和全套货运单据寄交开证行，开证行应对照信用证的规定，核对单据份数及内容，为慎重起见，一般还应将单据交进口商审核，经审核无误后，进口商即通知开证行对外付汇。开证行对外付汇的同时，通知我进口商按当日人民币外汇牌价，向开证行买汇赎单。如属代理进口，进口商将凭银行的付汇通知书与委托订货单位结算。如果银行审单时发现单证不符或单单不符，应立即向国外议付行提出异议，并根据具体情况而采取拒付、货到检验合格后再付款、国外议付行改单后付款、国外银行出具书面担保后付款等不同的处理办法。在付款的同时提出保留索赔权。

五、报关、纳税

(一)报关

货到目的港后，进口商要根据进口单据填写进口货物报关单，连同发票、提单、装箱单或重量单、保险单及其他必要文件一起向海关申报进口，并在海关对货物及各种单据查验合格后，按国家规定缴纳关税。在此之后，海关将在货运单据上签章放行。应注意的是，只有那些有报关资料的企业中经考核合格的报关员才能办理报关。报关员的签字与印章均在海关备案，若报关单上没有报关单位及报关员的签章，或签章不符，海关将不予受理。我国的进口业务中，报关手续一般由外运公司代办。

(二)纳税

进口货物报关后，还需按照进口国政府的海关进口关税的规定缴纳进口税。根据我国有关关税法规的规定，海关征收的税种有：关税、产品税、增值税、工商统一税及地方附加税、盐税、进口调节税等。

1. 关税

进口关税是货物在进口环节由海关征收的一个基本税种。进口关税的计算是以CIF价为基数计算。如果是FOB价格进口，还要加上国外运费和保险费。其公式为：

$$进口关税税额 = CIF价格 \times 关税税率 \tag{14-1}$$

2. 产品税、增值税、工商统一税(地方附加税)

产品税、增值税、工商统一税(地方附加税)都是货物进口环节由海关代征的税种。这三种税是按不同单位或进口货物的种类不同适用其中一种税，而不是同时征两种或三种。如果是三资企业的进口货物，征收工商统一税，并按工商统一税税额征收1%的地方附加税。如果是属于初级产品的货物，则征收产品税。进口经加工或多次加工的产品，则征收增值税，其中多数的机电仪产品征收增值税。这三种税的征收基数是完税价格，其公式是：

$$应纳税额=完税价格\times税率 \tag{14-2}$$

由此，推算出的完税价格为：

$$完税价格=\frac{CIF\ 价格+关税}{1-税率} \tag{14-3}$$

3. 进口调节税

进口调节税是国家对限制进口的商品或因其他原因加征的税。其公式为：

$$进口调节税=CIF\ 价格\times进口调节税税率 \tag{14-4}$$

六、验收和拨交货物

(一)验收货物

进口货物运达港口卸货时，港务局要进行卸货核对。如发现短缺，应及时填制“短缺报告”交由船方签字确认，并根据短缺情况向船方提出保留索赔权的书面声明，以作日后向船方索赔的依据。卸货时如发现残损，货物应存放于海关指定仓库，待保险公司会同商检局检验后作出处理。如果经商品检验和卸货核对后，卖方所交货物的品质、数量等不符合合同规定，需向卖方发出“拒受通知”，同时提出索赔；如果检验和核对无误，则应及时发出“接受通知”。

我国法律规定，凡属法定检验的进口商品，不经商检机构的检验就不得销售和使用；同时，若商检不能在合同规定的检验期内进行，买方即被视为放弃索赔权。因此，凡属于法定检验或合同规定在卸货港检验，或检验后付款，或合同规定的索赔期较短，或卸离海轮时已发现残损，或有异状，或提货不着的商品，均应在卸货港检验，其他进口商品则可以在用货部门所在地，由当地商检机构进行检验。

(二)办理拨交手续

货物进口后，应及时向用货单位办理拨交手续，如用货单位在卸货港所在地，则就近拨交货物；如用货单位不在卸货地区，则委托货运代理将货物转运内地，并拨交给用货单位。关于进口关税和运往内地的费用，由货运代理公司与进出口公司结算后，进出口公司再向用货单位或订货单位结算。

在履行凭信用证付款的 FOB 进口合同时，上述各项基本环节是不可缺少的，但是在履行凭其他付款方式和其他贸易术语成交的进口合同时，则其工作环节有别。例如，在采用汇付或托收的情况下，就不存在买方开证的工作环节；在履行 CFR 进口合同时，买方则不负责租船订舱，此项工作由卖方办理，在履行 CIF 进口合同时，买方不仅不承担货物从装运港到目的港的运输任务，而且不负责办理货运基本保险的投保手续,此项工作由卖方按约定条件代为办理,这就表明,履行进口合同的环节和工作内容,主要取决于合同的类别及其所采取的支付条件。

C 案例启迪

某公司外销一批钢筋共400t到A国的B地,约定在某年的2月底以前装运。由于到B地的船舶不稳定,所以在销售确认书上加注:在约定期间内装船,但以能取得舱位为前提。国外进口商开来的信用证有效期至3月15日,最后装船日期为2月28日。后因船舱紧张,在2月底以前仅装出80t,由于信用证已过期,进口商便自动将信用证有效期延至6月30日,装船期延至6月15日。请问:

(1)买卖契约是否于2月28日即失效?

(2)2月28日前无法将400t全部运出时,对于未运出部分,出口商是否该负责?

(3)进口商自动将信用证有效期及装船期延长,出口商有无在此展延期间将剩余部分装船的义务?

分析:

(1)双方之间的买卖契约应该在2月28日失效。在我国的对外贸易实际业务中,主要采用3种书面合同的形式:销售合同、销售确认书和双方往来的信件、电报、电传。无论采取哪一种形式,买卖双方都必须严格执行合同中规定的权利和义务。本案中,双方合同的失效是以交货条款即运输时间为条件的。由于合同中已规定要在约定时间内装船,所以在卖方没有在约定期限内取得舱位的情况下,合同应该在这一期限终止时失效。但合同中同时还有“以能取得舱位为前提”的文句。因此,如果卖方能够证明,他是在尽了最大努力的情况下而没有取得舱位的,经过双方再协商,可以将合同有效期延长。

(2)如果合同在2月28日终止,双方之间权利和义务的履行也将同时终止。因此,卖方没有义务再将未能及时装运的货物装运出口,发给买方,而买方也没有接受货物的义务和责任。

(3)出口商没有在延长期间再装运货物的义务。由于双方之间所订立的销售合同已在2月28日失效,因此双方之间的契约关系已经解除,不再具有法律上的权利和义务。买方将信用证有效期及装船期延长,并不构成对卖方的任何约束。这种展延只有在与有关各方协商的基础上,经各方确认后才具有实际意义,并构成法律上的履行关系。进口方单方面的行为如果没有得到出口方的同意,将不具有任何实际意义,因此双方之间的买卖契约无法随之而延期。

第三节　主要进出口单据

进出口商在进出口活动中，要使用许多进出口操作单证，鉴于篇幅的限制，也由于有专门课程对进出口单证的使用方法、技巧等予以介绍，在此只作简单的提示。

一、主要进出口操作单据

进出口商进出口活动中，使用的单据主要有7类：

(1)报验单。

(2)报关单。

(3)投保单。

(4)货物托运单。包括：

①海运托运单；

②陆运托运单；

③空运托运单。

(5)大副收据。

(6)出口收汇核销单。

(7)出口货物退税单。

由于单证需要专门课程来学习，在此就不作介绍。

二、主要进出口结付汇单据

按信用证付款方式成交时，在出口货物装船发运之后，出口商应按照信用证规定，及时备妥缮制的各种单证，并在信用证规定的交单有效期内交银行办理议付和结汇手续。在制单工作中，必须高度认真和十分细致地做到“单证相符”和“单单一致”，以利及时、安全收汇。在办理议付结汇时，通常提交的单据有下列几种：

(一)汇票

汇票一般都是开具一式两份，只要其中一份付讫，则另一份即自动失效。

(二)发票

1.商业发票

简称发票，是卖方开立的载有货物名称、数量、价格等内容的清单，是买卖双方凭以交接货物和结算货款的主要单证，也是办理进出口海关、纳税所不可缺少的单证之一。

在托收方式下，发票内容应按合同规定并结合实际装货情况填制，在信用证付款方式下，发票内容应与信用证的各项规定和要求相符，如信用证规定由买方负担的选港费或港口拥挤费等费用，可加在发票总额内，并允许凭本证一并向开证行收款，卖方可照此办理。但应注意，发票总金额不得超过信用证规定的最高金额，因按银行惯例，开证行可以拒绝接受超过信用证所许可金额的商业发票。

2. 海关发票

在国际贸易中，有些进口国家要求国外出口商按进口国海关规定的格式填写海关发票，以作为估价完税，或征收差别待遇关税，或征收反倾销税的依据。此外，也可供编制统计资料之用。

填写海关发票时，必须格外注意下列事项：

各国使用的海关发票，都有其特定的格式，不得混用。

凡海关发票与商业发票上共有的项目和内容，必须一致不得互相矛盾。

对“出口国国内市场价格”一栏，应按有关规定审慎处理。因为，其价格的高低是进口国海关作为是否征收反倾销税的重要依据。

如售价中包括运费或包括运费和保险费，应分别列明 FOB 价运费、保险费各多少，FOB 价加运费应与 CFR 货值相等，FOB 价加运费和保险费应与 CIF 货值相等。

海关发票的签字人和证明人不能为同一个人，他们均以个人身份签字，而且必须手签才有效。

3. 领事发票

有些进口国家要求国外出口商必须向该国海关提供该国领事签证的发票，其作用与海关发票基本相似。各国领事签发领事发票时，均需收取一定的领事签证费。有些国家规定了领事发票的特定格式，而有些国则规定可在出口商的发票上由该国领事签证。

4. 厂商发票

厂商发票是出口厂商所出具的以本国货币计算价格，用来证明出口国国内市场的出厂价格的发票，其作用是供进口国海关估价、核税及征收反倾销税之用，如国外来证要求提供厂商发票，应参照海关发票有关国内价格的填写办法处理。

（三）提单

提单是各种单据中最重要的单据，它是确定承运人和托运人双方权利与义务、责任与豁免的依据，各船公司所负责制作的提单格式各不相同，但其内容大同小异，其中包括承运人、托运人、收货人、通知人的名称、船名、装卸港名称、有关货物和运费的记载，以及签发提单的日期、地点及份数等。

（四）保险单

按 CIF 条件成交时，出口商应代为投保并提供保险单，保险单的内容应与有关单证的内容衔接。例如,保险险别与保险金额应与信用证的规定相符;保险单上的船名、装运港与目的港、大约开航日期及有关货物的记载,应与提单内容相符;保险单的签发日期不得晚于提单日期,保险单上的金额,一般应相当于发票金额加一成的金额。

(五)产地证明书

有些不使用海关发票或领事发票的国家,要求出口商提供产地证明书,以便确定对进口货物应征收的税率。产地证明书一般由出口地的公证行或工商团体签发,在我国,通常由中国进出口商品检验局或中国国际贸易促进委员会签发。

(六)普惠制单据

新西兰、日本、加拿大和欧共体等 20 多个国家给我国以普惠制待遇,凡向这些国家出口的货物,需提供普惠制单据,作为对方国家海关减免关税的依据。对各种普惠制单据内容的填写,应符合各个项目的要求,不能填错。否则,就有可能丧失享受普惠制待遇的机会。

(七)检验证书

检验证书包括品质检验证书、重量检验证书、数量检验证书、兽医检验证书、卫生检验证书、价值检验证书和残损检验证书等。需提供何种检验证书,应事先在检验条款中作出明确规定。

(八)装箱单和重量单

装箱单又称花色码单,列明每批货物的逐件花色搭配,重量单则列明每件货物的净重和毛重,这两种单据可用来补充商业发票内容的不足,便于进口国海关检验和核对货物。

三、制作并审核结汇单据的基本原则

需要特别强调指出,对于出口商而言,提高单证质量对保证安全迅速收汇有着十分重要的意义,特别是在信用证付款条件下,实行的是单据和货款对流的原则,单证不相符,单单不一致,银行和进口商就可能拒收单据和拒付货款。因此,缮制结汇单据时,要求做到以下几点:

(1)正确。单据内容必须正确,既要符合信用证的要求,又要能真实反映货物的实际情况,且各单据的内容不能相互矛盾。

(2)完整。单据份数应符合信用证的规定,不能短少;单据本身的内容,应当完备,不能出现项目短缺情况。

(3)及时。制单应及时,以免错过交单日期或信用证有效期。

(4)简明。单据内容应按信用证要求和国际惯例填写,力求简明,切勿加列不必要的内容。

(5)整洁。单据的布局要美观大方,缮写或打印的字迹要清楚醒目,不宜轻易列改，尤其对金额、件数和重量等，更不宜改动。

为了做好上述各个环节的工作，并使各环节的工作互相衔接，做到环环扣紧，防止出现脱节现象，出口商必须做好“四排”、“三平衡”工作。

所谓“四排”，就是指以买卖合同为对象，根据履行合同的进程卡片反映的情况，其中包括信用证是否开到、货源是否落实，进行分类排队，排出 4 种类型：一是有证有货；二是有证无货；三是无证有货；四是无证无货。通过排列，发现问题，及时解决。

所谓“三平衡”，就是以信用证为对象，根据信用证规定的装运期和信用证有效期的远近，结合货源、船源情况，分别轻重缓急力争做到货、证、船三方面的衔接和平衡，防止出现有货无船、有船无货拖延装运，或制单结汇赶不上在信用证有效期内进行等脱节现象发生。

做好上述“四排”、“三平衡”工作，使货、证、船互相衔接，做到环环扣紧，有利于提高履约率和经济效益。

在履行凭信用证付款的 CIF 出口合同时，上述各个基本环节是不可缺少的，但是，在履行按其他付款方式或其他贸易术语成交的出口合同时，其工作环节则有所不同，例如，在采用汇付或托收的情况下，就没有出口商催证、审证和改证的工作环节；在履行 CFR 出口合同时，就没有出口商负责投保的工作；在履行 FOB 出口合同时，出口商既无负担租船订舱的任务，也无投保货物运输险的责任。由此可见，履行出口合同的环节和工作内容，主要取决于合同的类别及其所采用的支付方式。

此外，在履行出口合同的过程中，如因国外买方未按时开证或未按合同规定履行义务，致使出口商遭受损失，出口商应根据不同对象、不同情况及损失程度，有理有据地及时向对方提出索赔，以维护自己的正当权益。

当外商对出口商交货的品质、数量、包装不符合约定的条件，或出口商未按时装运，致使对方蒙受损失而向出口商提出索赔时，出口商应在调查研究的基础上，查明事实，分清责任，酌情作出适当的处理，如确属自己的责任，就应实事求是地予以赔偿，如属外商不合理的要求，就必须以理拒赔。

在履行出口合同的过程中，索赔和理赔的工作不一定发生，如在合同正常顺利履行的情况下，它就不会发生。

S 复习思考

1. 出口商审证的内容主要包括哪些？
2. 出口商履行合同的活动（或履行合同的程序）应包括哪些环节？
3. 进口商履行合同的程序包含哪些环节？

4. 制作并审核结汇单据的基本原则有哪些要点?

E 能力训练

我方与伊朗一中间商成交尼龙线 10 万磅。合同规定 6 月底以前开证,7 月装船。该商品是以销定产,我方为此安排工厂加班生产。但到 6 月底,未见来证,经一再催证,对方回告需要改规格后方能开证,但此时大部分货已备妥,无法更换。对此如何处理? 我方应吸取哪些教训?

第十五章　国际贸易的争端处理

学习导引

通过学习，本章掌握进出口货物索赔的基本知识、不可抗力事件的认定与处理原则、仲裁条款的内容，以及仲裁机构和仲裁裁决执行等基本知识；重点掌握合同中的索赔条款、不可抗力条款和仲裁条款。

能力提示

通过对本章的学习和训练，具备简单分析认定不可抗力事件的能力和运用所学国际贸易争端知识处理索赔、理赔的基本能力。

第一节　国际贸易争端

一、国际贸易争端处理的含义

国际贸易争端 (Disputes)，又称国际贸易争议或纠纷，是指在国际贸易交易过程中，当事人其中一方认为另一方未能全部或部分履行合同规定的责任而引起的业务纠纷。换言之，就是在国际贸易业务中，相关当事人各方之间对某些事实或相互间的权利义务关系的异议或争执。

在国际贸易业务中，国际贸易争端屡见不鲜，究其原因主要是：

(1)卖方不交货，或未按合同规定的时间、品质、数量、包装条款交货，或单证不符等；

(2)买方不开或缓开信用证，不付款或不按时付款赎单，无理拒收货物，在 FOB 条件下不按时派船接货等；

(3)合同条款的规定欠明确，买卖双方国家的法律或对国际贸易惯例的解释不一致，甚至对合同是否成立有不同的看法；

(4)在履行合同的过程中，遇到了买卖双方不能预见或无法控制的情况，如某种不可抗力、双方有不一致的解释等。

由上述原因引起的争议，集中起来讲就是：是否构成违约，双方对违约的事实有分歧，对违约的责任及其后果的认识相悖。

对此，双方应本着友好协商、互谅互认精神，妥善解决。

二、国际贸易争端处理的原则

在国际贸易领域中，由于世界上各类国家和各个贸易集团的利益千差万别，贸易争端和摩擦此起彼伏，甚至酿成旷日持久的贸易战都不足为怪。因此，在当前各国对外贸易频繁的经济活动中，当发生贸易争端时需要统一的解决处理原则。

（一）磋商、调解原则

根据互谅互让、平等互利的原则进行磋商。大多数贸易争端都是通过争端双方友好磋商获得解决的。在这里需要争端双方都尊重对方国家的法律，双方均作出适当妥协，达成共识；或双方统一依照国际通行法律进行磋商，达成和解，各自修改或撤销不符合国际法的法律、法规和措施。依照协议磋商，使争端得到解决的案例出现的比较频繁。

（二）权利、义务平等原则

在国际贸易经济活动中，双方当事人的法律地位是平等的，在经济上于双方有利。在合作中，互相要给予对等的优惠待遇或权利，或者相互承担相同的义务。最基本的要求，就是交易双方的当事人权利、义务对等，公平互惠。在合同签订和履行过程中，不允许附加任何不平等的条件和不合理的要求。双方都要“重合同，守信用”，保证履行各自的义务和享受各自的权利。在解决贸易争端时，无论是何种国际贸易有关组织，都要力求保证争端双方之间的权利和义务的平衡。争端解决机构的各项建议和裁决不得增加和减少各有关协议规定的权利和义务。

（三）程序上的协商一致原则

对于这一原则，世贸组织的争端解决机制比较完善，它采取“无异议协商一致”和“反向一致”的概念。前一概念是指在争端解决机构作出决定的会议上，倘若没有成员就拟定的争端事项作出决定时，意见是一致的。对于后一概念是指所有参与争端解决机构的成员对于某一问题或程序均持反对意见。在双方各执一端的诉讼中，出现“反向一致”意见的情况甚为罕见，正是这种“反向一致”罕见原则的引入，保证了对某些问题的及时处理和某些程序的顺利进行。

三、国际贸易争端处理的国际惯例

国际贸易惯例，是指在资本主义国际贸易实践中逐步形成的、具有较普遍指导意义的一些习惯做法或解释。其范围包括由有国际上的一些组织、团体就国际贸易的某一方面，如贸易术语、支付方式等问题所作的解释或规定。有国际上一些主要港口的传统惯例，也有不同行业的惯例。此外，各国司法机关或仲裁机构的典型案例或裁决，往往也视被作国际贸易惯例的组成部分。有关贸易术语的国际贸易惯例主要有3个，它们是：《1932年华沙—牛津规则》(Warsaw—Oxford Rules 1932)；《1941年美国对外贸易定义修正本》(Revised American Foreign Trade Definitions 1941)；《2000年国际贸易术语解释通则》(INCOTERMS 2000)。

尽管国际贸易惯例在解决贸易纠纷时起到了一定的作用，但还应注意以下几个问题：

(1)国际贸易惯例并非是法律，因此对买卖双方没有约束性，可采用也可不采用。

(2)如果买卖双方在合同中明确表示采用某种惯例时，则被采用的惯例对买卖双方均有约束力。

(3)如果合同中明确采用某种惯例，但又在合同中规定与所采用的惯例相抵触的条款，只要这些条款与本国法律不矛盾，就将受到有关国家法律的承认和保护，即以合同条款为准。

(4)如果合同中既未对某一问题作出明确规定，也未订明采用某一惯例，当发生争议付诸诉讼或提交仲裁时，法庭和仲裁机构可引用惯例作为判决或裁决的依据。在进出口业务中，应该多了解和掌握一些国际贸易惯例，对交易洽商、签订合同、履行合同和解决争议等是完全有必要的。当然发生争议时，可以援引适当的惯例据理力争；对对方提出的合理论据，可避免强词争辩，影响争议的顺利解决或造成不良影响。特别要注意的是，在进出口业务中，引用惯例时一定要有根有据，以免造成被动。

第二节　不可抗力

一、不可抗力的含义

不可抗力(Force Majeure)，又称人力不可抗拒，是指买卖合同订立以后，非订约者任何一方当事人的过失或疏忽，而是发生了当事人不能预见、无法避免和预防及非当事人所能控制的意外事故，致使合同不能按期履行或不能履行，遭受意外事故的一方当事人依照法律或合同而免负责任，另一方当事人不得对此要求损坏赔偿。

不可抗力是合同法中的一条重要原则，它在英美法系中被称作合同落空(Frustration of Contract)，在大陆法系中被称作情势变迁或契约失效。同时，也是买卖合同中的一项免责条款。这种免责是指遭受意外事故的一方当事人免负损害赔偿之责；另一方当事人仍有除要求赔偿以外的任何权力，其中包括履约、减价和宣告合同无效。

不可抗力事故从起因来看，主要包括两类：一类是由于“自然力量”(Acts of God)引起的事故，如水灾、火灾、地震、海啸等；一类是因“社会力量”引起的事故，如政府颁布的禁令、法律制度的调整、战争、罢工等。

但需注意的是，不可抗力是国际贸易通用的一个业务术语，也是许多国家的一项法律规则。但是，对其内容和范围并无统一的解释。从国际贸易实践和某些国家判例来看，一般都是作严格解释的。在实际业务中，发生的事故是否属于不可抗力事故，一般要根据合同条款的规定，视发生事故的时间、地点、原因、规模、后果等，以及事先是否可以预见、事后是否可以采取必要的措施克服、事故是否大到使合同失去履行的基础等情况来确定。

二、不可抗力的法律原则

不可抗力既是国际货物买卖和国际经济合作的一项合同条款，同时也是一项法律原则，但是并非所有能够阻碍合同履行的意外事故都可以构成不可抗力事故。因此，国际公约和各国法律对不可抗力都有一定的解释和规定。根据对于不可抗力的一般解释，不可抗力事故必须具备以下 3 个条件：

(1)不可抗力事故必须是签订合同之后发生的。

在订立合同时，并没有这种事故发生。而如果订立合同时，这种事故已经存在，对当事人来讲，不具备偶然性、突发性，当事人在订立合同条款时已考虑到了该事故对合同的影响，那么这种事故就不属于不可抗力事故。因此，不可抗力事故必须是签订合同之后发生的。

(2)不可抗力事故不是合同当事人的过失或故意行为造成的。

如果发生的事故是由于当事人的错误行为造成的，导致合同无法履行，则不能作为不可抗力事故。而只有当遭受事故的一方对该事故的发生并无责任，才能构成不可抗力事故。

(3)不可抗力事故必须是当事人不能控制的。

这是指当事人对于事故的发生是无法预见、无法预防、无法避免的。即使当事人估计到事故发生的可能性，也没有能力避免或防止它的发生。

在这里需要引起注意的是，市场风险、商品价格波动、汇率变化等虽也不是完全能由当事人预见，所有的变化也非当事人造成，但也均不能视为不可抗力事件。

三、合同中的不可抗力条款

(一)合同中对规定不可抗力的几种做法

在买卖合同中规定不可抗力条款时，首先应对哪些事故属于不可抗力事故划定一个范围，因为这一问题与双方当事人的利益有密切关系。在我国的进出口合同中，对于规定不可抗力事故的范围，基本上有以下 3 种不同做法：

(1)列举式规定。即在合同中详细列出不可抗力事故。对合同中没有明确的,均不作为不可抗力事故对待。

(2)概括式规定。在合同的不可抗力条款中不具体订明哪些属于不可抗力事故,而只是以笼统的语言作出概括性的规定。

(3)综合式规定。将上述列举式和概括式规定方法结合起来,列明经常可能发生的不可抗力事故(如战争、洪水、地震、火灾等)的同时,再加上"以及双方同意的其他不可抗力事故"的文句,如果发生合同未列明的意外事故,双方当事人可以协商解决。

列举式规定明确肯定,在理解和解释上不容易产生分歧,但一旦出现未列举的其他事故,就丧失了引用不可抗力条款达到免责的权利,因此不是最好的办法。概括式规定虽然包括面广,但过于笼统,含义模糊,解释伸缩性大,容易引起争议,一般不宜采用。综合式规定方法弥补了前两种规定方法的不足,做到了既明确具体,又有一定的灵活性。因此,是一种可取的办法。在我国进出口合同中,一般都采取这种规定办法。

(二)不可抗力条款的内容

国际贸易合同是双方当事人在特定的环境条件下签订的。如果在合同的履行过程中,合同赖以存在的环境条件发生了非常人所能预见和控制的变化,使得合同的履行受阻,那么不能履行合同义务的一方当事人能否免责,另一方当事人能否因此而要求损害赔偿?对此,大陆法系国家有情势变迁或合同落空为理由要求免责。但在具体案件中,要判断合同是否已落空或能否适用情势变迁原则,往往十分困难。因此,双方当事人最好在合同中拟定一项条款,事先约定双方在发生他们所不能控制的意外事故时,不能履行义务,从而避免引用合同落空或情势变迁原则的困难,这样的条款叫做不可抗力条款。不可抗力条款应包括以下内容:

(1)规定不可抗力事故范围的方法。

不可抗力条款必须规定不可抗力事故的范围。当今世界各国的法律虽然还没有作出统一的规定,然而却都允许当事人在合同中对它自行约定。

(2)不可抗力事故发生后的通知。

按照国际惯例,当不可抗力事故发生后影响合同履行时,遭受事故的当事人必须及时通知对方。不可抗力条款必须规定不可抗力事故发生后的通知内容,内容一般包括:证明不可抗力事故发生的依据(即不可抗力的免责依据),不可抗力事故发生后通知的期限、方式等。

(3)不可抗力的免责依据。

在国际货物买卖中,当一方援引不可抗力条款要求免赔时,必须向对方提交一定机构出具的证明文件,作为发生不可抗力事故的证明。证明文件在国外由当地的商会或合法的公证机构出具,在我国由中国国际贸易促进委员会或其设在口岸的贸促分会出具。

(4)不可抗力事故的处理。

一般来说,不可抗力事故的处理主要有两种方法,一是解除合同,二是推迟合同履行。此外,还有替代履行及增减履行等办法。

(5)援引不可抗力条款应注意的事项。

当交易的一方援引不可抗力条款要求免责时,另一方当事人应按照合同规定严格进行审查,以便确定其援引的内容是否属于不可抗力条款规定的范围。

C 案例启迪

我国某进出口公司与英国某公司以FOB价签订进口合同,装货港为伦敦。合同签订后不久,英方通知我方货已备妥,要求我方按时派船接货。然而,在我方安排的船舶前往英港途中,突然爆发中东战争,苏伊士运河被封锁,禁止一切船舶通行,我方船舶只好改变航线绕道好望角航行,增加航程近万公里,到达装运港时已过装运期。这时,国际上的汇率发生变化,合同中的计价货币英镑贬值,英方便以我方未按时派船接货为由,要求提高货物价格,并要求我方赔偿由于延期接货而产生的仓储费。对此,我方表示不能接受,双方遂发生争议。如果你是我方派出的代表,将如何处理这个问题?

分析:中东战争是不可抗力,我方不负赔偿责任,因此不付由于延期接货而产生的仓储费。而且依据损益相抵原则,我方可以接受适当提高货物价格。

R 能力拓展

1985年2月13日,中国某公司A和香港某公司B签订了醋酸纤维素板的来料加工和补偿贸易合同。合同的主要内容是:中方A公司利用港方B公司和另外两家香港的金融机构共同提供的设备为港方B进行来料加工,每生产1t板材的加工费为1600美元,港方B负责提供给中方A的来料即醋酸纤维素板的数量为1985年不少于80t,1986年不少于150t,1987年不少于200t,以后每年不少于200t。中方A以来料加工费偿还设备的货款本息。但在实际履行中,港方B仅在1985年12月30日提供来料34t,1986年9月4日来料17t,1987年2月16日来料1.1t,合计来料52.1t。1987年10月,双方签订补充协议,再次规定了港方B提供来料的义务和数量。结果该补充协议仍未履行,致使中方引进的设备无法得到充分利用,只偿还了设备贷款本息的一小部分。中方提请仲裁,要求港方B赔偿包括设备贷款在内的经济损失。港方B答辩称:B公司未能履行合同的全部义务，是因为国际市场发生重大变化，原料价格上涨，数量短缺，无法买到原料所致。最后生产该原料的工厂停产，港方B更是无法买到，这是不可抗力事故，港方B不应承担责任。

试分析本案中，港方应不应该承担责任？

分析：港方应该承担责任。因为：

(1)根据买卖合同的有关法律和惯例，当事人一方因不可抗力事件不能履行合同的全部和部分义务时，应及时通知另一方并出具有关的证明文件。本案中，港方并未及时通知对方并出具有关证明。

(2)不可抗力事件必须是该事件的发生和后果是当事人不可避免的、不能克服的。本案合同及补充协议中并未规定具体一家或几家工厂提供原料。所以，一家工厂停产不能提供规定的原料，并不能证明其他工厂也无法生产和提供同类的原料。对此，港方所述的理由不充分，不足以证明该事件的发生和后果是不可避免的和不能克服的。

(3)不可抗力事件还必须是事前无法预见的。而本案中，双方在签订补充协议前，港方已经没有完全履行合同。在签订补充协议时，港方理应预见在执行补充协议时将存在在签订补充协议前曾出现过甚至还继续存在的履行不能的风险。

由上述分析可知：港方以一家工厂停产买不到规定的原料为不可抗力，要求免责的说法是不成立的。本案具有补偿贸易和来料加工的性质，没有港方的来料，中方就没有加工费可以补偿进口设备的价款，就势必影响合同的全面履行，港方应负违约责任并承担赔偿中方的经济损失。

第三节　索　　赔

一、索赔的原则和对象

(一)索赔的意义及原则

索赔是由于交易的一方违约而使双方发生争议所引起的结果。争议(Disputes)，是指交易的一方因对方未能部分或全部履行合同规定的责任与义务而引起的纠纷。从各国的法律来看，违约损害赔偿的目的是补偿，它以受害人受到的损失为基础，法律不允许受害人得到超过其损失的损失赔偿。因此，损害赔偿是赔偿性的，而不是惩罚性的。可见，索赔是处理违约的一种常用的补偿措施。

索赔(Claim)，是指在国际货物买卖过程中，因一方违反合同规定，直接或间接地给另一方造成损害，受损方向违约方提出赔偿要求，以弥补其所受损失。索赔人的索赔要求应遵循以下原则：

1. 正确合法原则

在提出索赔时,索赔依据要充分、合理、合法。如果索赔证据不全、不足或出证机构不符合要求等,就可能遭到对方拒赔。因此,要特别注意提交单据的完整性和合法性。

2. 迅速及时原则

索赔人应以最快的速度提起索赔,不能错过索赔期限使索赔请求失效,或因时间拖延丧失证据而使自己处于不利的地位。

3. 诚实守信原则

索赔人既要捍卫自身的合法权益,又要实事求是地划清各方的责任,不能捏造虚假事实和证据,提出不正当的索赔。

(二)索赔的对象

1. 向买卖方索赔

由于卖方原因造成的损失主要有:

(1)货物品质规格与合同不符,如掺杂使假、以次充好、以旧顶新,还包括凭样品成交时所交货物与成交样品不符等;

(2)交货数量不足、重量短少;

(3)包装不良或不符合合同要求造成货物残损;

(4)未按合同规定的交货期限交货或不交货;

(5)卖方其他违反合同或法定义务的行为。

买方可凭商检部门出具的检验证书,在索赔有效期内向卖方提出索赔。

由于买方原因造成的损失主要有:

(1)不开或迟开信用证;

(2)不按合同付款赎单;

(3)无理拒收货物;

(4)未按期派船接货;

(5)买方其他违反合同或法定义务的行为。

因上述原因而使卖方造成货物积压、收不到货款等损失,卖方可向买方提出索赔。

2. 向承运人索赔

承运人未履行基本义务所造成的货物损失主要有:

(1)承运人短卸、误卸造成货物短少;

(2)托运货物在运输途中遗失;

(3)承运人未履行“管制货物”的基本义务,如积载不良、配载不当、装卸作业疏忽等造成货物损坏。

当事人可凭检验证书向承运人提出索赔。但需注意轮船公司对其承运货物的责任范围以提单所注明的海关规则和其他有关规则、公约规定为限，超出这些规定的，轮船公司则概不负责。承运人责任还需分清是船方、铁路运输部门，还是航空、邮政部门的责任，需对真正责任人提出索赔。

3. 向保险人索赔

运输途中发生的保险项下的事故导致被保险货物受到的损失，保险人可向保险公司提出索赔。

二、索赔的时效与依据及应注意的问题

（一）索赔时效

索赔时效是指索赔的有效期限，索赔应在规定的有效期内提出方为有效。索赔时不仅要有充分的索赔依据，而且还应在索赔期限内提出索赔，否则即丧失索赔权。由此可见，对索赔期限的确定是非常重要的。

索赔期限是指索赔方向违约方提出索赔的有效时限。逾期索赔，受损害的一方即丧失索赔权，违约方可以不受理。索赔期限的长短因商品的不同类型由双方约定。一般情况下，索赔期限的确定有两种：约定索赔期限和法定索赔期。

1. 约定索赔期限

约定索赔期限是指买卖双方在合同中规定的索赔期。索赔期的长短由买卖双方根据买卖货物的性质、运输和检验的繁简等情况通过磋商确定，然后在合同中加以规定。

2. 法定索赔期限

法定索赔期限是指合同适用的法律所规定的索赔期。法定索赔期限一般比较长，如《中华人民共和国合同法》（以下简称《合同法》）规定的索赔期为自当事人知道或者应当知道其权利受到侵犯之日起 4 年内。法定索赔期只有在买卖合同中未规定索赔期时才起作用。在法律上，约定索赔期的长度可以超过法定索赔期。此外，还要对索赔期限的起算时间作出具体规定。起算时间的规定方法主要有以下几种：

(1)货物抵达目的港后××天起算；

(2)货物到达目的港卸离海轮后××天起算；

(3)货物到达买方营业处所或用户所在地后××天起算；

(4)货物经检验后××天起算。

《销售公约》规定，如买卖合同未规定索赔期限，且到货检验又不易发现货物缺陷的，则买方行使索赔权的最长期限为实际收到货物起不超过 2 年。买方的索赔期限，实际上也就是买方行使其对货物进行复验权力的有效期限。有些合同将检验条款与索赔条款结合起来订立，称为“检验与索赔条款”。

（二）索赔的依据

为了保证索赔工作的顺利进行，索赔方必须提供切实有效的证据，如事故记

录、短卸或残损证明和联检报告等，必要时还可提供物证或实物照片等。索赔的依据包括两个方面：一是法律依据；二是事实依据。法律依据是指索赔方提出的救济方法必符合法律规定。如果法律上规定有几种救济方法，当事人必须从案情的具体事实出发，从中选择最合适的原则作为主张权利的依据。事实依据是指索赔所需要的足够的证明文件，包括当事人业务往来的各种单证函电，以及发生索赔事故时，有关人员的现场签字证明等。根据不同的索赔对象，索赔方应出具的索赔依据有：

1. 向出口方索赔的依据

办理索赔时需有充分证据。进口方对外索赔时，应按合同规定提供索赔清单、合同、往来函电、商检机构的检验证书（Certificate of Inspection）、公证报告（Surey Report）、破损证明（Damage Report）、发票（Invoice）、装箱单（Packing List）或重量单、提单（B/L）副本、保险单、银行通知等必要的文件及单据作为索赔的证据。例如，向卖方索赔，还需另附保险单一份。

2. 向承运人索赔的依据

向船公司索赔时，要提交港务局理货员签证的理货报告及船长签证的短卸或残损证明。具体依据包括：

(1)公证报告；

(2)破损证明，或承运人、商检机构、保险公司及港务机构等的会签证明；

(3)提货单或提单或运输合同；

(4)商业发票；

(5)商检证书；

(6)承运人要求的其他证明文件等。

3. 向保险公司索赔的依据

向保险公司索赔时，要提供保险公司或其代理与买方的联合检验报告等。在问题未解决之前，索赔的商品应保持原状，有的还要拍照存查，以备举证之用。

(1)保险单或保险凭证正本（Signed Policy or Certificate of Insurance）；

(2)提单正本或副本（Signed B/L or Copy）；

(3)托运人开立的发票（Shipper's Invoice）；

(4)装箱单；

(5)重量证明书（Weight Certificate）；

(6)公证报告；

(7)船公司签发的事故证明或破损证明书（Damage Report）；

(8)磅码单（Weight Certificate）或理货单（Tally List）；

(9)船公司签发的短卸证明书（Shortage Report Landing Certificate）；

(10)公证费收据；

(11)修理费用及其估价单；

(12)破损货物剩余价值估价单；

(13)海难报告(Marine Protest)等。

目前，在我国进出口业务中，索赔属于船方和保险公司责任的由货运代理公司代办，属于卖方责任的由进口公司直接办理。为了做好索赔工作，要求进出口公司、货运代理公司、订货部门、商检机构等各有关单位密切协作，做到检验结果正确、证据属实、理由充分、赔偿责任明确，并要及时向有关部门提出，力争使货物所受到的损失如数得到补偿。

(三)索赔应注意的问题

(1)注重实际，查明责任。查明对方是否确实违约，如属对方责任，可向对方提出索赔；如是船运公司或保险人的责任，应向船运公司或保险人索赔。

(2)必须在合同规定的期限内提出索赔。

(3)按合同预先规定的金额提出索赔，或根据实际损失情况确定适当的金额。

(4)备齐索赔单证。如提单、发票、保险单、装箱单、磅码单、商检机构出具的货损检验证书、由船长签署的短缺残损证明及索赔清单。

三、定金罚则

1.定金罚则的含义

在买卖合同中，只要订了定金条款，无论合同当事人哪方违约，都要承担与定金数额相等的损失。换句话说，就是如果是支付定金的一方违约，即丧失定金的所有权，定金归收取定金的一方所有。如果是收取定金的一方违约，则除返还支付方支付的定金外，还应支付给支付方定金相等数额的钱款。这种以定金方式确保合同履行的方法称为定金罚则。定金是指合同一方当事人根据合同的约定，预先付给另一方当事人一定数额的金额，以保证合同的履行，是作为债权担保而存在的。定金罚则是定金制度最重要的内容，具体规定为：给付定金方不履行合同义务的，无权请求返还定金；接受定金方不履行合同义务的，双倍返还定金。

2.定金罚则的意义

在国际贸易中，定金罚则被广泛应用，其主要目的是促使合同双方自觉履行合同，减少合同纠纷的发生。我国《合同法》第115条规定了“当事人可以按照《中华人民共和国担保法》约定一方向对方给付定金作为债权的担保，在债务人履行约定的债务后，定金应当抵作价款或者收回；收取定金方不履行约定的债务，应当双倍返还定金。”

3.运用定金条款的注意事项

在签订国际贸易合同时，约定定金条款应充分考虑以下事项：

(1)注意区分定金和预付款，二者应分别签订，不能在同一条款中约定，以防产生歧义；

(2)对定金数额的确定要明确具体，尤其要约定定金的处置方法；

(3)如果在合同中同时签订了定金和违约金，在一方违约的情况下，履行合同的一方只能选择其中之一，不能合用。

C 案例启迪

我国A公司与国外B公司签订了购销合同。B公司向A公司供应一批化工产品，货款价值10万美元。A公司向B公司交纳了1万美元的定金，并与其约定，任何一方违约，将支付违约金1.5万美元。后来，B公司违约，不能向A公司发货。A公司想通过法律手段维护自己的权益。

试问，A公司是否可以向B公司既要求双倍返还定金，又要求承担违约金？如何选择？

分析：由定金、定金罚则的含义及有关合同法的规定知，定金具有双向担保的作用，其根本目的并不在于惩罚违约行为，而在于担保或督促当事人依照诚实信用原则履行合同义务，当事人的任何违约行为，均构成对设定定金担保目的的违反。此外，如果在合同中同时签订了定金和违约金，依据我国《合同法》的有关规定，违约金责任不能与定金责任并用。不能并用是指不能要求违约方既承担违约金责任，又承担定金罚则。不过，受损害方有权选择适用二者之一，要求对方承担。至于选择哪一种责任，一般依据的是有利于非违约方的原则。在本案中，A公司可以向B公司要求双倍返还定金，也可以要求其承担违约金，但两者不能同时要求。

R 能力拓展

我国某贸易公司从英国购进一批易燃液体化工原料，买方收到货后发现有少数包装不良导致轻微渗漏现象，但未及时采取补救和防止损失扩大的积极措施，致使货物入库后渗漏日益严重，从而引起自燃火灾。事后，买方要求卖方赔偿其全部损失，卖方拒赔，双方因此发生争议，试分析此案。

分析：买方应当在货到后经检验发现有少数包装不良之时，就赶紧与相关责任方交涉，并采取及时补救措施的。本案例中，根据《销售公约》的相关规定，买方未对货物采取及时的补救措施，直到最后发生火灾，才提起索赔，是不能够要求对方全部赔偿的。也即对于由于买方未及时采取补救措施而导致的损失，卖方是不予赔偿的。

第四节 仲 裁

一、解决争议的方式

在国际贸易中，情况复杂多变，买卖双方签订合同后，由于种种原因，没有如约履行，从而引起交易双方间的争议。对于国际贸易中发生的争议，可以采取不同的解决方式，归纳起来主要有协商、调解、诉讼和仲裁 4 种做法。

国际贸易中，由于买卖双方之间的关系是一种平等互利的合作关系，所以一旦发生争议，应首先通过友好协商的方式解决，以利于保护商业秘密和企业声誉。如果协商不成，则当事人可按照合同约定或争议的情况采用调解、仲裁或诉讼方式解决争议。

1. 协商

协商又称友好协商，指在发生争议后，由当事人双方直接进行磋商，自行解决纠纷。在协商过程中，当事人通过摆事实讲道理，弄清是非曲直和责任所在，必要时，由双方各自作出一定的让步，最后达成和解。这种做法可节省费用，而且气氛和缓、灵活性大，有利于双方贸易关系的发展，是解决争议的好办法，但这种办法有一定的限度。

2. 调解

由双方当事人自愿将争议提交选定的调解机构(法院、仲裁机构或专门的调解机构)，由该机构按调解程序进行调解。若调解成功，双方应签订和解协议，作为一种新的契约予以执行，若调解意见不为双方或其中一方接受，则该意见对当事人无约束力，调解即告失败。这也是解决争议的一种好办法，我国仲裁机构采取调解与仲裁相结合的办法，收到了良好的效果。

3. 仲裁

仲裁亦称公断，是指买卖双方按照在争议发生前或发生后签订的协议，自愿将有关争议交给双方同意的仲裁机构进行裁决。仲裁机构作出的裁决是终局的，对双方都有约束力。仲裁既不同于诉讼，也不同于协商和调解，因为它比诉讼强调自愿性，比协商和调解强调强制性。仲裁的自愿性主要表现在：向仲裁机构提起仲裁必须要有双方达成的协议，它的强制性体现在仲裁裁决是终局性的，双方当事人都必须遵照执行。仲裁方式具有解决争议时间短、费用低、能为当事人保密、裁决有权威性、异国执行方便等优点。

4. 诉讼

诉讼即打官司，由司法部门按法律程序来解决双方的贸易争端。这通常是由于争议所涉及的金额较大，双方都不肯让步，不愿或不能采取友好协商或仲裁方式，或者一方缺乏解决问题的诚意，可以通过向法院提出诉讼来解决。一方当事人向法院起诉，控告合同的另一方，一般要求法院判令另一方当事人以赔偿经济损失或支付违约金的方式承担违约责任，也有要求对方实际履行合同义务的。

诉讼是当事人单方面的行为，只要法院受理，另一方就必须应诉。但诉讼方式的缺点在于立案时间长，诉讼费用高，异国法院的判决未必是公正的，各国司法程序不同，当事人在异国诉讼比较复杂。

对于上述 4 种解决争议的方式，在国际贸易实践中，仲裁是最被广泛采用的一种方式。

二、仲裁和仲裁机构

(一)仲裁

1. 仲裁的概念

国际贸易实务中涉及到的仲裁，基本上都是涉外经济仲裁。涉外经济仲裁是指当事人根据他们之间签订的仲裁协议(仲裁条款)，将国际经济贸易中发生的争议或海事争议提交选定的仲裁机构，由该机构按照一定的规则居中调解，作出判断或裁决的活动。

2. 国际经济贸易仲裁的性质

涉外经济仲裁属民间性质，仲裁机构均为民间机构。各国均制定了仲裁法，我国虽未专门颁布涉外仲裁法，但《中华人民共和国民事诉讼法》中对仲裁作了专章规定，肯定了涉外仲裁的性质和地位。

3. 仲裁的特点

(1)提请仲裁的争议均与争议双方缔结的经济贸易合同有关。从这一角度来看，可以说，国际贸易仲裁就是国际经济贸易合同的仲裁。

(2)提请仲裁的主体均涉及两个或两国以上不同国家(或地区)的自然人或法人。

(3)受理案件的权限，系来自争议双方资源授权而不是出于强制性的法定管辖。

(4)常设仲裁机构均属于民间组织，大多附属于商会或工商团体，而不是国家机关。

(5)当事人享有充分的自主权，可以自行选择仲裁地点、仲裁机构、仲裁员、应适用的仲裁程序规则及实体法等。

(6)裁决可与调节交叉进行，可以裁决方式记录双方达成和解的内容，可依法仲裁，或经当事人授权，也可以根据“公平合理”的原则作出裁决。可见，仲裁在方式上具有较大的灵活性。

(7)裁决大都是终局性的,对双方当事人均有约束力。由于缔结了关于裁决的国际公约,所以仲裁裁决比法院判决能更容易地在国外得以执行。

(8)仲裁程序一般不公开,而且结案迅速、简便。和诉讼费用相比,仲裁费用比较节省。

(9)担任涉外经济仲裁的仲裁员,除熟悉有关法律和专业知识外,还特别强调其独立性。因此,更能作出公正的鉴定和裁决,为争议双方所信服。

(二)我国仲裁机构

1954 年我国发布了《中央人民政府国务院关于在中国国际贸易促进委员会内设立对外贸易仲裁委员会的决定》,决定设立对外贸易仲裁委员会。1980 年 2 月 26 日,经国务院决定,将对外贸易仲裁委员会改称为对外经济贸易仲裁委员会。

1985 年 11 月 21 日国务院全体会议第 82 次会议通过了《中华人民共和国国务院关于在中国国际贸易促进委员会内设立海事仲裁委员会的决定》,决定设立海事仲裁委员会。

我国的仲裁机构是仲裁委员会和仲裁协会。仲裁委员会可以在直辖市和省、自治区人民政府所在地设立,也可以根据需要在其他社区的市设立,而不按行政区划层层设立。仲裁委员会由规定的市人民政府组织有关部门和商会统一组建。

仲裁委员会独立于行政机关,与行政机关没有隶属关系,仲裁委员会之间也没有隶属关系。

仲裁委员会由主任 1 人、副主任 2～4 人和委员 7～11 人组成。上述人员要符合规定的条件,其中法律、经济贸易专家不得少于 2/3。

中国仲裁协会依照《中华人民共和国仲裁法》和《中华人民共和国民事诉讼法》的有关规定制定仲裁规则。

1.收案范围

(1)对外经济贸易仲裁委员会受理产生于国际经济贸易中的争议案件。

①有关经济合作方面所产生的纠纷,如中外合资经营、合作经营、合作生产、合作开发、技术转让、金融信贷、来华投资、租赁业务所引起的纠纷;

②有关对外贸易方面所发生的纠纷,如在国外购买销售商品、委托买卖、来料加工、来件装配、补偿贸易等所引起的纠纷;

③有关商品运输、保险、保管等所引起的纠纷;

④其他对外贸易业务引起的纠纷。

(2)海事仲裁委员会收案范围。

①关于海上船舶互相救助、海上船舶与内河船舶互相救助的报酬的争议;

②关于海上船舶碰撞、海上船舶与内河船舶碰撞,或者海上船舶损坏港口建筑物或设备所引发的争议;

③关于海上船舶租赁业务、海上船舶代理业务和根据运输合同、提单或者其他运输文件而办理的海上运输业务及海上保险等引发的争议；

④海洋环境污染损害所引起的争议；

⑤双方当事人协议要求仲裁的其他海事案件。

(三)国际及外国主要的常设仲裁机构

1.国际商会仲裁院

由国际商会建立，设在法国巴黎，成立于1923年。该院依据1975年6月1日生效的《调解与仲裁规则》，又分别设立调解委员会及仲裁院，各自掌管调解和仲裁事务。该院既是国际性又是商业性的仲裁组织。

2.解决投资争端的国际中心

由国际复兴开发银行依据《关于解决各国和其他国家的国民之间的投资争端的公约》于1965年创立的，该中心是国际复兴开发银行下属的独立机构，在于调和资本输出方和资本输入方双方的利益，有一套务实的、为双方可能接受的调停规则。因此，为许多国家包括亚非地区广大发展中国家所接受，参加公约的成员国也较其他公约为多。

3.瑞典斯德哥尔摩商会仲裁院

该仲裁院是瑞典全国性的仲裁机构，成立于1917年。由于瑞典是个政治上的中立国，已逐渐发展成为东西方国际经济贸易仲裁的中心。该院有自己的仲裁规则，但该院认为，适当时还可适用其他规则。

4.瑞士联邦苏黎世商会仲裁庭

瑞士于1977年修订生效的《苏黎世商会调解与仲裁规则》规定，在苏黎世商会之下分设调解部及仲裁庭以受理交付调解或仲裁的案件。调解与仲裁执行两个各自独立的程序，但当事人也可以不先经调解而直接将争议提交仲裁。

5.美国仲裁协会

美国仲裁协会成立于1926年，是美国主要的、带有国际性的常设仲裁机构之一，为独立的、非政府的、非盈利性的组织，需受美国联邦仲裁法的管辖。美国仲裁协会依据该会规则进行仲裁。

6.英国伦敦国际仲裁院

英国伦敦国际仲裁院是英国最重要的国际商事仲裁机构，主要是为解决国际商事争议机构服务，既是任命机构，又是管理机构。

三、仲裁协议

仲裁协议是双方当事人表示愿意把他们之间的业已发生或者将来可能发生的纠纷和争议交付仲裁解决的一种书面协议，它是仲裁机构或仲裁员受理争议案件的依据。

1. 仲裁协议的形式

仲裁协议的形式有：

(1)仲裁条款。是指双方当事人在签订有关条约或合同时，在该条约或合同中订立的约定将其可能发生的争议提交仲裁解决的条款。仲裁条款订立于争议发生之前，具有预见性和备用性，是一种最常见和最重要的仲裁协议；有的条款比较简略，有的比较详细。订立比较简略的，往往在合同之外又制定了比较详细的仲裁协议。

(2)仲裁协议书。是指由双方当事人在发生争议之后订立的，表示同意把已经发生的争议提交仲裁解决的协议，这是独立于主合同之外的一个单独的协议。仲裁协议最重要的作用就是排除法院对争议案件的管辖权，使得当事人只能将争议提交仲裁解决，从而仲裁庭或仲裁员取得管辖权。两种仲裁协议的形式具有同等的法律效力。

(3)其他表示提交仲裁的文件。这些文件是多种多样的，只要能说明当事人统一提交仲裁即可。这些文件包括当事人之间的来往信件、电报、电传等。

2. 仲裁协议的作用

仲裁协议对双方当事人、仲裁机构和人民法院均具有法律约束力。

(1)仲裁协议约束双方当事人，一旦发生争议，按协议规定只能以仲裁方式解决争议，任何一方都不得向法院起诉。

(2)仲裁协议约束仲裁机构，使仲裁机构和仲裁员取得对有关争议案的管辖权，是仲裁机构受理案件的依据，任何仲裁机构都无权受理无书面仲裁协议的案件，仲裁机构只有根据仲裁协议才能取得对该案件的管辖权。

(3)排除法院对有关争议案的管辖权。各国法律一般都规定法院不受理双方订有仲裁协议的争议案件，包括不受理当事人对仲裁裁决的上诉，如果一方违背仲裁协议，自行向法院起诉，另一方可根据仲裁协议要求法院不予受理，并将争议案件交仲裁庭裁断。《中华人民共和国民事诉讼法》第 257 规定：“涉外经济贸易、运输和海事中发生的仲裁协议，提交中华人民共和国涉外仲裁机构或者其他仲裁机构仲裁的当事人不得向人民法院起诉。”

仲裁协议的以上三方面作用是互相联系的。双方当事人在签订合同时如果愿意把日后可能发生的争议交付仲裁，而不愿诉诸法律程序，就应在合同中订立仲裁条款，以免一旦发生争议，双方因不能达成提交仲裁的协议而不得不诉诸法律。在实际业务中，如果买卖双方没有事先在合同中订立仲裁条款，待争议发生之后，由于双方处于对立地位，往往无法就提交仲裁问题取得一致意见，原告就有可能直接向法院起诉，在这种情况下，任何一方都无法迫使对方接受仲裁。

四、仲裁程序和仲裁的执行

(一)仲裁程序

1.仲裁申请

(1)当事人申请仲裁应当符合下列条件:

①有仲裁协议;

②有具体的仲裁请求和事实、理由;

③属于仲裁委员会的受理范围。

(2)当事人申请仲裁,应提交的文件有:当事人申请仲裁,应当向仲裁委员会提交仲裁协议、仲裁申请书及副本。

(3)仲裁申请书应当载明下列事项:

①当事人的姓名、性别、职业、工作单位和住所,法人或者其他组织的名称、住所和法定代表人或者主要负责人的姓名、职务;

②仲裁请求和所根据的事实、理由;

③证据和证据来源、证人姓名和住所。

2.仲裁庭的组成

双方当事人各自在仲裁委员会仲裁员名册中指定或者委托仲裁委员会主席指定一名仲裁员后,仲裁委员会主席应即在仲裁员名册中指定第三名仲裁员为首席仲裁员,组成仲裁庭,共同审理案件。双方当事人可以在仲裁员名册中共同指定或者委托仲裁委员会主席指定一名仲裁员为独任仲裁员,成立仲裁庭,单独审理案件。如果双方当事人约定由一名独任仲裁员审理案件,但在被诉人收到仲裁申诉书或者约定由一名独任仲裁员审理案件之日起 20 日内就独任仲裁员人选达不成一致意见时,则由仲裁委员会主席指定。如果被诉人未在收到仲裁申请书之日起 20 日内在仲裁员名册中指定一名仲裁员,或者委托仲裁委员会主席指定,仲裁委员会主席有权为被诉人指定一名仲裁员。仲裁案件有两个或者两个以上申诉人或被诉人时,申诉人之间或被诉人之间应当经过协商,在仲裁员名册中各自共同指定一名仲裁员。如果申诉人之间未能在提交仲裁申请书时共同指定或被诉人之间未能在最后一名被诉人收到仲裁申诉书之日起 20 日内共同指定仲裁员,则由仲裁委员会主席指定。被指定的仲裁员,如果与案件有利害关系,应当自行向仲裁委员会请求回避,当事人也有权向仲裁委员会提出书面申请,要求该仲裁员回避。当事人要求仲裁员回避,应当在案件第一次开庭审理之前提出。如果要求回避原有发生或者得知是在第一次开庭审理以后,可以在其后到最后一次开庭审理终结以前提出。

3.仲裁审理

仲裁庭成立后,便对争议案件进行审理。审理的内容主要是在当事人之间组织答辩,收集和审定证据。

按照我国的涉外仲裁规则，被诉人在收到仲裁机构寄交的仲裁申请书及其附件、仲裁规则和仲裁员名册后，除了在 20 天内需指定一名仲裁员外，还需要在 45 天内提交答辩书及有关证明文件。答辩是仲裁案件的被诉人为了维护自己的权益，对申诉人在仲裁申请书中提出的要求及所依据的事实证据和理由所作的答复和辩护。答辩要针对申诉人提出的仲裁要求一一予以答辩，承认其要求或反对其要求，或部分承认、部分反对。反对或反驳的，要有事实、有证据。不理不睬的态度是不可取的。

我国对仲裁的审理有以下两种方式：

(1)开庭审理。是指仲裁庭召开全体仲裁员、当事人或其代理人及其他有关人士，如证人、专家、鉴定人员等参加的会议，听取当事人的口头陈述和辩论，对案件的事实和法律进行调查的审理活动。开庭日期一般由仲裁机构在开庭前 30 天通知双方当事人。当事人有正当理由请求延期的，由仲裁庭作出是否延期的决定。开庭时，如果一方当事人不出席，仲裁庭可以进行缺席审理，作出缺席裁决。

(2)书面审理。是指仲裁庭不举行开庭，只根据双方当事人提供的书面材料和证据，如仲裁申请书、答辩书、合同、双方来往函电等，以及证人、专家、鉴定人的书面证据材料，对争议案件进行审理。

4. 仲裁裁决

裁决是仲裁程序的最后一个环节，应该按照多数仲裁员的意见作出，少数仲裁员的不同意见可以记入笔录。仲裁庭不能形成多数意见时，裁决应当按照首席仲裁员的意见作出。裁决作出后，审理案件的程序即告终结，因而这种裁决被称为最终裁决。根据我国仲裁规则，最终裁决外，仲裁庭认为有必要或接受当事人之提议，在仲裁过程中，可就案件的任何问题作出中间裁决或部分裁决。中间裁决是指对审理清楚的争议所作的暂时性裁决，以利对案件的进一步审理。部分裁决是指仲裁庭对整个争议中的一些问题已经审理清楚，而先行作出的部分终局性裁决。这种裁决是构成最终裁决的组成部分。仲裁裁决必须于案件审理终结之日起 45 天内以书面形式作出。仲裁裁决除由于调解达成和解而作出的裁决书外，还应说明仲裁请求、争议事实、裁决结果、仲裁费用的负担和裁决日期。当事人协议不愿写明争议事实和裁决理由的可以不写。裁决有仲裁员签名，加盖仲裁委员会印章。对裁决持不同意见的仲裁员，可以签名，也可以不签名。

当事人对于仲裁裁决书，应依照其中所规定的时间自动履行，裁决书未规定期限的，应立即履行。

按照各国际仲裁的一般规定，仲裁裁决如是：在无仲裁协议的情况下作出的，或以无效(呈过期)的仲裁协议为据作出的裁决；仲裁员的行为不当或越权所作出的裁决；以伪造证据为依据所作出的裁决；或裁决的事项是属于仲裁地法律规定不得提交仲裁处理的裁决等，当事人可在法定期限内，请求仲裁地的管辖法院仲裁裁决，并宣告其无效。

(二)仲裁执行

仲裁裁决对双方当事人都具有法律上的约束力,当事人必须执行。仲裁机构本身不具有强制执法的能力。一般情况下,败诉方能够自动地履行裁决。但是,由于各种各样的原因,败诉方拒不履行裁决的情况也是不少的。当败诉方拒不履行仲裁裁决时,由于仲裁机构或仲裁庭本身没有强制其执行的权力。因此,胜诉方只能向法院提出申请,要求予以强制执行。裁决的承认是指法院根据当事人的申请,依法确认仲裁裁决具有可执行的法律效力。裁决的执行是指当事人自动履行裁决事项,或法院根据一方当事人的申请依法强制另一方当事人执行裁决事项。

我国涉外仲裁机构作出的仲裁裁决,其强制执行分为国外执行和国内执行两种。由于我国已经加入了《1958 年纽约公约》,因此我国涉外仲裁机构的仲裁裁决可以在世界上已加入该公约的国家和地区得到承认和执行;此外,我国政府与外国政府签订的贸易协定、航海协定和其他双边协定,一般也都订有互相承认和保证执行仲裁裁决的条款。我国企业在与这些协定对方国家的当事人发生争议时,也可据以办理。如果对方所在国既未参加《1958 年纽约公约》,又未与我国签订双边条约,只要对方所在国执行外国仲裁裁决而无特殊限制,当事人也可以直接向有管辖权的外国法院申请承认和执行,一般也可获得执行。如在国内执行,则可根据我国法律的规定,向被申请人所在地或者财产所在地的中级人民法院申请执行。至于外国仲裁机构的裁决,需要我国法院承认和执行的,一方当事人可以直接向被执行人住所地或者其财产所在地的中级人民法院申请。我国法院依照我国缔结或参加的国际条约,或者按照互惠的原则办理。

五、仲裁的条款和我国常用的仲裁条款格式

仲裁条款的内容繁简不一,有的规定比较详细、具体,有的规定比较简单。一般来说,仲裁的条款应该尽量详细一些,以便一旦发生争议和纠纷需要仲裁时,能够有所遵循。

(一)仲裁的条款

仲裁的条款应尽可能明确、具体、完整,一般来讲,仲裁协议应包括如下内容:

1. 仲裁地点的规定

仲裁地点,这是一个关键内容,关系到仲裁程序与准据法的选择。在什么地方进行仲裁,是买卖双方在磋商仲裁时的一个重点。这主要是因为,仲裁地点与仲裁所适用的程序法及合同适用的实体法关系至为密切。我国进出口贸易合同中的仲裁地点,视贸易对象和情况的不同,一般采用下述三种规定方法之一:

(1)力争规定在我国仲裁。

(2)可以规定在被告所在国仲裁。

(3)规定在双方认同的第三者国仲裁。

2. 仲裁机构的选择

国际贸易中的仲裁,可由双方当事人在仲裁协议中规定在常设的仲裁机构进行,也可以由当事人与外国企业双方共同指定仲裁员组成临时仲裁庭进行仲裁。当事人双方选用哪个国家(地区)的仲裁机构审理争议,应在合同中作出具体说明。

3. 仲裁程序法的适用

在买卖合同的仲裁条款中,应订明采用哪个国家(地区)和哪个仲裁机构的仲裁规则进行仲裁。

4. 仲裁裁决的效力

仲裁裁决的效力主要是指由仲裁庭作出的裁决,对双方当事人是否具有约束力,能否向法院起诉要求变更裁决,是否为决定性的,是否具有终局性,这些都需在仲裁协议中明确指出。

5. 仲裁费用的负担

通常在仲裁条款中明确规定出仲裁费用由谁负担。一般规定由败诉方承担,也有规定由仲裁庭酌情决定的。

(二)我国常用的仲裁条款格式

中国国际经济贸易仲裁委员会根据独立自主、平等互利的原则,并参照国际上的习惯做法,在总结实践经验的基础上,提出下列3种仲裁条款,供大家参考使用:

1. 在中国仲裁的条款格式

"凡因执行本合同所发生的或与本合同有关的一切争议,双方应通过友好协商的办法解决;如果协商不能解决,应提交中国国际经济贸易仲裁委员会根据该会当时有效的仲裁规则进行仲裁。仲裁裁决是终局的,对双方都有约束力。"

2. 在被告国仲裁的条款格式

"凡因执行本合同所发生的或与本合同有关的一切争议,双方应通过友好协商来解决;如果协商不成,应提交仲裁,仲裁在被诉人所在国进行。在中国,由中国国际经济贸易仲裁委员会根据该会当时有效的仲裁规则进行仲裁。如在××国(被诉人所在国名称),由××国××地××仲裁机构(被诉人所在国的仲裁机构的名称)根据该组织的仲裁程序规则进行仲裁。仲裁裁决是终局性的,对双方都有约束力。"

3. 在第三国仲裁的条款格式

"凡因执行本合同所发生的或与本合同有关的一切争议,双方应通过友好协商来解决;如果协商不能解决,应按××国××地××仲裁机构根据该仲裁机构的仲裁程序规则进行仲裁。仲裁裁决是终局性的,对双方都有约束力。"

C 案例启迪

我国某公司与外商订立一项出口合同，在合同中明确规定了仲裁条款，约定在履约过程中如发生争议，在中国仲裁。后来，双方对商品品质发生争议，对方在其所在地法院起诉我公司，法院发来传票，传我公司出庭应诉。

对此，你认为我公司该如何处理？简述理由。

分析：仲裁是指买卖双方按照在争议发生之前或之后签订的协议，自愿把他们之间的争议交给仲裁机构进行裁决，并约定裁决是终局的，具有法律的强制性，对双方均有约束力。若对方不执行裁决，另一方有权向法院起诉，要求予以强制执行。在我国，解决国际贸易争议的仲裁协议必须是书面的。书面形式的仲裁协议，既包括当事人双方为解决争议而特意签订的协议，也包括当事人之间以书面达成的其他形式的协议。仲裁协议的三方面作用是互相联系的，其中，排除法院对有关争议案的管辖权是很关键的。也就是说，只要双方订立了仲裁条款或其他形式的仲裁协议，就不能把有关争议案件提交法院审理，如果任何一方违反协议，自行向法院提起诉讼，对方可根据仲裁协议要求法院停止司法诉讼程序，并把有关争议案发还仲裁庭审理。在本案中，由于买卖双方在合同中已经明确规定了仲裁条款。因此，外商在其所在地法院起诉我公司是不成立的。

R 能力拓展

中国某外贸公司(买方)与日本甲公司(卖方)签订了一份购买15套A型设备和8台K型仪器的合同，总价值40万美元，价格条件CFR大连，装运期为1997年9月底，付款条件是：买方在货物装运前2个月开立货款全额的不可撤销议付信用证。1997年9月30日买方通过银行开出了以卖方为受益人的信用证(未交押金)，卖方于10月9日、31日分二批发运了货物，从议付银行议付了货款，议付行从开证行处获得偿付。10月15日，第一批货物15套A型设备到港，11月8日，第二批货物8台K型仪器到港，这两批货物买方都是在未取得正本提单情况下，以副本提单从船公司代理处提取的。经省商检局检验认定，15套设备中有4套不合格，根本不能生产出标准部件，且无法修复。其余11套设备及8台仪器无质量问题。买方认为，所购15套设备系相互配套使用的，4套不合格，则其余11套失去使用价值，遂于1998年3月24日向日方发出一份备忘录，要求将15套设备全部退回，日方既没有签字，也没有答复。买方最终提起仲裁，请求仲裁庭裁决：

(1)将 15 套 A 型设备作退货处理，卖方返还已收的全部货款并承担全部退货费用。

(2)8 台 K 型仪器比合同规定的交货期延迟 5 周到港，卖方应支付延迟到货的罚金 4 万美元。

(3)买方购买的 15 套 A 型设备用于出租，由于 A 型设备不合格，买方已向承租用户赔偿损失 2 万美元，这笔损失应由卖方负担。

问：

(1)仲裁庭对上述请求应如何处理？为什么？

(2)现假设，如在开证行要求买方付款赎单时，买方鉴于货物状况，在单证相符的情况下拒绝向开证行付款赎单，开证行会受到什么损失？应如何处理？

分析：

(1)买方只能退还 4 套不合格的设备，而不能退还全部 15 套设备，因为其余 11 套设备是合格的，可继续使用。卖方应退还买方 4 套不合格设备的货款，并承担 4 套设备退回的一切费用。

(2)卖方 8 台检测仪的交付确实是在合同规定的期限之后，这种延迟是由于买方开立信用证延迟造成的。合同要求信用证应在交货前 2 个月开出，但买方直到 9 月 30 日才开出信用证，按这个日期计算，卖方实际交货期并没有违反合同，买方要求其支付延迟到货罚金的请求不成立。

(3)买方将设备出租的事实卖方难以预见，且属于另一法律关系，买方赔偿用户的 2 万美元损失不应由卖方承担(或答“买方这一部分请求不成立”)。

(4)如买方拒绝向开证行付款赎单，开证行将遭受极大损失，因为开证行虽持有提单却提不到货物，也没有押金可补偿。但开证行可以凭提单要求船公司交付提单项下的货物或赔偿全部货款，也可依据信用证法律关系要求买方履行单证相符时的付款赎单义务。

S 复习思考

1. 出现索赔事故，如何明确索赔对象？

2. 什么是定金罚则？

3. 何谓不可抗力？在国际货物买卖合同中规定不可抗力条款的意义是什么？

4. 不可抗力事件范围的规定有哪几种方法？

5. 何谓仲裁？为什么仲裁是解决国际经贸争议的重要方式？

6. 仲裁协议的形式有哪几种？作用如何？

E 能力训练

1.买卖双方签订了一份 CIF 术语的合同,合同规定用不可撤销的信用证支付。合同订立后买方通过银行向卖方开出了信用证,其内容与合同相符。信用证中的装运条件规定为:数量 7000 箱,1~7 月等量装运。卖方按信用证规定在 1~5 月每月装运了 1000 箱,银行已分批议付了货款。对于第六批货物,原定于 6 月 28 日装运出港,但由于台风影响,该批货物延至 7 月 2 日装运出港。卖方凭 7 月 2 日的装运提单向银行要求议付货款时,遭到拒绝。卖方又以不可抗力为由要求再次议付也遭到拒绝。

试问:

(1)本案涉及哪些法律关系?

(2)银行有无拒绝付款的权利?为什么?

(3)卖方能否援引不可抗力为由要求银行议付货款?为什么?

(4)本案应当如何处理?

2.我公司以 CIF 条件从美国进口一套设备,合同总价款为 800 万美元。合同规定,如果合同一方违约,另一方有权向违约方索赔,违约方需向对方支付 1200 万美元的违约金。合同订立后,我公司迟迟收不到货,因而影响到自己的生产、经营。故此,我公司在索赔期内向美方提出索赔,而美方却向当地法院提起诉讼。

试问:在这种情况下,美国法院将如何判决?

参 考 文 献

[1] 黎孝先.国际贸易实务.北京:对外贸易教育出版社,1994.
[2] 黎孝先.国际贸易实务.北京:对外经济贸易大学出版社,2000.
[3] 黎孝先.国际贸易实务.北京:对外经济贸易大学出版社,2002.
[4] 修宗哲.国际贸易实务.大连:东北财经大学出版社,1995.
[5] 崔日明.国际贸易实务.哈尔滨:哈尔滨工业大学出版社,1994.
[6] 韩玉珍.现代国际贸易实务.北京:首都经济贸易大学出版社,2000.
[7] 张亚芬.国际贸易实务于案例.北京:高等教育出版社,2002.
[8] 刘文广.国际贸易实务.北京:高等教育出版社,2002.
[9] 李志敏.国际贸易.北京:北京理工大学出版社,2006.
[10] 薛莱久.国际贸易.北京:对外经济贸易大学出版社,2003.
[11] 方士华.国际贸易概论.大连:东北财经大学出版社,2000.
[12] 张向先.国际贸易概论.北京:高等教育出版社,2000.
[13] 徐立青.国际贸易实用教程.上海:复旦大学出版社,2003.
[14] 李滋植.国际贸易.大连:东北财经大学出版社,2006.
[15] 周厚才.国际贸易理论与实务.北京:中国财政经济出版社,2005.
[16] 刘 诚.国际贸易.北京:中国金融出版社,2002.
[17] 徐景儒.国际贸易实务.大连:东北财经大学出版社,2002.
[18] 陈宪,应诚敏.国际贸易理论与实务.上海:上海社科院出版社,2000.
[19] 贾建华,阚宏.新编国际贸易理论与实务.北京:首都经济贸易大学出版社,2004.
[20] 任丽萍.国际贸易实务.北京:清华大学出版社,北京交通大学出版社,2005.2.
[21] 周厚才.国际贸易理论与实务.北京:中国财政经济出版社,2001.
[22] 叶德万.国际贸易实务案例教程.广州:华南理工大学出版社,2003.
[23] 倪云虎.国际商务.杭州:浙江大学出版社,2001.
[24] 鲁丹萍.国际贸易理论与实务.北京:清华大学出版社,2006.
[25] 赵志恒,张晓.国际贸易实务.北京:机械工业出版社,2006.
[26] 吴国新,郭凤艳.国际贸易实务.北京:机械出版社,2006.
[27] 冯华亚.商务谈判.北京:清华大学出版社,2006.
[28] 蒋德恩.世界贸易组织中的争端解决.北京:对外经济贸易大学出版社,1999.
[29] ICC 跟单信用证统一惯例:2007 年修订本.北京:中国民主法制出版社,2006.
[30] 彭福永.国际贸易.上海:上海财经大学出版社,2002.
[31] 兰 箐.国际贸易理论与实务.北京:清华大学出版社,2003.

图书在版编目（CIP）数据

国际贸易理论与实务/吴东泰，董忠敏编 .—北京：人民交通出版社，2007.9

ISBN 978-7-114-06678-8

Ⅰ.国…　Ⅱ.①吴…②董…　Ⅲ.①国际贸易－经济理论－高等学校：技术学校－教材②国际贸易－贸易实务－高等学校：技术学校－教材　Ⅳ.F740

中国版本图书馆 CIP 数据核字（2007）第 136547 号

Guoji Maoyi Lilun Yu Shiwu

书　　名： 国际贸易理论与实务
著 作 者： 吴东泰　董忠敏
责任编辑： 陈志敏　高　培
出版发行： 人民交通出版社
地　　址：（100011）北京市朝阳区安定门外外馆斜街3号
网　　址： http：//www.ccpress.com.cn
销售电话：（010）59757969，59757973
总 经 销： 北京中交盛世书刊有限公司
经　　销： 各地新华书店
印　　刷： 北京交通印务实业公司
开　　本： 787×960　1/16
印　　张： 23.75
字　　数： 423千
版　　次： 2007年9月　第1版
印　　次： 2010年6月　第3次印刷
书　　号： ISBN 978-7-114-06678-8
定　　价： 30.00元